Creo Parametric 2.0을 활용한

형상모델링

북스힐

:: 머리말

현대 시회는 제품의 life-cycle이 매우 짧아지는 추세입니다. 제품의 품질과 성능을 고려하여 설계하여야 하며 또한, 환경적인 차원에서 자원의 재활용까지도 고려하여 설계 단계에서 반영하여야 합니다. 따라서, 설계에서 판매, 심지어 A/S까지 모두 고려하여 생산이 가능하도록 해주는 3D CAD 시스템은 더할 나위 없는 좋은 tool이라 할 수 있을 것입니다. Creo는 3D CAD/ CAM/CAE 기법을 통합한 솔루션이며, 동시 공학(Concurrent Engineering)적 설계 기법 적용을 가능하도록 해주는 소프트웨어입니다. 기술은 누구나 갖고 있지만 이를 얼마나 빨리 새로운 아이디어로 상품화하여 시장에 출시하느냐에 기업의 성패가 달려있다고 말할 수 있습니다. 제품개발에 필요한 과정에서 얼마나 시행착오를 줄일 수 있느냐가 관건이 되었습니다. Creo는 산업체에서 생산하려는 제품을 외관 디자인을 포함한 설계 개념에서부터 제품 생산에 이르기까지 전 과정에 걸쳐서 제작, 수정, 관리할 수 있도록 해주는 CAD/CAM/CAE 통합 소프트웨어입니다. Creo 소프트웨어의 모듈 중에서 Creo Parametric 2.0은 기본 설계에서부터 Assembly, Drawing, Manufacturing 등을 수행할 수 있도록 도와주는 중요한 모듈입니다.

Creo Parametric 2.0을 활용한 형상모델링은 처음 사용하는 초보자에서부터 초급 단계를 이미 학습하고 더 많은 것을 배우기를 원하는 분들, 또한 설계자가 활용을 할 수 있도록 한 책입니다. 이 책을 통하여 Creo Parametric 2.0의 기능 습득이 쉽도록 하기 위하여 따라하기식 그림들로 구성하였으며, 단계별로 내용을 습득할 수 있도록 구성하였습니다. 이 책을 통하여 독자분들께서 초보단계를 충분히 빠른 시간 안에 극복할 수 있도록 다양한 예제들로 구성하였습니다.

끝으로, 책이 출간될 수 있도록 도움을 주신 모든 분들께 진심으로 감사를 드립니다.

2012년 8월 저자 씀

:: 차 례

제6장. 고급 Sketched Feature의 생성

제7장. 응용 Feature의 생성

제10장. 드로잉(Drawing)

제1장 프로그램 입문

1.1 Creo Parametric 프로그램 소개

Creo Parametric은 "Feature-based Solid Modeling Tool"로써 컴퓨터 상에서 제품 설계와 개발을 도와주는 3D CAD 소프트웨어이다. 또한 Creo Simulate 모듈과 연동하여 3D 모델을 이용하여 FEM(Finite Element Method) 구조 해석을 수행할 수도 있다. Creo Direct 모듈은 3D 형상을 훨씬 더 자유롭게 생성할 수 있게 해주는 모듈이다. 설계된 제품을 수정하고 Mold를 생성하거나 NC 가공용 데이터를 만드는 등 제품 설계 및 제작에 관한 모든 사항을 제공하는 Total solution으로 산업현장이나 연구소 등에서 제품 개발 기간과 비용을 획기적으로 절감할 수 있도록 도와주는 소프트웨어이다. Creo Parametric 솔루션의 중요한 특징은 파라메트릭(Parametric), Feature 기반, 완전 연관 구조(Full associative structure)를 통한 기계 설계 자동화의 실질적 표준으로서 제품 개념 설계, 시뮬레이션에서 제작에 이르는 개발 공정 전반에 대한 포괄적인 솔루션을 제공한다는 점이다.

(1) 파라메트릭(Parametric)

파라메트릭 모델링은 Creo Parametric의 또 다른 특징인 완전 연관성과 연계하여 완전한 형태의 CAD 설계 시스템의 구축에 역할을 담당하게 된다. 기존의 순차적인 설계 방식에 3차원 CAD 시스템을 도입하게 되면 각 설계 및 생산 단계에서 하나의 동일한 데이터베이스에 접근이 가능하기 때문에 생산 단계에서 설계 단계로 요구되는 설계 변경 등의 피드백(Feedback)에 설계 팀에서 적극적으로 대처할 수 있는데 이것이 파라메트릭 모델링 기법인 것이다. 또한 파라메트릭한 특성으로 인하여 디자인을 수정하면서 그 의도를 보존하는 것이 가능하다.

파라메트릭 모델링 기법을 이용하여 제품을 설계할 경우에는 모든 치수들을 매개변수로 표현할 수 있으며 이들간의 관계(relation)를 설계자가 설계 의도에 따라 임의로 부여할 수 있다. 따라서 이를 효율적으로 활용하면 설계가 진행되면서 수시로 제조 공정을 함께 고려할 수 있어 편리한 기능이다. 형상 설계의 설계자, 또는 생산 공정의 설계자로부터 설계 변경 요구가 들어왔을 때 새로운 모델링 과정 없이 바로 몇 가지 주요 치수의 값을 변경하면, 그에 따라 모델 전체가 이전에 부여했던 관계에 의해서 자동으로 재생성(regeneration)하게 된다. Creo Parametric의 모든 모델링 작업은 시스템에 미리 정의된(Pre-defined) feature와 사용자의 요구에 따라 새롭게 정의된(User-defined) feature에 의해 수행된다.

(2) Feature 기반

Feature 기반이란 기계부품이나 일반적인 3차원 물체가 가질 수 있는 몇 가지 특징적인 형상들을 말하며 이는 제품을 설계하는 설계자에게도 직관적인 설계를 가능하게 한다. Feature를 기반으로 모델링을 수행하게 될 경우 설계자는 입체를 설계할 때에 각 feature의 주요 치수와 위치를 파라미터로 입력하게 된다. 이러한 feature 기반 모델링의 장점은 완성된 설계의 데이터에 내부적으로 그 입체를 구성하는 feature에 대한 정보가 정확하게 입력되어 있는 것에 있다. 이 때문에 Creo Parametric의 또 다른 특징인 완전 연관성에 따라 이 3차원 데이터를 이용하여 가공이나 조립체 설계, 설계 변경 등의 작업을 할 때에 작업 효율을 극대화시킬 수 있다. 위에서 언급한 Creo Parametric 파트 모델링의 기본 단위인 feature를 하나 하나 생성하여 결과적으로 완성된 디자인을 만들 수 있다.

Creo Parametric의 부품 모델링 과정에서 제공되는 feature는 Hole, Round, Chamfer, Protrusion, Rib, Shell 등이 있다. 한편 feature 기반의 모델링에서의 단점은 그것이 사용되는 사용 분야나 사용자에 따라 feature의 종류가 제각기 다르다는 점이다. Creo Parametric에서는 이러한 문제점을 해결하기 위해서 사용자의 용도에 맞는 feature를 임의로 정의하여 저장하고, 필요 시에 사용자가 지정할 수 있는 feature를 제공하고 있다.

(3) 완전 연관 구조(Full associative structure)

Creo Parametric은 기본적으로는 Part, Assembly, Drawing으로 구성되어 있는 데 이것 외에도 MFG, 보고서, 레이아웃, 판금 등이 추가된다. 만약 설계자가 Part에서 설계를

하고 어느 시점에서 설계 변경을 가할 때 바뀌어진 내용이 다른 모듈 즉 Assembly, Drawing 등에도 전이가 되어 있어야만 Assembly, Drawing을 수정하는 추가 작업이 없어지게 된다. Creo Parametric에서는 이러한 설계 변경이 동시에 여러 모듈에도 자동적으로 적용되게 하는 기능을 제공하고 있다.

설계자가 기존의 형상 정보 이외에 설계 상의 특정 요구사항(거리, 체적, 면적, 무게중심, 관성모멘트 등)을 feature로 정의할 수 있어 이러한 요구사항에 최적화된 제품설계가 가능하게 된다.

제품설계에 이러한 적극적인 “설계 의도”를 반영할 수 있는 기능으로 아무리 어려운 설계 상의 문제라 하더라도 시간 낭비, 반복 수정작업, 분석가 또는 전문가의 지원 없이 문제 해결을 가능하게 한다.

(4) Assembly와 Applications

설계자는 Part가 조립되는 것과 동시에 손쉽게 joint 유형을 적용함으로써 조립체가 어떻게 작동할 것인지 평가해 볼 수 있다. Adaptive process feature의 일부로서 Creo Parametric에 추가된 pin joint, ball joint, slider와 같은 assembly connection feature, 그리고 그에 따른 assembly 상의 구속 요건에 의해 4 bar linkage와 같은 닫힌 시스템의 조립이 훨씬 쉬워졌다. 조립을 마치면 설계자는 인터렉티브 드래깅(interactive dragging)과 사용자 정의에 의한 동작 시뮬레이션에 의해 메커니즘 디자인이 어떻게 행동할 것인지 관찰할 수 있다. Assembly 상의 임의의 지점을 인터렉티브하게 드래그하여 메커니즘을 동영상처리 할 수 있다. 설계자가 “디자인 의도”를 assembly와 관련 subassembly에 구축, 전달함으로써 완벽하게 연결된 assembly를 생성하여 최적의 메커니즘 디자인을 표현할 수 있다. 이러한 assembly 행동 평가 기능은 또한 Mechanism design extension에서도 독립적으로 사용 가능하다.

Pin joint, ball joint, slider와 같은 연결조건의 편리한 정의와 애니메이션을 통해, 조립체에 대한 motion 시뮬레이션과 행동 패턴을 얻을 수 있다. 이러한 연결조건은 패키징, 그리고 mate, align, insert와 같은 기존의 조립체 구속조건과 함께 사용할 수 있다. 조립체 상의 임의의 지점을 인터렉티브하게 드래그하여 메커니즘을 동영상처리 할 수 있다. 사전 정의된 motion 시뮬레이션 또한 드라이버를 통해 모터나 액츄에이터의 동작을 시뮬레이션 처리함으로써 애니메이션을 제공한다. 사용자 정의 motion 재생 도중 간섭과 충돌을 감지할 수 있으며, 간섭 부피는 motion 도중 아무 때나 계산이 가능하다.

설계 데이터에 대한 완벽한 Associativity를 구현함으로써 디자인에 가해진 변경사항이 tooling과 NC 데이터를 포함한 모든 제조 공정에 자동적으로 반영된다.

Import한 형상 데이터(IGES, STL, STEP 등)의 수정작업과 관련된 번거롭고 반복적인 작업을 자동화하여 이전의 작업시간을 대폭 감소시켜준다.

NC 프로그래머의 기술을 보완함으로써 프로그래밍 시간을 단축하고 프로그램의 효율성은 높여준다. NC 프로그래머가 Part machining 방법, 즉 Part 생산에 대해 완벽하게 제어하는 방법에 대한 중요한 결정을 내리면, Expert Machinist Option은 이러한 결정에 따라 이제까지 프로그래머가 CAM 소프트웨어에 대해 요구해왔던 세부적이고 또한 시간이 많이 드는 기타 명령을 예측하여 관련 작업을 자동적으로 수행한다.

Mold 설계 공정을 시뮬레이션하기 위한 툴 역시 제공된다. Mold 설계자가 component로부터 Mold를 생성, 수정, 분석하고 이러한 변경사항을 디자인 모델에 빠른 시간에 갱신할 수 있도록 해준다.

엔지니어가 설계한 데이터의 정적 특성과 동적 특성을 해석하여 최적화된 설계방안을 제시한다. Structure, Thermal, Motion, Custom Loads, Equation, Tire Model 등의 모듈이 있으며 통합모드(Integrated Mode)와 독립모드(Independent Mode)를 지원한다. 엔지니어가 설계한 데이터를 구조 해석하여 최적화된 설계방안을 제시한다. 이를 통해 엔지니어는 구조물이 주어진 응력상태에서 어떠한 변형이 일어나는지 알 수 있다. 엔지니어가 설계한 데이터를 열전도 해석하여 최적화된 설계방안을 제시 한다. Structure와 함께 사용할 경우 단일 설계 데이터에 대한 통합적 열·구조해석을 수행할 수 있다.

조립체의 동적 거동과 이와 관련된 힘의 관계를 평가하는 기구학, 동력학 해석을 할 수 있다. 여기서 민감도 조사(Sensitive Study)는 주요 설계변수의 변경에 따른 구조물의 응답변화를 검사하여 구조적 성능에 최대의 영향을 미치는 설계변수가 지정한 범위내에서 변화할 때 최적화된 설계방안을 제시한다.

제2장 Creo Parametric 기본 정보

2.1 Creo Parametric 기본 창 정보

Creo Parametric 2.0 프로그램을 실행시키면 그림 2.1과 같은 초기 화면이 나타난다.

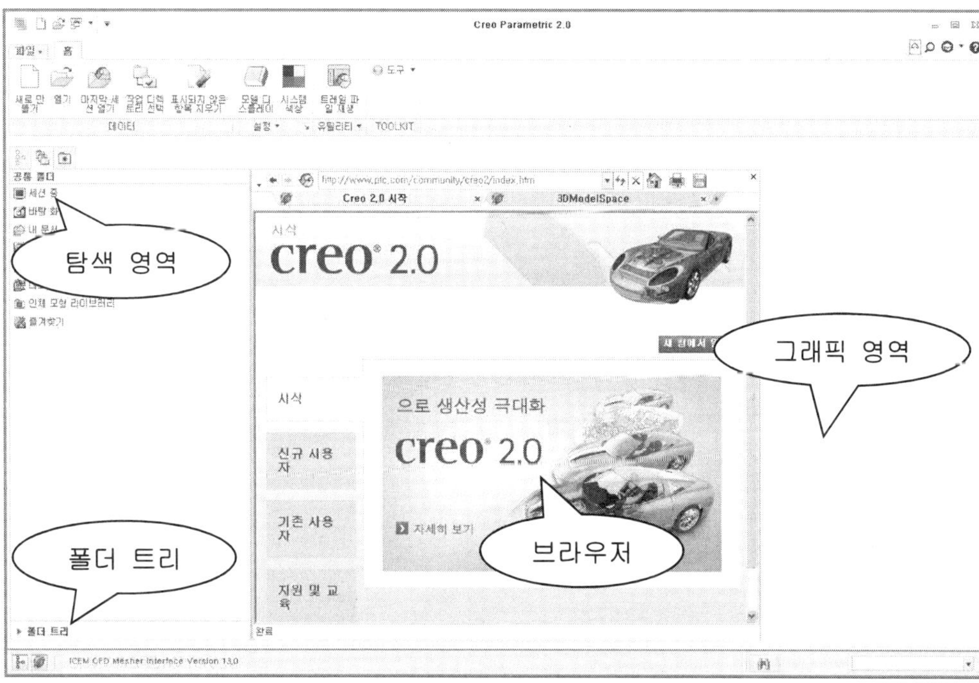

그림 2.1 Creo Parametric 2.0 화면 구성

좌측 상단에 있는 Pull down 메뉴의 "파일"과 "홈" 메뉴가 있다. 프로그램을 실행시키면 그림 2.1과 같이 주로 "홈" 메뉴 아래에 아이콘 방식으로 항목들이 정리되어 있다. 새로 만들기 아이콘을 이용하여 새로운 작업을 시작하게 되면, 대부분의 명령들을 아이콘 방식으로 구성하여서 사용자가 쉽게 사용할 수 있도록 구성되어 있다. 나머지 부분은 탐색 영역, 브라우저, Graphic window로 구성되어 있다.

탐색 영역에는 모델 트리, 폴더 탐색기, 즐겨찾기 영역이 있다. 또한 아래쪽에 "폴더 트리" 버튼이 있어서 폴더 탐색을 편리하게 할 수 있도록 지원해준다.

그림 2.2 검색 영역

Creo Parametric 브라우저는 내/외부 웹 사이트에 대한 액세스를 제공한다. 그림 2.3의 아이콘을 이용하여 "탐색 영역 디스플레이 전환", "브라우저 디스플레이 전환"이 가능하다.

그림 2.3 브라우저

메뉴 바에는 모델을 생성, 저장 및 수정하기 위한 명령과 Creo Parametric 환경과 구성 옵션을 설정하기 위한 명령이 있다. 명령을 추가, 제거, 복사 또는 이동하거나 메뉴 항목의 아이콘을 추가 또는 제거하여 메뉴 바를 사용자 정의할 수 있다.

[참고] : 활성 창에 적합하지 않은 명령은 사용할 수 없거나 볼 수 없다.

2.2 화면 사용자 정의(Customize)

Creo Parametric 창의 "빠른 액세스 도구 모음 사용자 정의" 항목 중 "추가 명령"을 클릭하거나 "파일, 옵션"을 클릭하여 그림 2.5와 같이 사용자가 원하는 상태로 내용 등을 추가 혹은 삭제가 가능하다.

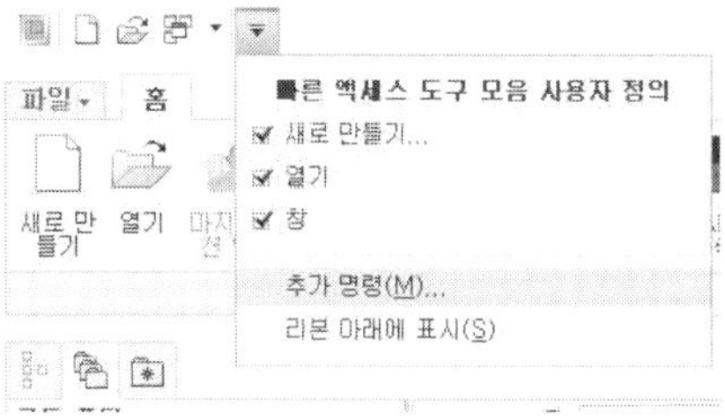

그림 2.4 화면 사용자 정의

그림 2.5 Creo Parametric 옵션

Creo Parametric 옵션 창이 실행되면, 시스템 색상, 스케쳐, 리본 사용자 도구 모음, 빠른 액세스 도구 모음, 창 설정 등을 변경할 수 있다.

창 설정 항목을 클릭하면 그림 2.6과 같이 "탐색 탭 설정" 배치 위치 변경 가능, "모델 트리 설정" 배치 위치 변경 가능, "브라우저 설정" 변경 가능, "액세서리 창 설정" 크기 변경 가능, "그래픽 도구 모음 설정" 위치 변경 가능하다. "가져오기/내보내기" 항목을 클릭하면 변경 설정한 값들을 creo_parametric_customization.ui 이름으로 저장하여 항상 같은 옵션으로 프로그램을 실행하는 것이 가능하다.

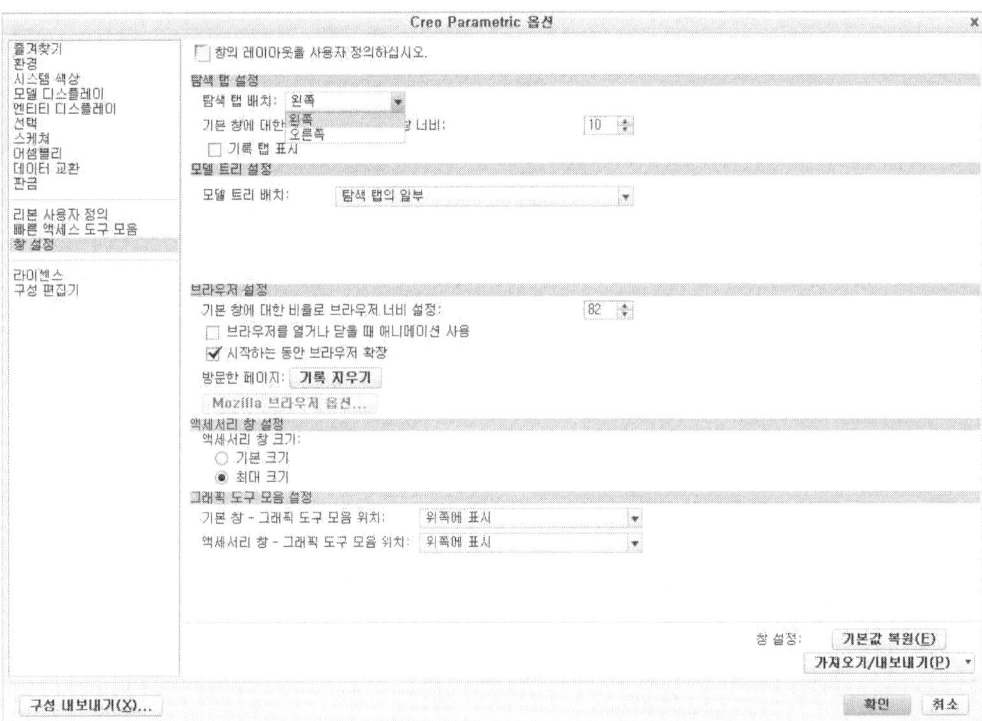

그림 2.6 Creo Parametric 옵션 : 창 설정

2.3 작업 창과 대시보드

사용자가 작업한 파일들을 열면 Creo Parametric 객체는 각각 자체 Creo Parametric 창으로 활성화 시킬 수 있다. 보류 중인 작업을 취소하지 않고도 여러 창의 톱 레벨

메뉴에서 많은 작업을 수행할 수 있다. 창이 한 번에 하나씩만 활성화되지만 비활성 창에서도 일부 기능을 수행할 수 있다. 창을 활성화하려면 “보기, 활성화” 아이콘을 클릭하거나 단축키 “Ctrl+A”키를 클릭한다.

Creo Parametric 창마다 메시지 영역과 상태 표시줄이 있는데, 마우스 포인터를 메뉴 이름, 메뉴 명령, 아이콘 버튼 및 특정 대화상자 항목 위로 가져가면 화면 도움말이 나타난다.

대시보드에는 창 내의 작업과 관련된 한 줄짜리 메시지가 표시되는 메시지 영역이 있다. 실행된 명령을 System 메시지와 함께 보여주는 부분으로 프로그램을 실행하는 동안에 이루어지는 과정들에 대하여 메시지로 알려주는 부분이므로 작업 도중에 실행이 되지 않을 때에는 메시지를 확인하여 해결할 수 있다.

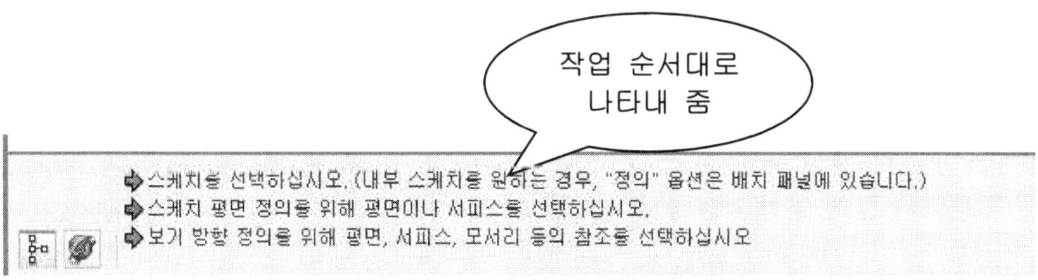

그림 2.7 메시지 영역

메시지 영역은 모델 작업을 수행할 때 Creo Parametric에서 대화상자 표시줄 아래의 메시지 영역에 표시되는 텍스트 메시지를 사용하여 작업을 확인하고 모델링 프로세스를 단계별로 안내한다. 메시지 영역에는 현재 모델링 세션의 모든 메시지가 포함되어 있어서 이전 메시지를 찾으려면 메시지 목록을 스크롤하거나 틀을 드래그하여 메시지 영역을 확장한다.

텍스트 메시지는 시스템 기능 및 모델링 작업에 대한 상태를 나타낸다. 각 메시지 앞에는 다음과 같이 해당 메시지의 카테고리를 나타내는 아이콘이 나타난다.

그림 2.8 텍스트 메시지

도구를 일시 정지하고 대시보드를 사용할 수 없더라도 메시지 창에는 메시지가 계속 표시된다. 대시보드의 제어 영역에는 다음과 같은 요소가 있다.

그림 2.9 대시보드의 제어 영역

현재 도구를 일시 정지하고 임시로 선택을 수행할 수 있는 기본 시스템 상태로 돌아간다. 원래 도구가 일시 정지된 동안에 생성한 모든 feature는 완성될 때 원래 feature와 함께 모델 트리에 하나의 그룹으로 배치된다.

일시 정지된 도구를 복원한다.

그래픽 창에 표시된 feature의 검증 모드를 활성화한다. 검증 모드를 중지하려면 아이콘을 한 번 더 클릭하거나 일시 정지된 도구를 복원하는 아이콘을 클릭한다. 모델을 변경할 때 해당 변경 내용을 미리 확인하는 데 사용할 수 있는 동적 "미리보기"가 활성화된다.

현재 설정으로 도구를 완료한다.

현재 작업을 취소한다.

2.4 마우스의 기능

Creo Parametric은 거의 대부분의 Menu item, Sketch, Select의 명령을 마우스로 사용한다. 마우스의 사용은 Windows의 사용법과 동일하지만 3버튼 마우스와 2버튼 마우스의 사용에서 사용 방법이 다르다. 실제로 2버튼 마우스의 경우 Shift 키를 누르고 왼쪽 버튼을 사용하여 3버튼의 가운데 버튼 대용으로 이용하면 되는데, 이는 너무 불편하므로 가급적이면 3버튼 마우스의 사용을 권장한다. 마우스는 작업의 상황에 따라 그 기능이 약간씩 차이가 나므로 잘 이해하면 메뉴를 일일이 지정하는 일이 줄어들기 때문에 능숙한 작업이 가능해지며, 빠른 속도로 작업이 이루어질 수 있으므로 잘 익혀두어야 한다.

(1) 일반적인 마우스의 기능

① 왼쪽 버튼 : 메뉴와 아이콘을 선택하거나, 그래픽 항목을 선택할 때 사용한다.

② 가운데 버튼 : 기본 설정을 받아들이거나 과정을 끝내기 위해서 사용한다.

③ 오른쪽 버튼 : 선택을 쿼리(query)하기 위해 사용한다. 마우스 포인터를 가져다 놓은 상태에서 오른쪽 버튼을 한 번씩 클릭하면, 클릭한 차례대로 마우스 포인터 주변 개체들이 하이라이트 되면서 원하는 개체의 선택이 이루어지도록 해준다.

(2) Main Graphic Window에서의 마우스를 이용한 Display 조정

Creo Parametric은 시각적인 효과를 통해 3차원 형상을 보여주는데 마우스를 이용한 확대/축소(Zoom), 회전(Rotate), 이동(Pan)을 시킴으로써 모델을 보다 정확하게 파악하고 작업자의 의도를 쉽게 알아볼 수 있도록 해준다.

마우스를 이용한 다양한 Display 조작 방법을 알아보자. 다음의 알파벳 L, M, R은 각각 left button, middle button(휠 버튼), right button을 나타낸다.

① M 위/아래 스크롤: 가운데 휠 버튼을 위 아래로 움직이면 마우스 포인터가 있는 점을 기준으로 모델이 확대/축소된다.

② M 클릭한 상태 : 상하좌우로 움직이면 모델이 움직이는 방향으로 공간 상태에서 회전한다.

③ Ctrl + M 클릭한 상태 : Ctrl키를 누르고 휠 버튼을 클릭한 상태로 마우스를 움직이면 현재 보고 있는 평면상태에서 회전한다.

④ Shift + M 클릭한 상태 : Shift키를 누르고 휠 버튼을 클릭한 상태로 마우스를 움직이면 평면 상태에서 상하좌우로 평면 이동한다.

⑤ Ctrl + Alt + M : 어셈블리 작업 상태에서 조립하고 있는 컴포넌트만 회전시킨다.

⑥ Ctrl + Alt + R : 어셈블리 작업 상태에서 조립하고 있는 컴포넌트를 상하좌우로 이동시킨다.

2.5 종료하기

Creo Parametric을 종료하기 위해서는 메인 윈도우의 Pull down 메뉴 중 "파일, 종료"를 선택한다. 확인 창에서 "예" 버튼을 클릭하여 종료한다. 만약 각각의 다른 창에서 동시에 여러 Part 작업을 진행하던 중에 하나의 창을 닫으려면 "보기, 닫기"를 선택하여 종료하면 된다.

제3장 Sketched Feature 를 이용한 형상모델링

3.1 Sketched Feature 생성하기

이 장에서는 단일 단면을 스케치하여 모델링을 하는 방법인 밀어내기(extrude) 형상을 생성하는 방법에 대하여 알아보도록 하자. 먼저 Sketched Feature를 생성하는 작업 순서를 보면 크게 3단계로 나눌 수 있다. 스케치 작업을 수행할 평면에 대한 정의 단계, 형상의 단면 모양을 스케치하는 단계, 스케치된 단면에 정확한 치수를 주는 단계로 구성된다.

Sketched feature를 이용한 모델링 첫 번째 part로 "base.prt"의 일부를 만들어보자.

새로 만들기 아이콘( )을 클릭하여 새로운 part 작업을 시작하거나, Pull Down 메뉴에서 "파일(File) ➔ 새로 만들기(New)"를 클릭하면 그림 3.1과 같이 새로 만들기 창이 나타난다.

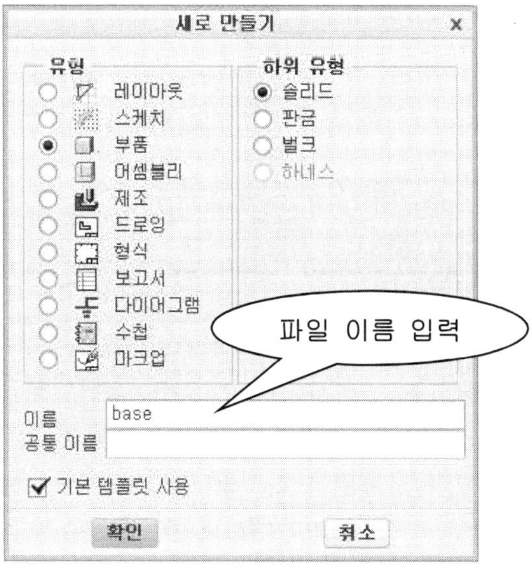

그림 3.1 새로 만들기 창

파일 이름 기본값으로 prt0001이 주어져 있는데 기본적인 이름으로 사용해도 무관하지만 가급적이면 사용자가 하고자 하는 작업에 대한 설명과 관련 있는 이름을 부여하는 것이 좋다. 여기에서는 파일 이름으로 **"base"**를 입력한다. 이름을 부여한 후 기본 템플릿 사용에 체크가 되어 있으면 확인 버튼을 클릭하여 작업을 시작한다(기본 템플릿 사용에 관한 내용은 추후에 설명).

[base.prt 만들기 1 - 기본 형상 만들기]

- 스케치 아이콘()을 클릭한다.
  - 스케치 창이 활성화되면, **TOP** 평면을 "스케치 평면"으로 설정(마우스 왼쪽버튼으로 **TOP** 평면을 클릭)하고 "스케치 방향"으로 **RIGHT** 평면이 "오른쪽" 방향으로 향하게 설정한 후 스케치 버튼을 클릭한다.

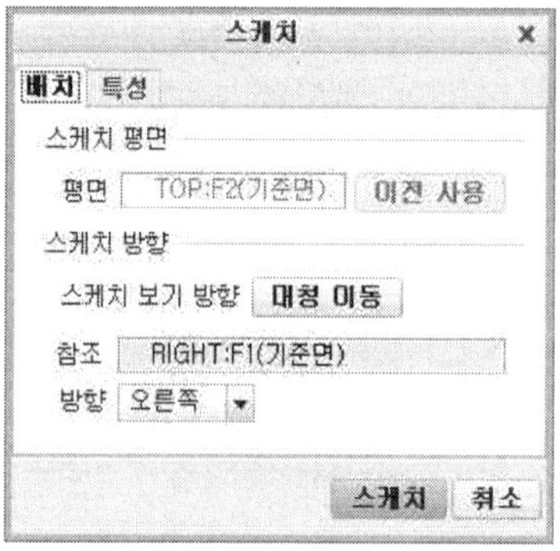

그림 3.2 스케치 평면 정의

★ 스케치 평면, 스케치 방향

Creo Parametric에서 Sketched Feature를 이용한 모델링 작업에서는 항상 **"스케치 평면"**을 정의해야만 하고, 설정한 스케치 평면이 화면 정면으로 향하게 하기 위한 **"참조, 방향"** 설정을 해야만 한다. 설정한 스케치 평면을 단면을 그릴 도화지로 생각하면 이해가 쉬울 것이며, 스케치 보기 방향은 도화지를 바라보는 방향이며, 참조 방향은 도화지와 직각을 이루는 평면으로, 어떤 방향을 향해야만 도화지가 정면에 놓이게 될 것인지를 정의해주는 것이다. 따라서 스케치 평면과 참조 평면은 서로 수직인 두 평면이고, 수직인 방향에 대한 설정에 따라서 도화지의 정면 방향이 달라지게 된다. 의미는 이전 버전인 **Wildfire**와 동일하지만, **Creo Parametric** 버전부터는 **3**차원 상태에서 스케치 작업이 이루어지도록 되어 있어서, 설정한 스케치평면이 자동으로 정면을 향하지 않는다.

- 그림 3.3과 같이 "코너 직사각형" 아이콘을 클릭하여 스케치한다.

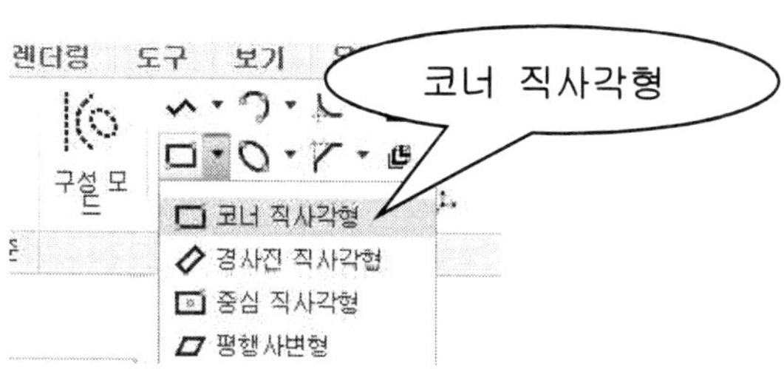

그림 3.3 코너 직사각형

- 마우스로 한 곳을 클릭한 후 drag하여 두 번째 위치를 클릭하여 사각형을 스케치한다.
- 자동으로 기입되는 치수를 더블 클릭하여 그림 3.4와 같이 치수를 수정한다.

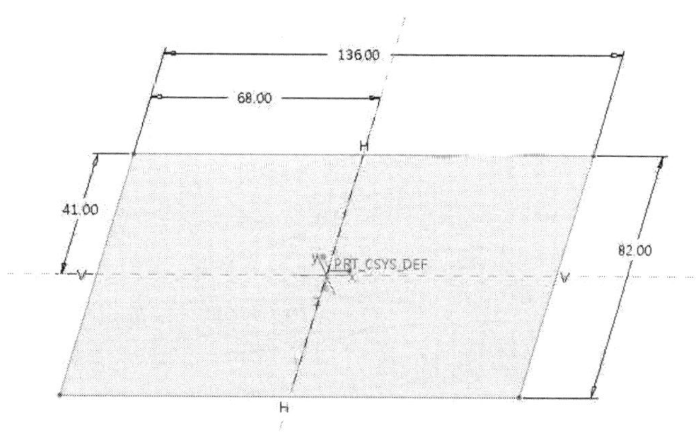

그림 3.4 스케치 작업 : 코너 직사각형(136×82)

- 스케치 작업이 끝나면 확인 아이콘(✔)을 클릭하여 단면 작업을 마친다.

● 그림 3.5와 같이 "밀어내기" 아이콘을 클릭하여 돌출 형상을 만든다.

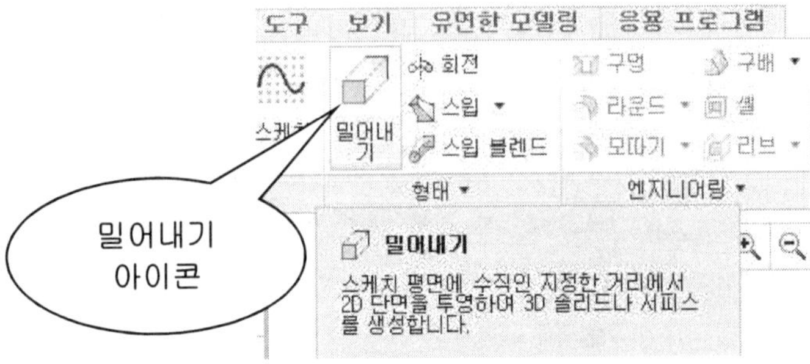

그림 3.5 밀어내기 아이콘

- 그림 3.6과 같이 대시보드에서 블라인드 깊이를 “12”로 지정하면 아이콘들이 활성화되며 이 때 확인 아이콘(✔)을 클릭하면 작업이 완료된다.

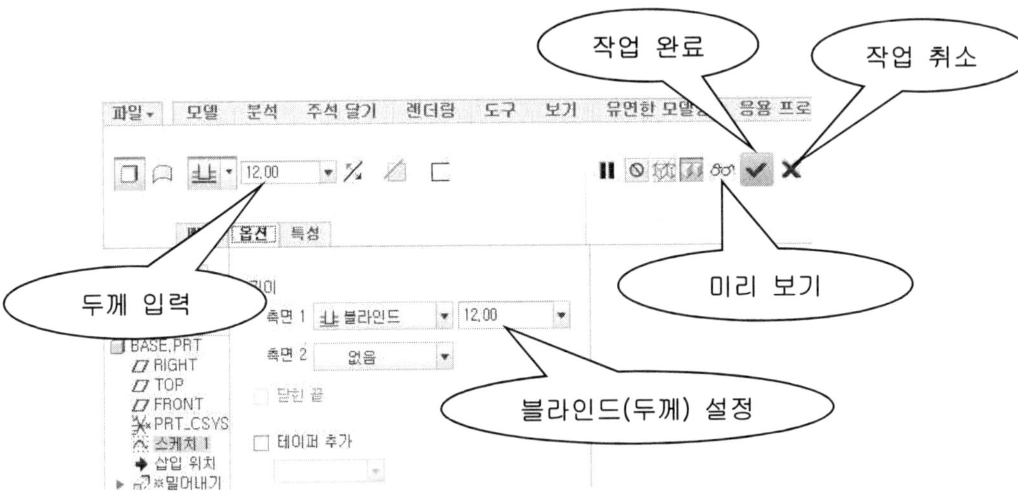

그림 3.6 대시보드 설정

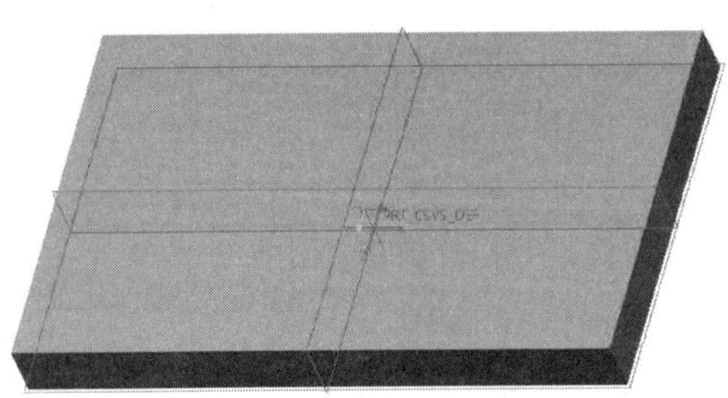

그림 3.7 밀어내기 완료

- 스케치 아이콘()을 클릭한다(앞의 작업과 같은 과정).
  - "스케치 평면"으로 돌출된 형상의 윗면을 설정(마우스 왼쪽 버튼으로 서피스 클릭)하고 참조 평면 방향으로 RIGHT 평면이 "오른쪽" 방향으로 향하게 설정한 후 스케치 버튼을 클릭한다.

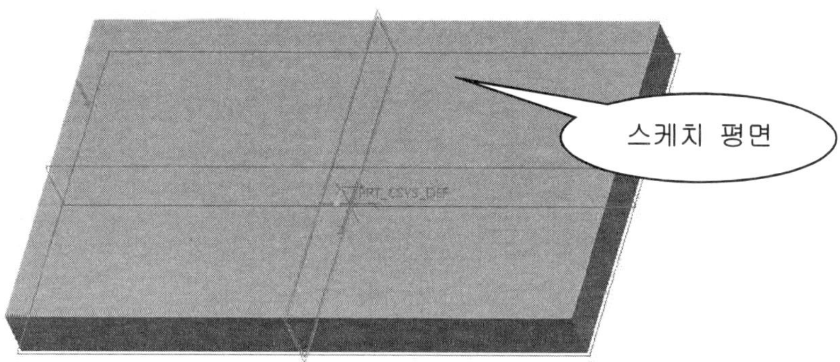

그림 3.8 스케치 평면 정의

  - 그림 3.9와 같이 스케치 환경을 "은선 제거"와 "스케치 보기"로 설정한다.

그림 3.9 스케치 환경 설정

  - "참조" 아이콘을 클릭한 후 위 아래 두 모서리를 선택하여 참조를 추가한다.

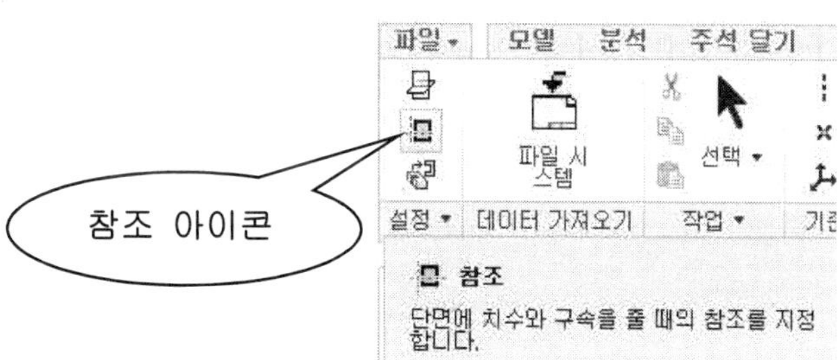

그림 3.10 참조 설정

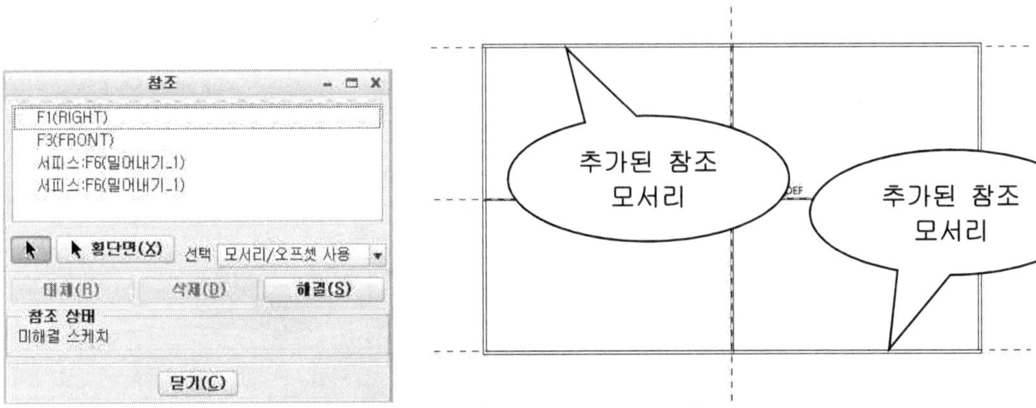

그림 3.11 참조 모서리 추가

- 그림 3.12와 같이 “코너 직사각형” 아이콘을 이용하여 스케치한다.
  ⇨ 추가된 위 아래 수평 참조선에 정확하게 클릭할 수 있다.

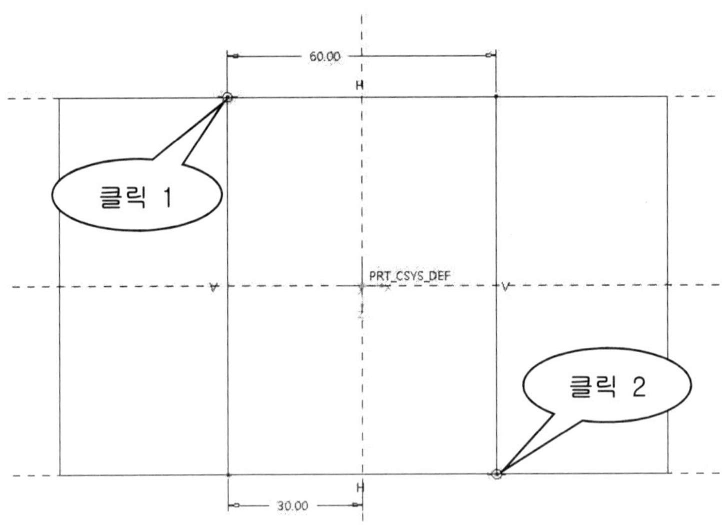

그림 3.12 스케치 작업 : 코너 직사각형(60×82)

- 스케치 작업이 끝나면 확인 아이콘(✔)을 클릭하여 단면 작업을 마친다.

- 그림 3.13과 같이 "밀어내기" 아이콘을 클릭하여 돌출 형상을 만든다.

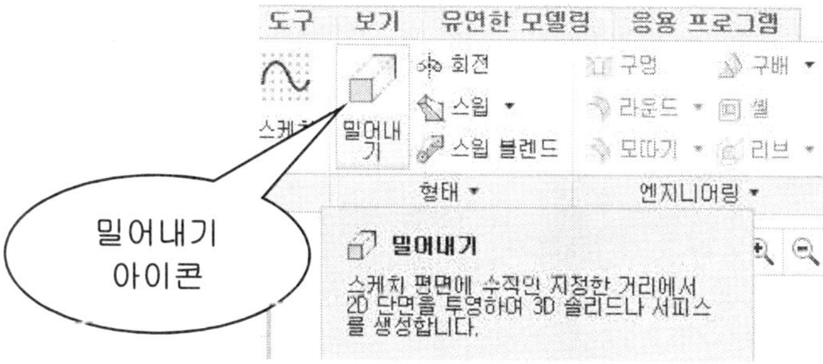

그림 3.13 밀어내기 아이콘

- 그림 3.14와 같이 깊이값을 "4"로 지정한 후 확인 아이콘(✔)을 클릭하면 작업이 완료된다.

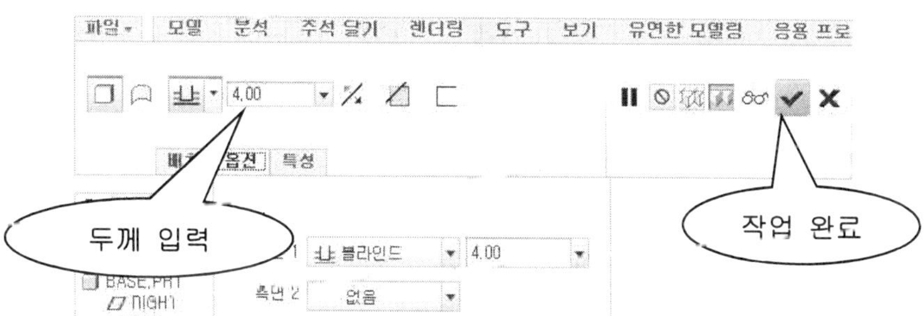

그림 3.14 대시보드 설정

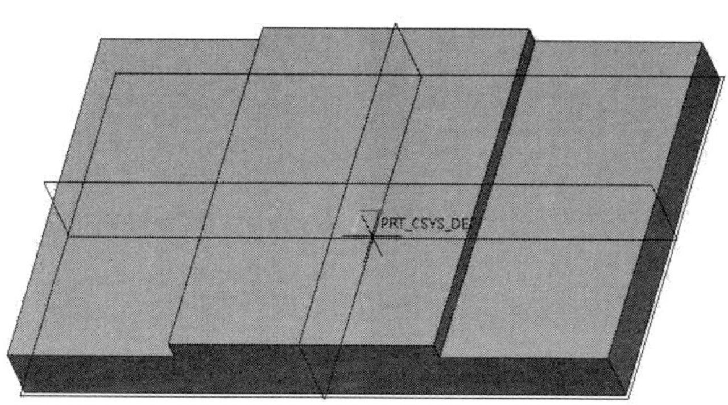

그림 3.15 밀어내기 완료

- 스케치 아이콘( )을 클릭한다(앞의 작업과 같은 과정).
  - "스케치 평면"으로 돌출된 형상의 앞면을 설정(마우스 왼쪽 버튼으로 서피스 클릭)하고 참조 평면 방향으로 RIGHT 평면이 "오른쪽" 방향으로 향하게 설정한 후 [스케치] 버튼을 클릭한다.

  ⇨ 기본 평면이 선택되지 않았기 때문에 스케치 방향의 참조 평면은 RIGHT 평면이 선택되어 있지 않으므로 마우스 왼쪽 버튼으로 RIGHT 평면을 직접 선택한다.

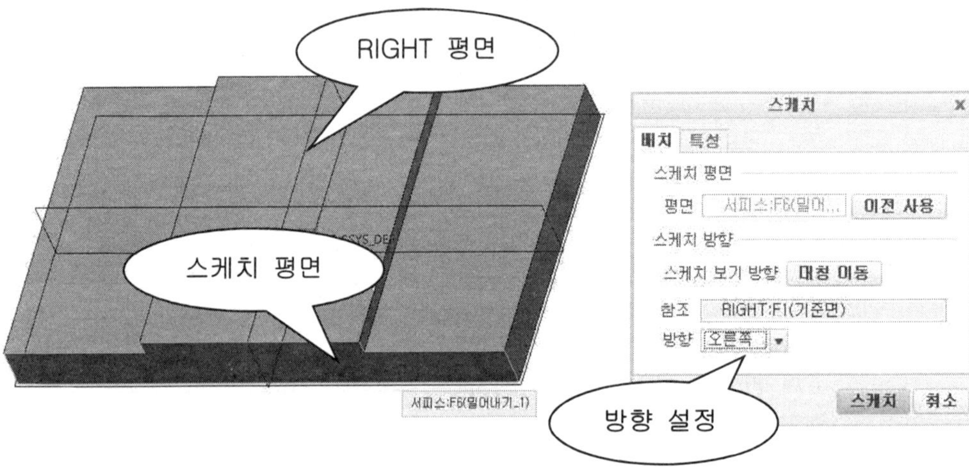

그림 3.16 스케치 평면 정의

- 그림 3.17과 같이 스케치 환경을 "은선 제거"와 "스케치 보기"로 설정한다.

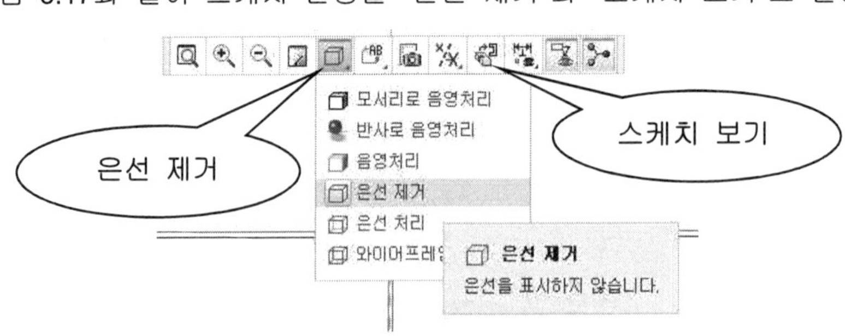

그림 3.17 스케치 환경 설정

- 그림 3.18과 같이 "코너 직사각형" 아이콘을 이용하여 스케치한다.

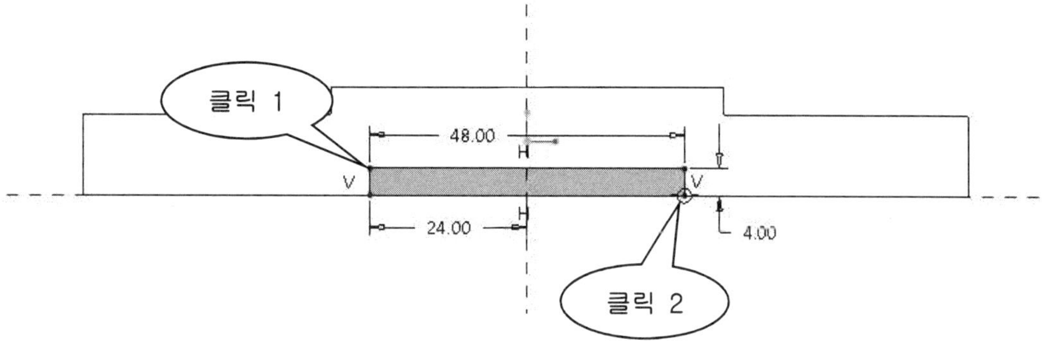

그림 3.18 스케치 작업 : 코너 직사각형(48×4)

- 스케치 작업이 끝나면 확인 아이콘(✔)을 클릭하여 단면 작업을 마친다.

● "밀어내기" 아이콘을 클릭하여 "Cut" 작업을 수행하여 잘려나간 형상을 만든다.

- Feature의 일부분을 제거하는 "Cut" 작업은 밀어내기를 이용한 돌출 형상과 반대 개념이라고 생각하면 간단하다. Creo Parametric에서는 "Cut" 개념이 모델링된 형상의 일부분을 제거하는 것인데, 제거될 부분을 밀어내기로 형상을 만든 후에 "제거"를 설정해준다. 따라서, 밀어내기 돌출로 만들 수 있는 형상은 "Cut" 작업이 가능하다.

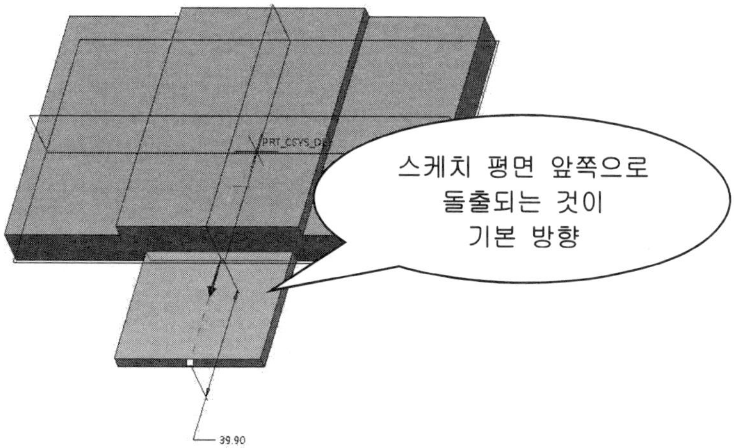

그림 3.19 밀어내기 작업 기본 돌출 형상

- 재료 제거 아이콘을 클릭하여 "Cut" 작업임을 설정하고, 방향 아이콘 (⅍)을 클릭하여 전환시킨다.
  ⇨ 밀어내기 돌출일 경우에는 사용자의 정면으로 돌출되는데, 재료 제거는 이와 반대 방향으로 되기 때문에 방향 전환시킴.
- 제거될 부분과 남겨질 부분의 영역을 확인하여 방향을 전환한다.
- 잘라낼 블라인드 깊이를 "모든 서피스와 교차"하도록 지정한다.

그림 3.20 재료 제거 영역 부분과 방향 설정

- 미리보기 아이콘을 클릭하여 작업을 확인한 후 확인 아이콘(✔)을 클릭하여 작업을 완료한다.

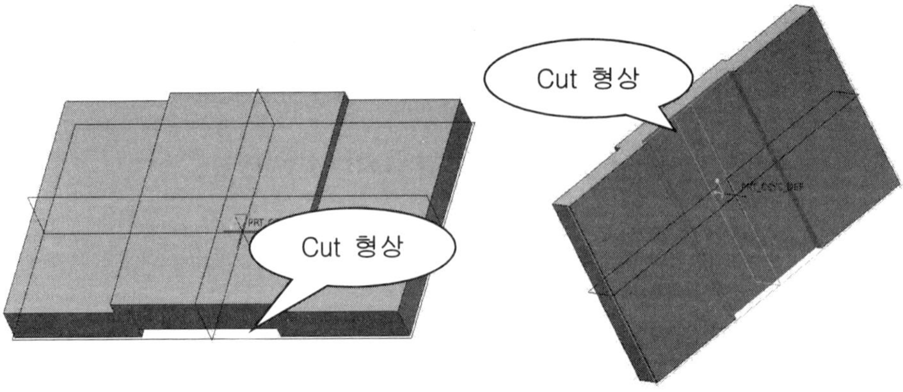

그림 3.21 밀어내기 "Cut" 작업 완료

- 스케치 아이콘( )을 클릭한다(앞의 작업과 같은 과정).
  - "스케치 평면"으로 돌출된 형상의 윗면을 설정(마우스 왼쪽 버튼으로 서피스 클릭)하고 참조 평면 방향으로 RIGHT 평면이 "오른쪽" 방향으로 향하게 설정한 후 [스케치] 버튼을 클릭한다.

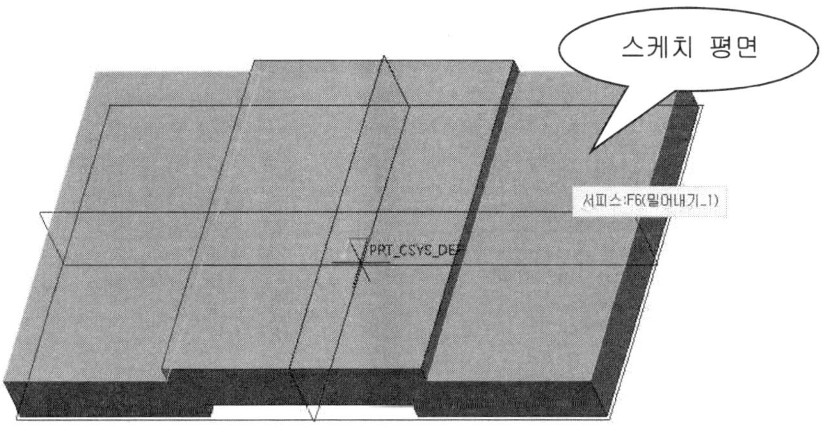

그림 3.22 스케치 평면 정의

- 그림 3.23과 같이 스케치 환경을 "은선 제거"와 "스케치 보기"로 설정한다.

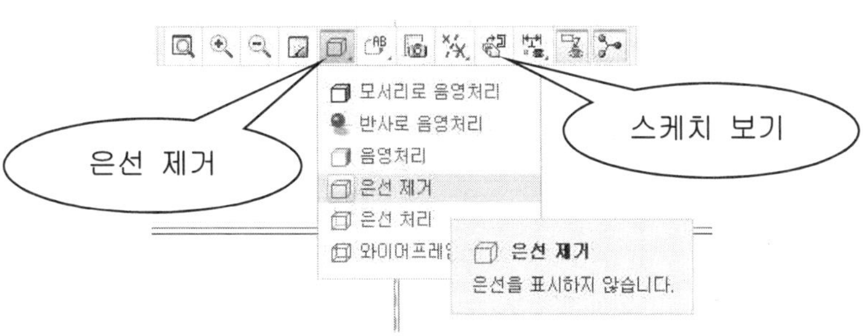

그림 3.23 스케치 환경 설정

- 그림 3.24와 같이 "중심/점" 원(circle) 아이콘을 클릭하여 스케치한다.
- "원1"의 중심점을 클릭한 후 마우스를 drag하여 원을 스케치한다.

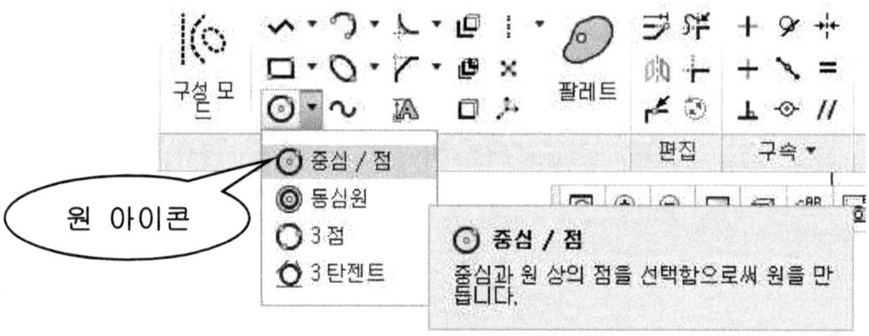

그림 3.24 원 : 중심/점

- "원1"을 스케치한 후 수평이 유지되는 상태로 마우스를 오른쪽 "원2" 위치로 이동하여 두 번째 원을 스케치한다. 수직이 유지되는 상태로 마우스를 윗쪽 "원3" 위치로 이동하여 세 번째 원을 스케치한다. 수평이 유지되는 상태로 마우스를 왼쪽 "원4"로 이동하여 네 번째 원을 스케치한다.

  ⇨ 동일반지름 표시인 R 문자가 표시될 때 원의 크기를 맞추면 동일반지름의 원을 스케치할 수 있다.

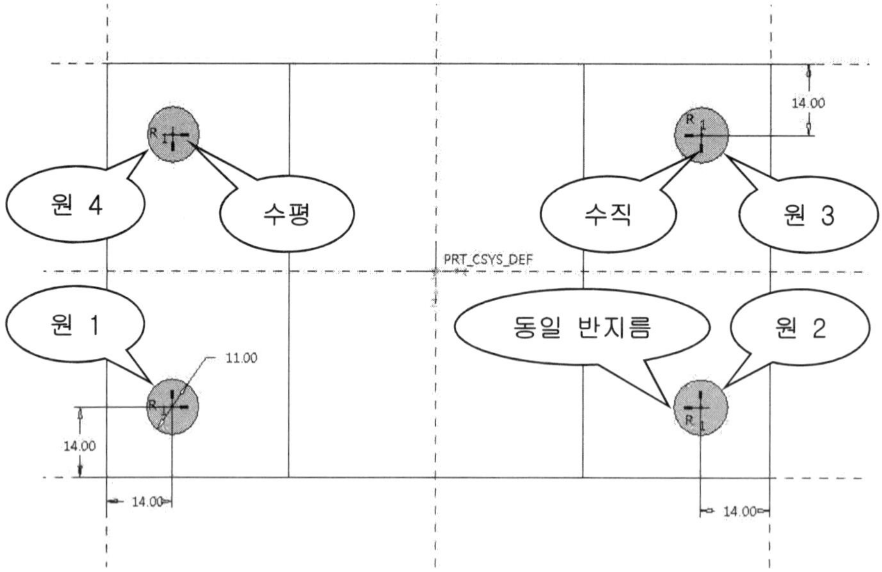

그림 3.25 스케치 작업 : 원(지름 : 11, 4 개)

- 그림 3.25와 같이 설계 치수로 변경하기 위해서 치수 아이콘을 클릭하여 치수를 정의한다.

그림 3.26 치수 설정 아이콘

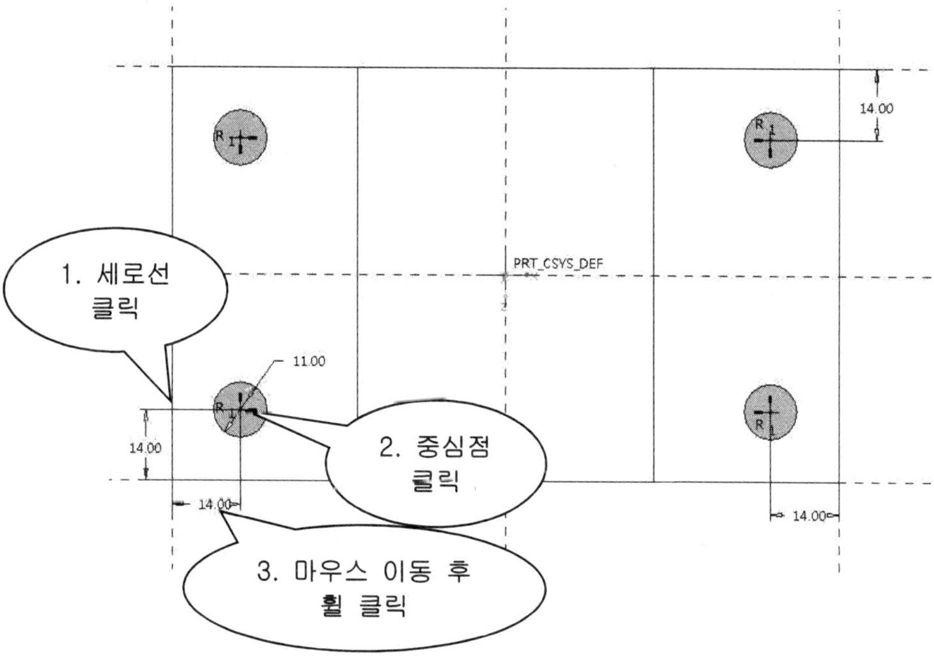

그림 3.27 치수 설정

- 그림 3.27과 같이 1, 2, 3의 순서대로 마우스를 클릭하여 치수를 기입한다.
- 나머지 부분들도 같은 방법으로 치수를 기입한다. 원의 치수는 **default**로 주어진 경우 더블 클릭한 후 설계 치수로 수정한다.
  ⇨ 마우스 왼쪽 버튼으로 원(또는 아크)을 클릭한 후 "휠"을 클릭하면 반지름치수를 기입하고, 더블 클릭한 후 "휠"을 클릭하면 지름치수를 기입할 수 있다.
- 스케치 작업이 끝나면 확인 아이콘(✔)을 클릭하여 단면 작업을 마친다.

- "밀어내기" 아이콘을 클릭하여 구멍 형상을 만든다.
  - 재료 제거 아이콘을 클릭하여 **"Cut"** 작업임을 설정하고, 방향 아이콘 (⁄)을 클릭하여 전환시킨다.
  - 잘라낼 [블라인드] 깊이를 "모든 서피스와 교차"하도록 지정한다.

그림 3.28 재료 제거 영역 부분과 방향 설정

- 미리보기 아이콘을 클릭하여 작업을 확인한 후 완료 아이콘(✔)을 클릭하여 작업을 완료한다.

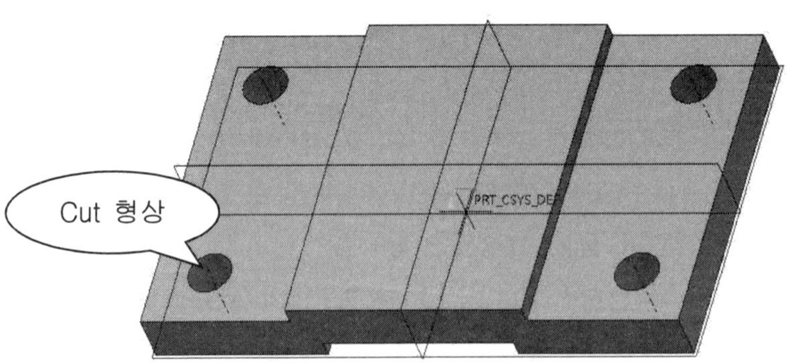

그림 3.29 밀어내기 **"Cut"** 작업 완료

- 작업한 파일을 저장하여 다음에 이어서 작업을 할 수 있도록 한다.
  - Pull Down 메뉴 "파일(File)"을 클릭한 후 "저장(S)"을 클릭하여 파일을 저장한다.
  - 다른 이름으로 저장하고 싶으면, "다른 이름으로 저장(A) ➔ 복사본저장(A)"을 클릭한 후 원하는 파일 이름을 지정한 후 저장하면 된다.
  - 이 때 저장되는 위치는 작업 디렉토리 선택에서 지정한 폴더에 저장된다.

★ 파일 관리 – 세션 관리 : 작업 디렉토리 선택

Creo Parametric에서 작업을 하기 위해 먼저 고려해야 할 사항이 있는데, 이는 작업한 데이터를 어떤 폴더에 저장할 것인가를 정의하는 것이다. Pull Down 메뉴 파일(File)을 클릭하면 나타나는 부메뉴들 중에서 "세션 관리(M)", "작업 디렉토리 선택 **(W)**"을 클릭하면 원하는 저장 위치를 지정할 수 있다. 작업 종류별로 파일을 관리하는 것이 효과적이므로 작업 디렉토리는 작업을 시작할 때 먼저 설정해주고 작업을 시작하는 것이 좋다.

그림 3.30 작업 디렉토리 선택

밀어내기 방법으로 bracket 형상을 만들어보자.

[bracket.prt 만들기 1]

새로 만들기 아이콘( )을 클릭하여 새로운 part 작업을 시작하거나, Pull Down 메뉴에서 "파일(File) ➔ 새로 만들기(New)"를 클릭하면 그림 3.31과 같이 새로 만들기 창이 나타난다.

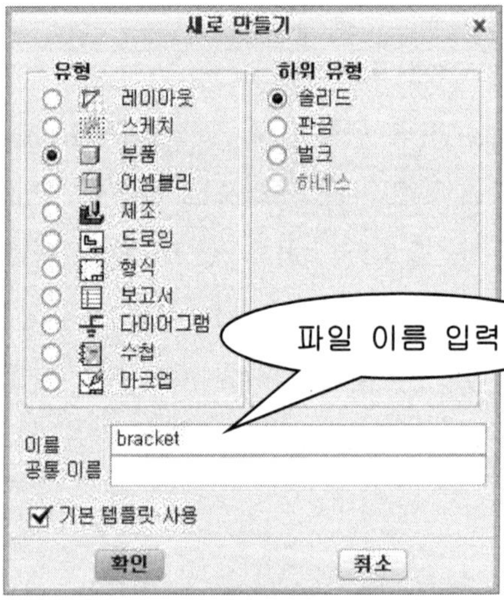

그림 3.31 새로 만들기 창

- 스케치 아이콘( )을 클릭한다.
  - 스케치 창이 활성화되면, FRONT 평면을 "스케치 평면"으로 설정하고 "스케치 방향"으로 RIGHT 평면이 "오른쪽" 방향으로 향하게 설정한 후 스케치 버튼을 클릭한다.
  - 그림 3.32와 같이 스케치 환경을 "은선 제거"와 "스케치 보기"로 설정한다.

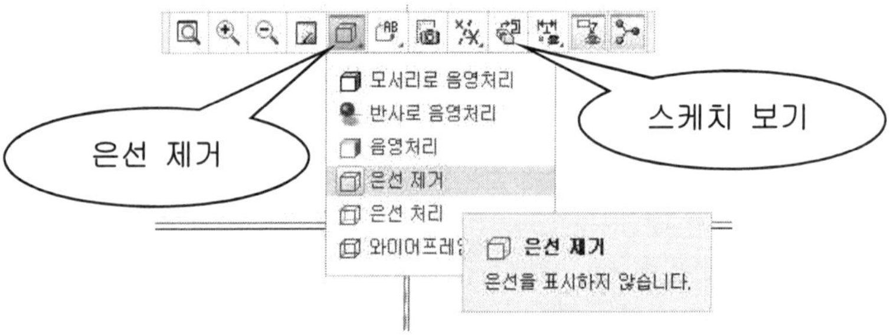

그림 3.32 스케치 환경 설정

- 그림 3.33과 같이 “코너 직사각형” 아이콘을 클릭하여 스케치한다.

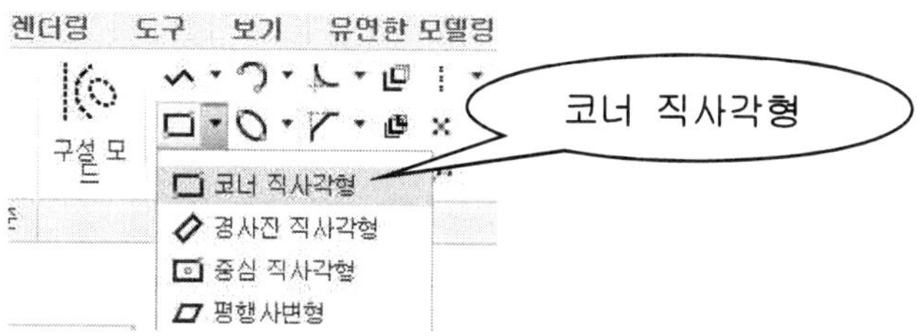

그림 3.33 코너 직사각형

- 마우스로 원점을 클릭한 후 drag하여 두 번째 위치를 클릭하여 사각형을 스케치한다.
- 자동으로 기입되는 치수를 더블 클릭하여 그림 3.34와 같이 치수를 수정한다.

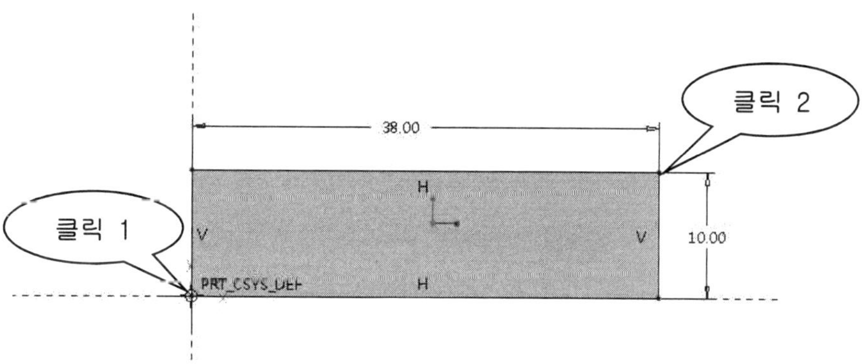

그림 3.34 스케치 작업 : 코너 직사각형(38×10)

- 스케치 작업이 끝나면 스케치 완료 아이콘(✔)을 클릭하여 단면 작업을 마친다.

- 그림 3.35와 같이 “밀어내기” 아이콘을 클릭하여 돌출 형상을 만든다.

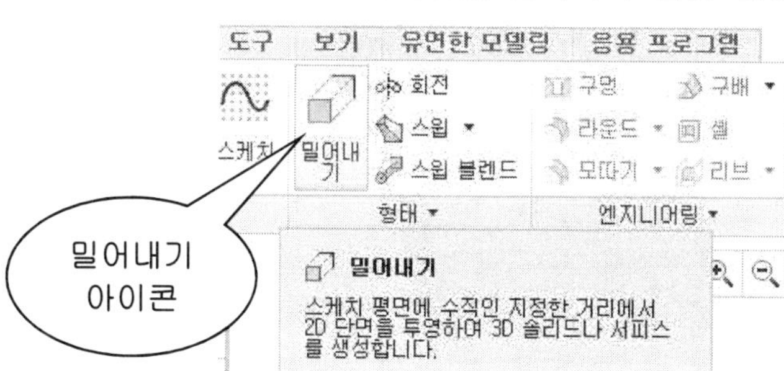

그림 3.35 밀어내기 아이콘

- 그림 3.36과 같이 블라인드 깊이를 양방향으로 “82”로 지정하면 아이콘들이 활성화되며 이 때 확인 아이콘(✔)을 클릭하면 작업이 완료된다.

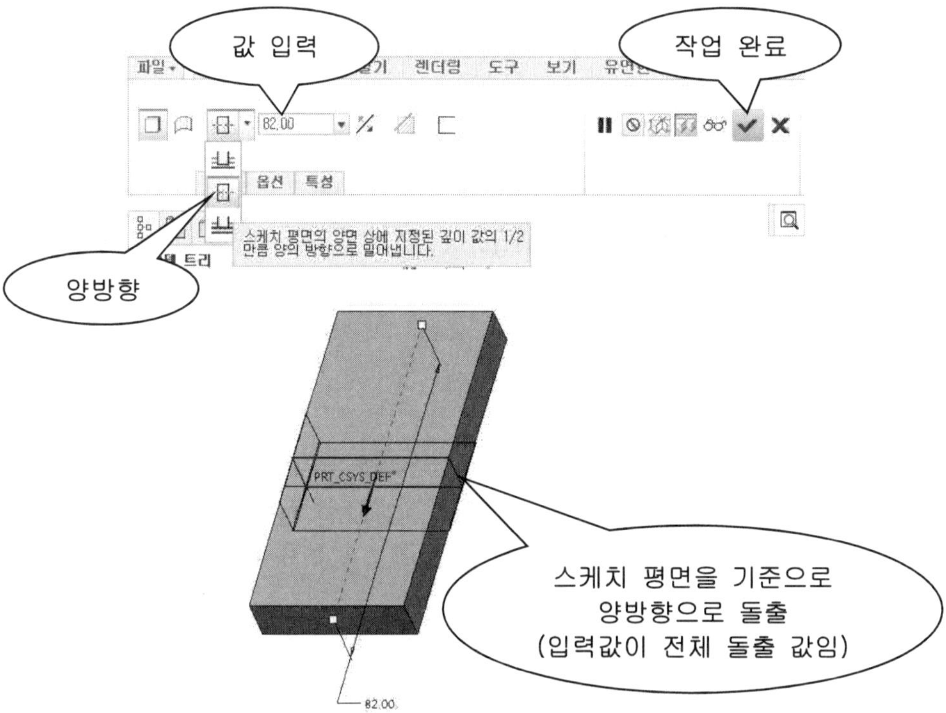

그림 3.36 대시보드 설정

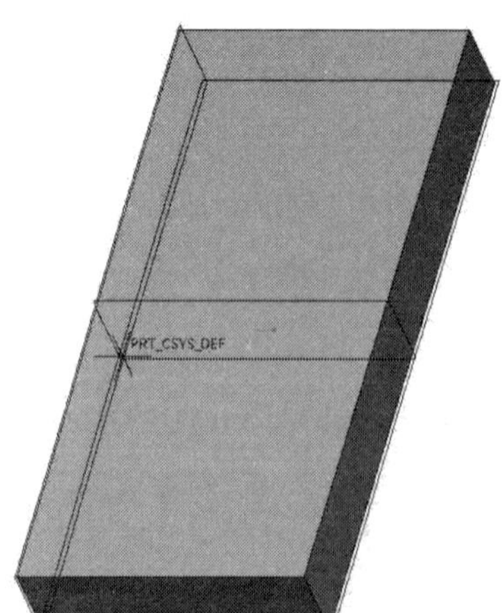

그림 3.37 밀어내기 완료

- 스케치 아이콘(〜)을 클릭한다..
  - "스케치 평면"으로 돌출된 형상의 왼쪽면을 클릭하고 참조 평면 방향으로 FRONT 평면이 "오른쪽" 방향으로 향하게 설정한 후 스케치 버튼을 클릭한다.
  - ⇨ "휠" 버튼을 클릭한 상태에서 마우스를 움직이면 형상을 회전 시킬 수 있다.

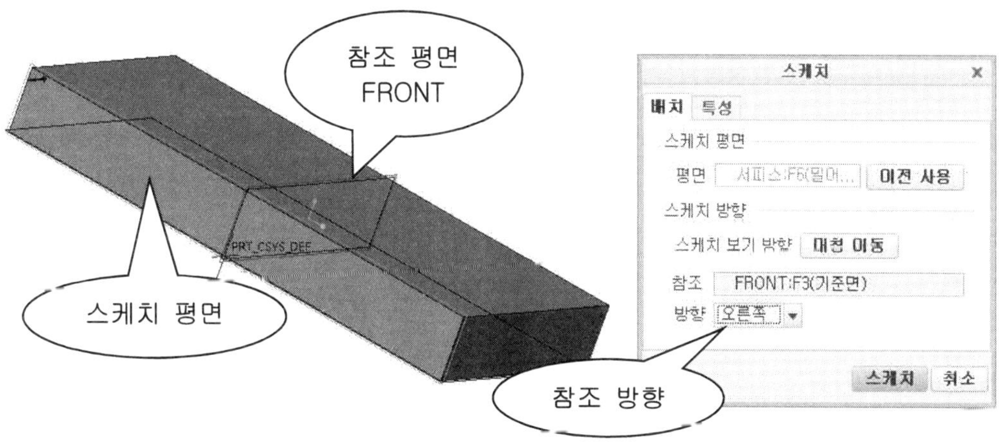

그림 3.38 스케치 평면 정의

- 그림 3.39와 같이 스케치 환경을 "은선 제거"와 "스케치 보기"로 설정한다.

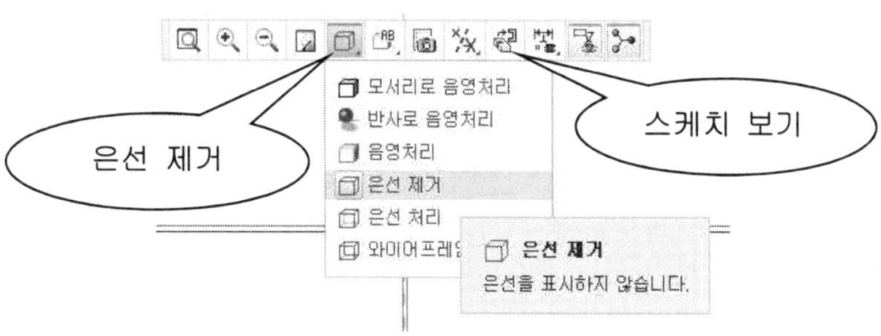

그림 3.39 스케치 환경 설정

- "참조" 아이콘을 클릭한 후 세 모서리를 선택하여 참조를 추가한다.

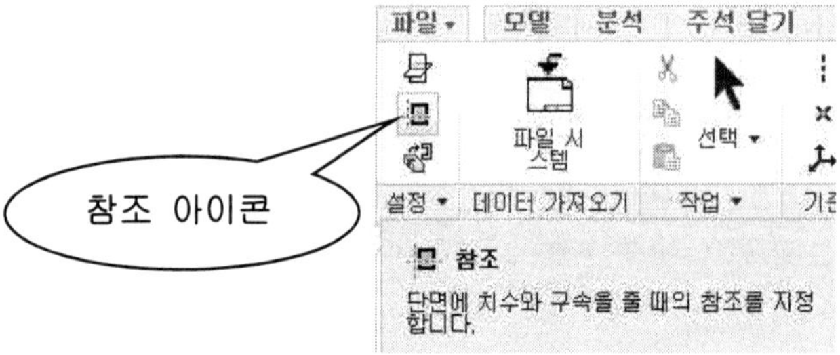

그림 3.40 참조 설정

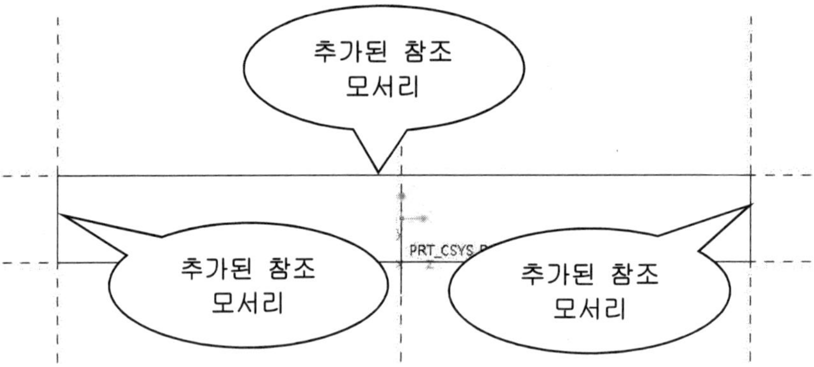

그림 3.41 참조 모서리 추가

- 그림 3.42와 같이 "중심/끝" 아크(arc) 아이콘을 이용하여 스케치한다.

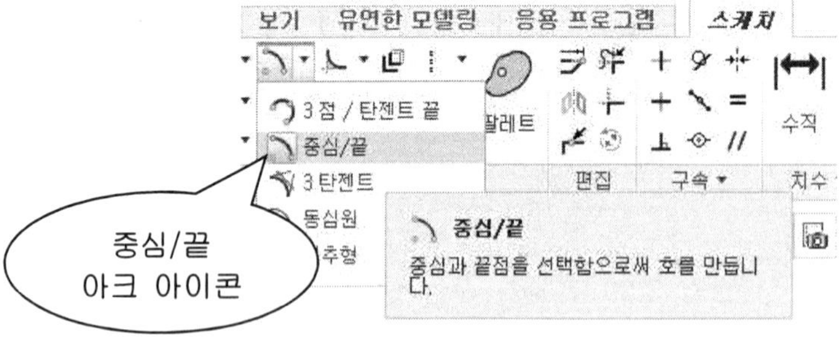

그림 3.42 스케치 작업 : 중심/끝 아크

- 그림 3.43과 같이 한 가운데 중심을 먼저 클릭한 후 왼쪽의 시작점을 클릭한 상태에서 시계방향으로 마우스를 움직여서 마지막 점을 클릭하여 아크 스케치를 마무리한다.

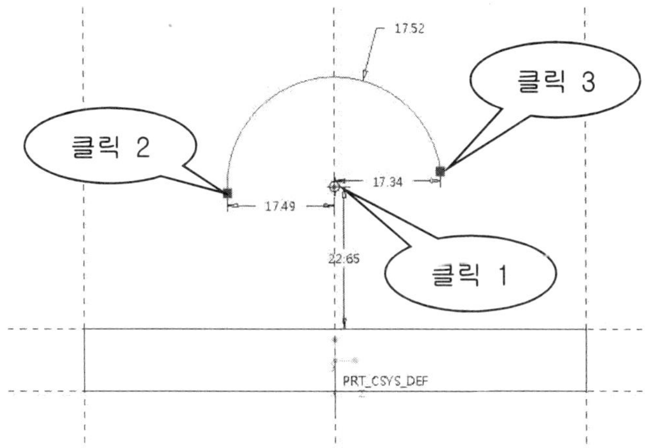

그림 3.43 스케치 작업 : 중심/끝 아크

- 그림 3.44와 같이 “선 체인” 아이콘을 이용하여 나머지 단면을 스케치한다.

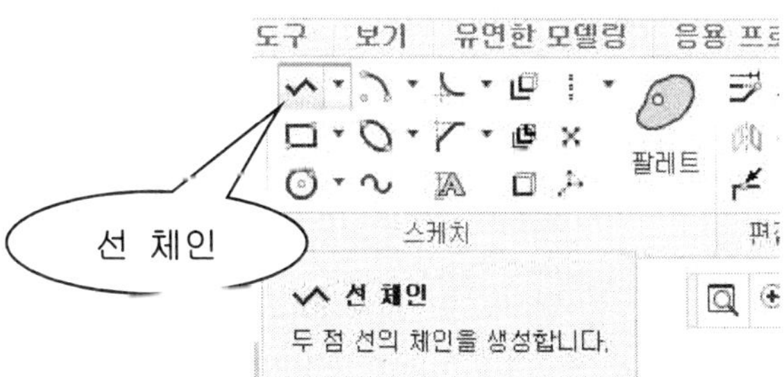

그림 3.44 스케치 작업 : 선 체인

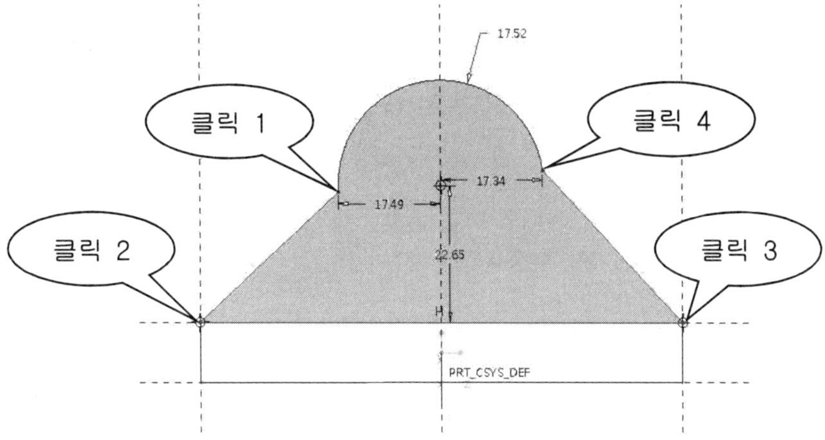

그림 3.45 스케치 작업

- 그림 3.46과 같이 “탄젠트” 구속조건 아이콘을 이용하여 아크 연결 부분을 탄젠트가 되도록 한다(탄젠트 구속이 이루어지면 T자 표시가 나타난다).

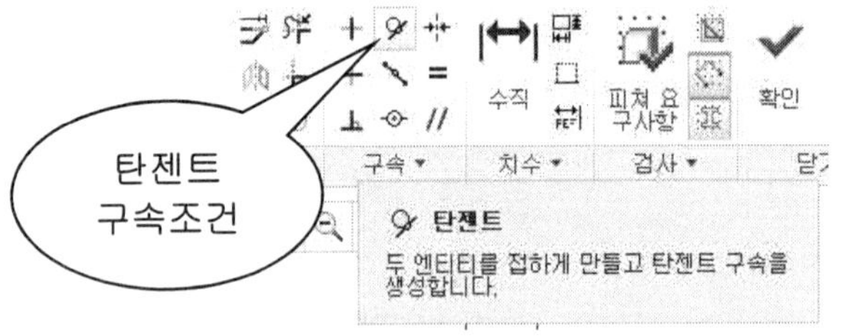

그림 3.46 구속 조건 : 탄젠트 아이콘

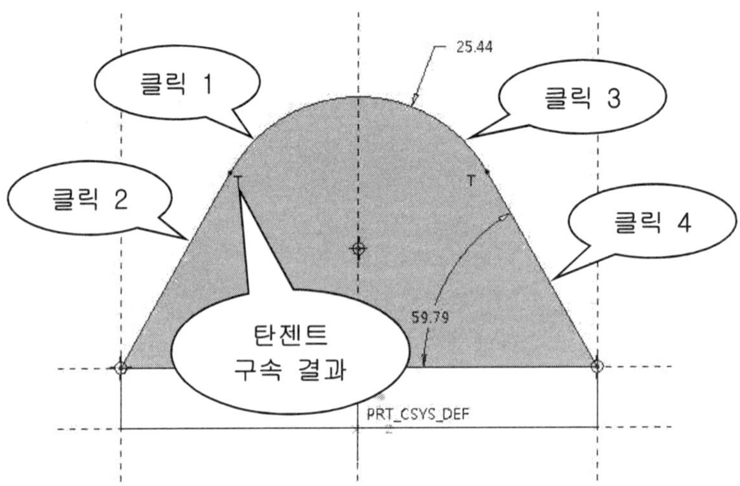

그림 3.47 구속 조건 추가 : 탄젠트 설정

- 치수 아이콘을 클릭하여 높이 치수를 추가한다. 먼저 수평선을 클릭한 후 아크의 중심점을 선택하고 마우스를 오른쪽으로 이동하여 “휠” 버튼을 클릭하여 치수를 추가한다.
- 그림 3.48과 같이 치수를 수정한다.

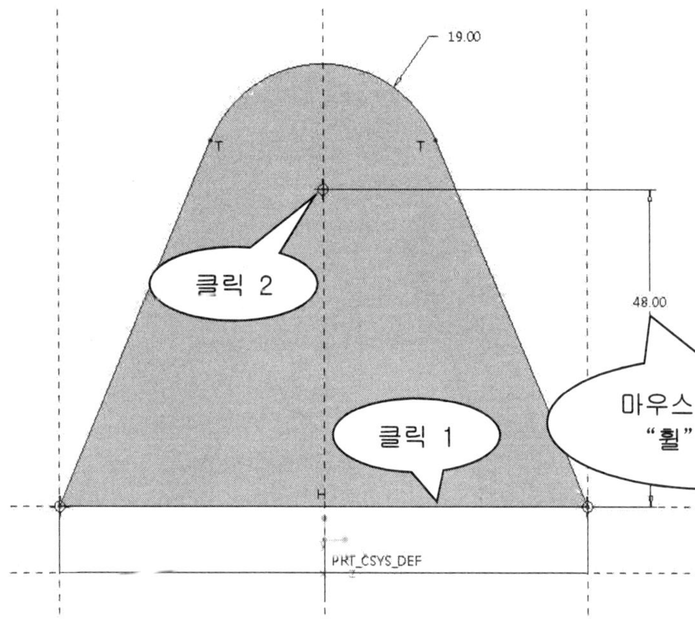

그림 3.48 스케치 작업

- 스케치 작업이 끝나면 확인 아이콘(✔)을 클릭하여 단면 작업을 마친다

● "밀어내기" 아이콘을 클릭하여 돌출 형상을 만든다.

- 그림 3.49와 같이 블라인드 깊이를 양방향으로 "10"으로 지정하고 돌출방향을 전환하고 완료 아이콘(✔)을 클릭하면 작업이 완료된다.

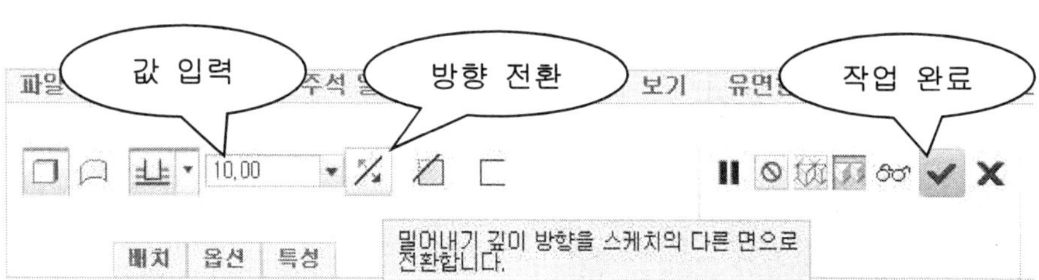

그림 3.49 대시보드 설정

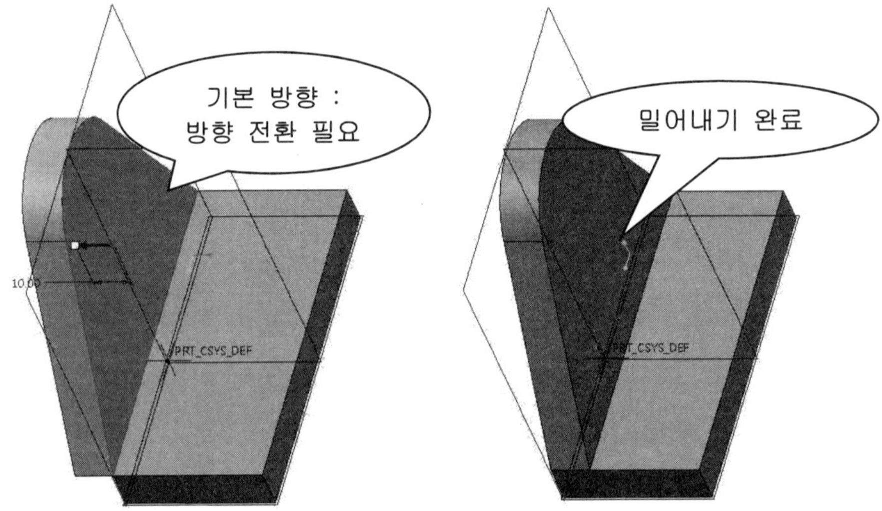

그림 3.50 밀어내기 완료

- 스케치 아이콘()을 클릭한다..
  - "스케치 평면"으로 앞에서 돌출한 형상의 오른쪽면을 클릭하고 참조 평면 방향으로 FRONT 평면이 "왼쪽" 방향으로 향하게 설정한 후 스케치 버튼을 클릭한다.

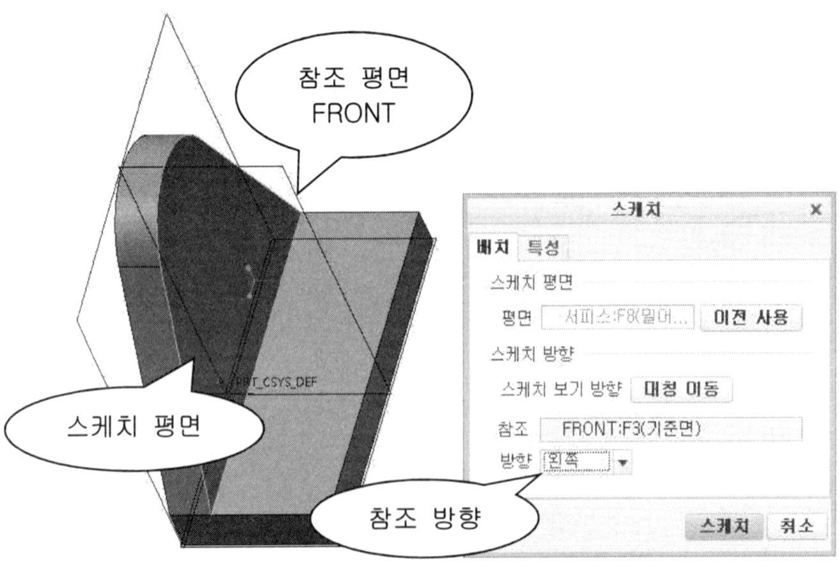

그림 3.51 스케치 평면 정의

- 그림 3.52 와 같이 스케치 환경을 "은선 제거"와 "스케치 보기"로 설정한다.

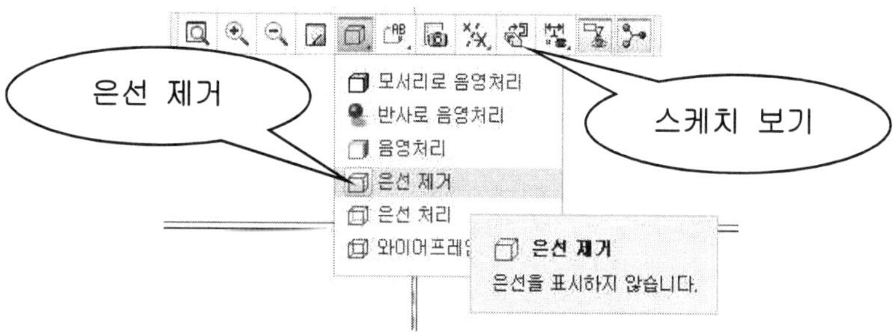

그림 3.52 스케치 환경 설정

- 그림 3.53과 같이 "동심원" 아이콘을 이용하여 스케치한다.

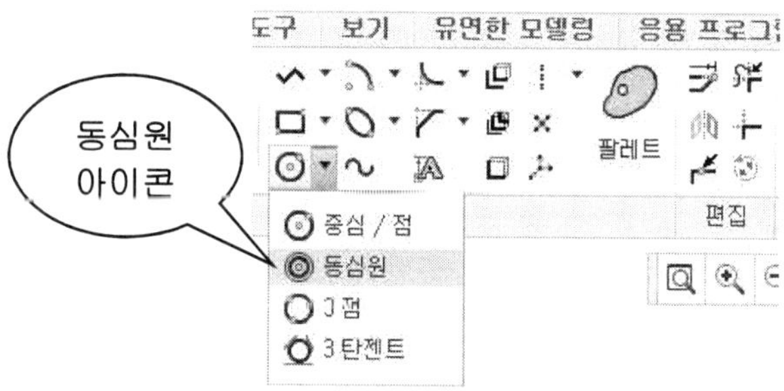

그림 3.53 스케치 작업 : 동심원

- 그림 3.54와 같이 원을 클릭한 후 마우스를 안쪽으로 움직였다가 다시 처음 클릭한 원으로 이동시켜서 원을 클릭하고 "휠"을 클릭하여 "동심원" 스케치를 마무리한다.

⇨ "동심원" 아이콘을 이용하여 스케치하거나 "중심/점" 아이콘을 이용하여 반지름 19또는 지름 38인 원을 스케치하여도 된다. "동심원" 기능을 이용하면 중심점의 치수와 원의 치수를 기입할 필요가 없으므로 조금 더 편리하다.

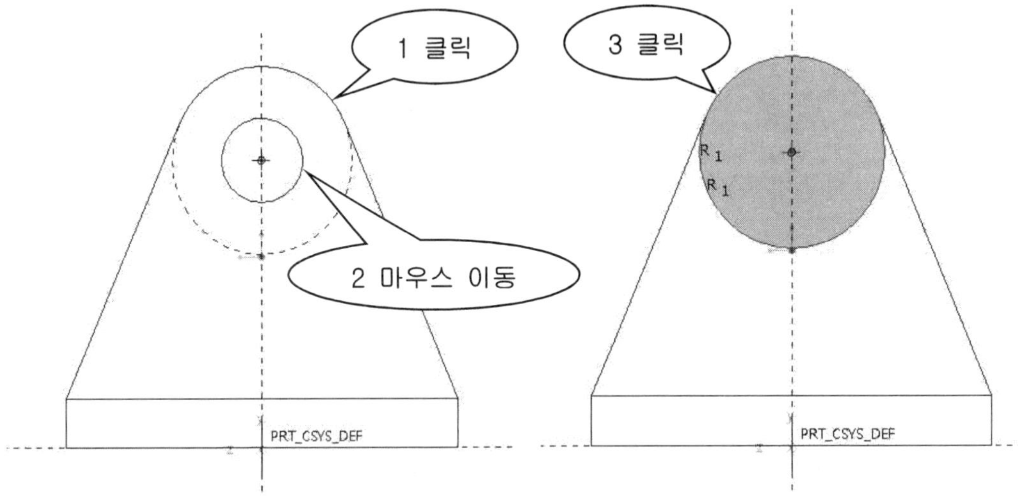

그림 3.54 스케치 작업 : 동심원(R19)

- 스케치 작업이 끝나면 확인 아이콘(✔)을 클릭하여 단면 작업을 마친다.

● "밀어내기" 아이콘을 클릭하여 돌출 형상을 만든다.
  - 그림 3.55와 같이 깊이값을 "12"로 지정하고 돌출방향을 전환하고 완료 아이콘(✔)을 클릭하면 작업이 완료된다.

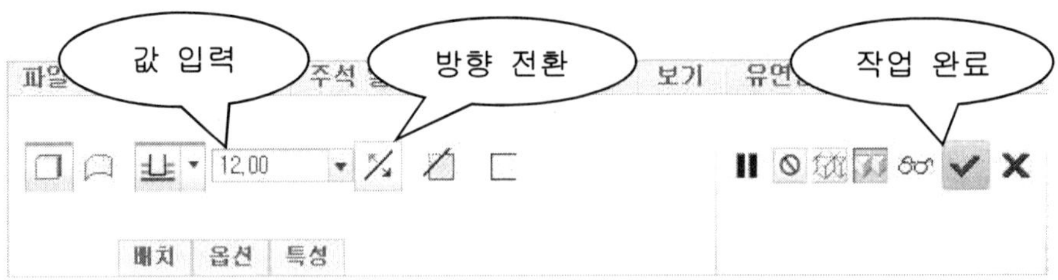

그림 3.55 대시보드 설정

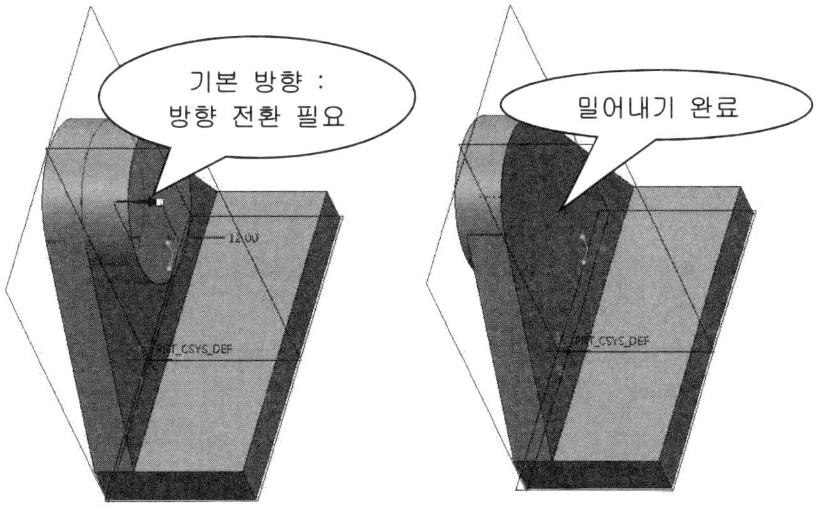

그림 3.56 밀어내기 완료

⇨ 이미 작업된 형상과 겹쳐서 돌출을 시켜도 Creo Parametric에서는 하나의 솔리드 형상으로 인식하므로 형상을 겹쳐서 만들어도 무방하다.

- 스케치 아이콘( )을 클릭한다..
  - "스케치 평면"을 설정함에 있어서 바로 앞에서 설정한 평면에 스케치 작업을 할 경우에는 이전사용 버튼을 마우스로 클릭하면 바로 앞에서 작업한 상태의 스케치 평면 상태로 넘어간다.

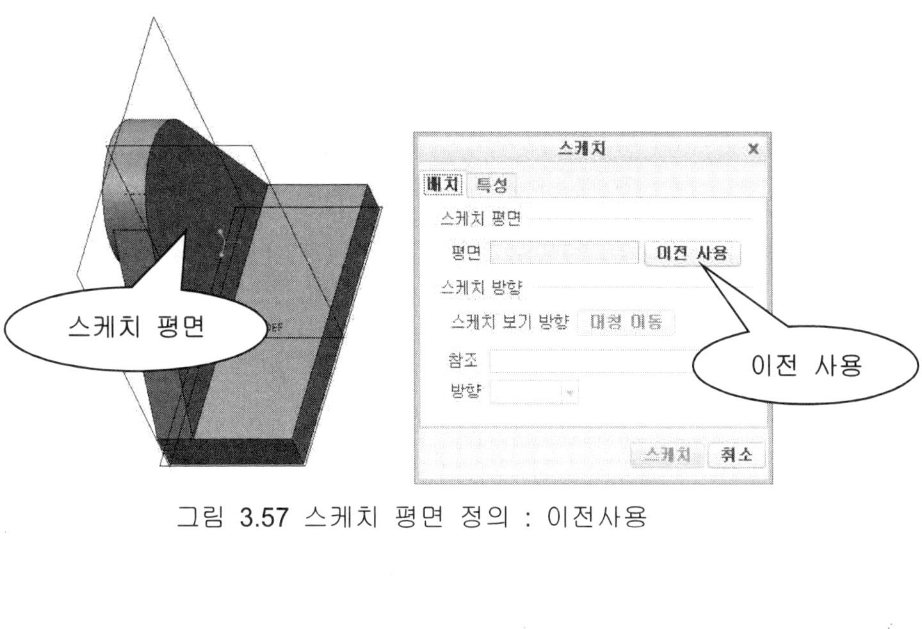

그림 3.57 스케치 평면 정의 : 이전사용

- 그림 3.58과 같이 스케치 환경을 "은선 제거"와 "스케치 보기"로 설정한다.

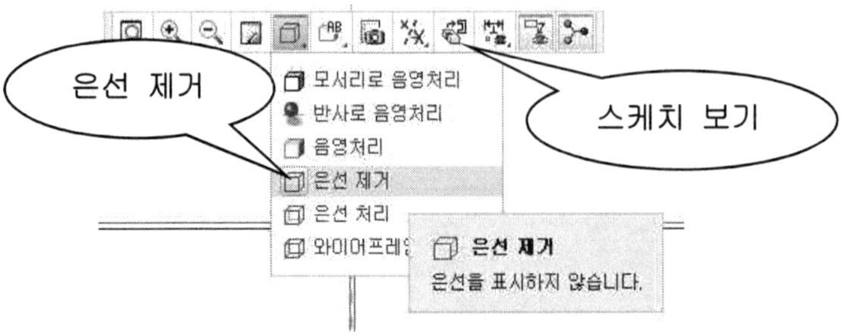

그림 3.58 스케치 환경 설정

- "동심원" 아이콘을 이용하여 그림 3.59와 같이 원을 클릭한 후 마우스를 안쪽으로 움직여서 클릭하여 원을 스케치하고 지름 치수를 "22"로 수정한다.

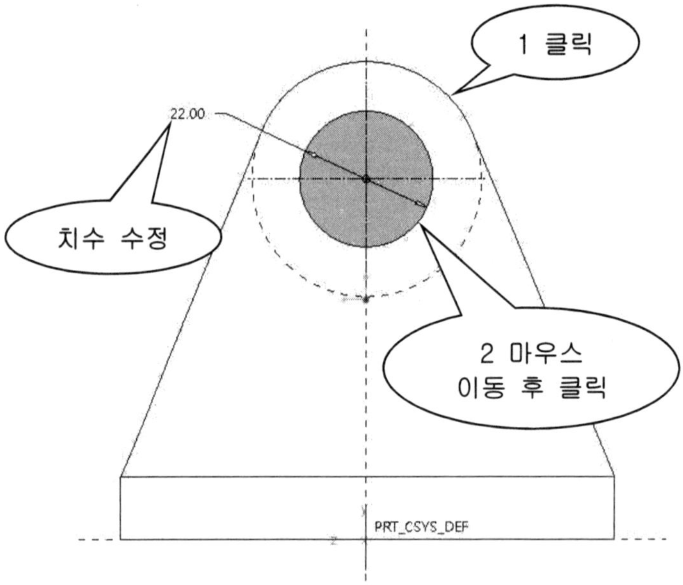

그림 3.59 스케치 작업 : 동심원(지름 22)

- 스케치 작업이 끝나면 확인 아이콘(✔)을 클릭하여 단면 작업을 마친다.

- "밀어내기" 아이콘을 클릭하여 원통 형상을 만든다.
  - 그림 3.60과 같이 깊이값 지정으로 "관통 : 모든 서피스와 교차"하도록 설정하고 돌출방향을 전환하고 완료 아이콘(✔)을 클릭하면 작업이 완료된다.

그림 3.60 대시보드 설정

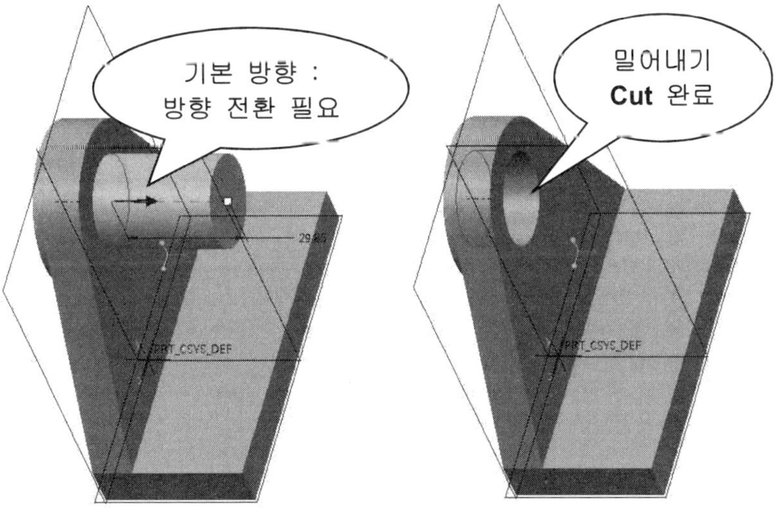

그림 3.61 밀어내기 Cut 완료

- 작업한 파일을 저장하여 다음에 이어서 작업을 할 수 있도록 한다.
  - Pull Down 메뉴 "파일(File)"을 클릭한 후 "저장(S)"을 클릭하여 파일을 저장한다.
  - 다른 이름으로 저장하고 싶으면, "다른 이름으로 저장(A) ➔ 복사본저장(A)"을 클릭한 후 원하는 파일 이름을 지정한 후 저장하면 된다.
  - 이 때 저장되는 위치는 작업 디렉토리 선택에서 지정한 폴더에 저장된다.

[참고예제 3.1]

[ring.prt 만들기 1]

- 스케치 아이콘( )을 클릭한다..
    - "스케치 평면"으로 FRONT 평면을 선택하고, 참조 평면 방향으로 RIGHT 평면이 "오른쪽" 방향으로 향하게 설정한 후 스케치 버튼을 클릭한다.
    - 그림 3.62와 같이 스케치 환경을 "은선 제거"와 "스케치 보기"로 설정한다.

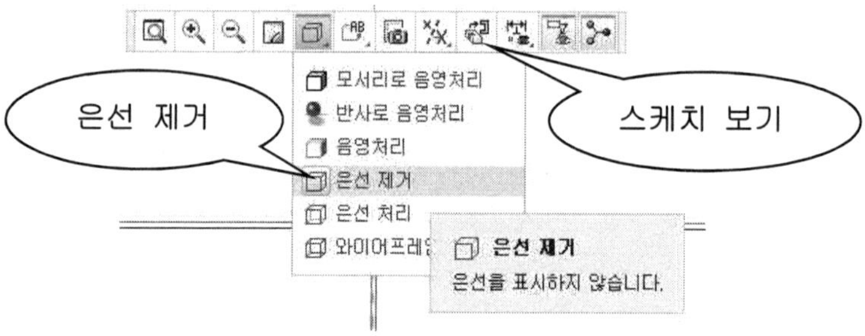

그림 3.62 스케치 환경 설정

- 스케치 상태에 들어가면 그림 3.63과 같이 스케치한다.

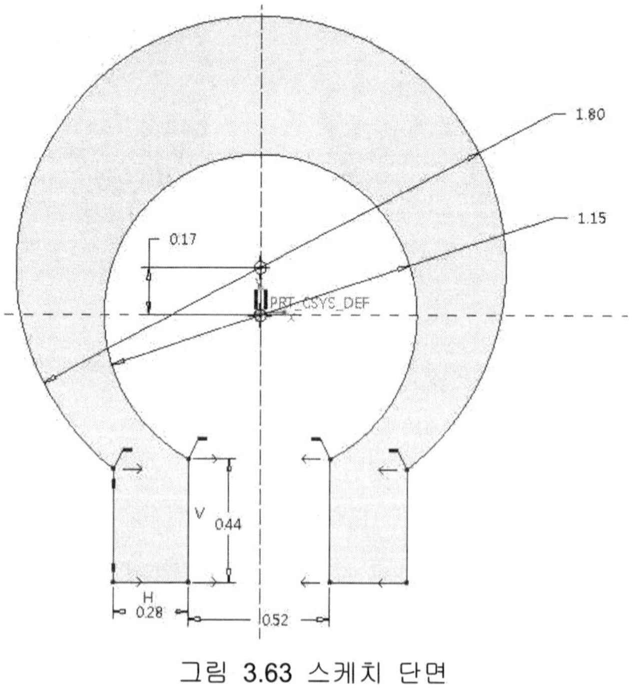

그림 3.63 스케치 단면

- 스케치 작업이 끝나면 확인 아이콘( )을 클릭하여 단면 작업을 마친다.

- "밀어내기" 아이콘을 클릭하여 돌출 형상을 만든다.
    - 그림 3.64와 같이 깊이값을 "0.15"로 지정하고 완료 아이콘(✔)을 클릭하면 작업을 완료한다.
    - 작업을 저장한다(다음 작업은 참고예제 5.3 라운드 작업으로 이동).

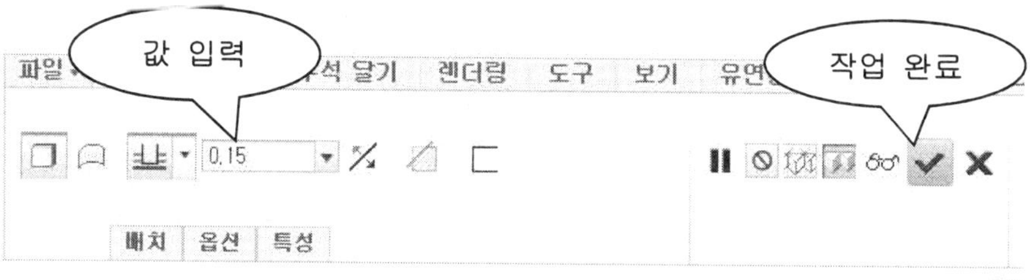

그림 3.64 대시보드 설정

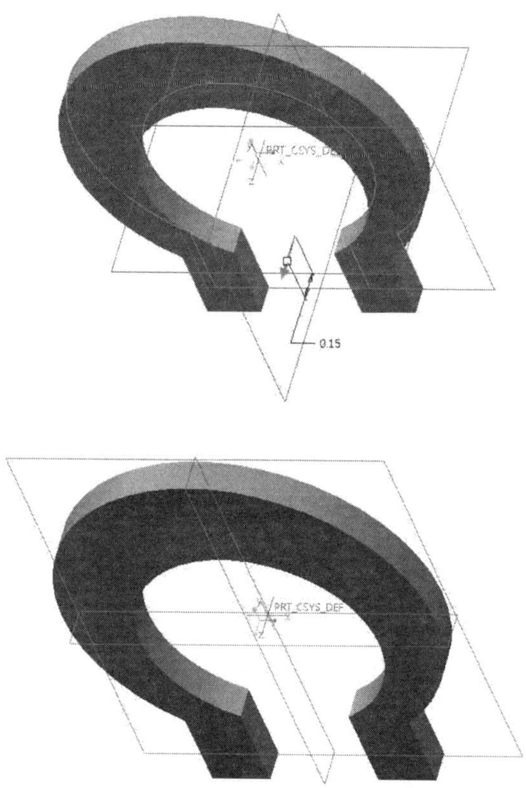

그림 3.65 밀어내기 완료

★ 스케치 순서

① 중심선 스케치

- 먼저 수직중심선부터 스케치한다.
- 그림 3.66과 같이 중심선 아이콘을 클릭한다.

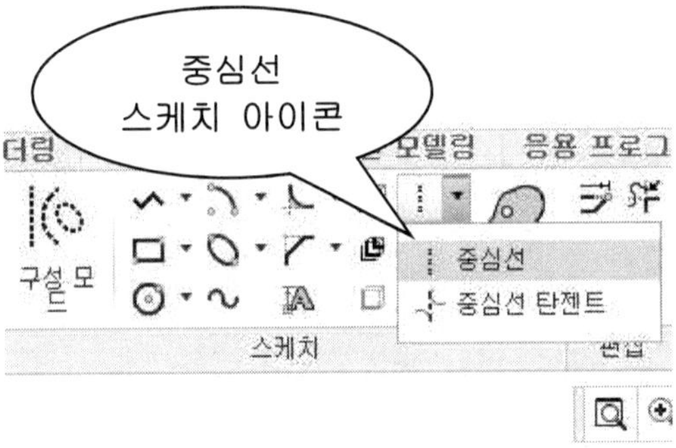

그림 3.66 중심선 스케치 아이콘

- 화면 한 가운데 세로선 부분 중에서 임의의 두 점을 차례로 클릭하여 수직중심선을 스케치한다.

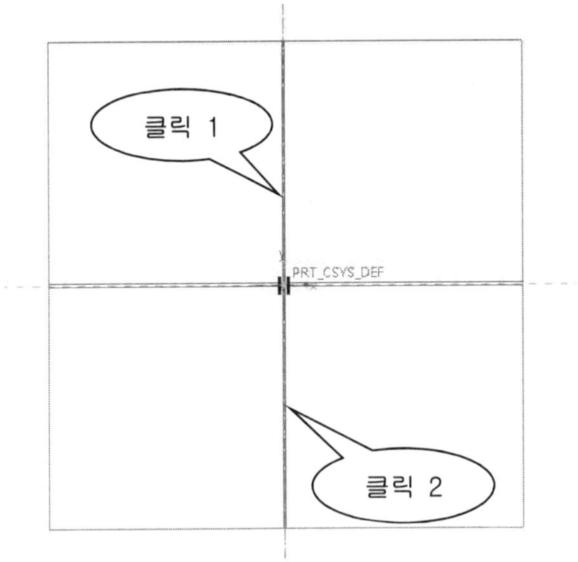

그림 3.67 수직중심선 스케치

② 아크 스케치

- 아크 스케치 아이콘 중 “중심/끝” 아이콘을 클릭.

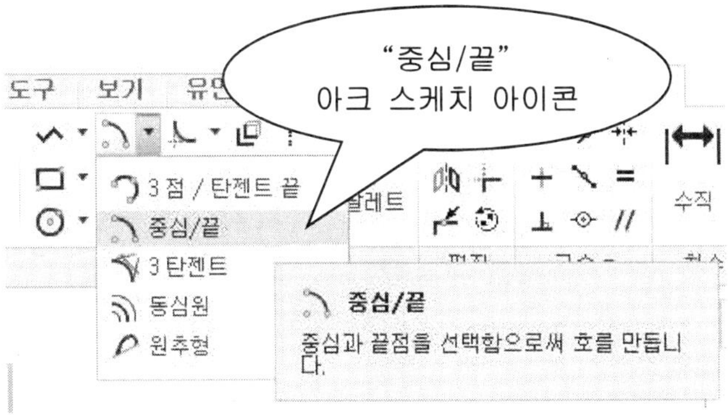

그림 3.68 아크 스케치 아이콘

- 그림 3.69와 같이 화면 한 가운데 교차점을 클릭하여 중심점을 지정한 후 마우스를 drag하여 첫 번째 점을 클릭한 후 시계방향으로 마우스를 움직여서 두 번째 점을 선택하면 아크가 스케치된다(수직중심선을 기준으로 대칭이 되도록 두 번째 점을 클릭할 때 첫 번째 점과 수평위치에 왔을 때 클릭).

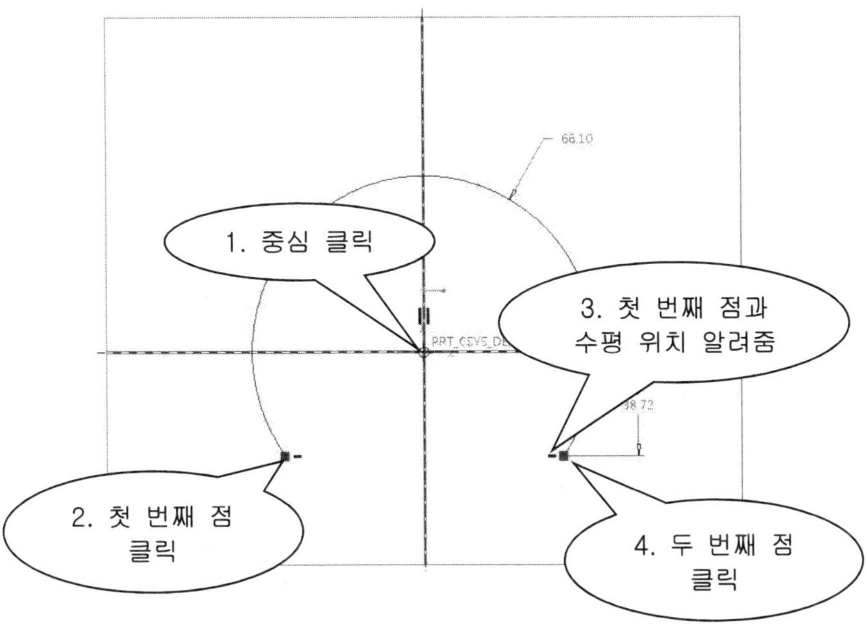

그림 3.69 아크 스케치 순서

- 같은 방법으로 두 번째 아크를 스케치한다 : 아크의 센터를 첫 번째 아크의 센터와 편심이 되도록 선택한다.

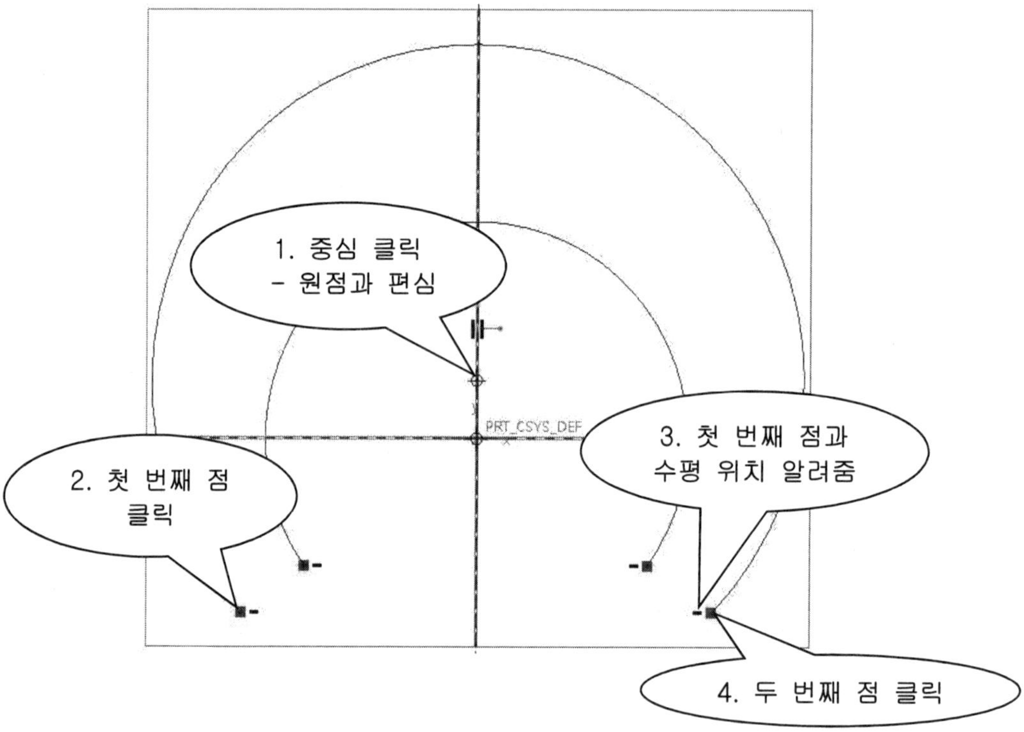

그림 3.70 아크 스케치

② 직선 스케치

- 선 체인 아이콘 선택

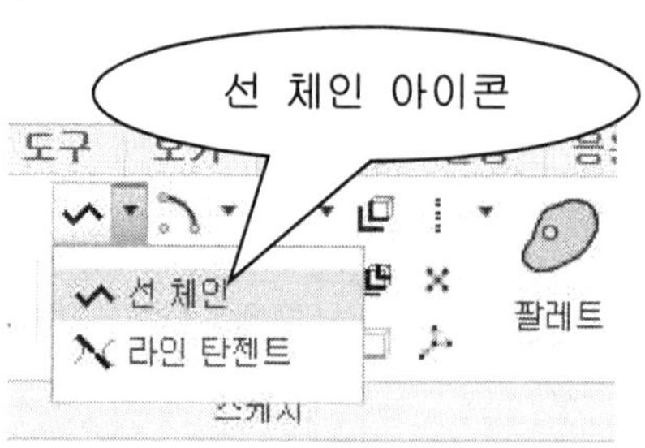

그림 3.71 선 체인 아이콘

- 첫 번째 아크 끝점을 클릭하여 직선을 스케치하기 시작한다. 수직으로 선을 스케치한 후 그림 3.72와 같이 선을 차례로 스케치한다.

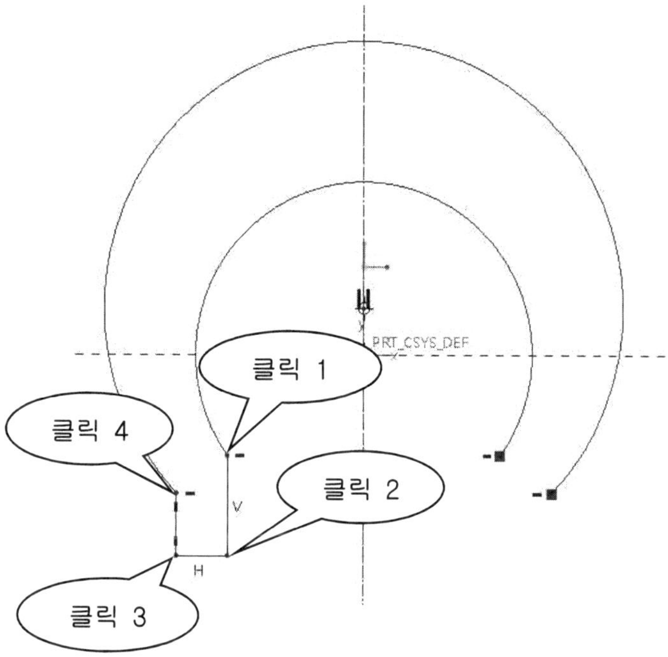

그림 3.72 선 스케치 순서

③ 직선 대칭 복사

- 스케치한 직선 3개를 수직중심선을 기준으로 대칭복사한다.
- 마우스를 drag하여 직선 3개를 선택하면 대칭복사 아이콘이 활성화된다.
- 대칭 복사 아이콘을 선택한다.

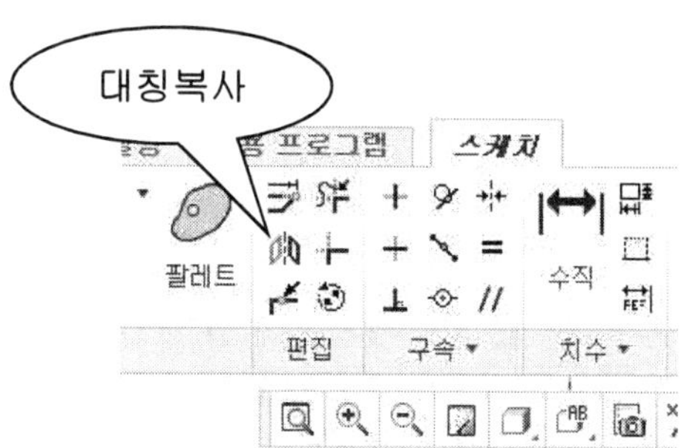

그림 3.73 대칭복사 아이콘

- 화면 한 가운데 있는 세로중심선을 마우스로 클릭하면 대칭복사된다.

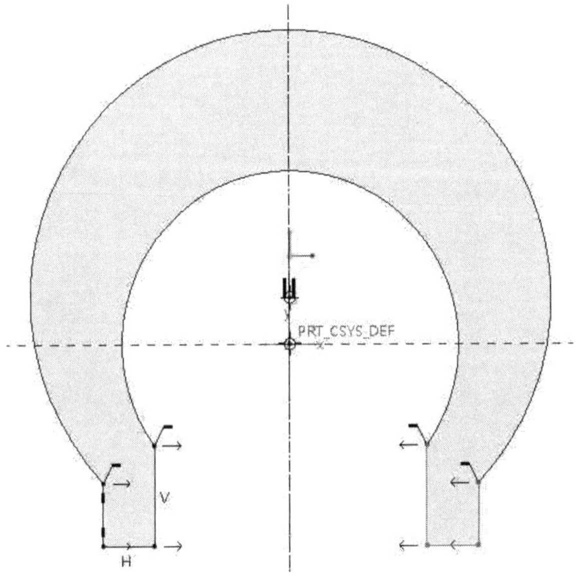

그림 3.74 대칭복사 완료

④ 치수 기입

- 그림 3.75와 같이 설계 치수로 변경하기 위해서 치수 아이콘을 클릭하여 치수를 정의한다.

그림 3.75 치수 설정 아이콘

- 마우스로 아크 부분을 더블 클릭한 후 아크 바깥으로 마우스 포인터를 이동한 후 "휠" 버튼을 클릭하면 지름 치수가 설정된다.
- 그림 3.76과 같이 두 아크의 중심점을 선택한 후 마우스를 이동하고 휠 버튼을 클릭하면 중심 사이의 거리 치수가 설정된다.
- 그림 3.77과 같이 두 점을 클릭한 후 마우스를 이동하고 휠 버튼을 클릭하면 두 점 사이의 거리 치수가 설정된다.

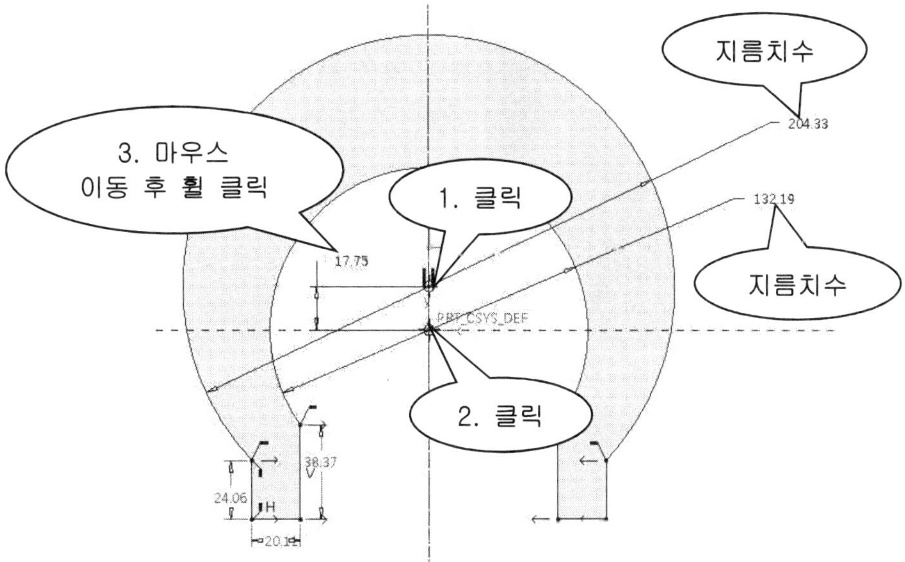

그림 3.76 지름치수, 중심 사이의 거리 치수

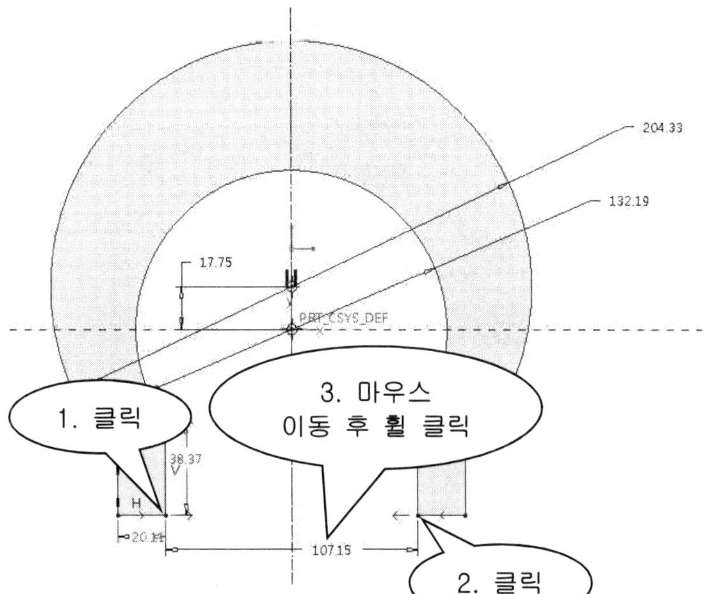

그림 3.77 두 점 사이의 거리 치수 설정

⑤ 치수 수정

- 설정된 치수들을 치수 수정 아이콘을 이용하여 주어진 정확한 치수로 수정하

여 준다.

- 스케치된 단면 전체를 마우스를 이용하여 왼쪽 위에서 클릭한 후 마우스를 오른쪽 아래까지 drag하여 치수 전체가 선택되도록 한다.

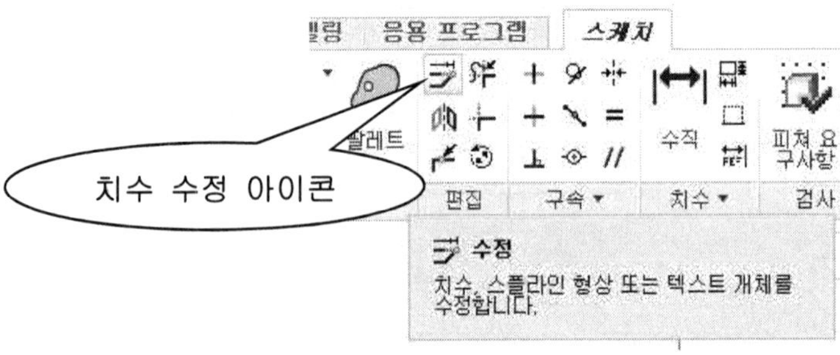

그림 3.78 치수 수정 아이콘

- 치수 수정 아이콘을 클릭하면 치수 수정 창이 활성화된다.
- 우선 재생성 체크 박스가 선택되지 않도록 한다.

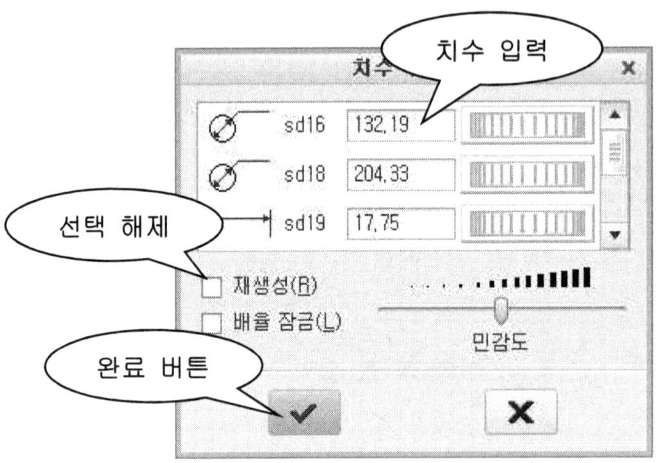

그림 3.79 치수 수정 창

- 해당하는 치수를 맨 위에서부터 입력한 후 Enter키를 클릭하면 차례대로 치수가 선택되면서 입력이 된다. 스케치 화면에 해당하는 치수에 박스가 표시되면서 어떤 치수를 수정 중인지 알려준다.
- 전체 치수 변경이 끝나면 완료 버튼을 클릭하여 치수 수정을 마무리한다.

★ 단위계 설정 변경

Creo Parametric에서 제공하는 기본 단위계는 Inch lbm Second 단위계이다. 새로 만들기 작업 시 그림 3.80과 같이 "기본 템플릿 사용" 체크 박스가 선택되어 있는데 이는 기본 단위계를 사용한다는 의미이다. 부품들을 조립하는 어셈블리 작업 또는 미터 나사 구멍 작업 시엔 Inch와 mm단위가 충돌이 되므로 서로 크기가 맞지 않는 문제가 발생한다. 따라서, 사용하고 있는 기본 단위계를 변경하여야 한다. 단위계 변경 방법에 대하여 알아보자.

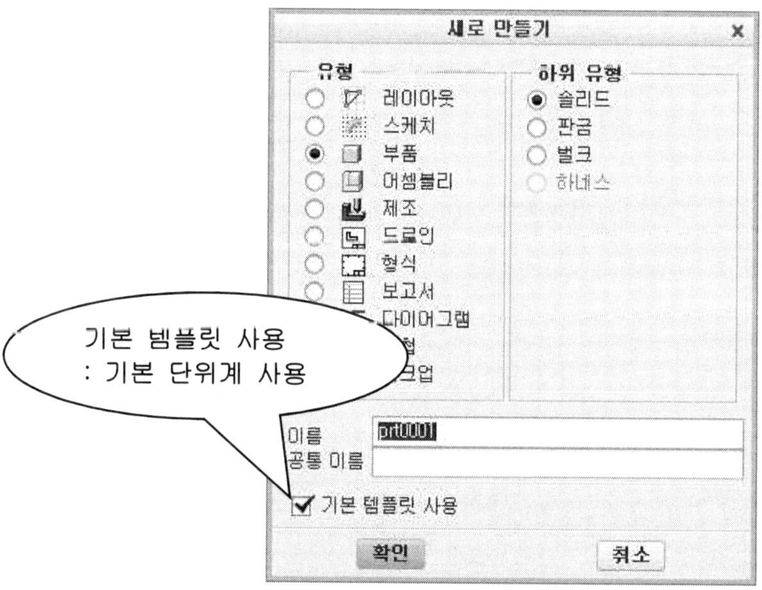

그림 3.80 새로 만들기 기본 템플릿 사용

① 새로 시작된 기본 상태에서 Pull Down 메뉴 "파일, 준비, 모델 특성" 클릭

- 그림 3.81과 같이 "모델 특성" 메뉴 관리자 창에서 "변경"을 클릭
- 그림 3.82와 같이 "단위 관리자" 창이 활성화 된다.

  : "Inch lbm Second(Creo Parametric 기본값)"이 설정되어 있는 것을 알 수 있음

그림 3.81 모델 특성 : 단위 설정

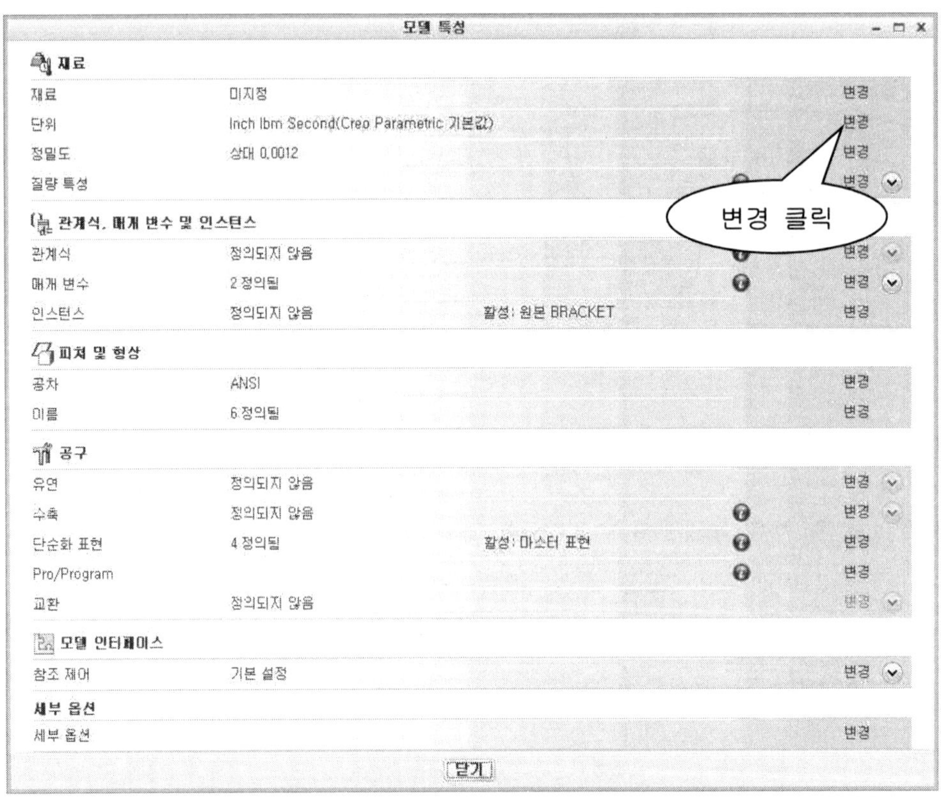

그림 3.82 단위 설정 변경

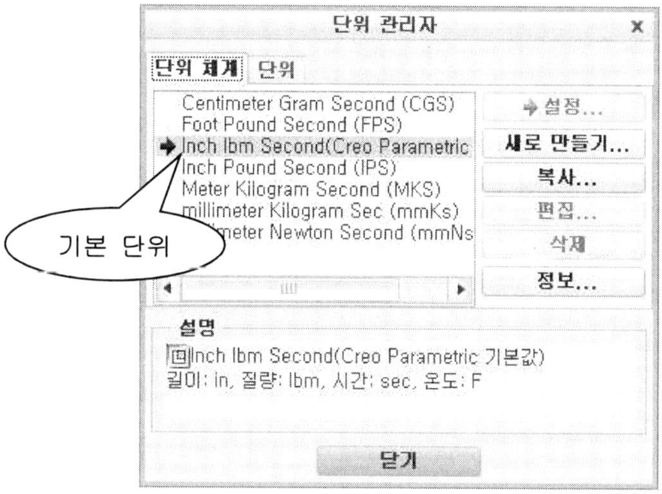

그림 3.83 단위 관리자

② 단위 변경

- 그림 3.84와 같이 변경하고자 하는 단위계(mmKs)를 선택한다.
- “설정” 버튼이 활성화되면 클릭한다.

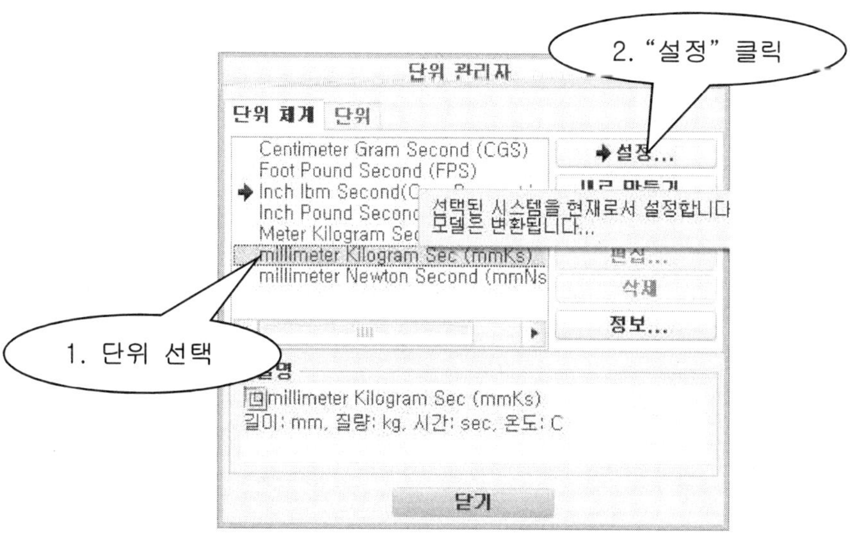

그림 3.84 단위 변경

- “설정” 버튼을 클릭하면 그림 3.85와 같이 “모델 단위 변경” 창이 활성화된다.

➔ ⊙ 치수 변환 : 1Inch를 25.4mm로 환산

➔ ⊙ 치수 해석 : 1Inch를 1mm로 변경

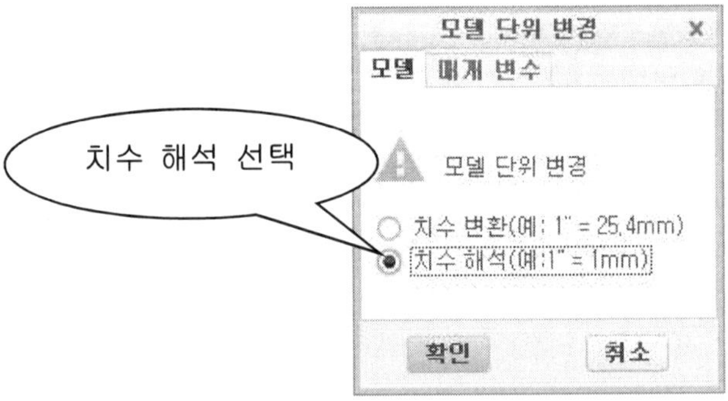

그림 3.86 모델 단위 변경

- 만약 모델링 작업이 진행된 후에 단위를 변경하려면 모델링에 사용된 치수(숫자)는 같으므로, 기본 단위인 Inch를 mm로 바꾸어주는 ⦿ 치수 해석을 선택한 후 확인 버튼을 클릭하면 치수 그대로 Inch 단위에서 mm 단위로 변경이 된다.

제4장 기준 **Feature** 의 활용

Creo Parametric의 feature에는 Geometry feature와 Non-geometry feature의 두 가지가 있으며, Geometry feature는 Sketched feature와 Pick and place feature로 나누어진다. Non-geometry feature는 실제 두께와 질량이 없는 feature로서 다른 feature를 만들기 위해 참조되는 특성을 갖는다.

이러한 Non-geometry feature에는 Datum Plane, Datum Axis, Datum Points, Datum Curve, Coordinate System 등이 있다.

이러한 Datum feature 자체로는 어떠한 형상을 만들지는 못하지만 우리가 원하는 형상을 만들기 위한 다른 feature들의 공간상에서의 기준위치와 형상을 표현하는데 필수적으로 쓰인다.

4.1 기준면**(Datum Plane)** 생성하기

기준면은 가상 평면으로 크기가 무한한 평면이다. 화면상에서는 현재 설정된 모델의 크기만큼 평면의 존재를 표시하기 위하여 유한한 크기의 사각형 모양으로 표시되는 완전 평면이라고 할 수 있다. 모델링 작업을 수행하기 위해 처음 part 작업을 시작하면 기본적으로 주어지는 3개의 평면 FRONT, RIGHT, TOP 평면이 있다. 일반적으로 Creo Parametric은 공간상에서 3차원 형상을 구성하기 위해서 2차원 단면을 3차원으로 확장을 한다. 따라서, 2차원 스케치 평면이 먼저 존재해야 하므로 기본적으로 FRONT, RIGHT, TOP 평면이 주어지는 것이다(일부 구 version에서는 만들어 주어야 했으며 Wildfire 5.0 버전까지는 main graphic window에 이름이 표시되었음).

기준면은 갈색(구 version : 노란색)면과 검정색(구 version : 빨간색)면이 있는데 이는 기준면의 방향성을 의미한다. 갈색면이 Positive side, 검정색면이 Negative side를 의미한다.

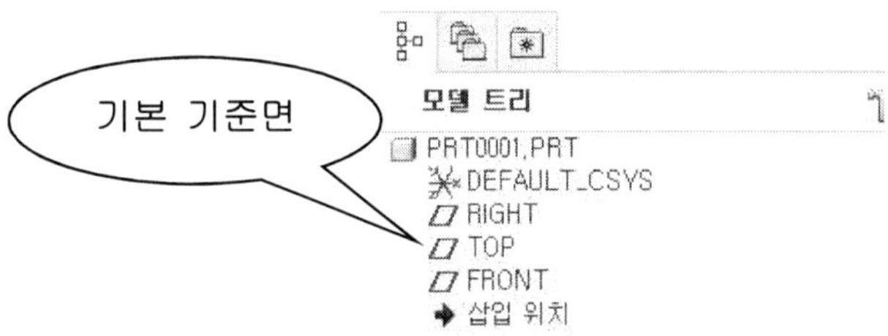

그림 4.1 기본 기준면

모델을 형성하기 위해서는 2차원 스케치 평면이 존재해야 하는데, 만약 원하는 위치에 스케치 평면을 선택할 수 없을 때 "기준면"을 생성하여 "스케치 평면"으로 활용한다. 기준면의 생성 방법에 대하여 알아보고, 기준면을 생성해서 활용하는 방법을 예제를 통하여 확인, 실습하여 보자.

- 새로 만들기 아이콘( )을 클릭한 후 파일 이름을 "datum"으로 하여 새로운 작업을 시작한다.
- 밀어내기 아이콘을 이용하여 기본 feature를 생성한다.
    - 스케치 작업을 한 후에 밀어내기 아이콘을 이용하여 feature를 생성하는 것이 아니라 밀어내기 아이콘을 클릭한 후 내부에 스케치 작업을 하는 방법을 이용한다.
    - 그림 4.2와 같이 대시보드에서 "배치, 정의"를 클릭하면 스케치 평면을 설정하는 창이 활성화된다.

그림 4.2 내부 스케치 정의

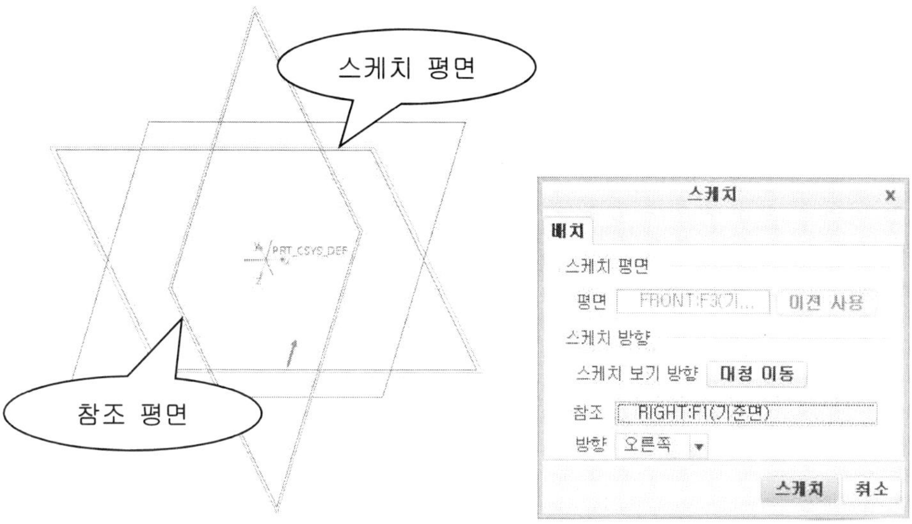

그림 4.3 스케치 평면 정의

- FRONT 평면을 스케치 평면으로 설정하고 "스케치 방향"으로 RIGHT 평면이 "오른쪽"을 향하게 설정한 후 그림 4.5와 같이 사각형 단면(200 x 50)을 스케치 한다.

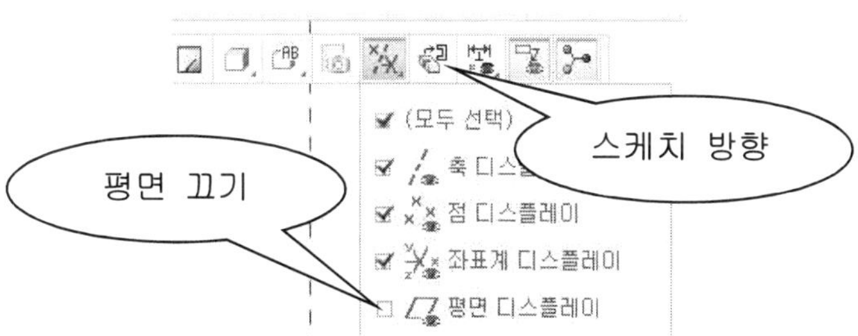

그림 4.4 스케치 환경 설정

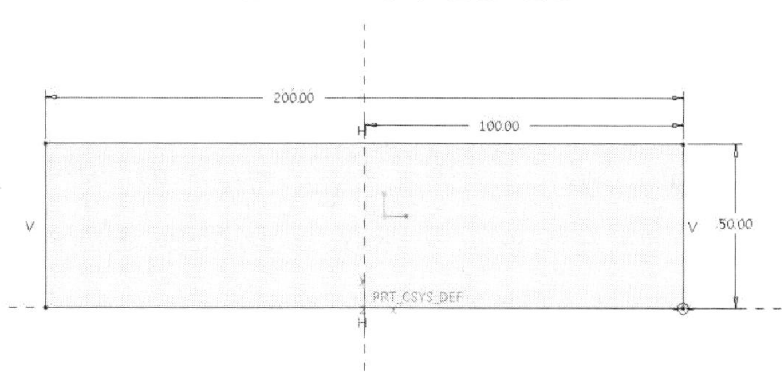

그림 4.5 기본 feature 생성 : 사각형 스케치 단면

- 스케치 작업이 끝나면 확인 아이콘(✔)을 클릭하여 단면 작업을 마친다.
- 양방향 돌출로 "200"만큼 생성

그림 4.6 대시보드 설정

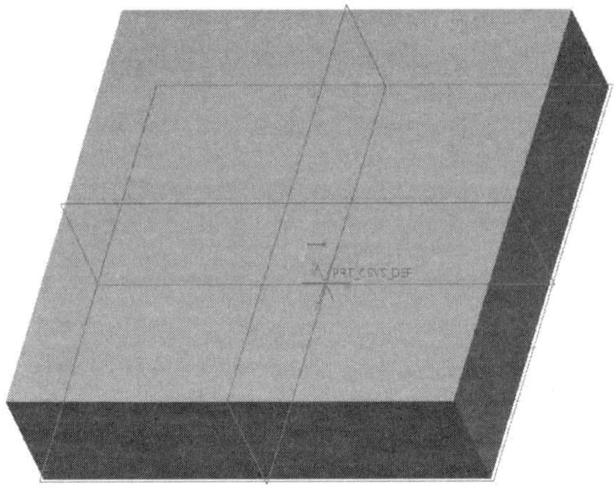

그림 4.7 밀어내기 완료

그림 4.8과 같이 "평면" 아이콘(▱)을 클릭하면 그림 4.9와 같이 기준면 창이 활성화된다. 기준면을 생성하기 위해서 마우스 왼쪽 버튼을 이용하여 화면에 존재하는 객체들을 선택함으로써 평면 생성 조건이 결정된다. 앞에서 생성한 밀어내기 feature를 이용하여 각 조건별로 평면 생성 방법에 대하여 알아보자(두 개 이상 선택 시에는 Ctrl 키를 누른 상태에서 선택해야 한다).

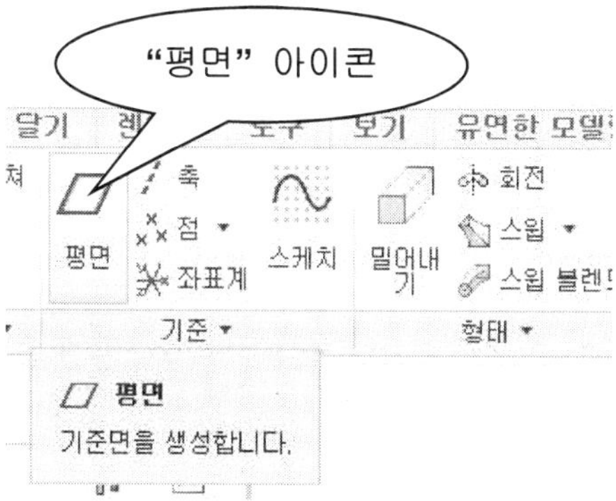

그림 4.8 평면 아이콘

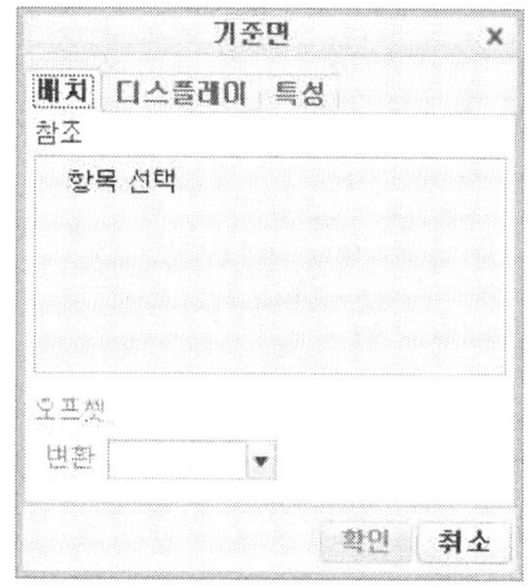

그림 4.9 기준면 설정 창

(1) 통과(Through) 옵션 이용

- 세 점 통과 : 같은 선상에 존재하지 않는 3개의 점(혹은 모서리)을 통과하는 평면은 유일하므로 평면이 생성됨 : Ctrl키를 누른 상태에서 3개의 점(혹은 모서리)을 클릭한다. 두 개 이상의 feature를 선택할 경우 Ctrl키를 누른 상태에서 해야 함.

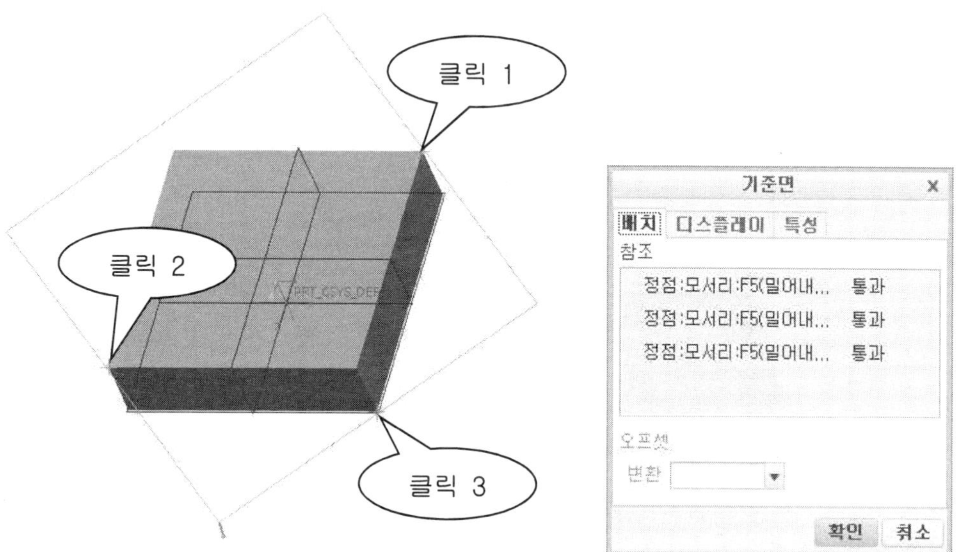

그림 4.10 세 점 통과 : Ctrl키를 누른 상태에서 선택

● 점과 모서리(또는 축) 통과 : 하나의 점을 통과하고 하나의 모서리(또는 축)를 통과(혹은 수직)하는 평면은 유일하므로 평면이 생성됨.

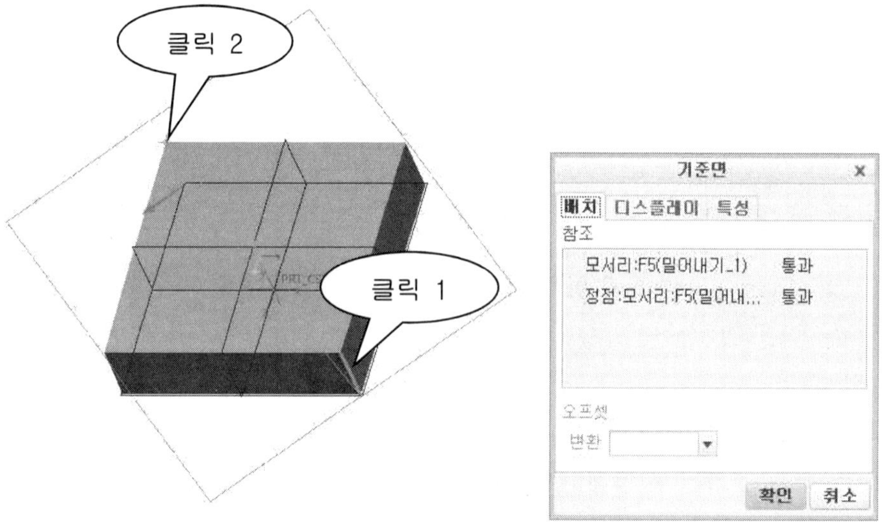

그림 4.11 점과 모서리 통과

(2) 수직(Normal) 옵션 이용

● 면 수직과 모서리 통과 : 하나의 면에 수직하면서 하나의 모서리를 통과하는 평면은 유일하므로 평면이 생성됨.

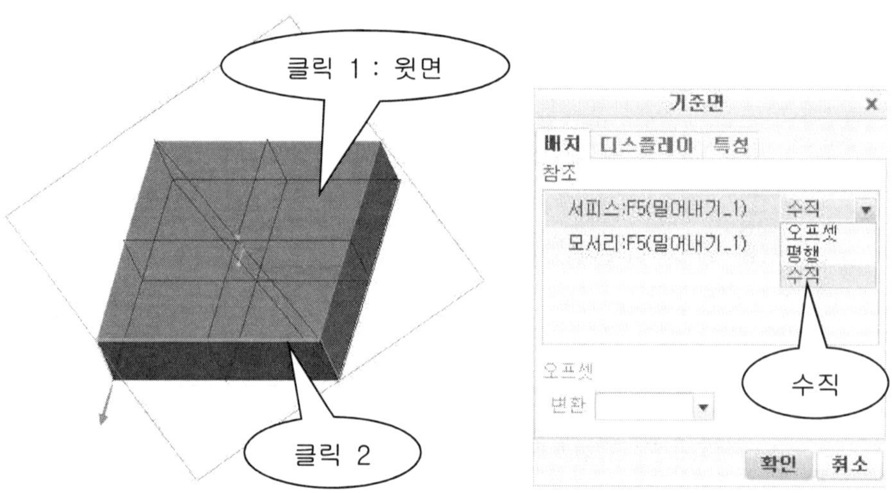

그림 4.12 면 수직과 모서리 통과

(3) 평행(Parallel) 옵션 이용

- 면 평행과 모서리 통과 : 하나의 면에 평행하면서 하나의 모서리를 통과하는 평면은 유일하므로 평면이 생성됨.

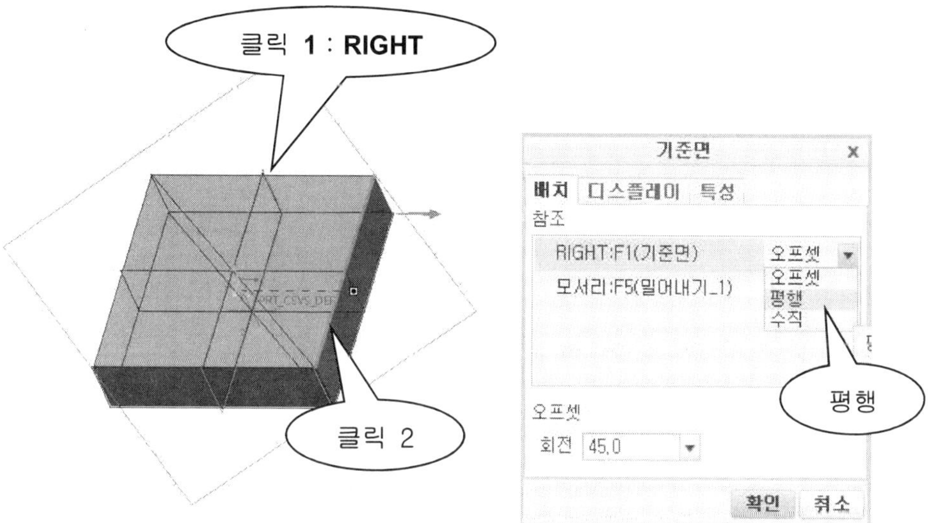

그림 4.13 면 평행과 모서리 통과

(4) 오프셋(Offset) 옵션 이용

- 한 면에서 치수만큼 옵셋 : 한 면에서 어느 치수만큼 오프셋 값을 지정하고 방향을 결정하면 평면이 생성됨.

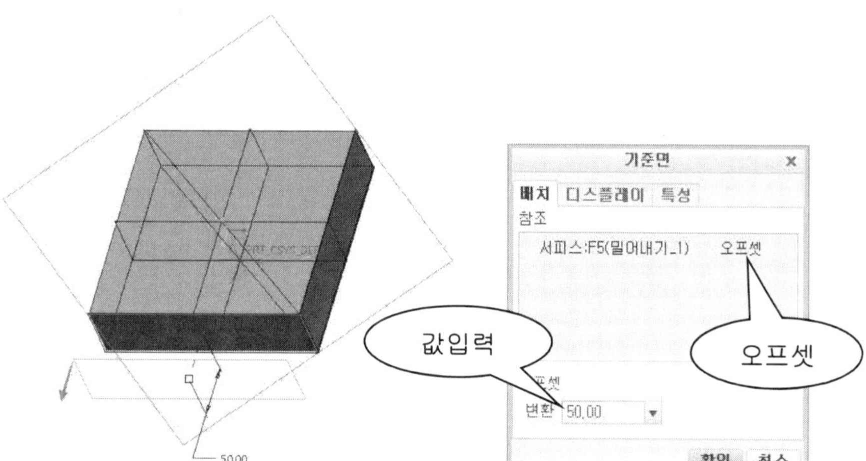

그림 4.14 오프셋 : 면과 일정한 간격으로 평면 설정

(5) 탄젠트(Tangent) 옵션 이용

- 원통의 면에 탄젠트 : 원통의 면과 기준면을 선택하면 원통에 탄젠트한 평면이 생성됨(선택된 기준면에 대하여 "평행", "수직"의 두 옵션이 있다)
  - 원통형 feature가 없으므로 돌출된 윗면에 밀어내기 아이콘을 이용하여 지름 "40"인 원을 스케치한 후 "50"만큼 돌출시킨다.

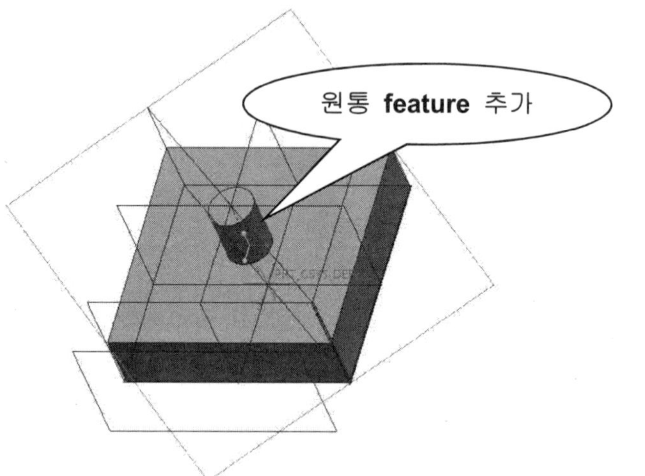

그림 4.15 원통형 feature 밀어내기 추가

  - 모델 트리에서 앞에서 생성한 DTM1, DTM3, DTM4, DTM5를 Ctrl키를 누른 상태에서 선택한 후 마우스 오른쪽버튼을 클릭하면 그림 4.16과 같이 메뉴가 나타나는데 "숨기기"를 선택하여 화면에서 잠시 사라지게 한다.

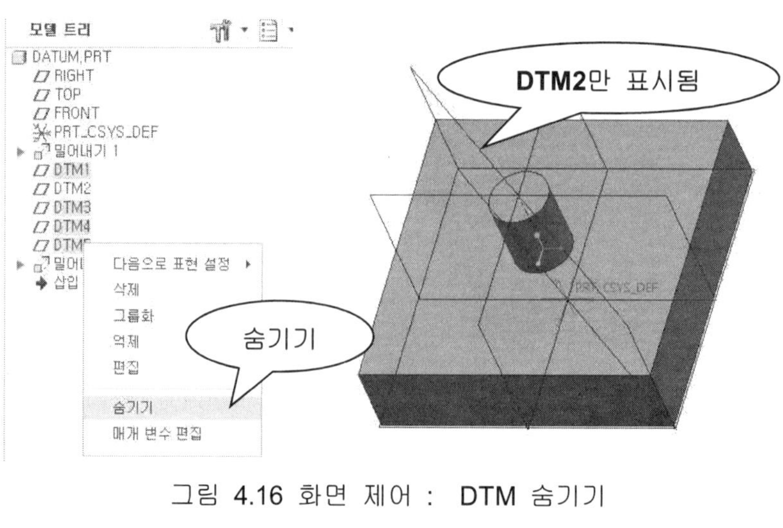

그림 4.16 화면 제어 : DTM 숨기기

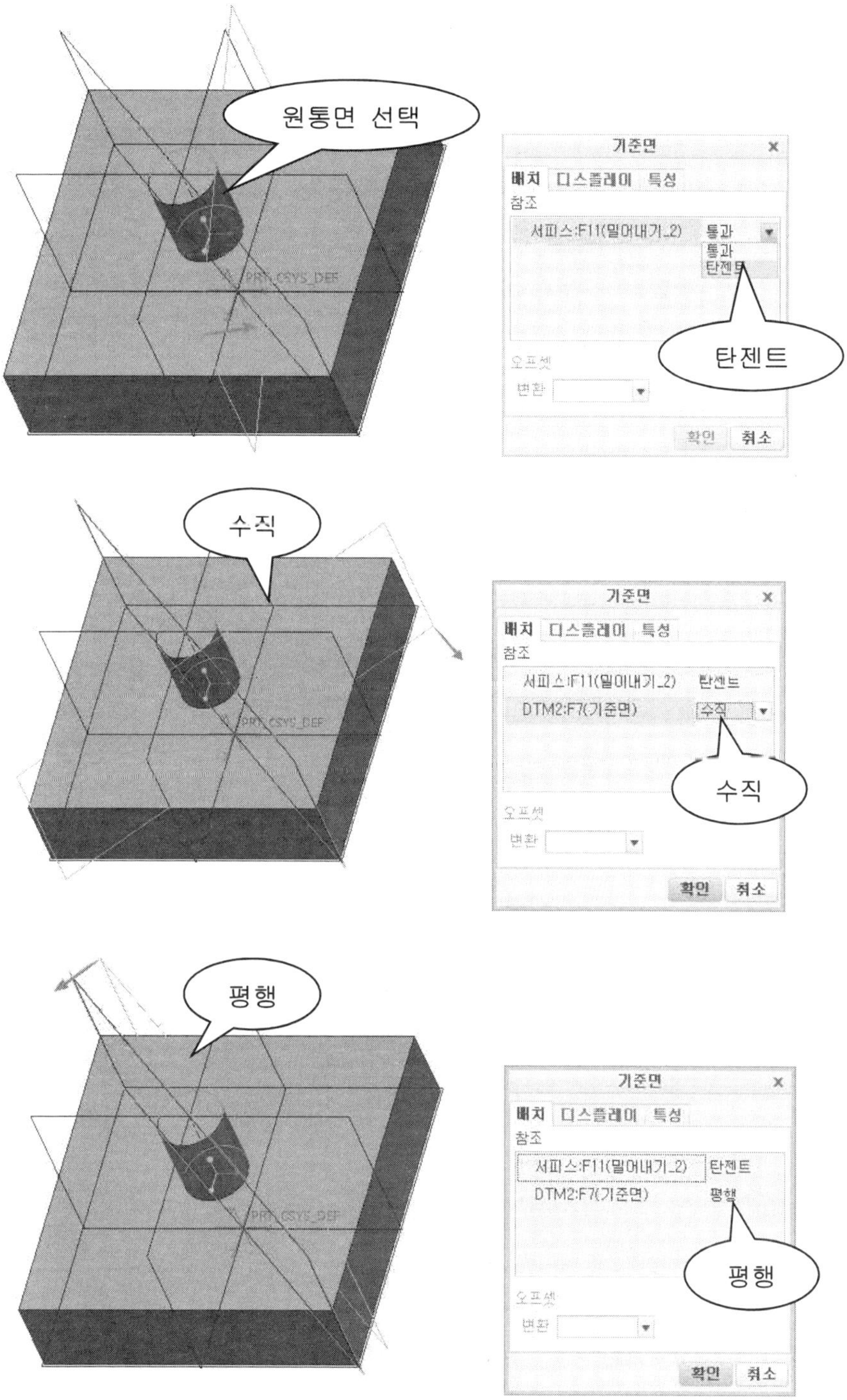

그림 4.17 원통면에 탄젠트한 평면(수직, 평행)

4.2 기준축(Datum Axis) 생성하기

기준축은 feature를 생성하기 위한 참조 역할을 수행한다. 또한, Assembly 작업에서 위치와 방향을 정의(구속)하기 위한 참조로 사용되는 중요한 feature이다. 기준축은 원통(cylinder), 구멍(Hole)과 같은 feature가 생성될 때 자동으로 생성되기도 하며, 생성되는 순서에 따라 A_1, A_2, A_3와 같이 자동으로 이름이 할당된다.

기준축의 생성 방법에 대하여 알아보고, 기준축을 생성해서 활용하는 방법을 예제를 통하여 확인, 실습하여 보자.

- 화면 제어
  - 그림 4.18과 같이 모델 트리에서 앞에서 생성한 DTM1, DTM2, DTM3, DTM4, DTM5, DTM6을 Ctrl 키를 누른 상태에서 선택한 후 마우스 오른쪽버튼을 클릭하면 메뉴가 나타나는데 "삭제"를 클릭하여 삭제한다.

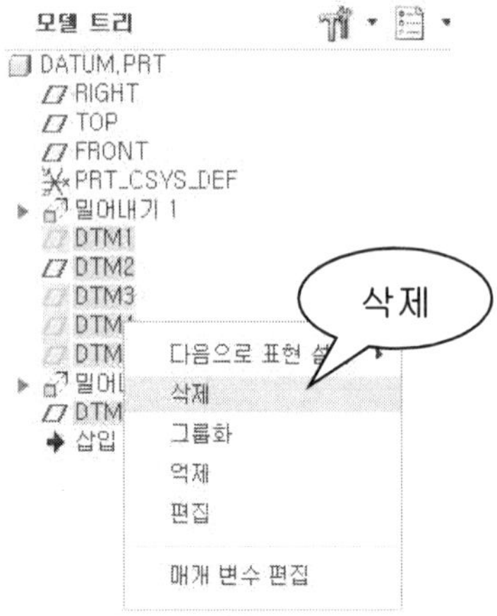

그림 4.18 화면 제어 : DTM 삭제

그림 4.19와 같이 "축" 아이콘( )을 클릭하면 그림 4.20과 같이 기준축 창이 활성화된다. 기준축을 생성하기 위해서 마우스 왼쪽 버튼을 이용하여 화면에 존재하는 feature을 선택함으로써 평면 생성 조건이 결정된다. 앞에서 생성한 밀어내기 feature를 이용하여 각 조건별로 축 생성 방법에 대하여 알아보자(두 개 이상 선택 시에는 Ctrl키를 누른 상태에서 선택해야 한다).

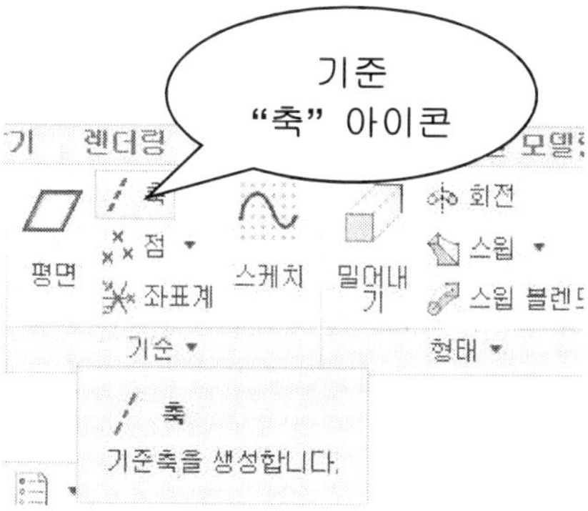

그림 4.19 기준축 아이콘

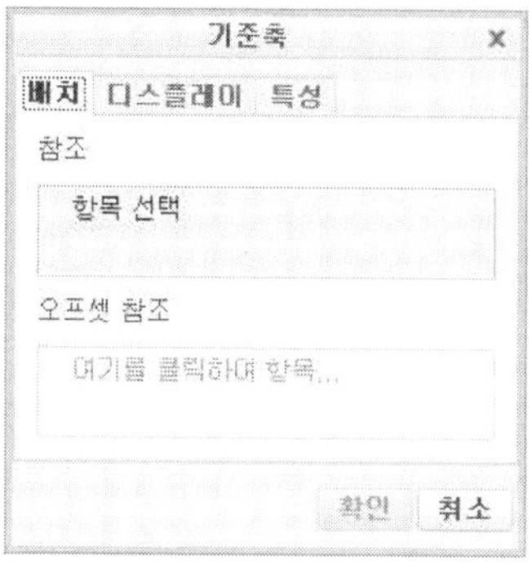

그림 4.20 기준축 설정 창

(1) 통과(Through) 옵션 이용

● 모서리 통과 : 모서리를 통과하는 축은 유일하므로 축이 생성됨

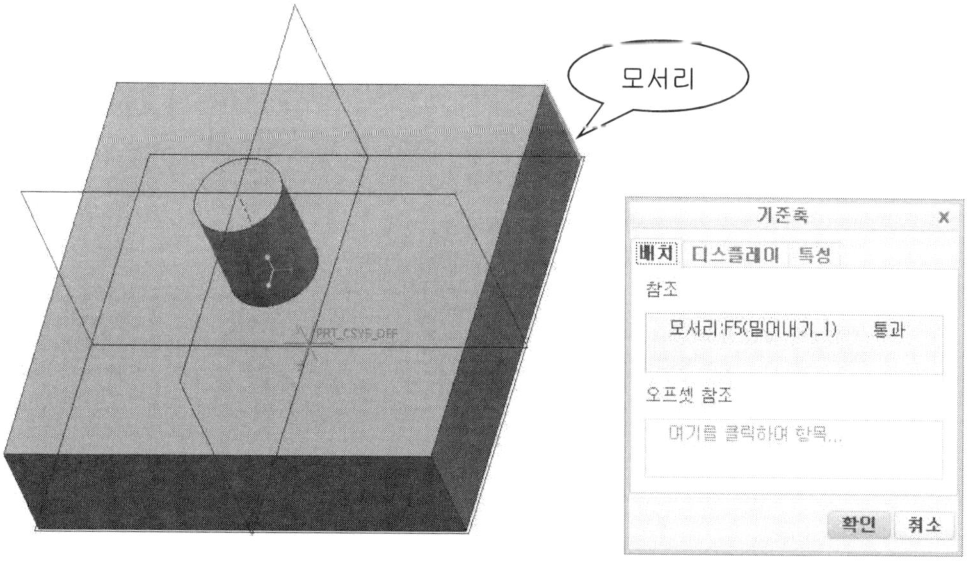

그림 4.21 모서리 통과

● 두 정점 통과 : 두 개의 점을 선택하면 두 점을 지나는 축은 유일하므로 축이 생성됨.

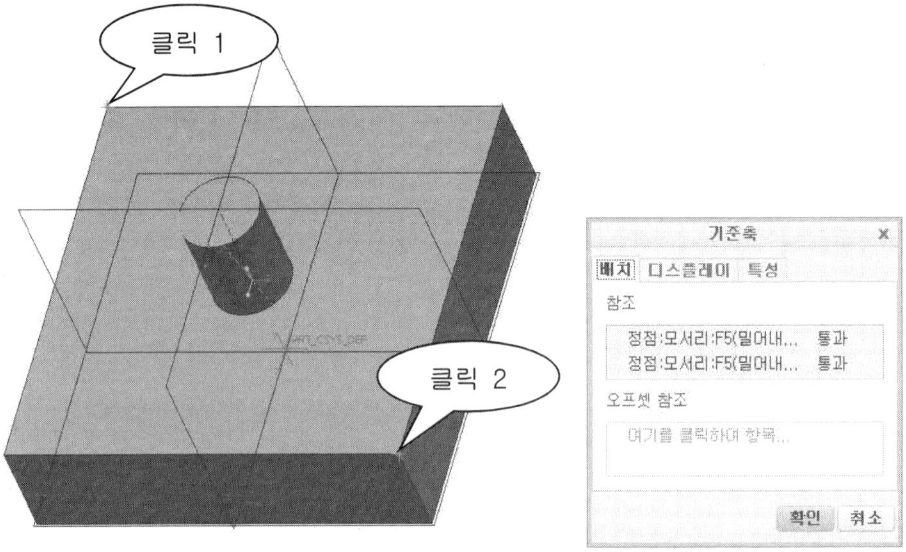

그림 4.22 두 정점 통과

● 두 평면 통과 : 두 평면을 선택하면 두 평면의 교차하는 부분에 축이 생성됨.

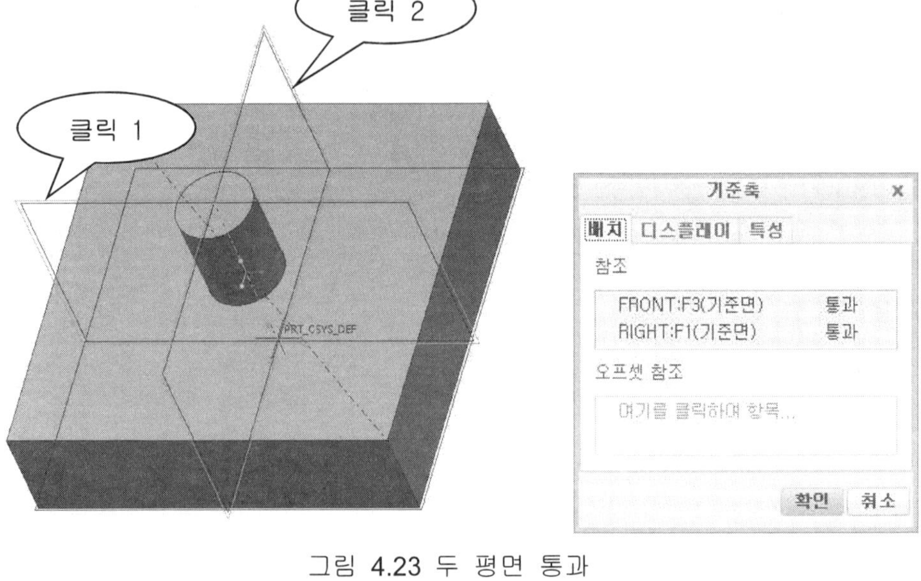

그림 4.23 두 평면 통과

(2) 수직(Normal) 옵션 이용

● 평면에 수직 : 선택한 평면에 대해 수직인 축 생성

- 하나의 평면을 선택하면 선택된 평면에 수직인 위치를 결정하도록 하는 네모 pick 박스가 두 개 나타난다.

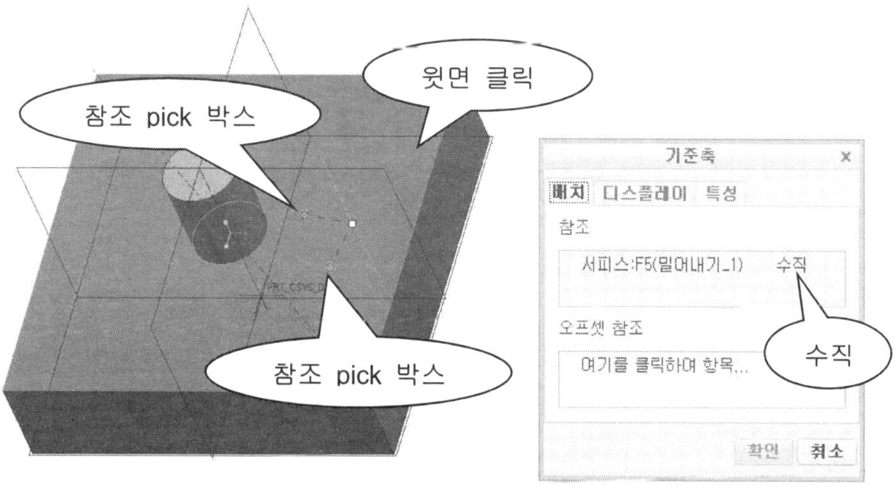

그림 4.24 평면에 수직인 축 : 설정

- 마우스 왼쪽 버튼으로 네모 박스를 클릭한 후 drag하여서 기준이 되는 다른 평면이나 모서리에 가져가면 그림 4.25와 같이 참조 치수를 보여주며 이를 클릭하면 치수를 수정할 수 있다.

그림 4.25 평면에 수직인 축

(3) 탄젠트(Tangent) 옵션 이용

- 커브 모서리에 탄젠트 : 선택된 커브 모서리에 탄젠트하고 정점 혹은 교점을 선택하면 축이 생성됨

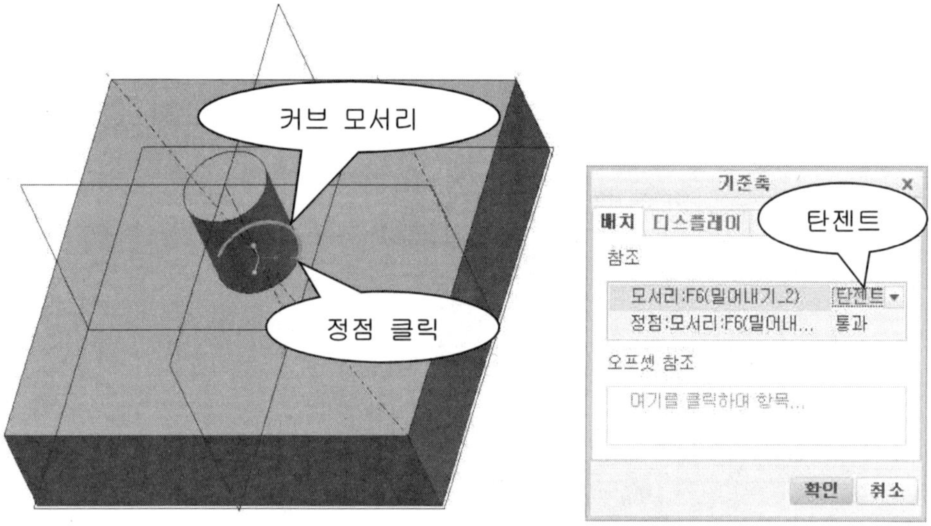

그림 4.26 축 생성(모서리 탄젠트 + 정점 통과 옵션)

4.3 기준점(Datum Point) 생성하기

기준점은 기준축을 생성하거나 특정 위치의 점을 통과하는 다른 feature들을 생성할 때 유용하게 사용할 수 있으며 어셈블리 작업 구속의 참조로도 활용할 수 있는 feature이다.

생성된 feature의 모서리, 교차점 또는 커브 상에 임의의 점 등을 표시할 수 있다. 특정 평면, 특성 위치에 있는 스케치된 기준점 생성에 대하여 알아보자.

(1) 기준점 생성

- "점" 생성 아이콘 클릭

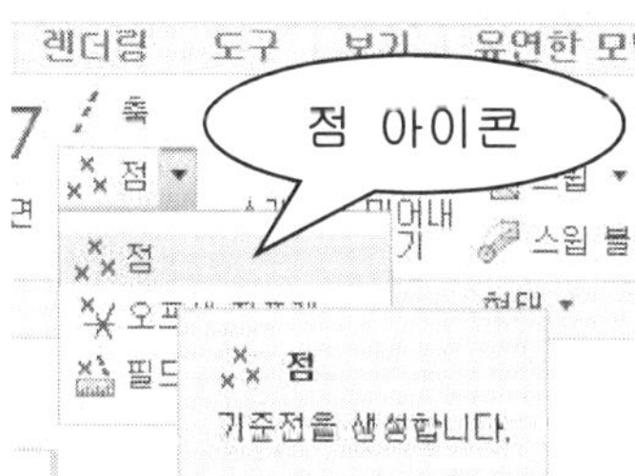

그림 4.27 점 생성 아이콘

- 앞에서 생성한 feature의 "윗면"을 선택하면 그림 4.28과 같이 선택된 평면에서의 위치를 결정하도록 하는 네모 pick 박스가 두 개 나타난다.

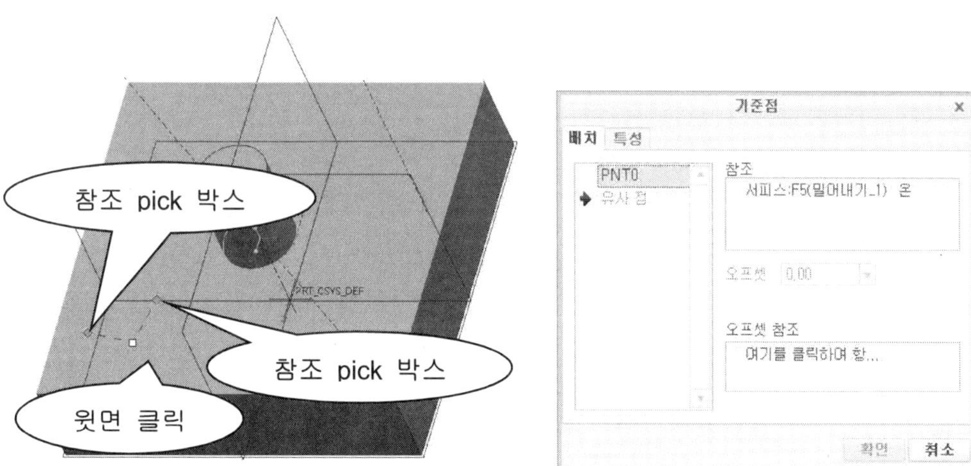

그림 4.28 점 생성 : 설정

- 마우스 왼쪽 버튼으로 네모 박스를 클릭한 후 drag하여서 기준이 되는 다른 평면이나 모서리에 가져가면 참조 치수를 보여주며 이를 클릭하면 치수를 수정할 수 있다.

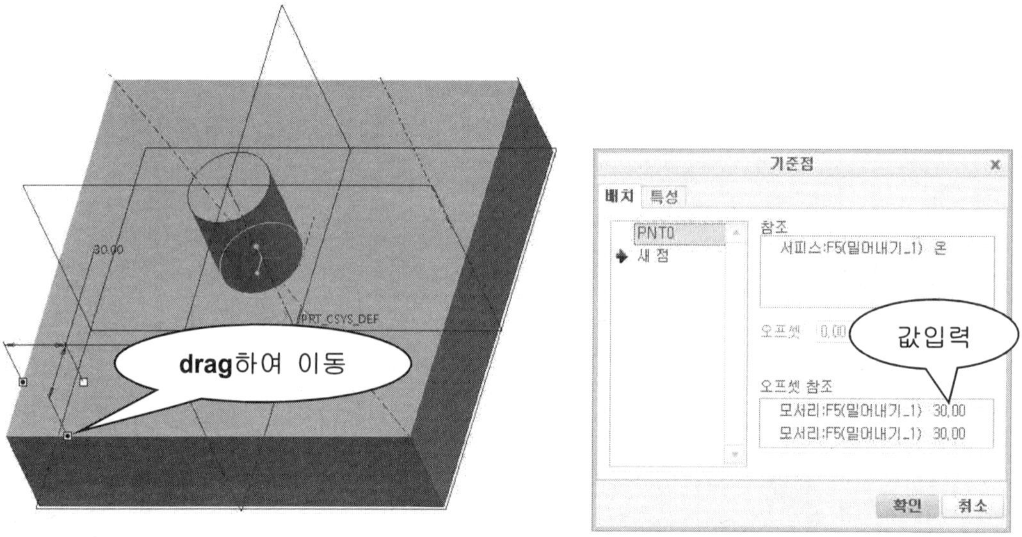

그림 4.29 점 생성 : 평면 위에 존재하는 점

(2) 오프셋 좌표계 아이콘 이용 점 생성

- 오프셋 좌표계 아이콘을 클릭

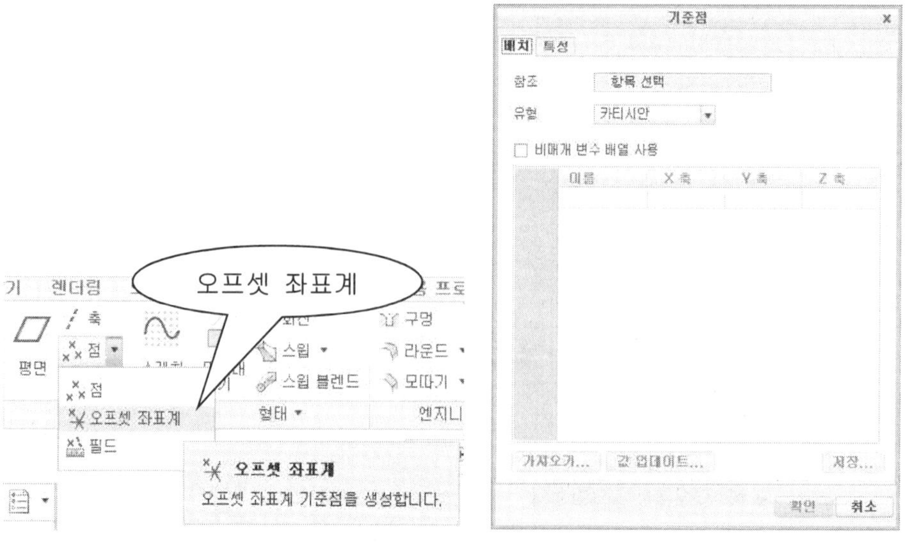

그림 4.30 기준점 생성 : 오프셋 좌표계

- “기준점” 창이 활성화되면 화면 한 가운데 있는 좌표계를 선택한다. : 그림 4.31 과 같이 좌표계가 선택된 상태.
- 그림 4.31에서 이름 부분을 마우스로 클릭 : x, y, z 좌표값을 입력할 수 있다.

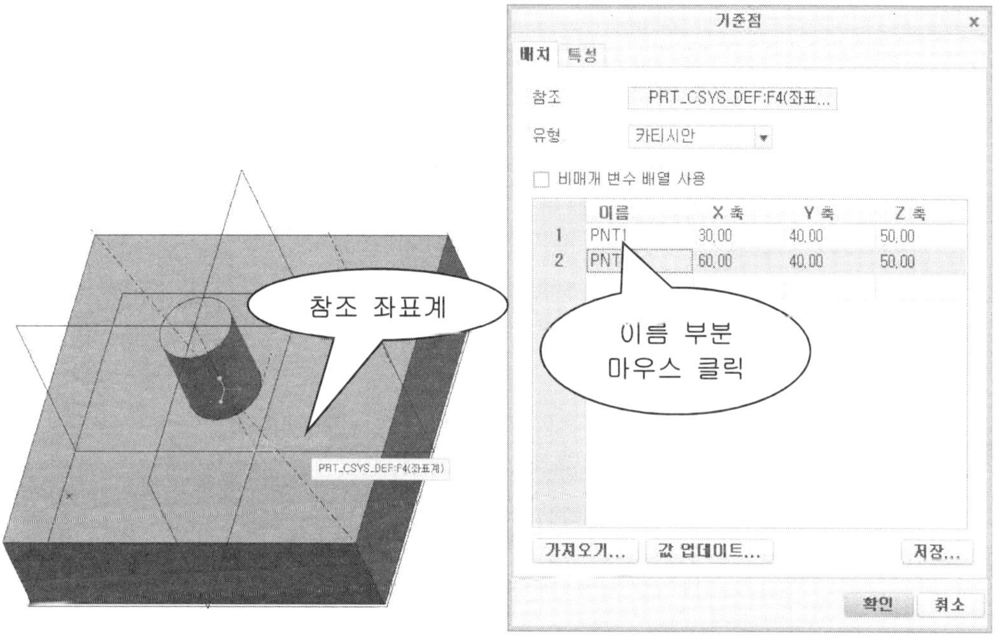

그림 4.31 오프셋 좌표계 점 생성 : 좌표계가 선택된 상태

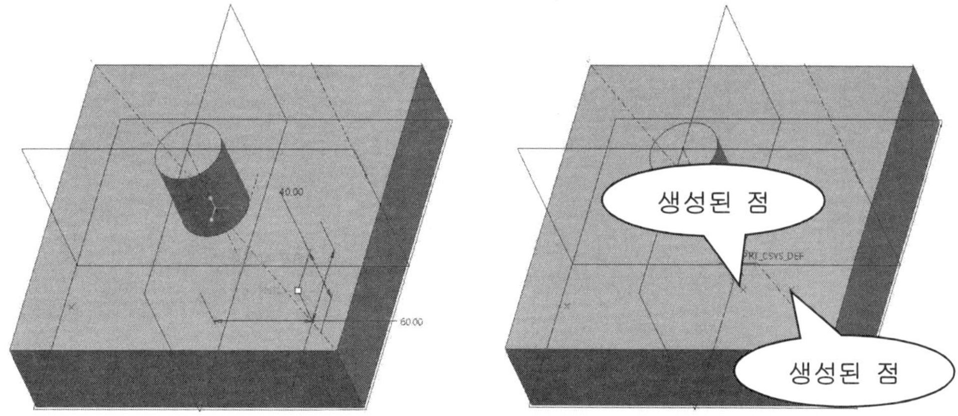

그림 4.32 오프셋 좌표계 점 생성 완료

(3) 필드 아이콘 이용 점 생성

● "필드" 아이콘을 클릭

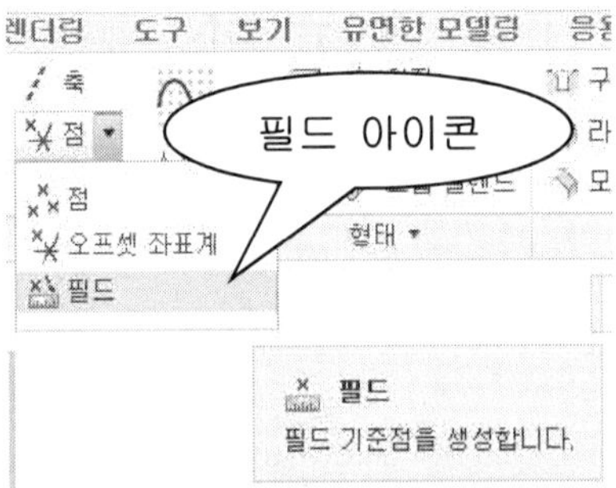

그림 4.33 필드 아이콘

- 앞에서 작업된 feature의 오른쪽 면을 선택하면 선택된 평면 위에 필드 점이 생성된다.

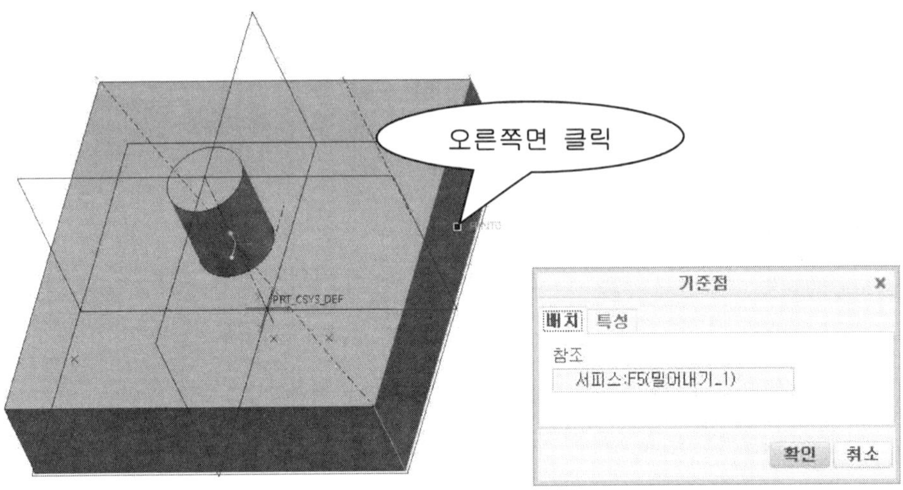

그림 4.34 필드 점 생성 : FPNT0

4.4 기준 커브(Datum Curve) 생성하기

기준 커브는 직선, 곡선, 폐곡선 혹은 개곡선일 수 있으며, 다른 feature를 생성하기 위해 많이 이용되는 feature이다. Sweep 경로 혹은 솔리드, 서피스를 생성하기 위한 참조 역할을 수행한다. 커브 자체를 복사, 삭제, 패턴이 가능하다.

기준 커브의 생성 방법에 대하여 알아보고, 기준 커브를 생성해서 활용하는 방법을 예제를 통하여 확인, 실습하여 보자.

그림 4.35와 같이 "기준" 항목 옆의 버튼을 클릭하면 "커브" 아이콘( )의 부메뉴가 나타난다. 여러 조건을 이용한 생성 방법과 사용법을 알아보자.

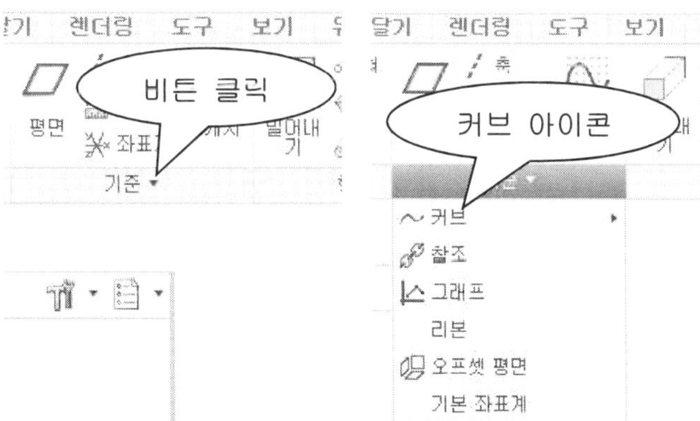

그림 4.35 기준 커브

(1) 점 통과 커브 방법을 이용한 커브 생성

- "점 통과 커브" 아이콘을 클릭하여 커브 생성

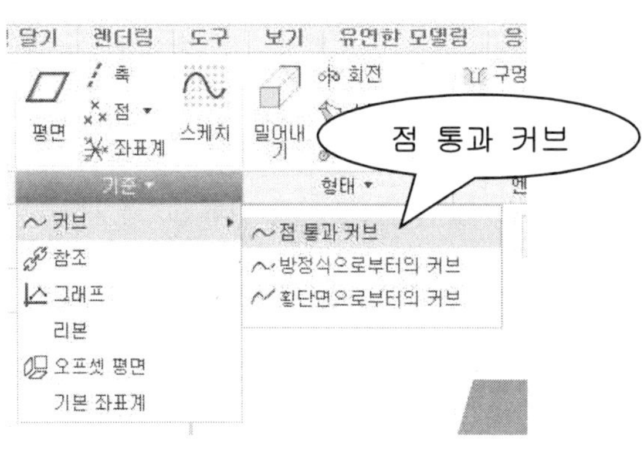

그림 4.36 기준 커브 : 점 통과 커브

- 대시보드에서 “배치”를 클릭하면 점을 추가할 수 있는 항목이 나오며 스플라인 또는 직선으로 점들을 연결할 것인지 선택할 수 있다.
- 앞에서 생성된 기준점 PNT0을 선택한 후 두 번째 점 PNT1을 선택하면 스플라인으로 연결하도록 설정된다. PNT2와 FPNT0를 추가로 선택하여 커브를 생성한다.

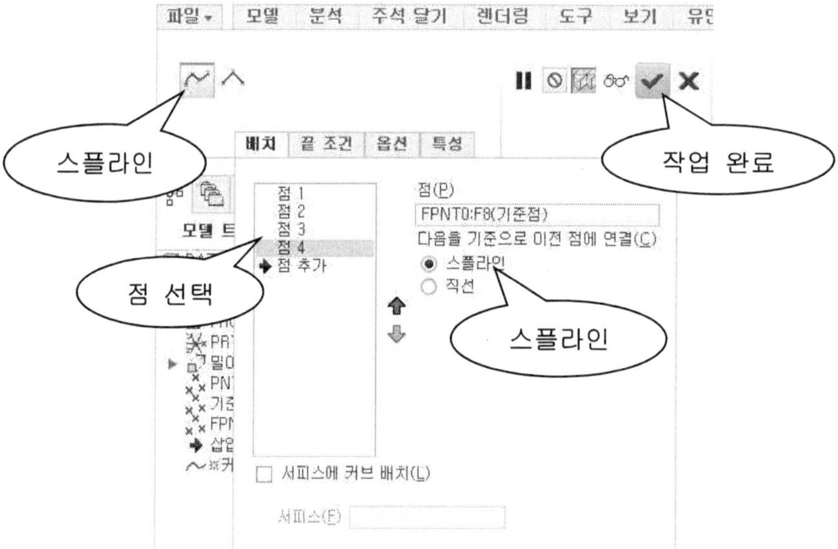

그림 4.37 기준 커브 : 점 선택

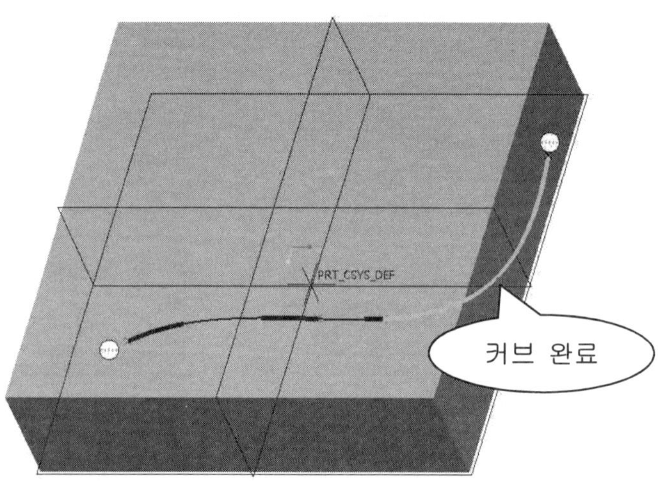

그림 4.38 기준 커브 생성 완료

- 스플라인으로 생성한 커브를 직선 커브로 "정의 편집" 하여 두 곡선의 차이점을 확인하여 보자. 그림 4.39와 같이 모델 트리에서 커브를 선택한 후 마우스 오른쪽 버튼을 클릭하면 "정의 편집" 메뉴가 나타난다.

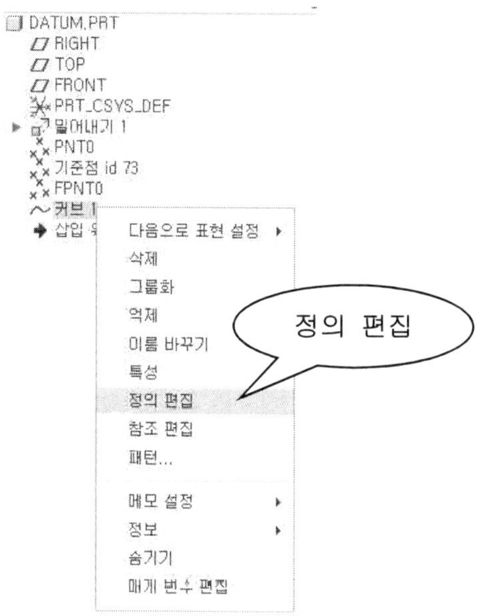

그림 4.39 커브 정의 편집

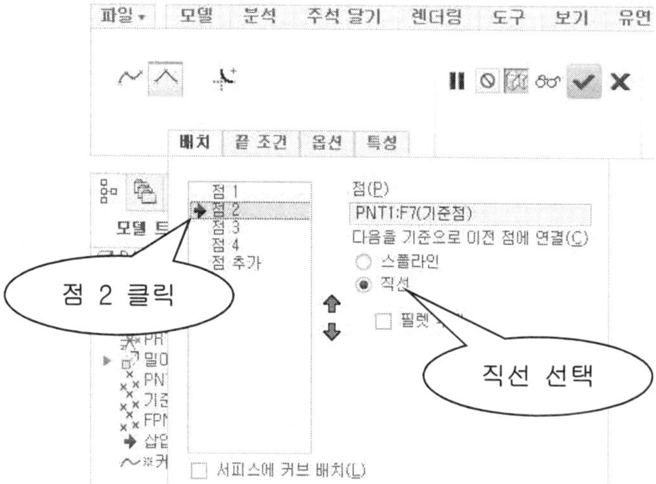

그림 4.40 기준 커브 정의 편집 완료 : 직선

- 같은 방법으로 "점 3"을 선택한 후 직선으로 변경, "점 4"를 선택한 후 직선으

로 변경하여 완료하면 그림 4.41과 같이 선택된 점들을 직선으로 연결하는 커브를 만들 수 있다.

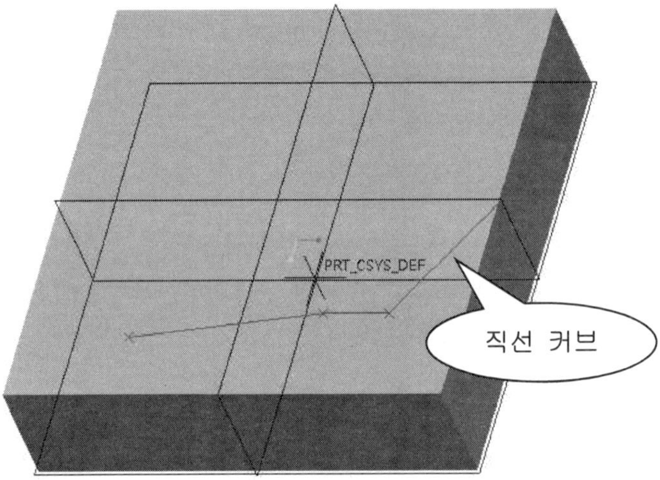

그림 4.41 기준 커브 정의 편집 완료 : 직선

(2) 방정식으로부터의 커브 방법을 이용한 커브 생성

● "방정식으로부터의 커브" 아이콘을 클릭하여 커브 생성

그림 4.42 기준 커브 : 방정식으로부터의 커브

- 그림 4.43과 같이 좌표계 설정은 카티시안으로 설정한 후 "참조"를 클릭하면

좌표계를 선택할 수 있는데 화면 한 가운데에 있는 좌표계 “PRT_CSYS_DEF”를 선택한다.

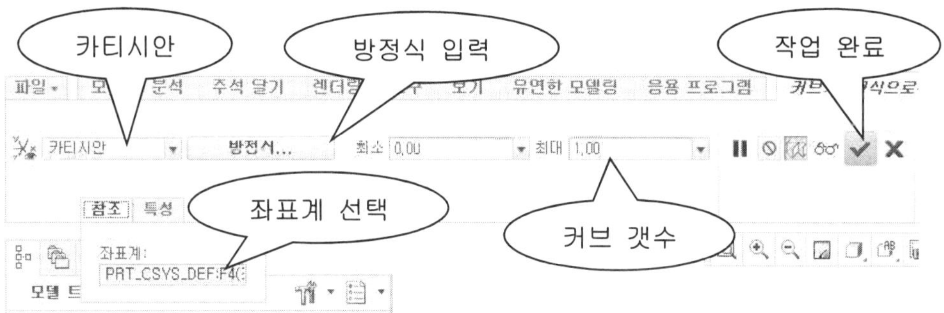

그림 4.43 대시보드 설정

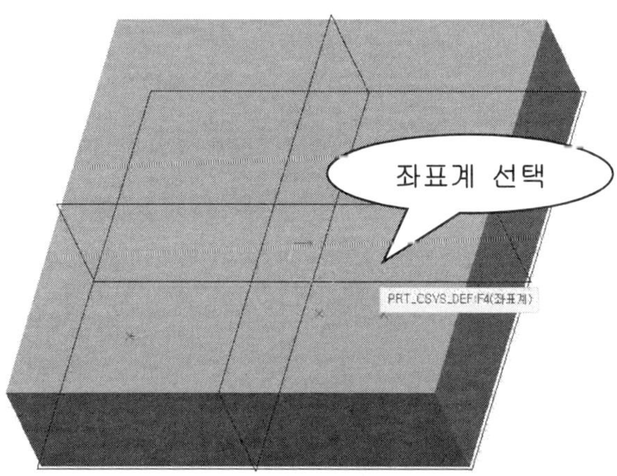

그림 4.44 기준 커브 생성 : 좌표계 선택

- 대시보드에서 “방정식”을 클릭하면 방정식 입력 창이 활성화된다. 다음과 같이 방정식을 입력한다.

$$x=t*100$$

$$y=50*\sin(t*360)$$

$$z=0$$

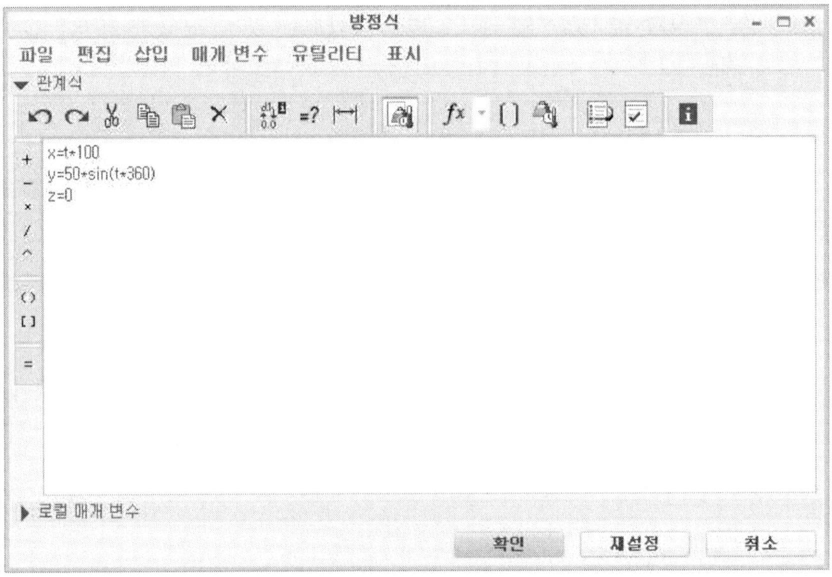

그림 4.45 방정식 입력 창

- 방정식 입력 창에서 확인 버튼을 클릭하여 입력을 완료한다.
- 대시보드에서 확인 버튼을 클릭하여 커브 생성을 완료한다.

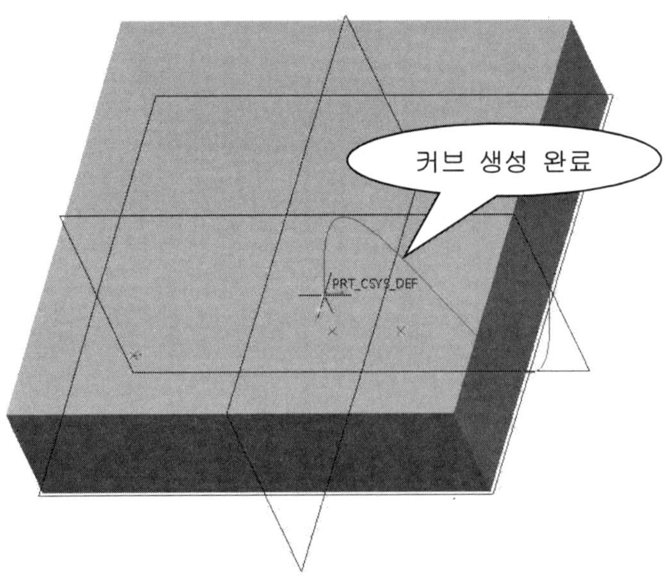

그림 4.46 기준 커브 생성 완료 : 방정식 이용

- 생성한 커브를 “정의 편집” 하여 커브 개수를 3개로 바꾸어보자. 그림 4.47과 같이 모델 트리에서 커브를 선택한 후 마우스 오른쪽 버튼을 클릭하면 “정의 편집” 메뉴가 나타난다.

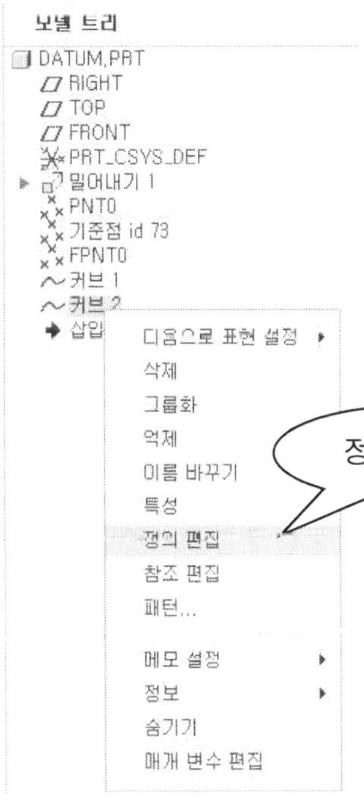

그림 4.47 커브 정의 편집

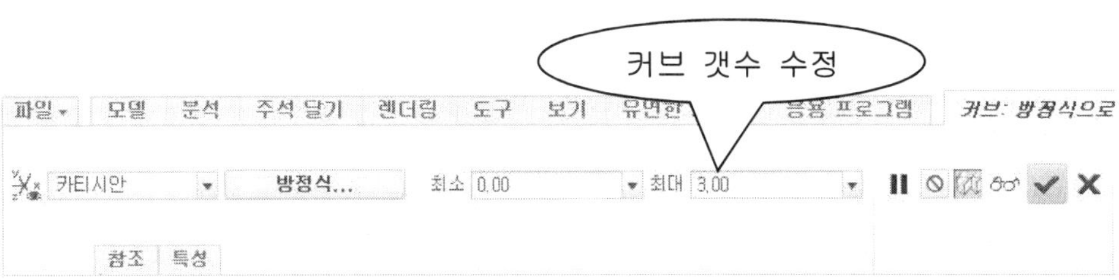

그림 4.48 커브 정의 편집 : 3개로 변경

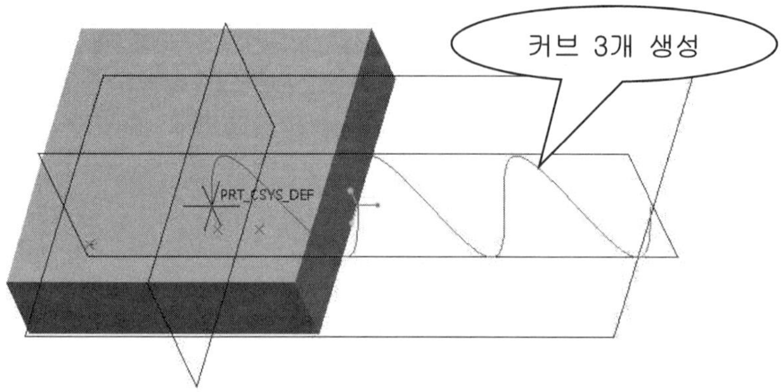

그림 4.49 기준 커브 정의 편집 완료

제5장 **Pick and Place Feature** 의 생성

형상을 만드는 일반적인 방법으로 Sketched feature를 이용하는 것이다. Pick and place feature는 미리 정의된 형상을 클릭하여 배치하면 원하는 형상이 생성되도록 하는 방법이다.

Pick and place feature에는 구멍(Hole), 라운드(Round), 모따기(Chamfer), 셸(Shell), 리브(Rib), 구배(Draft) 등이 있다. Pick and place feature를 이용하여 형상을 생성하면 스케치 평면에 단면을 스케치하는 단계가 필요 없으며 모델에 직접 배치하면 되므로 형상을 만드는 작업이 조금은 단순하고 빨라진다(복잡한 작업도 있다).

5.1 구멍**(Hole)** 생성하기

Pick and place feature를 이용한 형상 생성 방법 중 대표적인 방법이 구멍이다. 구멍은 서로 다른 부품들끼리 체결하기 위한 요소로 사용되며, 버튼, 스위치 혹은 램프 등이 형상 밖으로 나오도록 하기 위해 구멍 작업을 하기도 한다.

구멍의 유형은 크게 단순 구멍(Simple Hole)과 표준 구멍(Standard Hole) 두 가지로 나눌 수 있다. 단순 구멍은 배치 구멍과 직접 스케치하여 그려주는 옵션으로 구분된다. 표준 구멍은 ISO, UNC, UNF 규격을 제공해준다. 각각에 대하여 알아보자.

(1) 단순 구멍(Simple Hole)

지름이 일정한 구멍을 지정된 깊이까지 생성할 때 사용하며 형상 모델을 제거하는 feature이다. 구멍 작업을 완료하기 위해서는 구멍이 놓일 평면 혹은 서피스(surface : 면)와 구멍의 중심 위치를 정해주기 위한 2개의 참조 치수가 필요하다.

직선 구멍에는 “단순(Simple)”과 “스케치됨(Sketched)”이 있다. 여기서는 단순 구멍만 설명하기로 한다. 다음의 예제를 통하여 직선 구멍 작업을 수행해 보자. 3장에서 작업했던 base.prt와 bracket.prt를 불러와서 구멍 형상을 만들어보자.

① 선형 방법

[base.prt 만들기 2]

- 3 장에서 작업했던 base.prt 파일을 불러와서 작업을 수행
  - 그림 5.1과 같이 구멍 형상을 만들어주기 위해 작업한 "스케치"를 선택한 후 마우스 오른쪽 버튼을 클릭하여 나타나는 항목 중 "삭제"를 클릭하여 제거한다 : 스케치와 연관되어 있는 "밀어내기"도 함께 삭제됨.

그림 5.1 이전 작업 삭제

- "구멍" 아이콘( )을 이용하여 작업 수행
  - 그림 5.2와 같이 구멍 아이콘을 클릭한다.

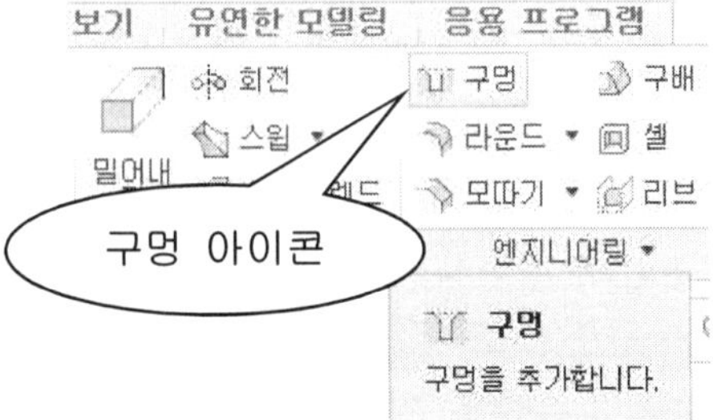

그림 5.2 구멍 아이콘

- 그림 5.3과 같이 구멍을 배치할 서피스를 선택하면 그림 5.4와 같이 대시보드에서 구멍의 설계 치수에 맞게 설정할 수 있는 내용이 나타난다.

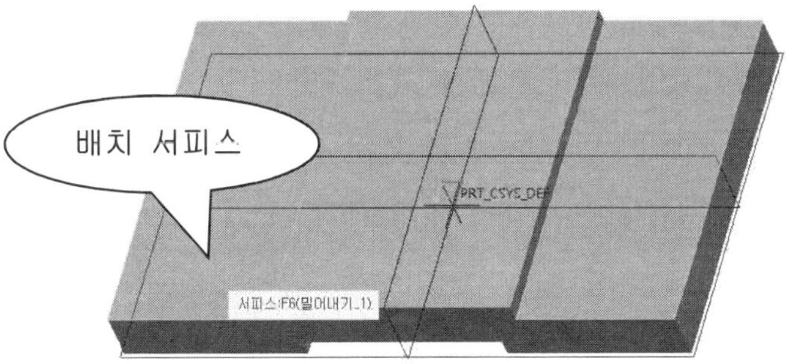

그림 5.3 구멍 배치 서피스

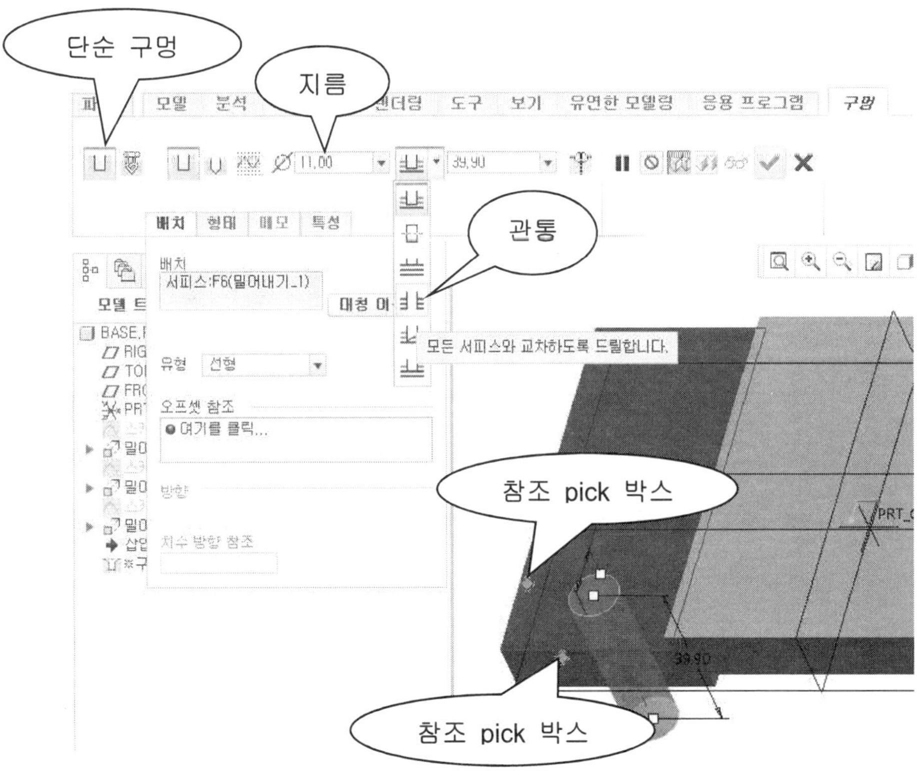

그림 5.4 대시보드 설정

- 마우스 왼쪽 버튼으로 네모 pick 박스를 클릭한 후 drag하여서 기준이 되는 두 모서리에 가져가면 그림 5.5와 같이 참조 치수를 보여주며 이를 클릭하면 치수를 수정할 수 있다.
- 설정이 끝나면 완료 아이콘(✔)을 클릭하여 작업을 완료한 후 저장한다. (나머지 3개의 구멍은 7장 패턴 기능으로 형상을 만든다)

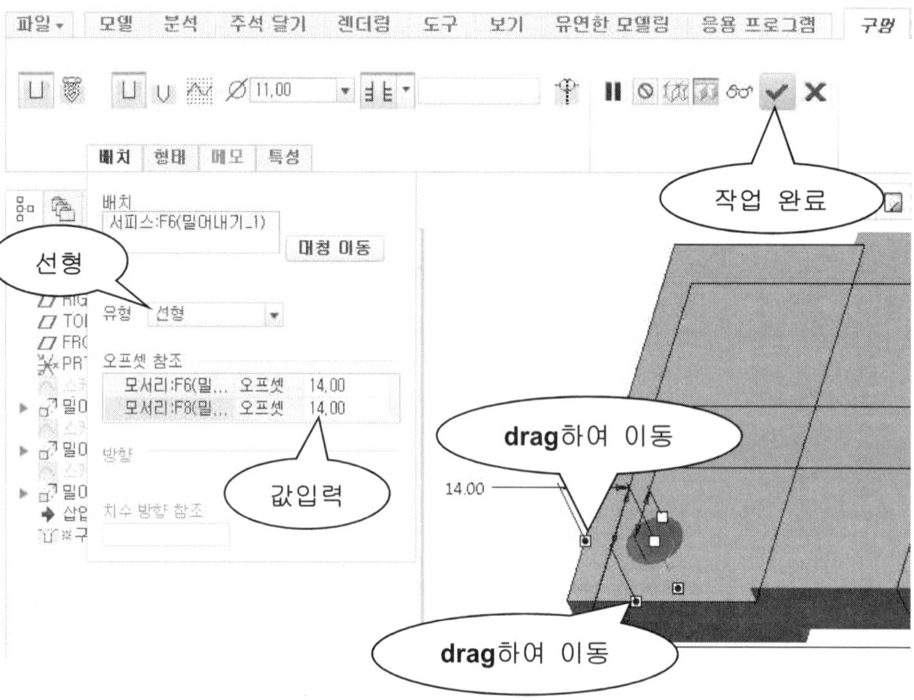

그림 5.5 구멍 설계 치수 설정

그림 5.6 구멍 작업 완료

② 동축 방법

기존 구멍의 축과 일치하면서 지름이 다른 구멍을 만들 때 사용하는 방법이다.

[bracket.prt 만들기 2]

- 3 장에서 작업했던 bracket.prt 파일을 불러와서 작업을 수행
- "구멍" 아이콘( )을 이용하여 작업 수행
    - 그림 5.7과 같이 구멍 아이콘을 클릭한다.

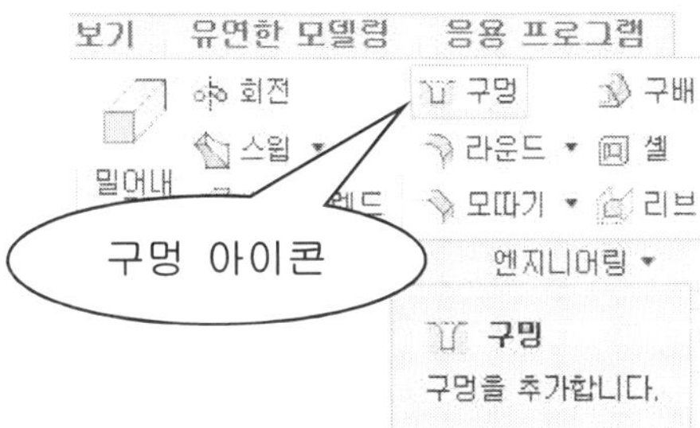

그림 5.7 구멍 아이콘

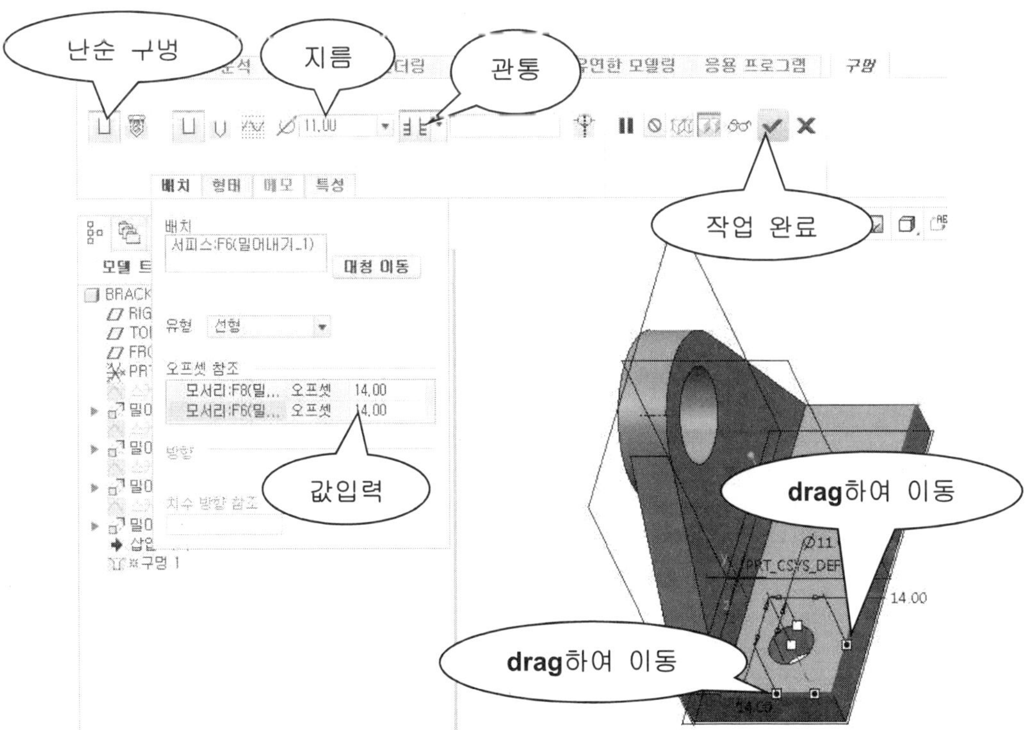

그림 5.8 구멍 배치 설정

- 그림 5.8과 같이 구멍을 배치할 서피스를 선택한 후 마우스 왼쪽 버튼으로 네모 pick 박스를 클릭한 후 drag하여서 기준이 되는 두 모서리에 가져가서 참조 치수를 입력할 수 있게 해준다.
- 대시보드에서 구멍의 설계 치수에 맞게 설정한 후 완료 아이콘(✔)을 클릭하여 작업을 완료한다.

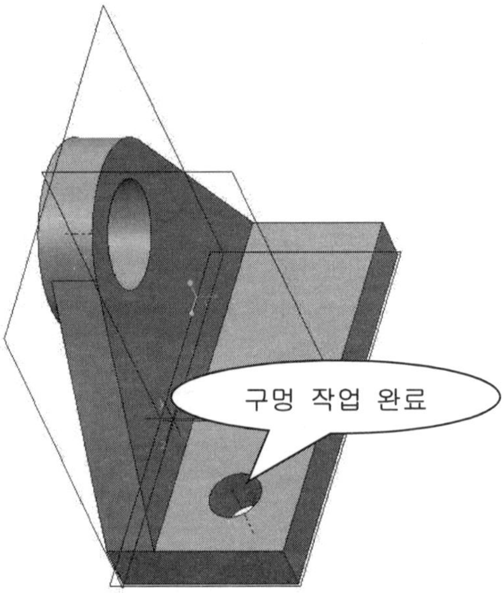

그림 5.9 구멍 작업 완료

- "구멍" 아이콘( )을 이용하여 작업 수행
    - 구멍 아이콘을 클릭한 후 앞에서 완료한 구멍과 같은 배치 서피스를 선택하면 자동으로 선형 유형이 선택되어 있다.
    - "동축" 유형을 사용하려면 Ctrl키를 누른 상태에서 기존 구멍의 축을 선택하면 그림 5.10과 같이 자동으로 "동축" 유형으로 변경된다.
    (유형 항목 선택에서 "동축"을 선택할 수는 없다)
    - 그림 5.10과 같이 대시보드에서 구멍의 설계 치수에 맞게 설정한 후 완료 아이콘(✔)을 클릭하여 작업을 완료한다.

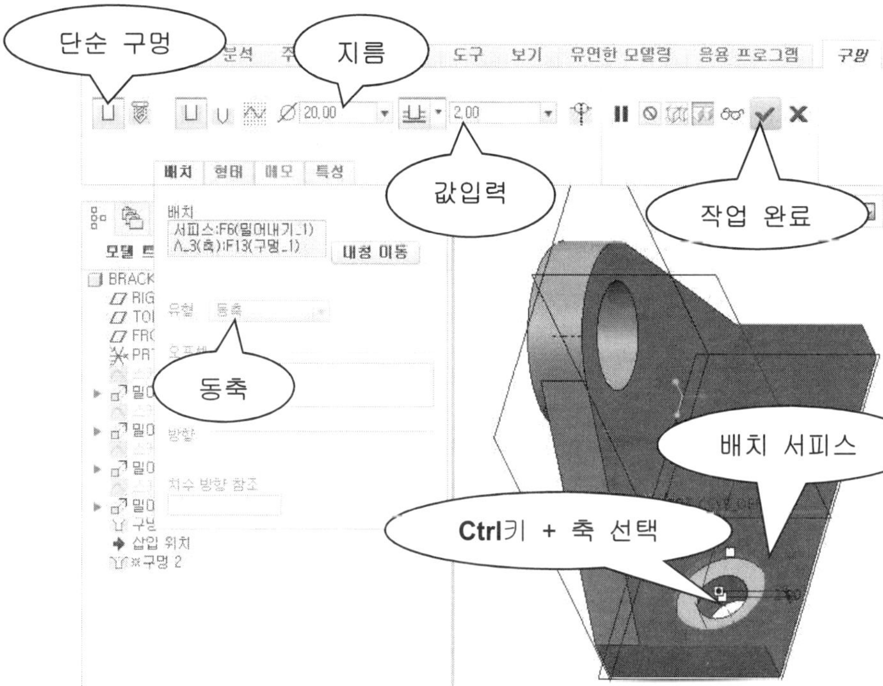

그림 5.10 동축 구멍 배치 설정

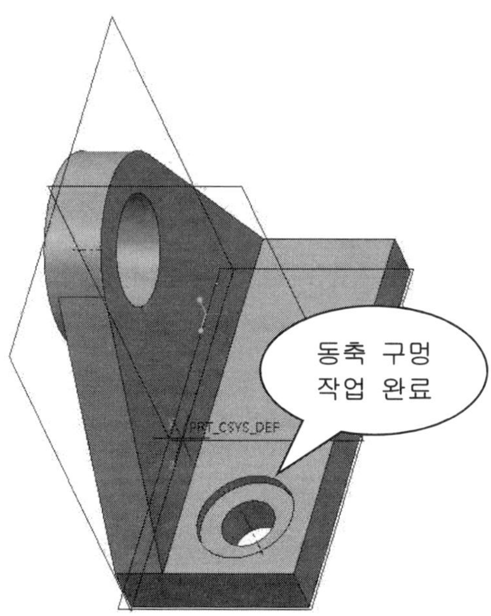

그림 5.11 구멍 작업 완료

③ 지름 : 참조 축이 필요함

[bracket.prt 만들기 2] - 동축 구멍을 완료한 형상에 추가로 만든 후에 삭제

- "구멍" 아이콘( )을 이용하여 작업 수행
    - 구멍 아이콘을 클릭한 후 그림 5.12와 같이 bracket의 우측면을 선택한다.
    - 그림 5.13과 같이 유형에서 "지름"을 선택한다.

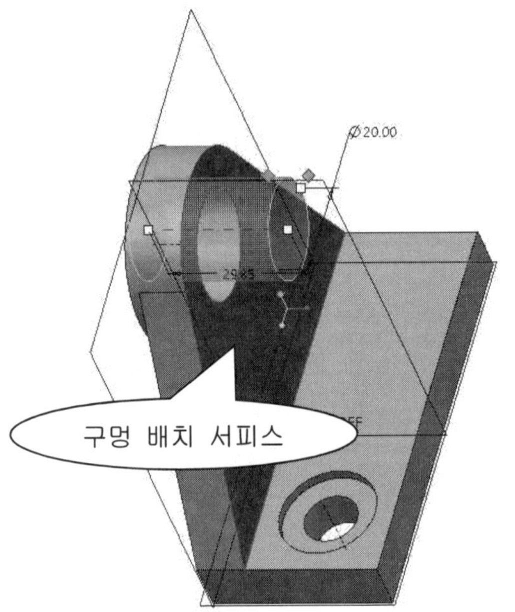

그림 5.12 구멍 배치 서피스

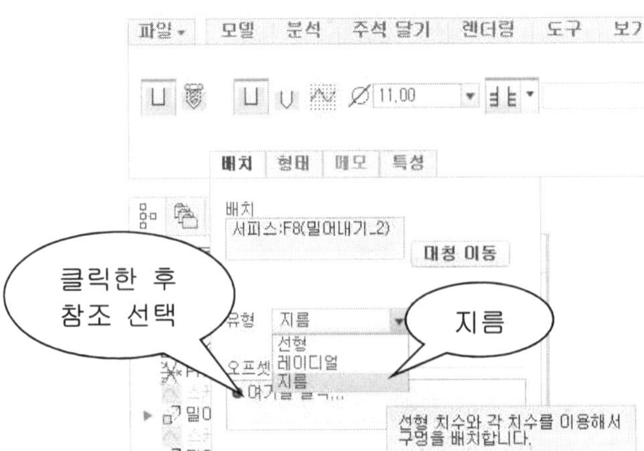

그림 5.13 구멍 유형 : 지름

- 오프셋 참조 항목에서 마우스로 클릭한 후에 그림 5.14와 같이 Ctrl키를 누른 상태에서 축과 FRONT 평면을 클릭한다.

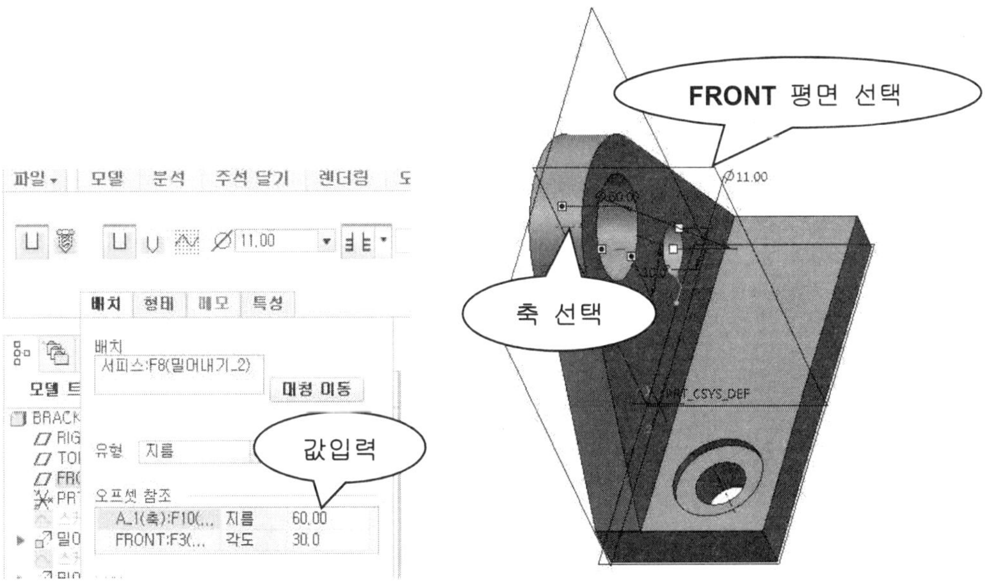

그림 5.14 오프셋 참조 설정

- 그림 5.14와 같이 대시보드에서 구멍 치수를 설정한 후 완료 아이콘(✔)을 클릭하여 작업을 완료한다(추가적인 작업이므로 삭제).

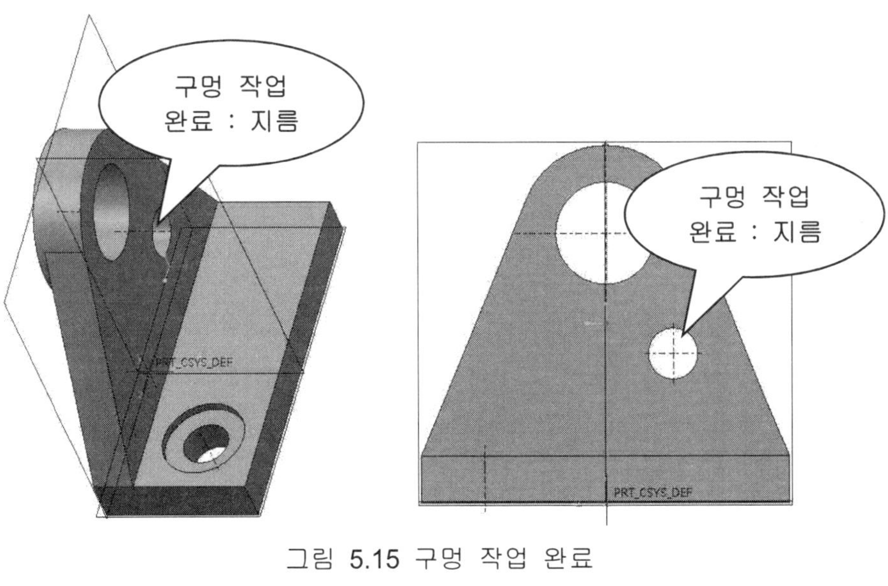

그림 5.15 구멍 작업 완료

④ 레이디얼

[bracket.prt 만들기 2] - 동축 구멍을 완료한 형상에 추가로 만든 후에 삭제

- “구멍” 아이콘( )을 이용하여 작업 수행
  - 구멍 아이콘을 클릭한 후 그림 5.16과 같이 bracket의 우측면을 선택한다.
  - 그림 5.17과 같이 유형에서 “레이디얼”을 선택한다.

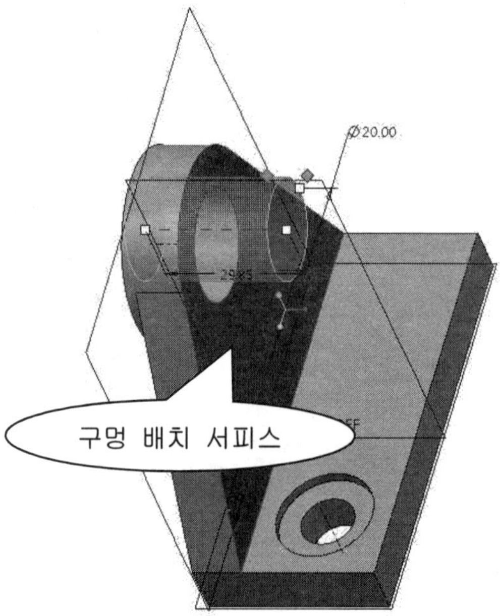

그림 5.16 구멍 배치 서피스

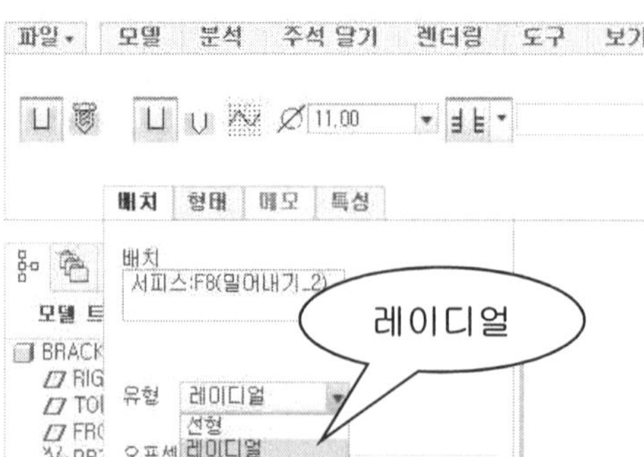

그림 5.17 구멍 유형 : 레이디얼

- 오프셋 참조 항목에서 마우스로 클릭한 후에 그림 5.18과 같이 Ctrl키를 누른 상태에서 축과 FRONT 평면을 클릭한다("지름" 방법과 같지만 오프셋 참조값에서 반지름을 입력한다).

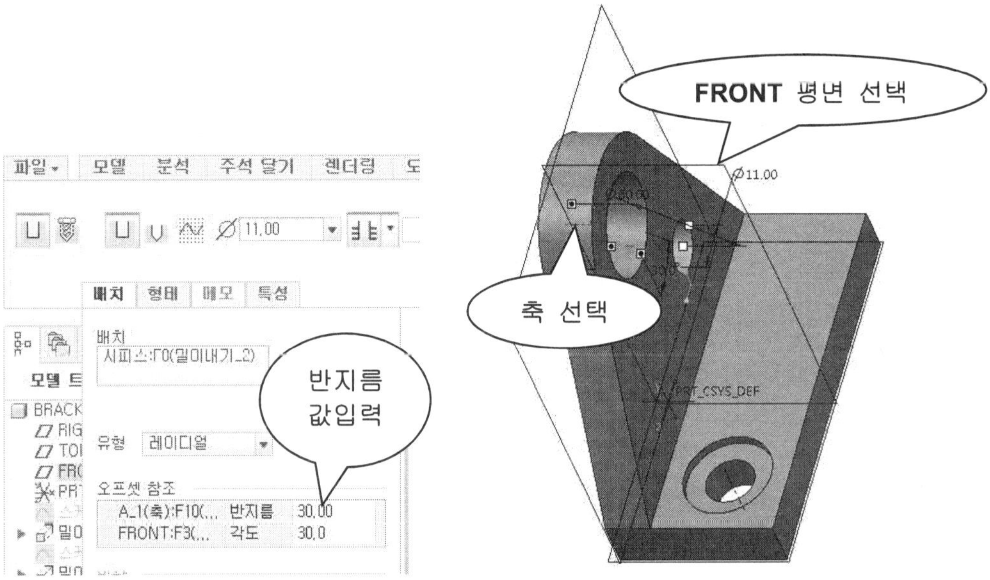

그림 5.18 오프셋 참조 설정

- 대시보드에서 구멍 치수를 설정한 후 완료 아이콘(✔)을 클릭하여 작업을 완료한다(추가적인 작업이므로 삭제).

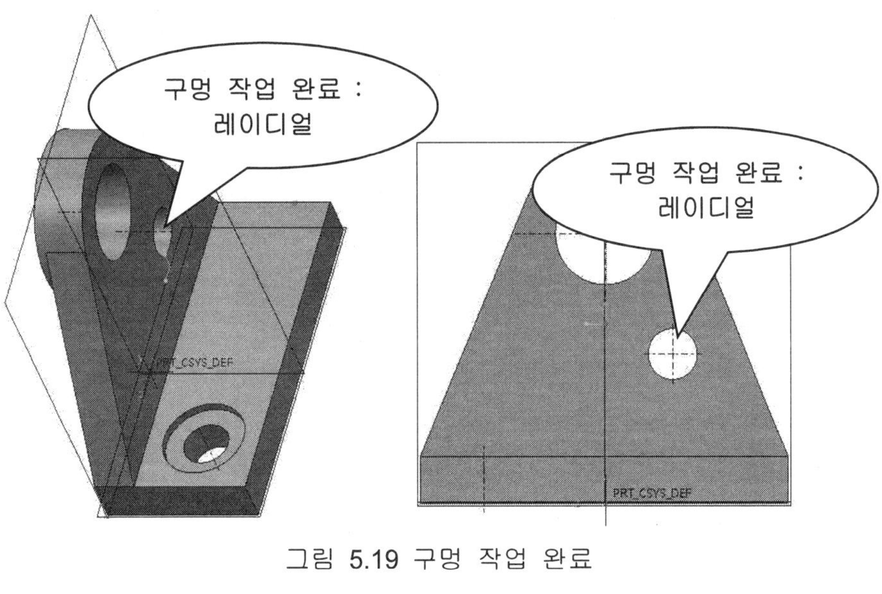

그림 5.19 구멍 작업 완료

★ 참고 : 레이디얼 구멍의 활용

레이디얼 구멍은 원통형 또는 원추형 솔리드 surface를 주 배치 참조로 선택하거나 기준면을 주 배치 참조로 선택한 경우에 사용할 수 있다. 원통형 surface는 굽어진 형상이므로 일반적인 형상 배치가 불가능하여 기준면을 만들어주어서 평면에 형상을 배치해야 한다. 특히 자동차 범퍼 부분의 센서 장착 위치에 구멍 형상을 배치하여야 할 경우에 레이디얼 구멍을 활용하면 쉽게 형상을 만들어줄 수 있다. bracket.prt의 원통면에 레이디얼 구멍을 만들어보자.

- "구멍" 아이콘( )을 이용하여 작업 수행
  - 구멍 아이콘을 클릭한 후 그림 5.20과 같이 bracket의 원통주변 서피스를 마우스로 클릭하면 자동으로 "레이디얼" 유형으로 선택된다.

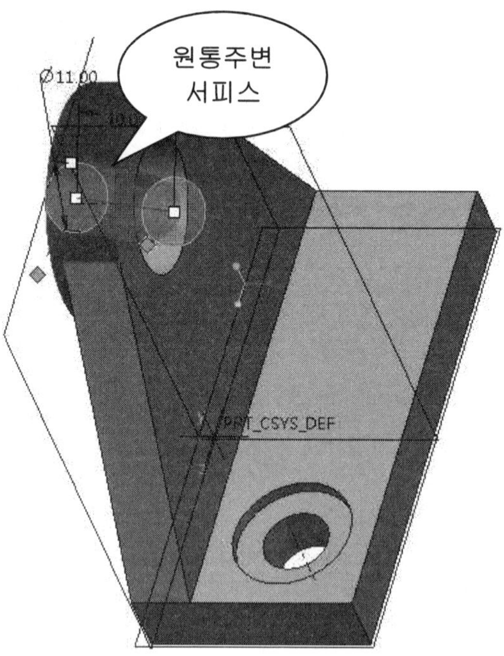

그림 5.20 구멍 작업 설정 : 레이디얼

  - 오프셋 참조 항목에서 마우스로 클릭한 후에 그림 5.21과 같이 Ctrl키를 누른 상태에서 bracket의 우측면과 FRONT 평면을 클릭한다.

그림 5.21 오프셋 참조 설정

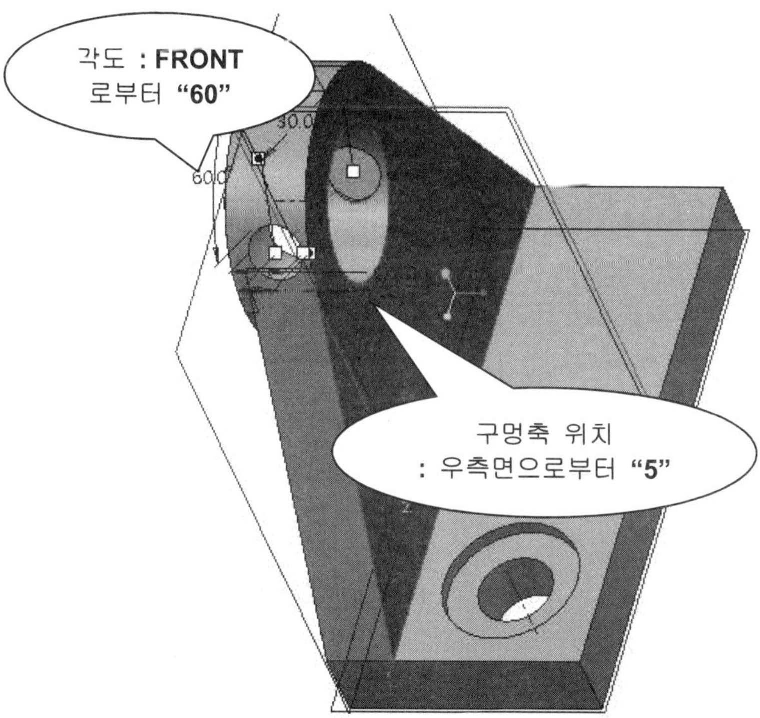

그림 5.22 구멍 : 레이디얼 - 각도와 선형치수만 존재(보조참조 축 없음)

- 대시보드에서 구멍 치수를 설정한 후 완료 아이콘(✔)을 클릭하여 작업을 완료한다(추가적인 작업이므로 삭제).

그림 5.23 구멍 작업 완료 : 레이디얼

⑤ 점 상(on point)

[bracket.prt 만들기 2]

- bracket.prt의 한 면에 기준점을 생성
  - 그림 5.24와 같이 "점" 생성 아이콘을 클릭한 후 bracket의 한 면을 선택한다.

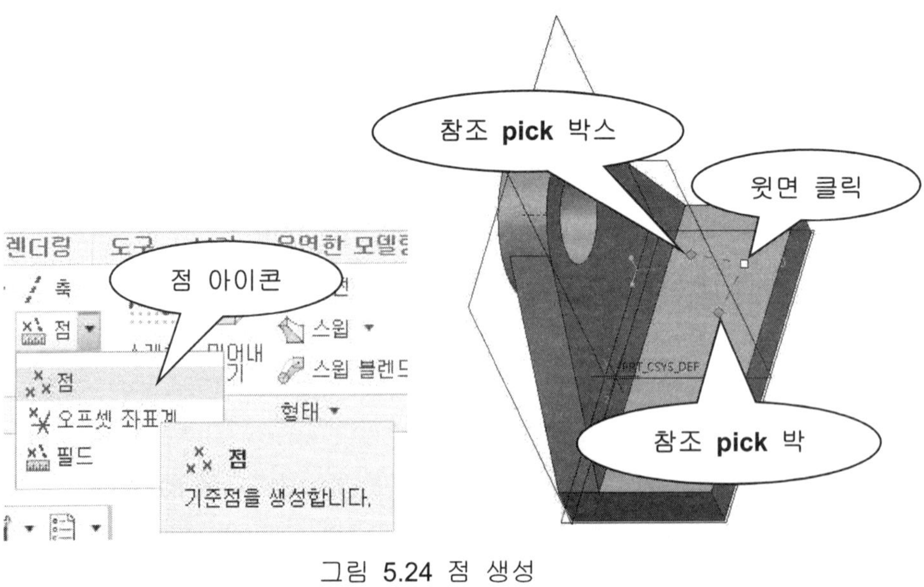

그림 5.24 점 생성

- 그림 5.25와 생성될 점의 위치를 결정해주기 위해 pick 박스를 drag하여서 두 모서리에 가져가면 참조 치수를 보여주며 이를 클릭하여 각 모서리로부터 “14” 치수를 입력한다.

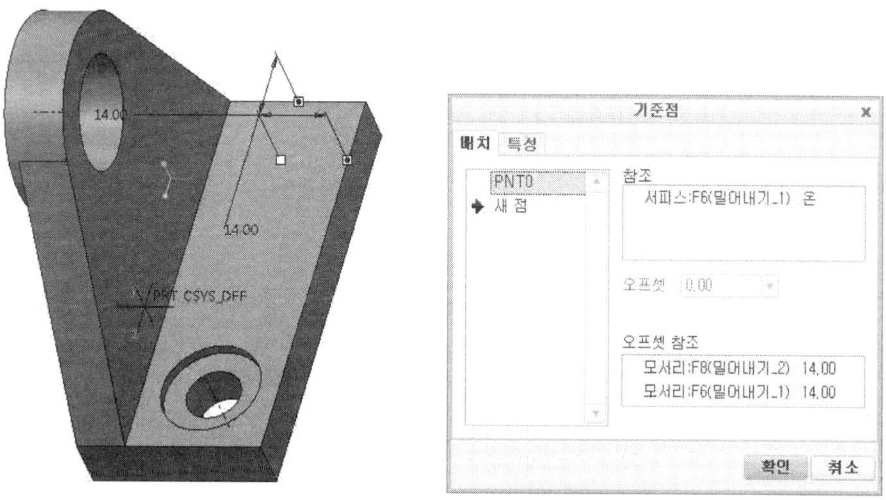

그림 5.25 점 생성 설정

그림 5.26 점 생성 완료

- "구멍" 아이콘( )을 이용하여 작업 수행
  - 구멍 아이콘을 클릭한 후 그림 5.27과 같이 앞에서 생성한 점을 클릭하면 자동으로 "점 상" 유형으로 설정된다.

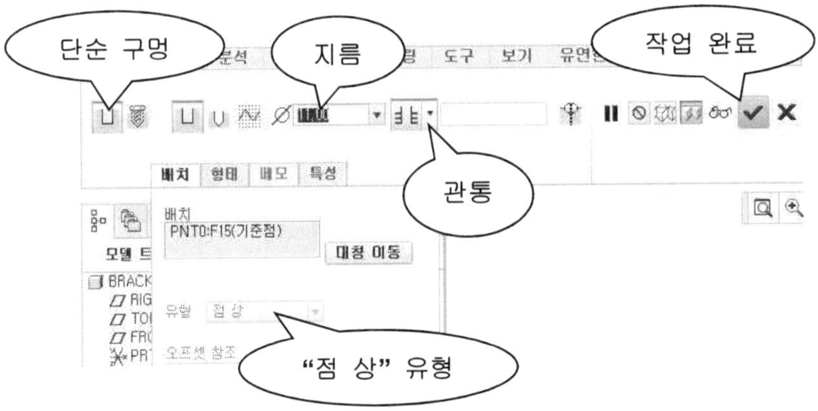

그림 5.27 구멍 생성 : 점 상

  - 대시보드에서 구멍 치수를 설정한 후 완료 아이콘( )을 클릭하여 작업을 완료한다(추가적인 작업이므로 생성된 점과 함께 삭제).

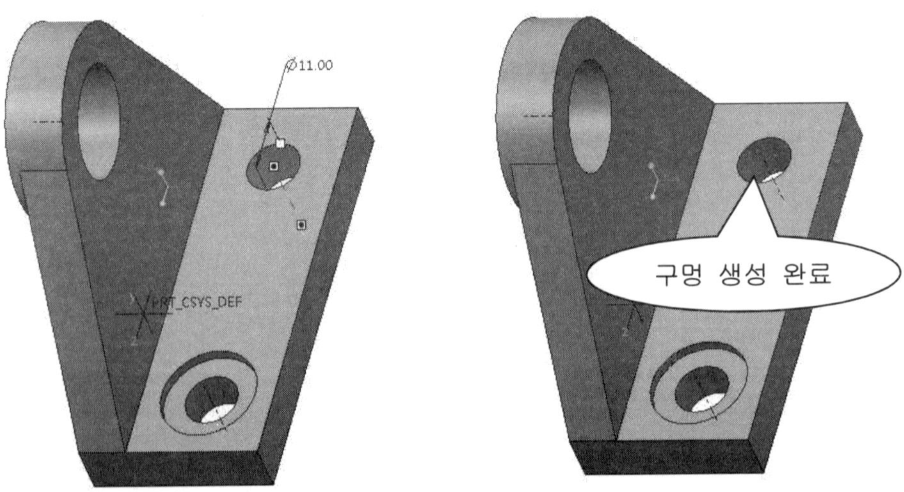

그림 5.28 구멍 생성 완료 : 점 상

⑥ 표준 구멍 프로파일

단순 구멍 설정에서 표준 구멍 프로파일로 만들기.

⇨ 카운터보어(counterbore)

⇨ 카운터싱크(countersink)

[bracket.prt 만들기 2]

- ● "구멍" 아이콘( )을 이용하여 작업 수행
  - "점" 생성 아이콘을 클릭한 후 그림 5.29와 같이 bracket의 한 면을 선택한다.
  - 선형 유형의 구멍 생성 방법과 같은 방법으로 설정한다.

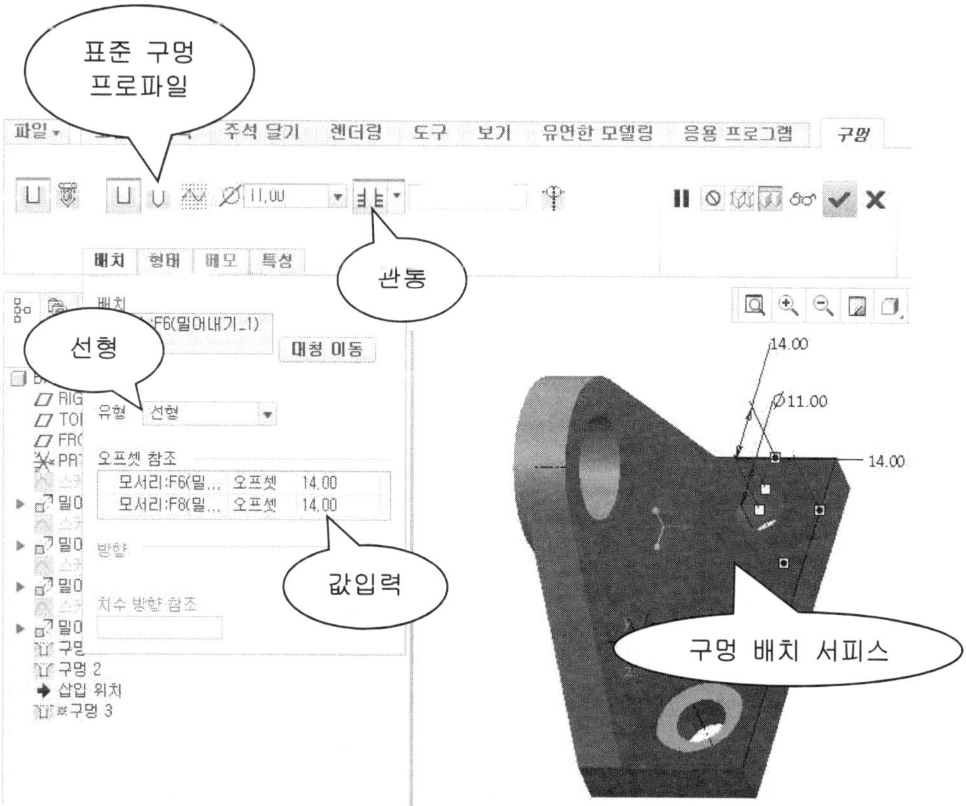

그림 5.29 구멍 생성 설정

- 그림 5.29에서와 같이 표준 구멍 프로파일 아이콘을 클릭한 후 "형태" 버튼을

클릭하면 그림 5.30과 같이 카운터보어 형태의 구멍을 설정할 수 있다.

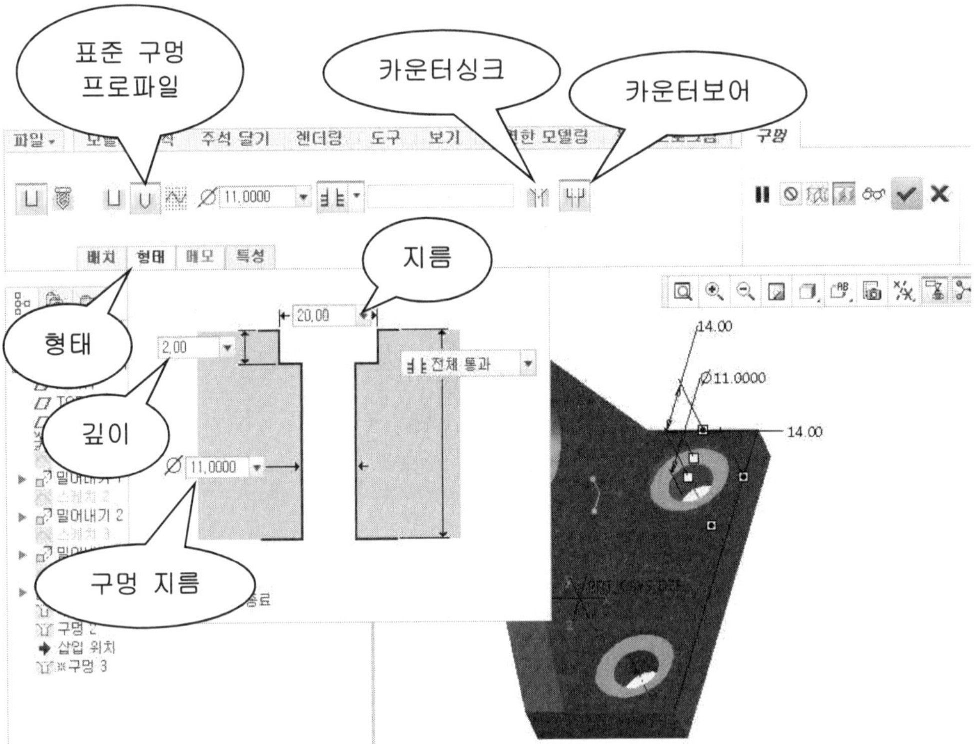

그림 5.30 단순 구멍 형식의 표준 구멍 프로파일 설정

- 설정이 끝나면 완료 아이콘(✔)을 클릭하여 작업을 완료한 후 저장한다.

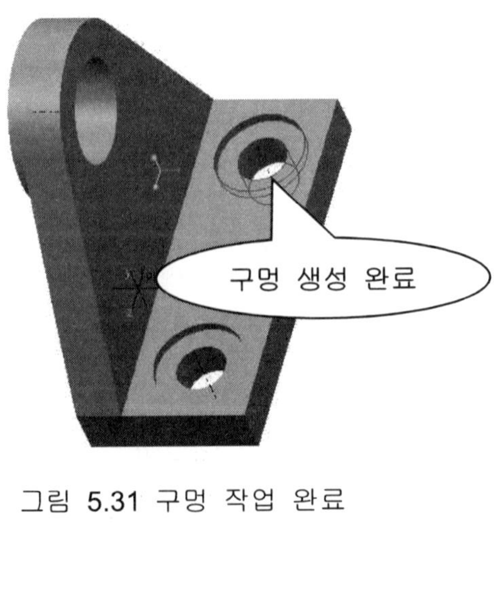

그림 5.31 구멍 작업 완료

(2) 표준 구멍(Standard Hole)

표준 구멍은 국제 규격인 ISO, UNC, UNF에 맞추어 나사에 대한 설정 사항들이 미리 정해져 있어서 선택만 하면 생성될 수 있도록 되어있다.

설정 가능한 조건으로 규격 선택, 스크류 크기(나사의 지름을 기초로 한 표준 규격 크기), 카운터싱크, 카운터보어 등을 설정할 수 있다. 일반적으로 직선 구멍과 설정이 유사하다.

미터나사의 예를 통하여 표준 구멍 설정 방법을 알아본다. 추가적인 작업이므로 작업 완료 후 저장하지 않는다.

[base.prt 만들기 2]

- 선형 유형의 구멍 작업 시 사용했던 base.prt 파일을 불러와서 작업을 수행
  - 현재 설정 단위계를 확인한다.
  - 현재 설정 단위계가 Inch-lbm 단위계이므로 "미터나사"를 표현하기 위해서는 단위계를 "millimeter Kilogram Second(mmKs)"로 변경한다.
  - ⇨ "파일 ➔ 준비 ➔ 모델 특성"을 클릭하여 단위를 변경한다.

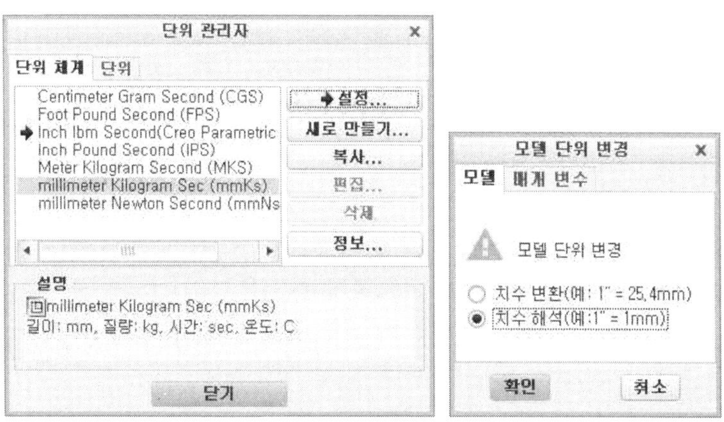

그림 5.32 단위 변경

- "구멍" 아이콘( )을 이용하여 작업 수행
  - 그림 5.33과 같이 구멍 아이콘을 클릭한다.

그림 5.33 구멍 아이콘

- 그림 5.34와 같이 구멍을 배치할 서피스를 선택한 후 “표준 구멍” 아이콘을 클릭하면 그림 5.35와 같이 대시보드에서 표준 구멍의 설계 치수에 맞게 설정할 수 있는 내용이 나타난다..

그림 5.34 구멍 배치 서피스

그림 5.35 표준 구멍 설정

- 규격으로 ISO를 선택한다.

- 표준 나사 크기 설정값으로 “M11x1”를 선택한다.

⇨ M11x1 ➔ 미터나사, 암나사 작업이므로 골지름이 11mm임을 뜻함, 피치 1mm

- 재료 제거 깊이는 관통으로 설정한다.

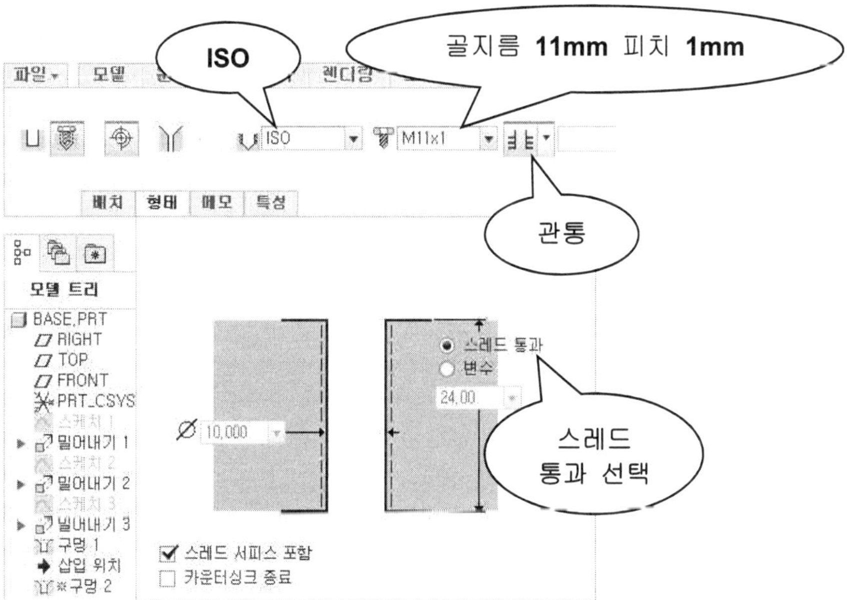

그림 5.36 표준 구멍 설정

- 재료 제거 깊이는 관통으로 설정한다.
- 그림 5.36과 같이 대시보드에서 표준 구멍의 설계 치수에 맞게 설정한 후 완료 아이콘(✔)을 클릭하여 작업을 완료한 후 저장한다.

그림 5.37 표준 구멍 완료

5.2 라운드(**Round**) 생성하기

라운드는 부품에서 날카로운 모서리들을 제거하여 형상을 마무리하는 작업이다. 각진 모서리 부분들을 부드럽게 만들기 위해 수행하는 작업으로, 라운드 **feature**를 생성하기 위해서 재료가 제거되거나 생성되어 부드럽게 변환시키는 작업이다. 라운드 **feature**는 생성하는데 많은 수치적 연산이 동원되므로 작업 속도가 느려질 수 있으며, 복잡한 형상의 라운드 작업은 설계자의 의도대로 생성되지 않을 수도 있다. 라운드 작업은 가장 마지막에 작업을 하거나 작업을 하는 중간에 **feature**를 억제(**Suppress**)와 복원(**Resume**) 명령을 적절히 사용하여 원활한 작업이 이루어지도록 해야 한다.

(1) 일반 라운드

다음의 예제를 통하여 라운드 작업을 수행해 보자.

- 새로 만들기 아이콘을 클릭한 후 파일 이름을 "**round_chamfer_shell**"로 하여 새로운 작업을 시작한다.
- 밀어내기 아이콘을 이용하여 기본 **feature**를 생성한다.
  - 스케치 작업 후에 밀어내기 아이콘을 이용하여 **feature**를 생성하는 것이 아니라 밀어내기 아이콘을 클릭한 후 내부에 스케치 작업을 하는 방법을 이용한다.
  - 마우스 포인터가 그래픽 윈도우에 있는 상태에서 오른쪽 버튼을 조금 길게 누르고 있으면 바로가기 메뉴가 나타난다.

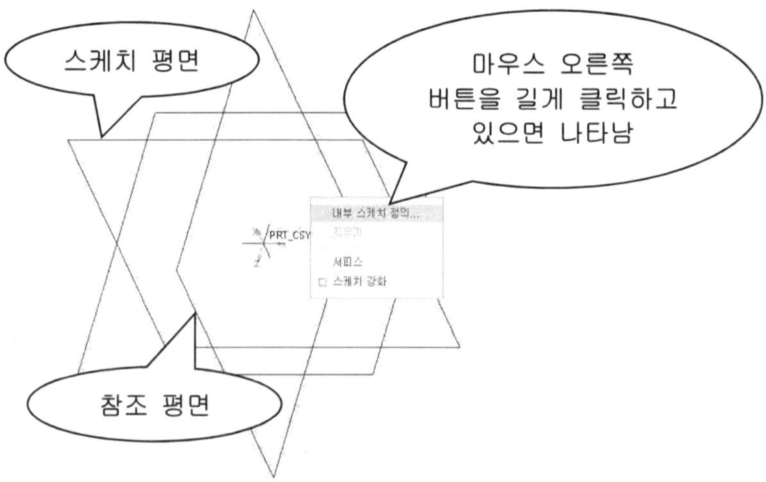

그림 5.38 마우스 오른쪽 버튼 클릭 : 내부 스케치 정의

- "내부 스케치 정의"를 선택하여 FRONT 평면을 스케치 평면으로 설정하고 참조 평면 방향으로 RIGHT 평면이 "오른쪽"을 향하게 설정한다.
- 그림 5.39와 같이 사각형 단면(50 x 20)을 스케치한다.

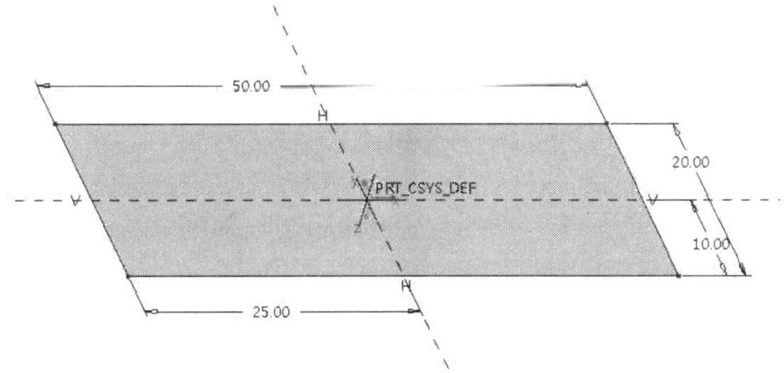

그림 5.39 스케치 단면

- 스케치 작업이 끝나면 확인 아이콘(✔)을 클릭하여 단면 작업을 마친다.
- 양방향 돌출로 "20"만큼 생성

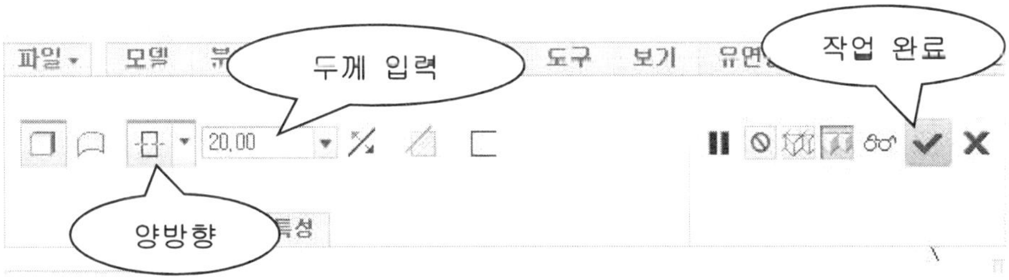

그림 5.40 대시보드 설정

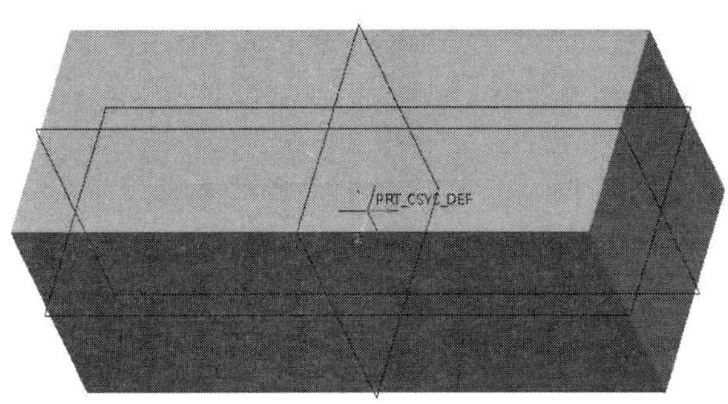

그림 5.41 밀어내기 완료

- “라운드” 아이콘( )을 클릭한다.
  - 라운드 아이콘을 클릭하면 그림 5.43과 같이 라운드 작업에 관하여 설정할 수 있는 내용이 나타난다.

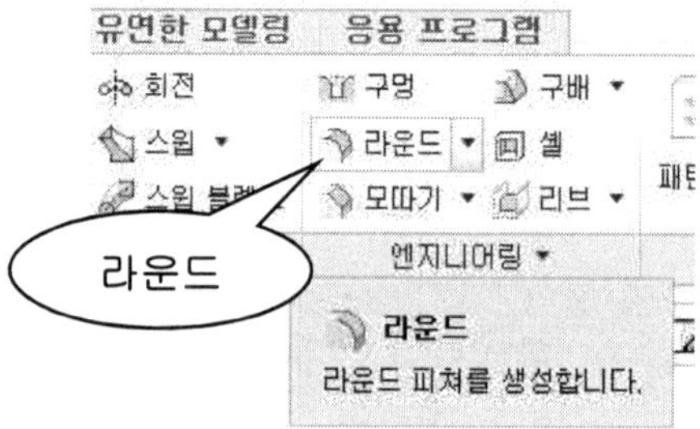

그림 5.42 라운드 아이콘

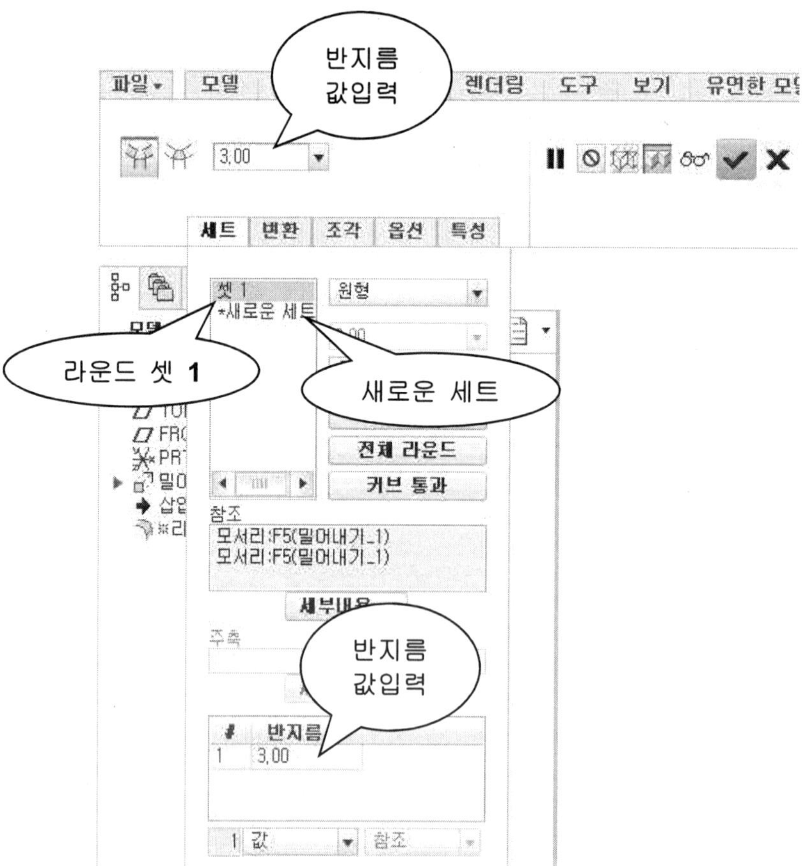

그림 5.43 라운드 작업 설정 : 셋 1

그림 5.44 라운드 작업 설정 : 셋 2

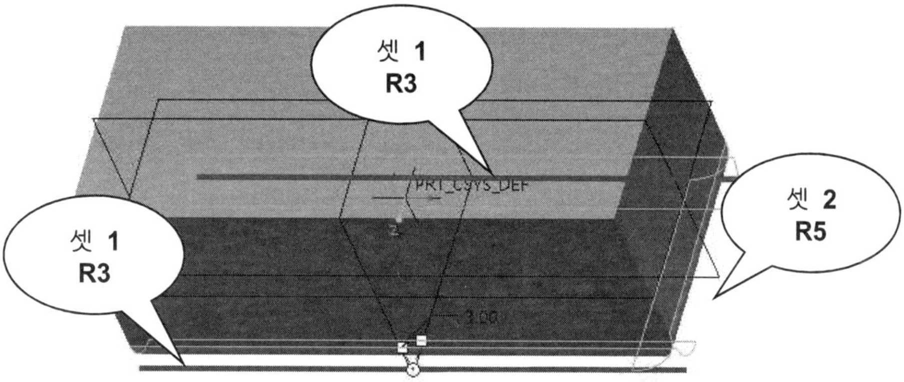

그림 5.45 라운드 모서리

- 아래쪽 모서리 부분을 반지름 "3"으로 라운드 작업 수행 : Ctrl키를 누른 상태에서 두 모서리 클릭한다.
- "*새로운 세트"를 클릭한 후 다른 셋으로 Ctrl키를 누르지 않은 상태에서 모서리 클릭한다(그림 5.44 참조).
- 설정이 끝나면 확인 아이콘(✔)을 클릭하여 라운드 작업을 마친다.

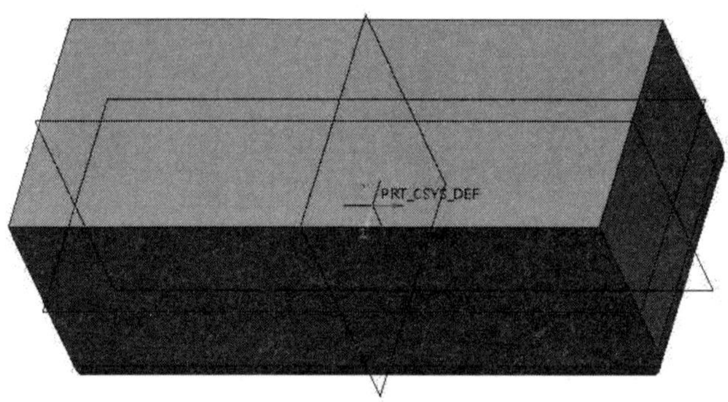

그림 5.46 라운드 작업 완료

★ 라운드 셋

- 하나의 셋으로 라운드 작업을 수행하면 치수를 수정하면 셋 별로 수정된다 ➔ 여러 모서리를 셋으로 묶어서 라운드 작업을 수행하면 수정 작업이 쉬워진다.
- 셋 별로 라운드 작업을 수행하면 각 셋 별로 수정이 가능하다 ➔ 추후에 수정 작업 시 모서리마다 수정을 해야 함.

(2) 가변 라운드

가변 라운드는 라운드 작업을 수행할 모서리의 반지름 값이 모서리를 따라 변할 때 가변 라운드 작업을 수행하여 모서리 부분을 라운드 처리하는 작업을 말한다.

● 가변 라운드 작업

- 앞의 라운드 작업을 마우스로 선택한 후 마우스 오른쪽 버튼을 클릭하여 삭제

한 후 가변 라운드 작업을 진행한다.

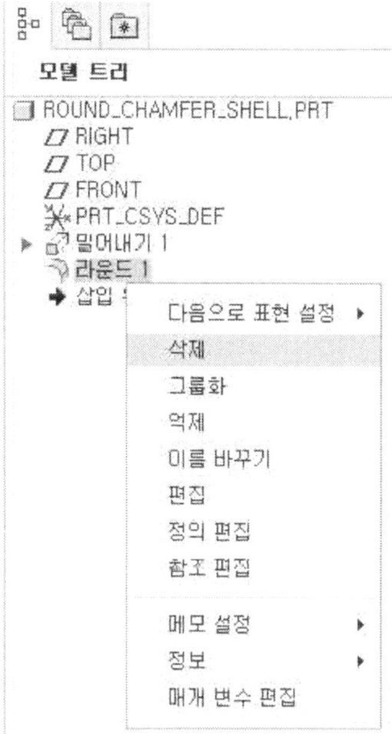

그림 5.47 이전 라운드 작업 삭제

- "라운드" 아이콘( )을 클릭한다.

⇨ 그림 5.48 과 같이 아래 모서리 세 곳을 Ctrl키를 누른 상태에서 선택한다.

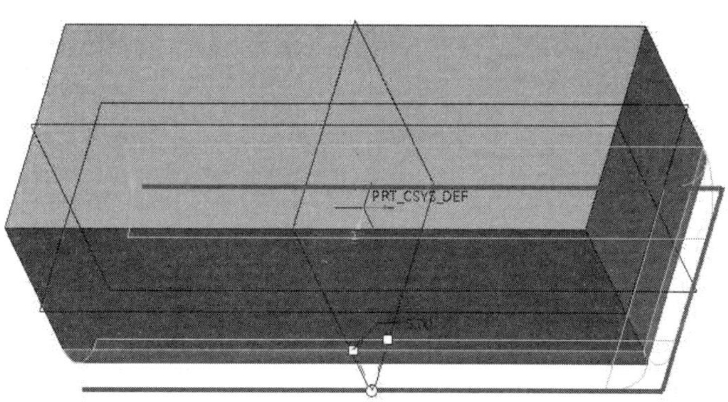

그림 5.48 라운드 : 세 모서리 선택

- 그림 5.49와 같이 반지름 부분에 마우스 포인터를 위치시킨 후 오른쪽 버튼을

클릭하면 반지름 추가 항목이 활성화되어 반지름을 추가할 수 있다.

⇨ 선택된 모서리 중 연결되는 정점이 자동으로 선택되어 반지름 값을 변경 가능하다 : 만약 원하는 정점이 없으면 반지름 추가를 클릭하여 조정 가능...

⇨ 가변 라운드가 아닌 일반 라운드로 다시 돌아가려면 반지름을 추가하였던 부분에 마우스 포인터를 가져다 놓고 오른쪽 버튼을 클릭하여 나타나는 메뉴 중 상수화를 선택하면 된다.

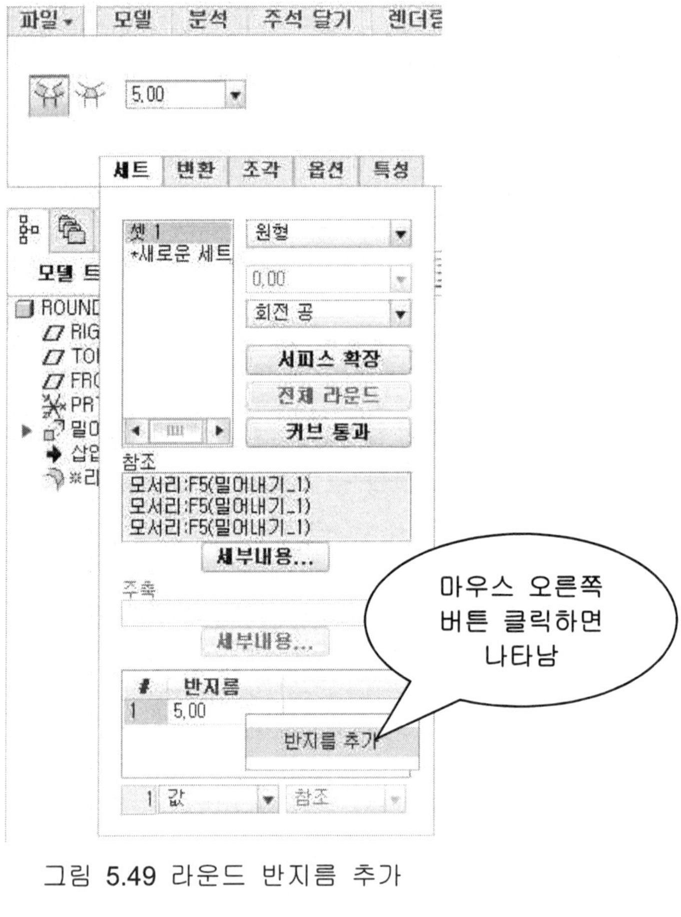

그림 5.49 라운드 반지름 추가

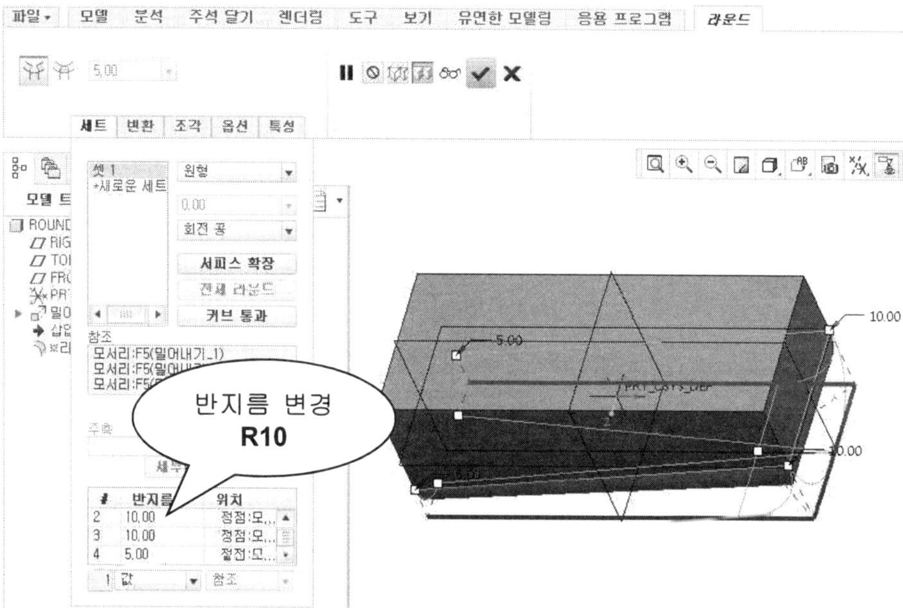

그림 5.50 반지름 변경

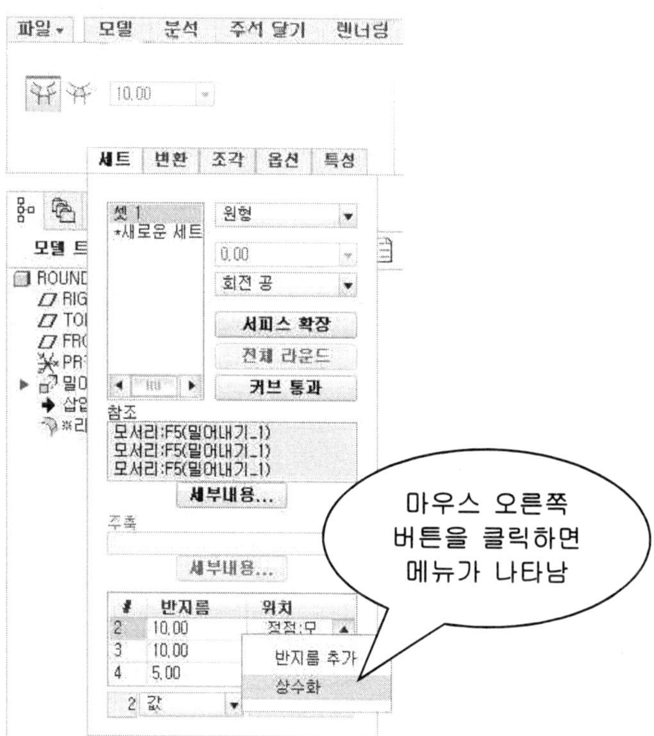

그림 5.51 반지름 추가 / 상수화

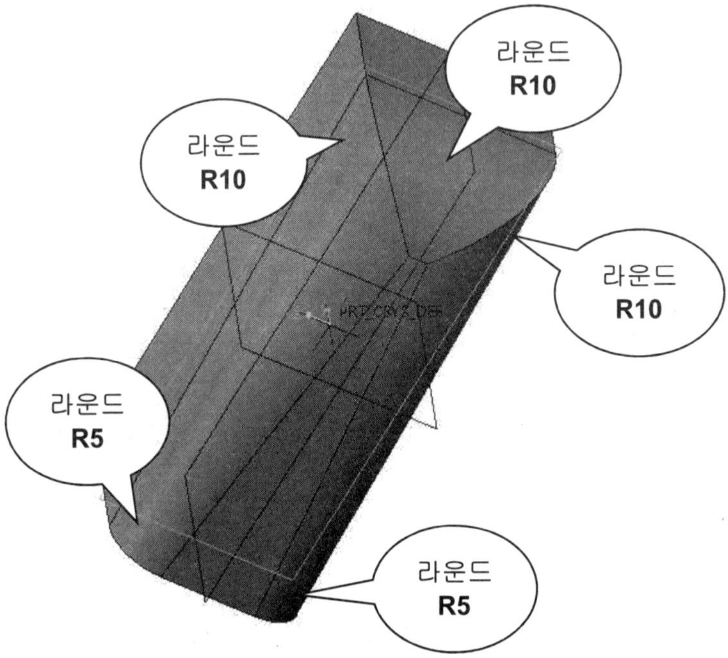

그림 5.52 가변 라운드 완료

(3) 전체 라운드(Full Round)

전체 라운드는 두 모서리 사이에 완전하게 라운드를 생성하는 작업을 말한다. 특정 반지름 값 없이도 두 모서리 사이에 라운드를 줄 때 수행하는 작업이다.

- 전체 라운드 작업
  - 앞에서 작업한 라운드 작업을 모델 트리에서 삭제한 후 기본 feature를 이용한다.
  - 라운드 아이콘을 클릭한 후 Ctrl키를 누른 상태에서 그림 5.53과 같이 두 모서리를 선택한다.

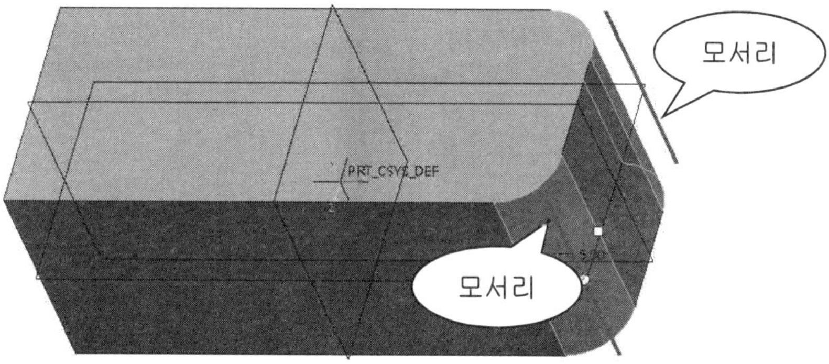

그림 5.53 전체 라운드 : 두 모서리 선택

- 두 모서리를 선택하면 그림 5.54와 같이 활성화된 전체 라운드를 선택한다
- 작업을 확인한 후 작업 완료 아이콘(✔)을 클릭하여 전체 라운드 작업을 완료한다.

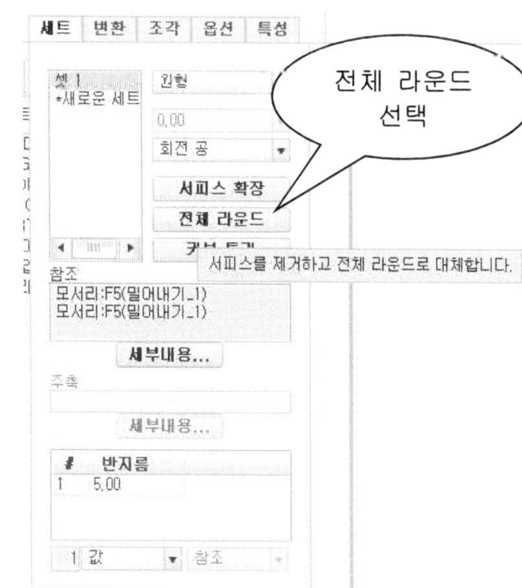

그림 5.54 전체 라운드

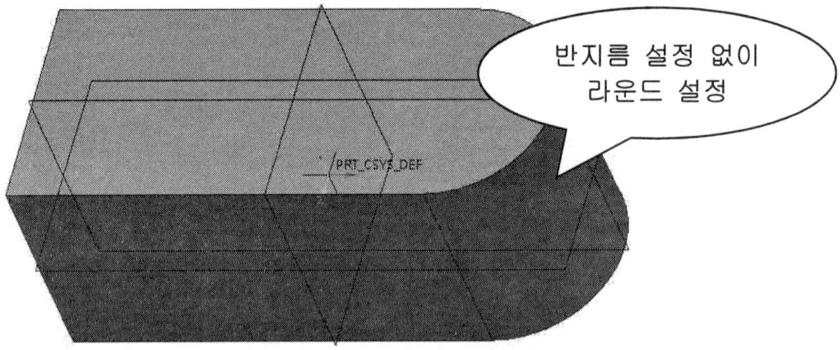

그림 5.55 전체 라운드 완료

5.3 모따기(**Chamfer**) 생성하기

모따기는 형상을 마무리하는 중요한 작업 중 하나이다. 모따기는 모서리 모따기, 코너 모따기로 나눌 수 있다. 모따기에 사용되는 치수들의 유형은 다음과 같다.

● 45° x D : 모서리를 이루는 두 면에서 45°와 주어진 길이만큼 모따기(부품 형상에서 45° 각도 생성이 허용되어야 함)	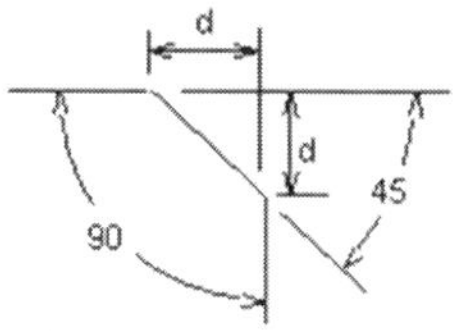
● D x D : 모서리를 이루는 두 면에서 거리 D만큼 모따기(직각 모서리에서는 45° x D와 같은 결과)	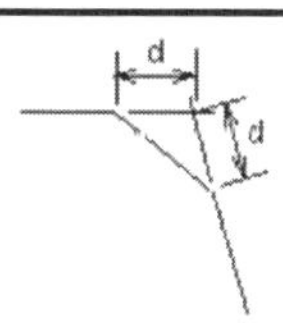
● D1 x D2 : 모서리에서 떨어진 두 거리를 지정하여 모따기(설정 정의 반전 아이콘이 있어 거리 D1과 거리 D2를 바꿀 수 있음)	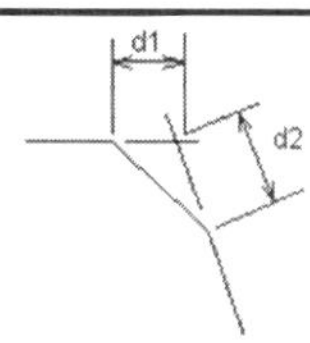
● 각도 x D : 각도와 거리 D를 입력하여 모따기(설정 정의 반전 아이콘이 있어 각도와 거리 D를 바꿀 수 있음)	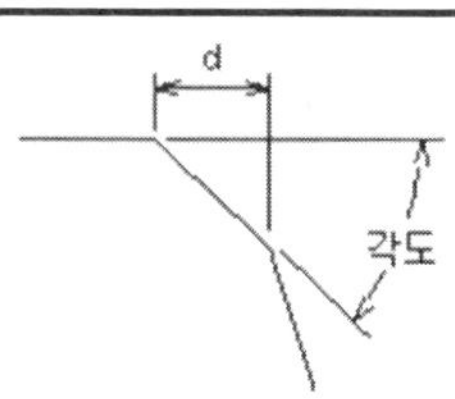
● 코너 모따기 : 3개의 모서리가 만나는 코너에 모따기("코너 모따기" 클릭하여 모따기 수행)	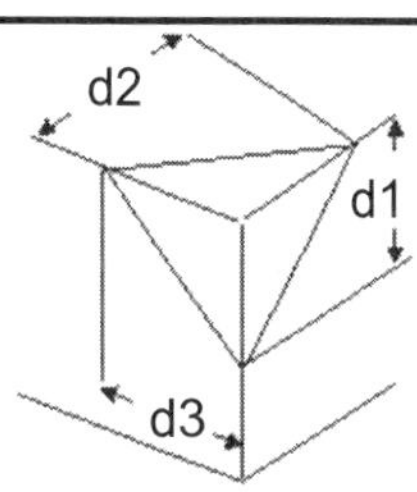

(1) 모서리 모따기

- 모서리 모따기(Chamfer) 작업
  - 앞에서 작업한 전체 라운드 작업을 모델 트리에서 삭제한 후 기본 feature를 이용한다.
  - "모서리 모따기" 아이콘( )을 클릭하면 그림 5.56과 같이 모따기 작업에 관하여 설정할 수 있는 내용이 나타난다.
  - Ctrl 키를 누른 상태에서 정면의 네 모서리를 선택한다.

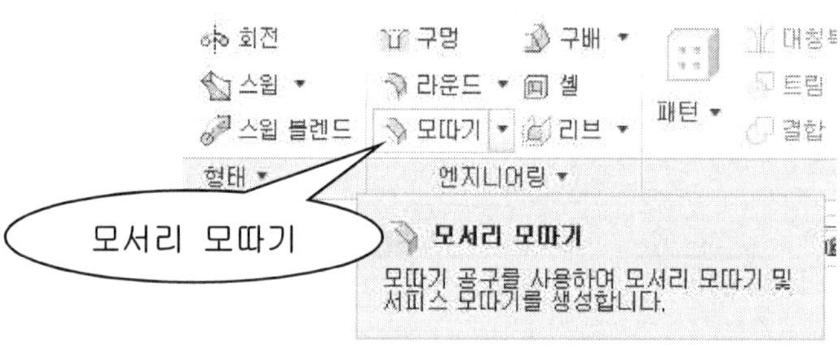

그림 5.56 모서리 모따기 아이콘

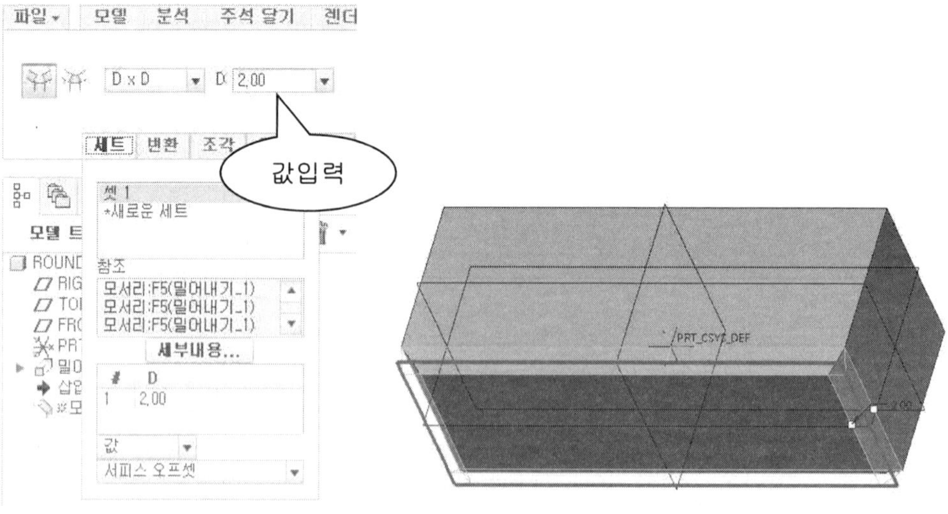

그림 5.57 모서리 모따기 설정 : 셋 1

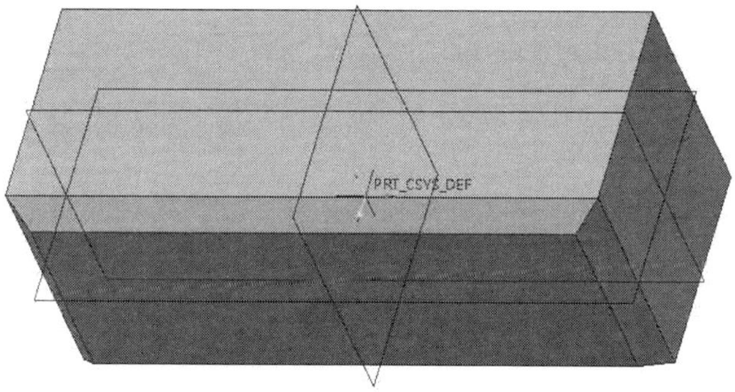

그림 5.58 모서리 모따기 완료

(2) 코너 모따기

- 코너 모따기(Chamfer) 작업
  - "코너 모따기" 아이콘( )을 클릭한 후 그림 5.60과 같이 코너 부분의 정점을 클릭하면 코너 모따기 작업에 관하여 설정할 수 있는 내용이 나타난다.

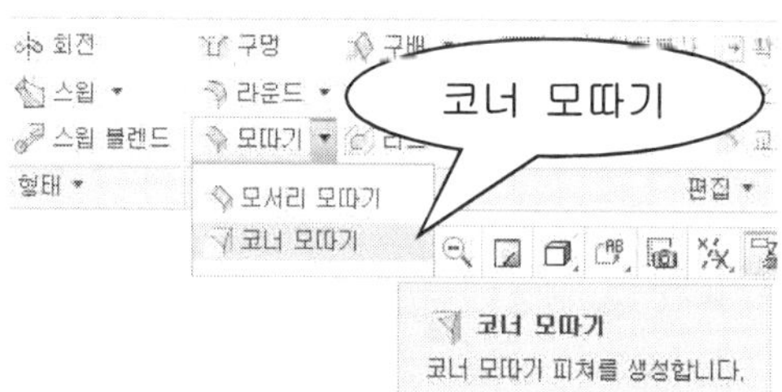

그림 5.59 코너 모따기 아이콘

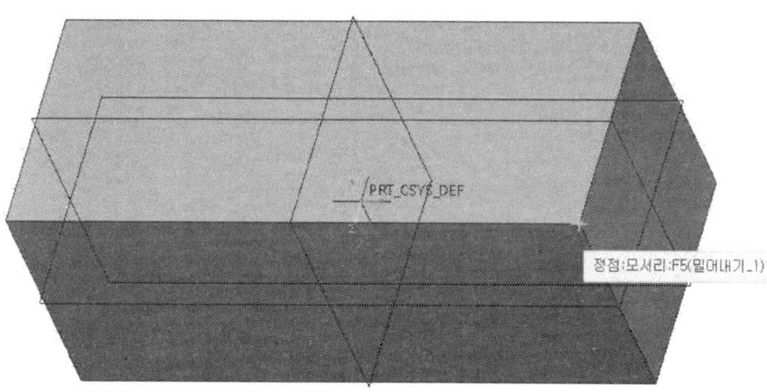

그림 5.60 코너 모따기 : 정점 선택

그림 5.61 코너 모따기 설정 대시보드

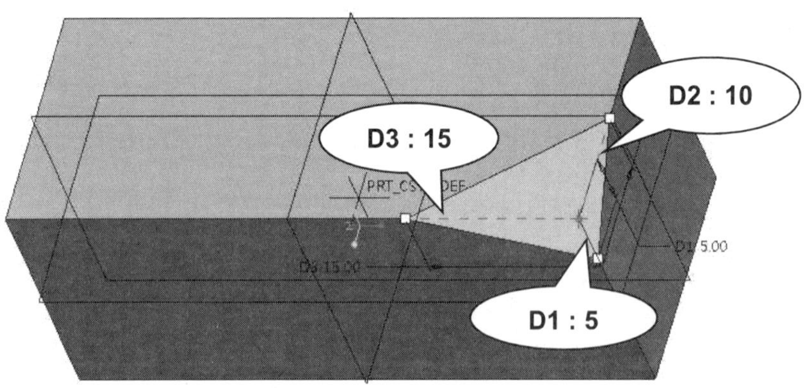

그림 5.62 코너 모따기 설정

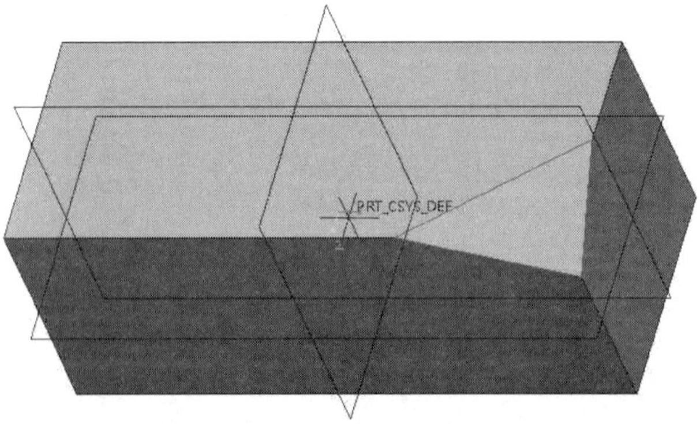

그림 5.63 코너 모따기 완료

5.4 셸(**Shell**) 생성하기

셸(Shell)은 지정한 벽 두께만큼 남겨둔 채 솔리드 형상의 내부를 제거하는 것이다. 제거할 **surface**를 선택하지 않으면 부품의 내부 전체가 비어 있는 "닫힌 셸"이 생성된다. 셸을 정의할 때 다른 두께를 지정하려는 **surface**를 선택할 수도 있다. 각 **surface**에 대해 개별 두께 값을 정할 수 있다. 셸은 형상이 복잡하거나 혹은 셸 두께보나 얇은 부분이 있으면 생성 불가능할 수 있다.

- 셸(Shell) 작업
  - 앞에서 작업한 코너 모따기 작업을 모델 트리에서 삭제한 후 기본 **feature**를 이용한다.
  - "셸" 아이콘( )을 클릭하면 그림 **5.65**와 같이 셸 작업에 관하여 설정할 수 있는 대시보드가 나타난다.
  - **Ctrl** 키를 누른 상태에서 정면의 네 모서리를 선택한다.

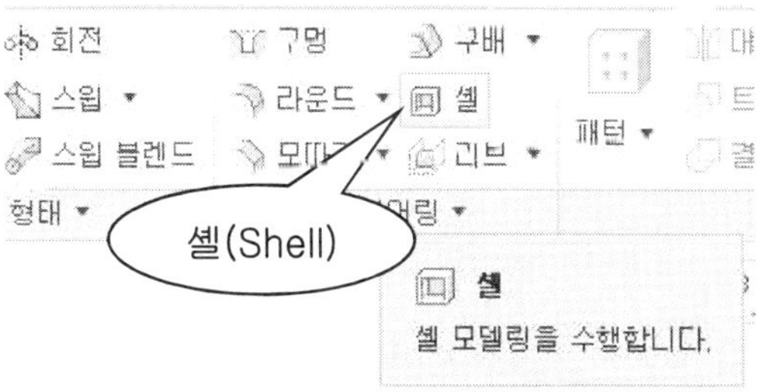

그림 **5.64** 셸 아이콘

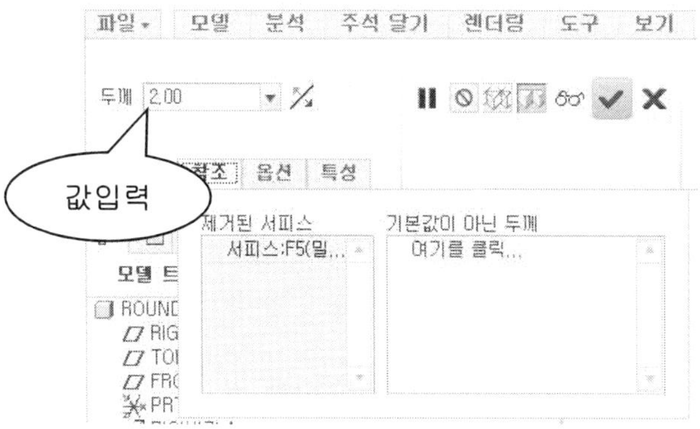

그림 **5.65** 셸 설정 대시보드

- “참조” 버튼을 클릭하면 제거할 surface를 정의하는 메뉴가 나타나는데 이 때 그래픽 영역에서 모델의 제거될 surface를 선택한다.
- 셸 두께값으로 “2”를 입력한다.
- 미리보기 아이콘을 클릭하여 작업을 확인한 후 완료 아이콘( )을 클릭하면 작업이 완료된다.

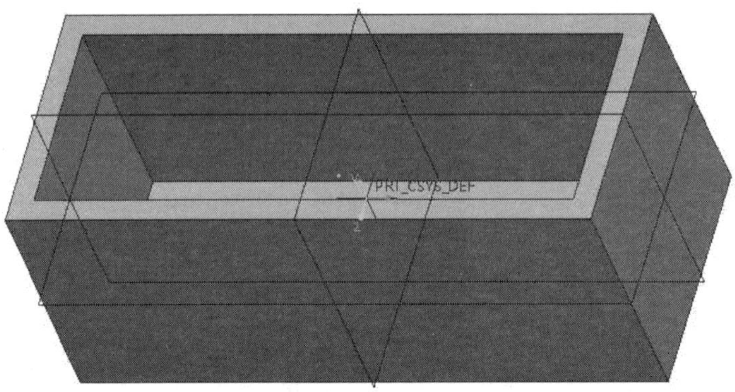

그림 5.66 셸 완료

- 셸(Shell) 작업 : 기본값이 아닌 두께가 있을 때
  - 앞에서 작업한 셸 작업을 모델 트리에서 삭제한 후 기본 feature를 이용한다.
  - “셸” 아이콘( )을 클릭한 후 그림 5.67과 같이 “참조” 버튼을 클릭하여 제거할 surface를 선택하여 셸 두께값으로 “2”를 입력한다.

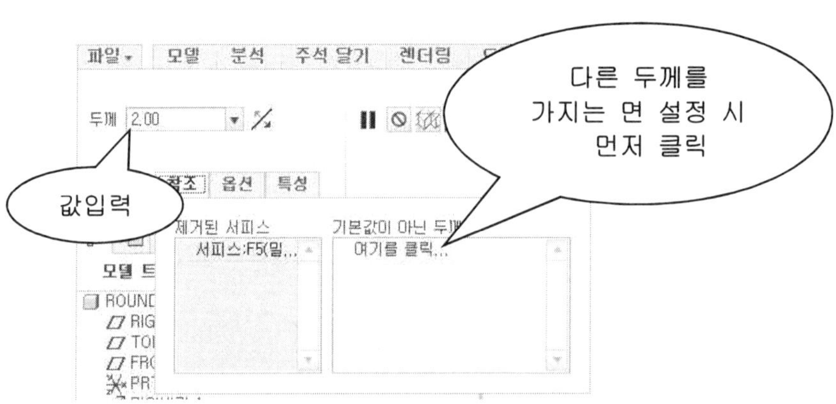

그림 5.67 셸 설정 : 기본값이 아닌 두께 설정

- 그림 5.66과 같이 기본값이 아닌 두께 설정으로 " 항목추가는 여기..."를 클릭한 후 바닥면을 선택하여 두께값으로 **"4"**를 입력한다.
- 미리보기 아이콘을 클릭하여 작업을 확인한 후 완료 아이콘(✔)을 클릭하면 작업이 완료된다.

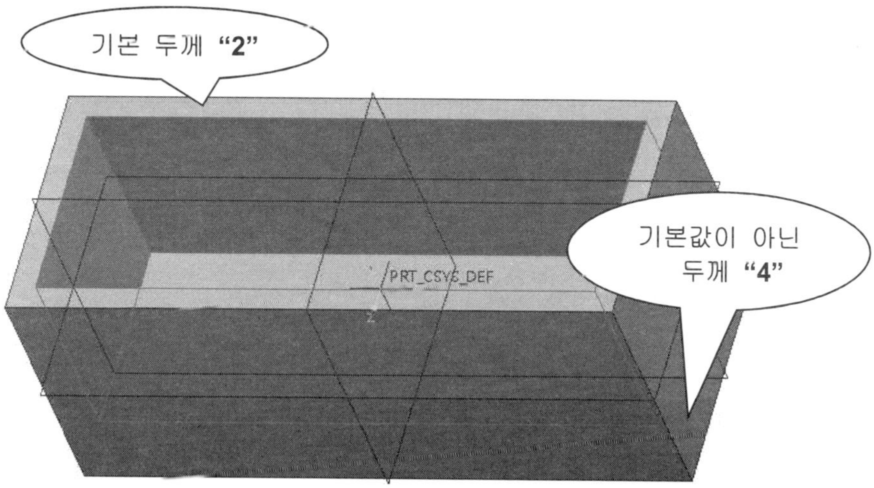

그림 5.68 셸 작업 완료

5.5 리브(Rib) 생성하기

리브 feature는 설계에서 솔리드 surface에 연결된 얇은 돌출부이다. 부품의 강화를 목적으로 사용되며, 제품 설계에 있어서 반드시 사용되는 중요한 feature 중의 하나이다. 또한 원하지 않는 밴딩을 피하기 위해 자주 사용된다.

리브 도구는 개방 단면으로 작업하며 Pick and place feature들 중 하나이다. 원통형 주변에 feature를 생성할 때 닫혀진 단면을 스케치하여 밀어내기로 두께를 줄 경우 틈이 생겨 사용자가 원하는 형상이 만들어지지 않을 수 있는데 이 때 리브 도구를 사용하면 이를 방지할 수 있는 유용한 도구이다.

다음의 예제를 통하여 리브 작업을 수행해 보자

- 프로파일 리브(Profile Rib) 작업
  - 앞에서 작업한 셸 작업을 모델 트리에서 삭제한 후 기본 feature를 이용한다.
  - "밀어내기" 아이콘을 클릭한 후 그림 5.68과 같이 윗면을 스케치 평면으로 설정하고 참조 평면 방향으로 RIGHT 평면이 "오른쪽"을 향하게 설정한다.

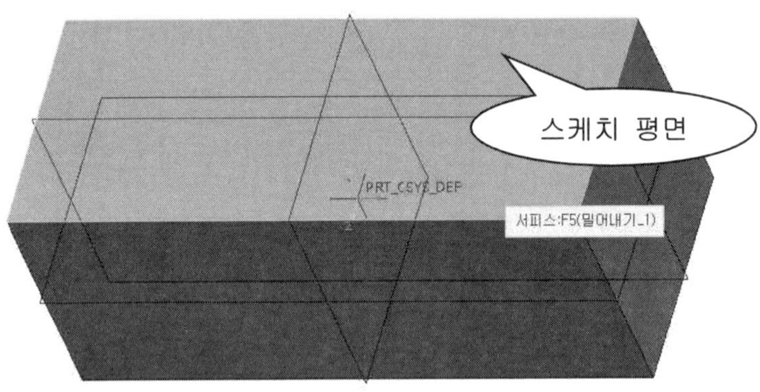

그림 5.69 스케치 평면 설정

  - 그림 5.70과 같이 스케치 환경을 "은선 제거"와 "스케치 보기"로 설정한다.

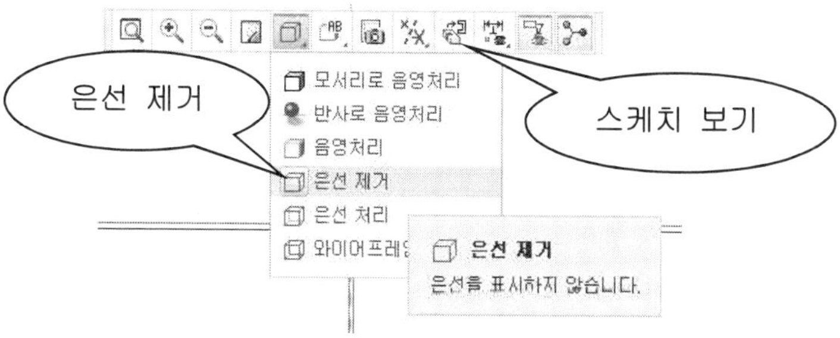

그림 5.70 스케치 환경 설정

- 그림 5.71과 같이 원(지름 10)을 스케치한다.

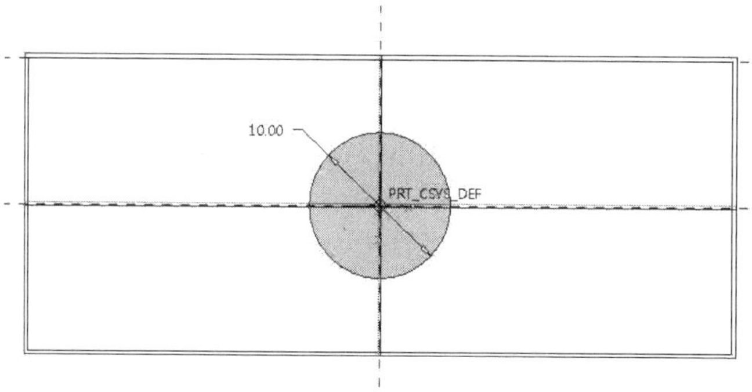

그림 5.71 스케치 단면

- 스케치 작업이 끝나면 확인 아이콘(✔)을 클릭하여 단면 작업을 마친다.
- 돌출 두께로 “15”만큼 생성한다.

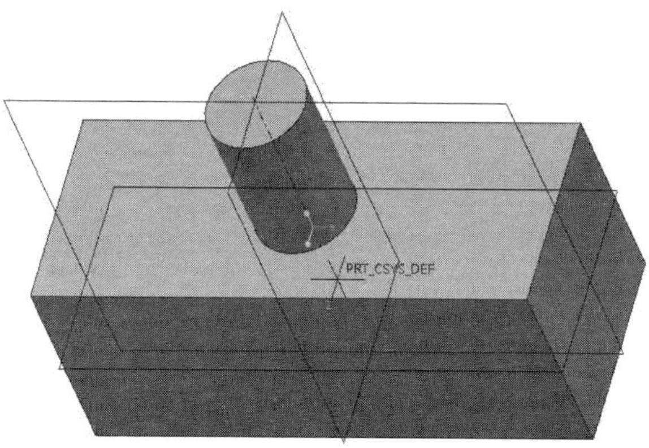

그림 5.72 밀어내기 완료

- “프로파일 리브” 아이콘( )을 클릭하면 그림 5.73과 같이 프로파일 리브 작업에 관하여 설정할 수 있는 내용이 나타난다.

그림 5.73 프로파일 리브 아이콘

- 프로파일 리브 설정 대시보드에서 “참조, 정의”를 클릭하여 내부스케치 설정에서 FRONT 평면을 선택한 후 참조 평면 방향으로 RIGHT 평면이 “오른쪽”을 향하게 설정한다.

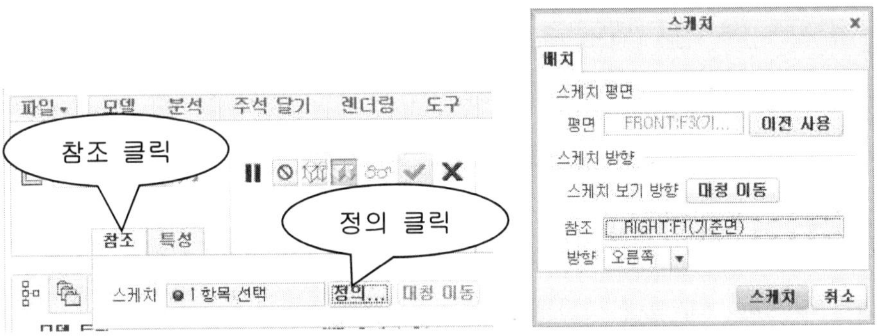

그림 5.74 프로파일 리브 설정 대시보드

- 그림 5.75와 같이 스케치 환경을 “은선 제거”와 “스케치 보기”로 설정한다.

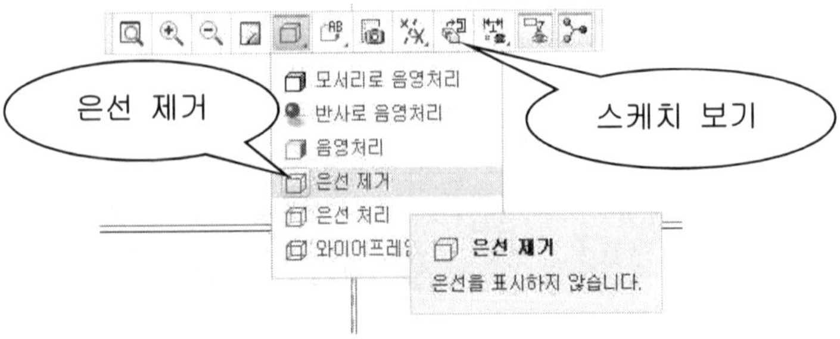

그림 5.75 스케치 환경 설정

- "참조" 아이콘을 클릭한 후 두 곳을 선택하여 참조를 추가한다.

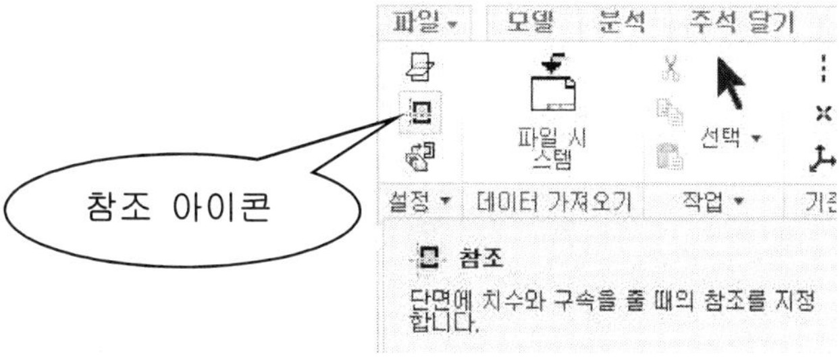

그림 5.76 참조 설정

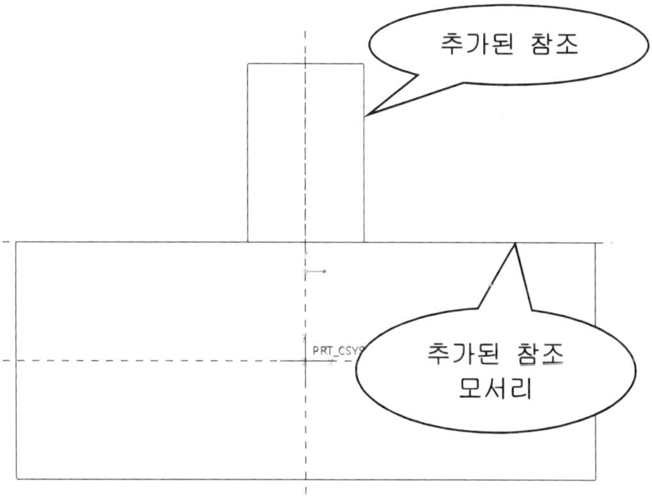

그림 5.77 참조 추가

- 그림 5.78과 같이 "선 체인" 아이콘을 이용하여 스케치한다.

그림 5.78 스케치 작업 : 선 체인

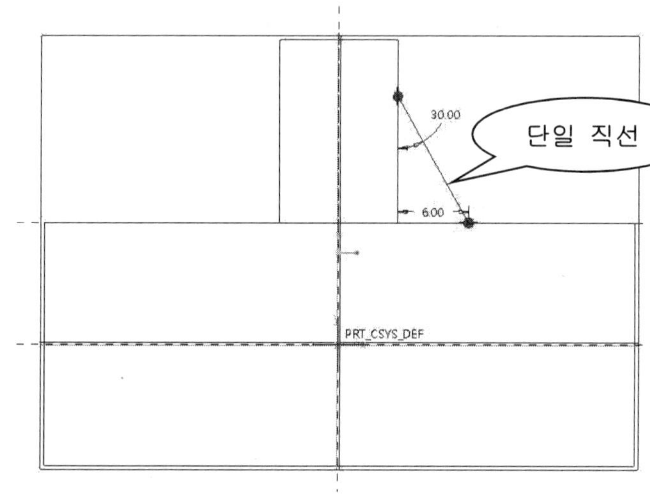

그림 5.79 스케치 단면 : 직선 하나만 스케치

- 스케치 작업이 끝나면 확인 아이콘(✔)을 클릭하여 단면 작업을 마친다.
- 그림 5.80과 같이 방향 표시 화살표가 나타나는데 리브를 생성할 방향을 설정하는 것으로 솔리드 형상이 있는 부분으로 생성하여야 하므로 화살표를 클릭하여 방향을 대칭 이동시킨다. 또는 대시보드에서 “참조, 대칭 이동” 버튼을 클릭하여 대칭 이동시킬 수 있다.

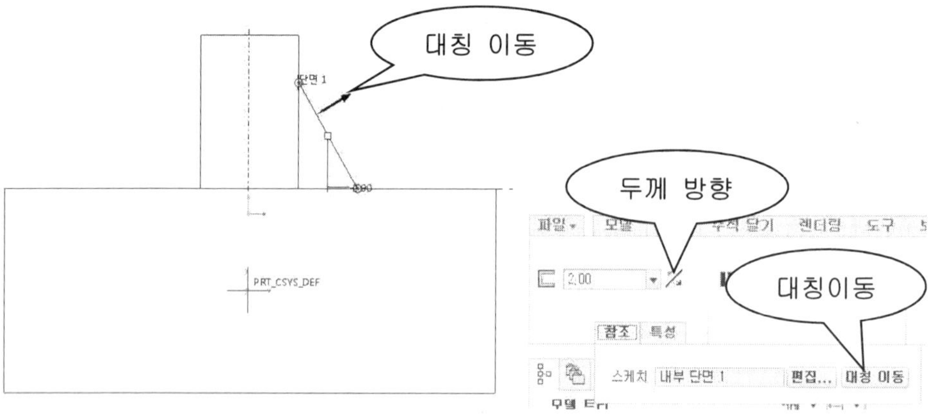

그림 5.80 리브 생성 방향 설정

- 그림 5.80과 같이 두께 설정 아이콘을 클릭할 때마다 리브가 생성되는 두께의 방향을 그림 5.81과 같이 차례로 설정 가능하다.

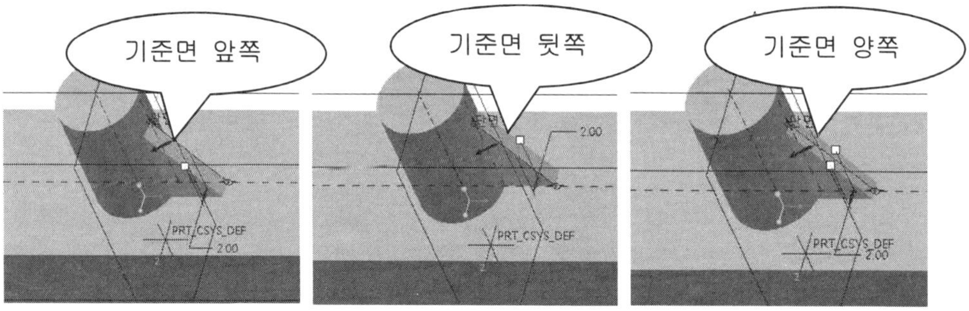

그림 5.81 리브 생성 두께 방향 설정

- 리브 설정이 끝나면 확인 아이콘(✔)을 클릭하여 리브 작업을 완료한다.

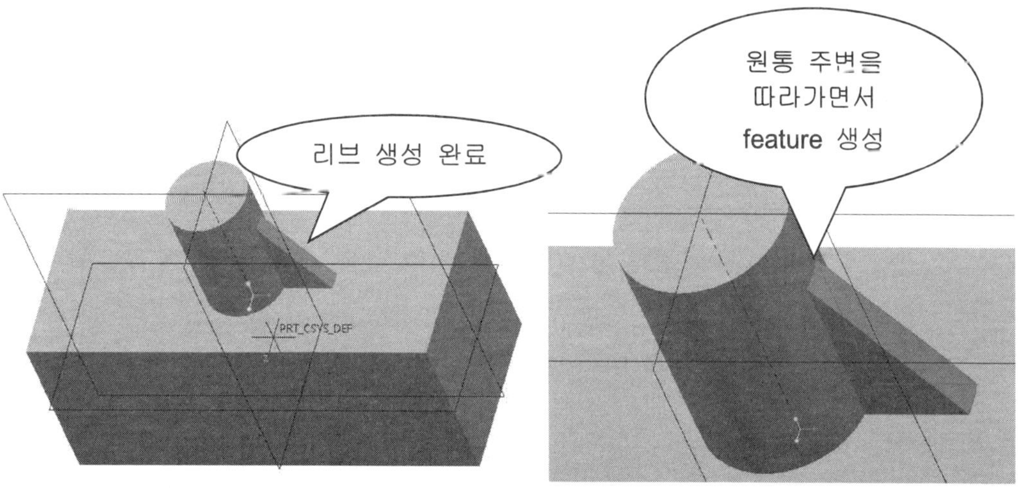

그림 5.82 프로파일 리브 생성 완료

- 궤적 리브(Trajectory Rib) 작업
  - "밀어내기" 아이콘을 클릭한 후 그림 5.83과 같이 윗면을 스케치 평면으로 설정하고 참조 평면 방향으로 RIGHT 평면이 "오른쪽"을 향하게 설정한다.

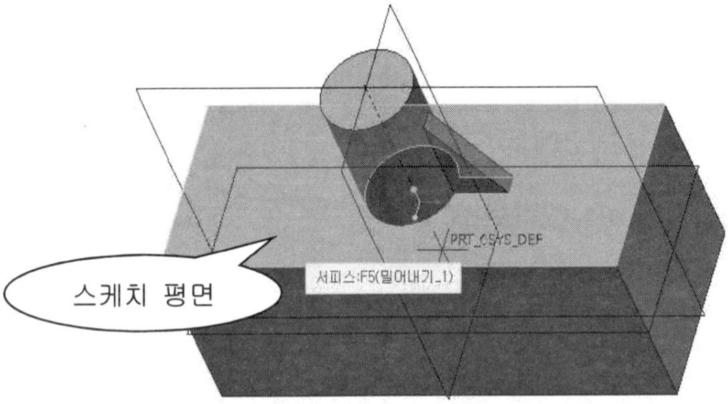

그림 5.83 스케치 평면 설정

- 그림 5.84와 같이 스케치 환경을 "은선 제거"와 "스케치 보기"로 설정한다.

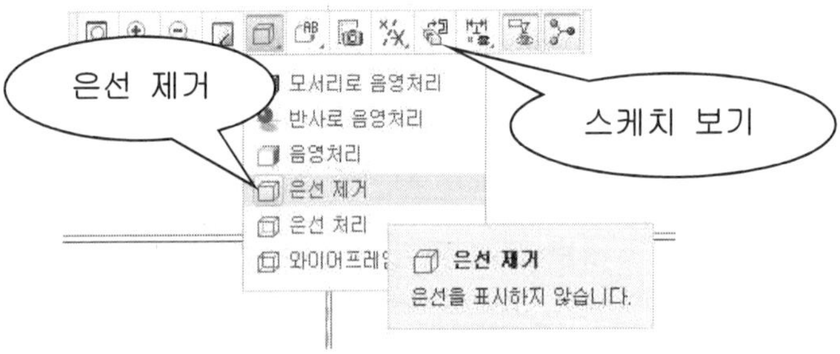

그림 5.84 스케치 환경 설정

- 그림 5.85와 같이 원(지름 6)을 스케치한다.

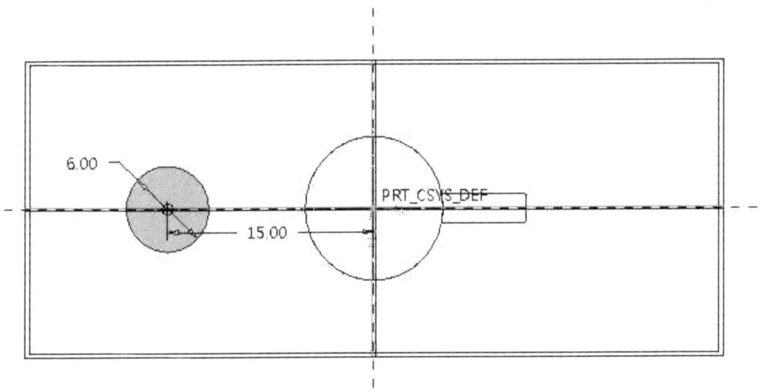

그림 5.85 스케치 단면

- 스케치 작업이 끝나면 확인 아이콘(✔)을 클릭하여 단면 작업을 마친다.
- 돌출 두께로 "10"만큼 생성한다.

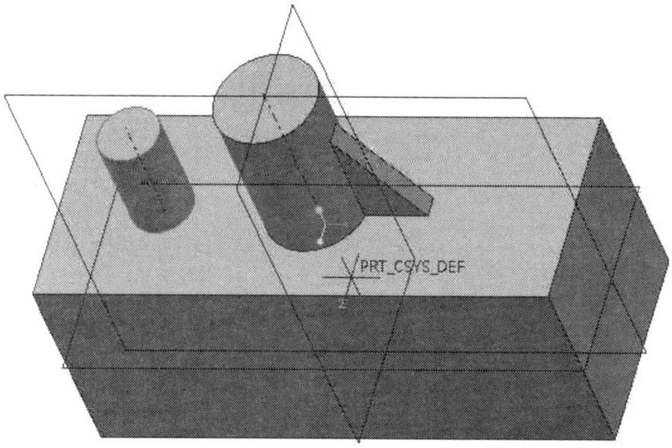

그림 5.86 밀어내기 완료

- "궤적 리브" 아이콘( )을 클릭하면 그림 5.87과 같이 궤적 리브 작업에 관하여 설정할 수 있는 내용이 나타닌다.

그림 5.87 궤적 리브 아이콘

- 궤적 리브 설정 대시보드에서 "배치, 정의"를 클릭하여 내부스케치 설정에서 바로 앞에서 밀어내기로 생성한 원통의 윗면을 선택한 후 참조 평면 방향으로 RIGHT 평면이 "오른쪽"을 향하게 설정한다.

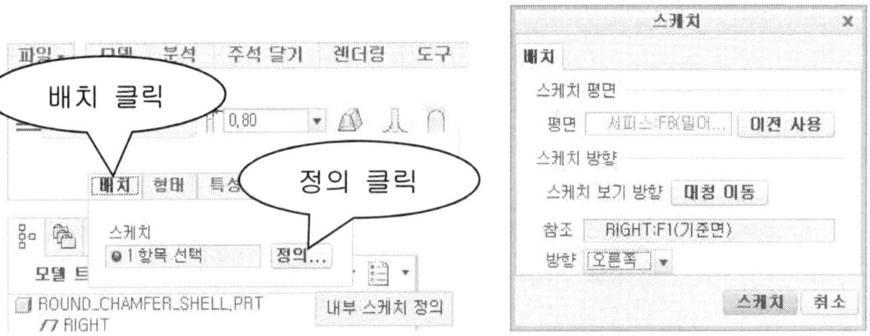

그림 5.88 궤적 리브 설정 대시보드

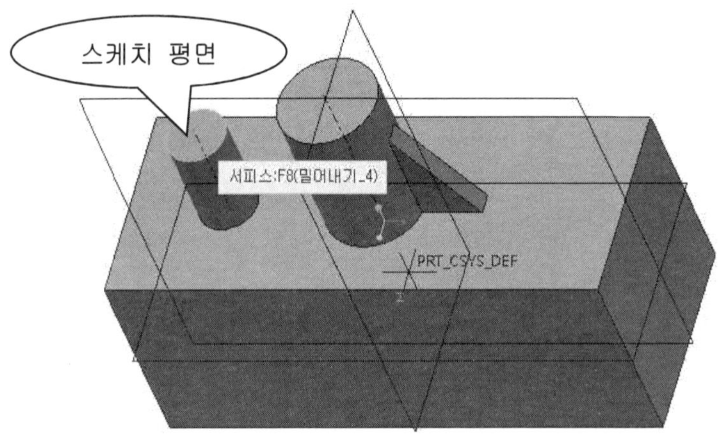

그림 5.89 궤적 리브 스케치 평면

- 그림 5.90과 같이 스케치 환경을 “은선 제거”와 “스케치 보기”로 설정한다.

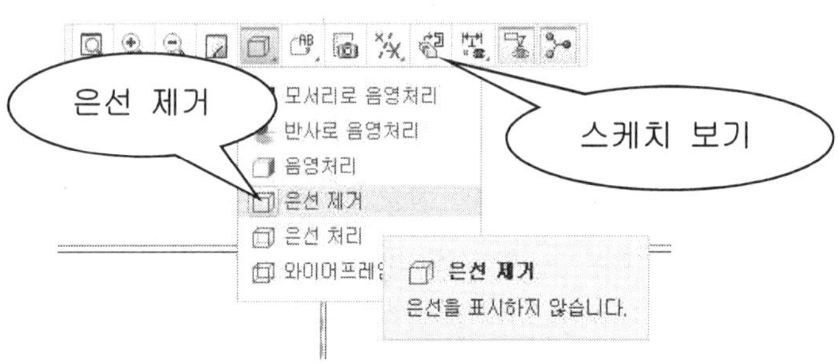

그림 5.90 스케치 환경 설정

- “참조” 아이콘을 클릭한 원통 주변 세 곳을 선택하여 참조를 추가한다.

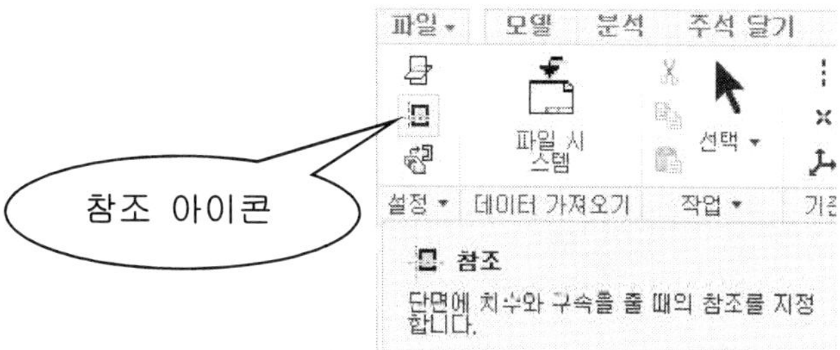

그림 5.91 참조 설정

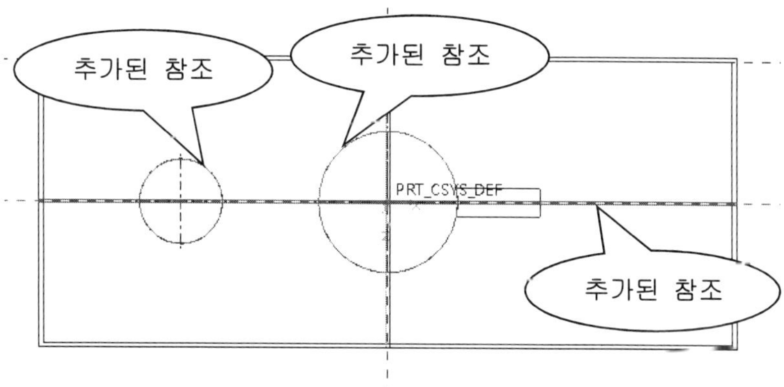

그림 5.92 참조 추가

- 그림 5.93과 같이 “선 체인” 아이콘을 이용하여 스케치한다.

그림 5.93 스케치 작업 : 선 체인

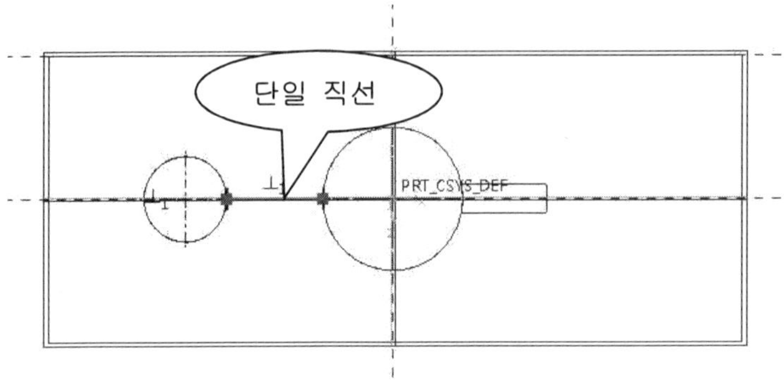

그림 5.94 스케치 단면 : 직선 하나만 스케치

- 스케치 작업이 끝나면 확인 아이콘(✔)을 클릭하여 단면 작업을 마친다.
- 그림 5.95와 같이 방향 표시 화살표가 솔리드 형상의 안쪽을 향하게 설정한 후 형태 폭으로 "1"을 입력한다.

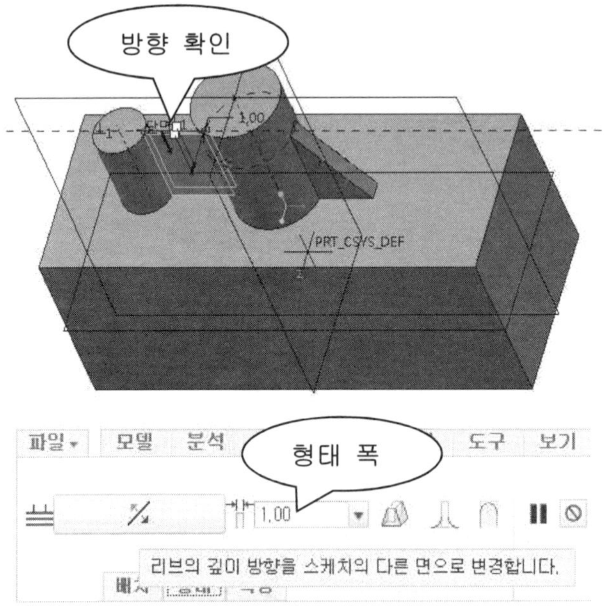

그림 5.95 리브 생성 방향 과 형태 폭 설정

- 궤적 리브 설정이 끝나면 확인 아이콘(✔)을 클릭하여 리브 작업을 완료한다.

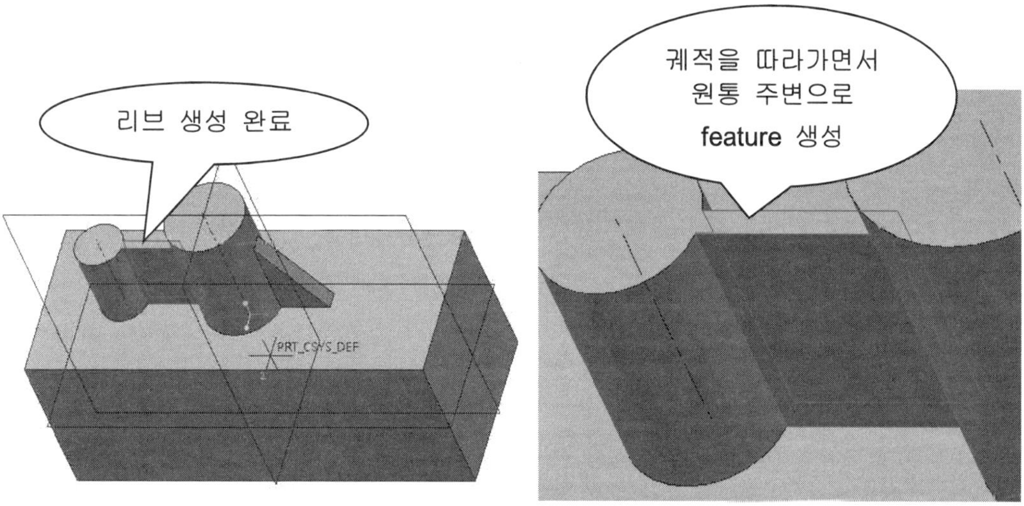

그림 5.96 궤적 리브 생성 완료

★ 궤적 리브 옵션 설정

궤적 리브에서 설정할 수 있는 옵션들에 대하여 알아보자. 리브에 구배를 설정할 수 있으며, 내부 모서리에 라운드를 추가할 수 있다. 또한, 노출된 모서리에 라운드를 추가할 수도 있다.

- 궤적 리브(Trajectory Rib) 작업 정의 편집 : 구배 추가
  - 모델 트리에서 앞에서 생성한 궤적 리브를 선택한 후 마우스 오른쪽 버튼을 클릭하여 "정의 편집"을 선택한다.

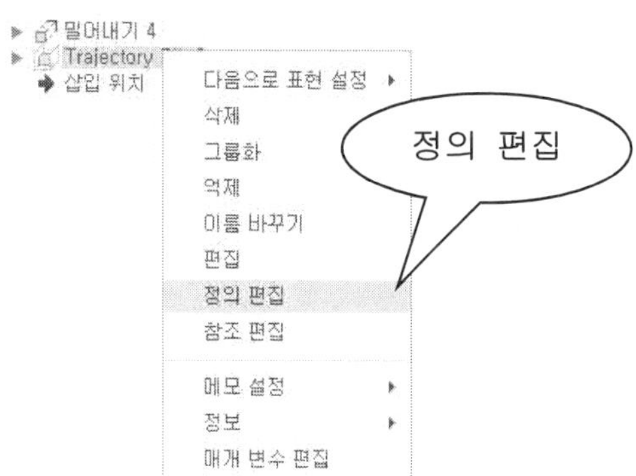

그림 5.97 궤적 리브 정의 편집

- 그림 5.98과 같이 궤적 리브 대시보드에서 "구배" 설정 버튼을 클릭하면 "형태" 항목에서 구배 각도를 설정할 수 있다. 설정 값으로 **"5"**를 입력한 후 작업을 완료한다.

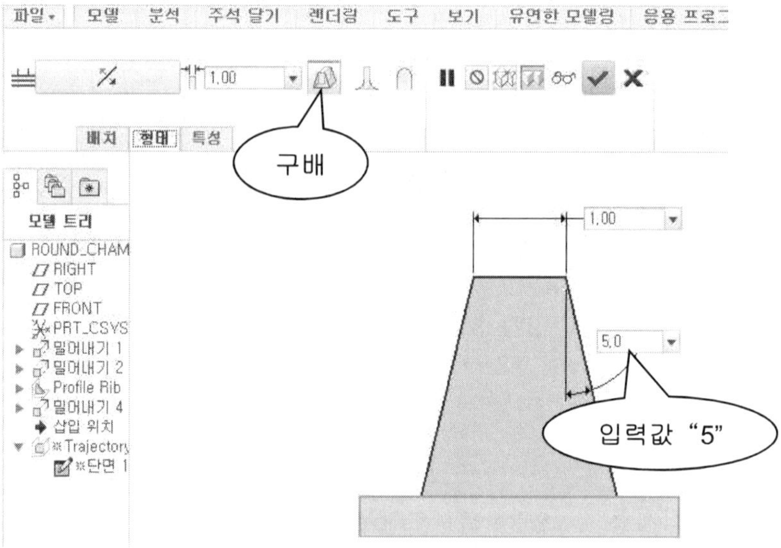

그림 5.98 궤적 리브 : 구배 설정

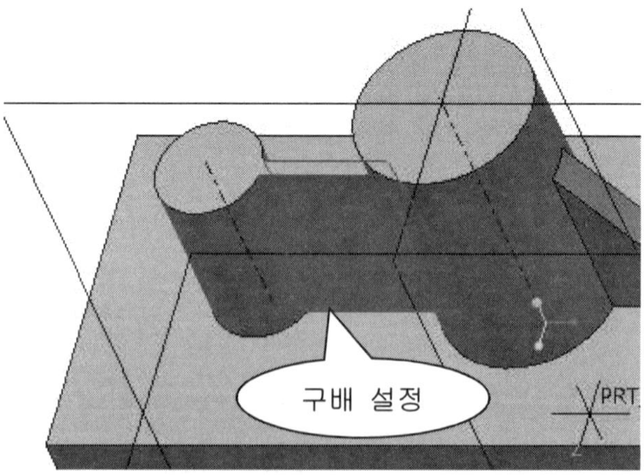

그림 5.99 궤적 리브 : 구배 설정

- 궤적 리브(Trajectory Rib) 작업 정의 편집 : 내부 모서리 라운드 추가
  - 모델 트리에서 앞에서 생성한 궤적 리브를 선택한 후 마우스 오른쪽 버튼을 클릭하여 "정의 편집"을 선택한다.
  - 그림 5.100과 같이 궤적 리브 대시보드에서 "구배" 설정을 끄고, "내부 모서리 라운드" 설정 버튼을 클릭하면 "형태" 항목에서 내부 모서리 라운드를 설정할 수 있다. 설성 값으로 "2"를 입력한 후 작업을 완료한다.

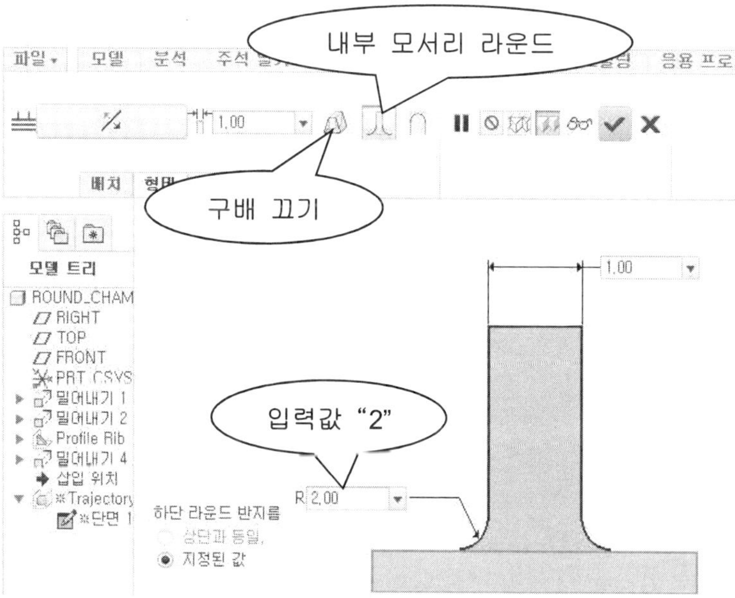

그림 5.100 궤적 리브 : 내부 모서리 라운드 설정

그림 5.101 궤적 리브 : 내부 모서리 라운드 설정

- 궤적 리브(Trajectory Rib) 작업 정의 편집 : 노출된 모서리 라운드 추가
  - 모델 트리에서 앞에서 생성한 궤적 리브를 선택한 후 마우스 오른쪽 버튼을 클릭하여 "정의 편집"을 선택한다.
  - 그림 5.102와 같이 궤적 리브 대시보드에서 "내부 모서리 라운드" 설정을 끄고, "노출된 모서리 라운드" 설정 버튼을 클릭하면 "형태" 항목에서 노출된 모서리 라운드를 설정할 수 있다. 설정 값으로 "0.5"를 입력한 후 작업을 완료한다.

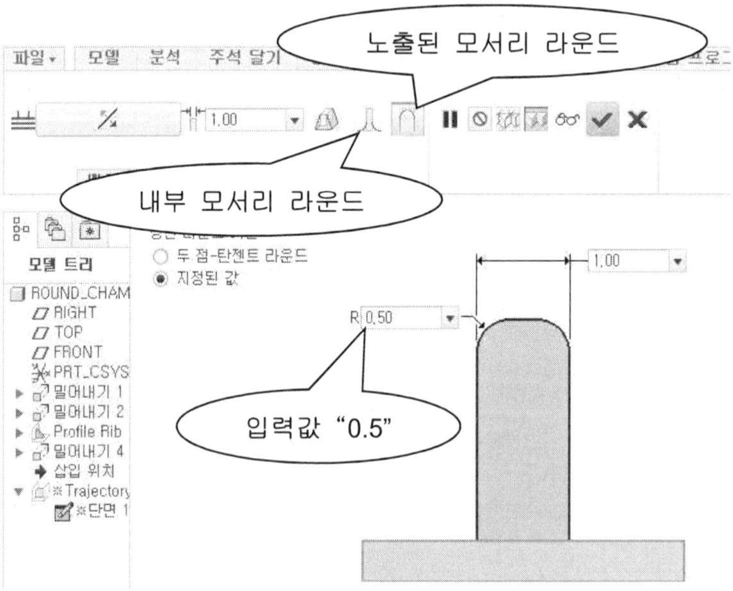

그림 5.102 궤적 리브 : 노출된 모서리 라운드 추가

그림 5.103 궤적 리브 : 노출된 모서리 라운드 추가

5.6 구배(Draft) 생성하기

구배 feature는 플라스틱 사출 제품에는 모두 들어가 있는 기울기인데, 이는 금형(mold)이라는 틀에서 제품을 쉽게 빼내기 위하여 제품 표면을 빠지는 방향으로 기울기를 주어 사출이 가능하도록 해주는 feature이다. 구배가 없으면 금형에서 제품을 뽑아내기가 거의 불가능할 수도 있으므로 설계 의도와는 무관하게 사출 제품에는 반드시 들어가야 하는 feature이다. 그래서 구배를 빼기 구배라고 한다. 구배 feature에서는 개별 surface 또는 일련의 surface 에 -30°에서 +30° 사이의 구배 각도를 추가할 수 있다. 모서리 경계를 따라 필렛(fillet)이 있는 surface 는 구배할 수 없다. 그러나 먼저 surface를 구배 처리한 다음 모서리를 필렛할 수는 있다.

- 구배 작업
  - 앞에서 생성한 리브 형상에 이어서 작업한다.
  - "구배" 아이콘( )을 클릭하여 작업을 수행한다.

그림 5.104 구배 설정 아이콘

- 그림 5.105와 같이 구배면으로 Ctrl 키를 누른 상태에서 아랫쪽 직육면체 측면 네 곳을 선택한다.
- 구배 경첩으로 바닥면을 선택한다 : 구배가 완료되었을 때 변하지 않는 중립 평면을 뜻함.
- 그림 5.106과 같이 안쪽으로 구배 각도 10°만큼 설정한다 : 잡아당기는 방향을 확인

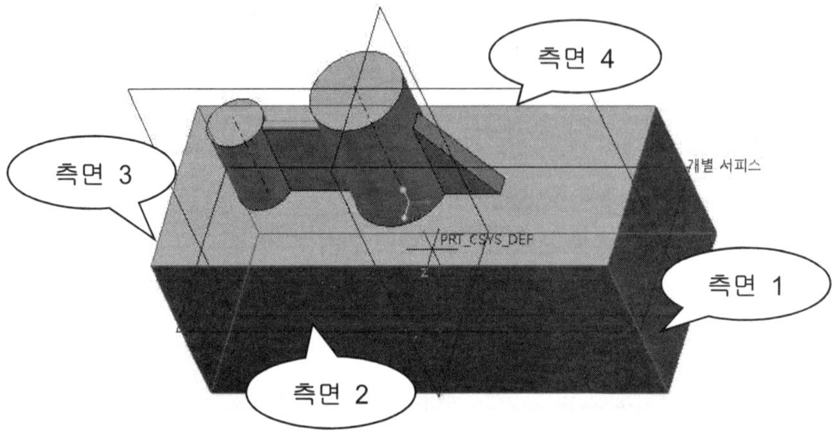

그림 5.105 구배 설정 서피스

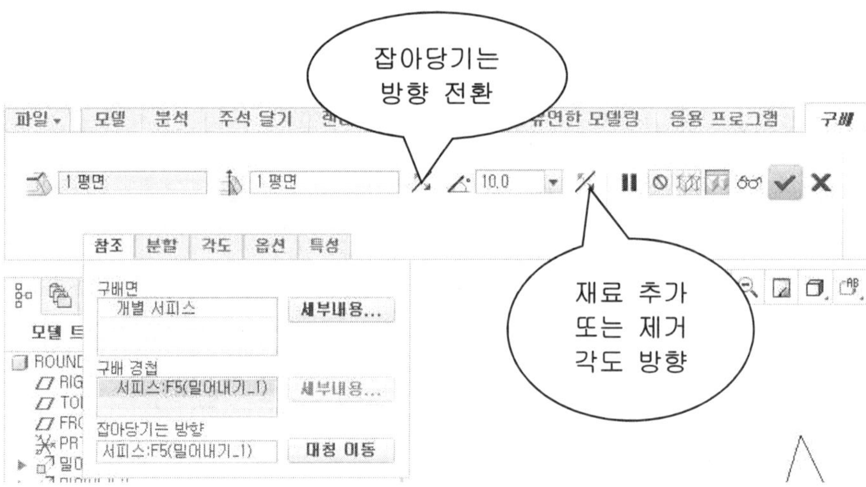

그림 5.106 구배 설정 대시보드

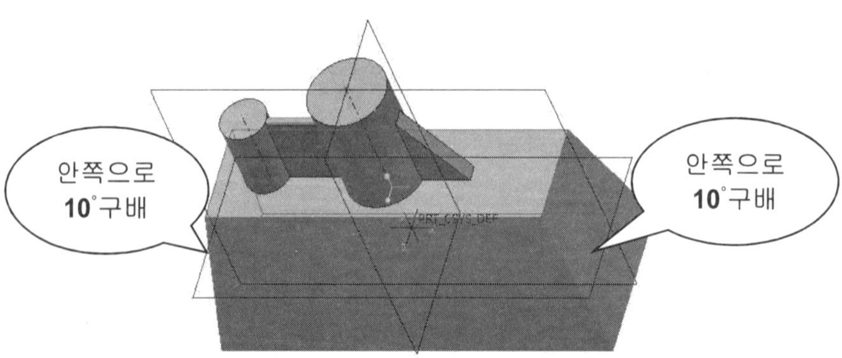

그림 5.107 구배 작업 완료

[참고예제 5.1]

[base.prt 만들기 3]

- 앞에서 작업했던 base.prt 파일을 불러와서 작업을 수행
- "구멍" 아이콘( )을 이용하여 작업 수행
  - 화면에서 표준 구멍 형상을 선택한 후 마우스 오른쪽 버튼을 길게 클릭하면 나타나는 항목 중 "삭제"를 클릭하여 제거한다 : 일반 구멍으로 3개 더 생성

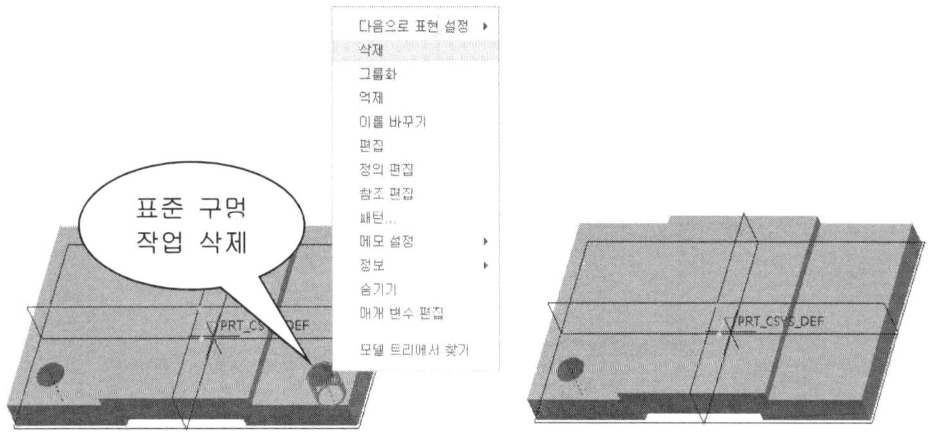

그림 5.108 표준 구멍 삭제

- 구멍 아이콘을 클릭한 후 그림 5.109와 같이 선형 유형의 구멍을 추가한다.

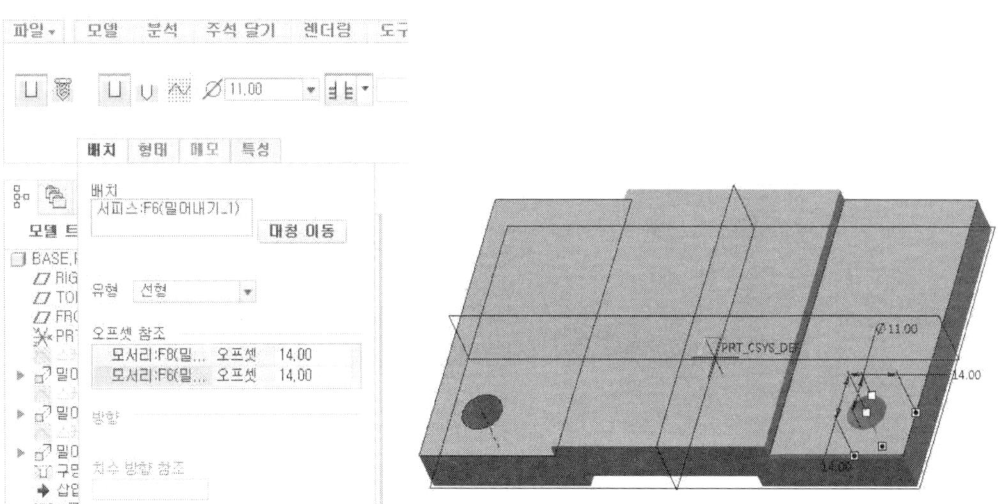

그림 5.109 구멍 추가 : 선형

- 같은 방법과 같은 치수로 그림 5.110과 같이 구멍 2개를 더 추가한다.

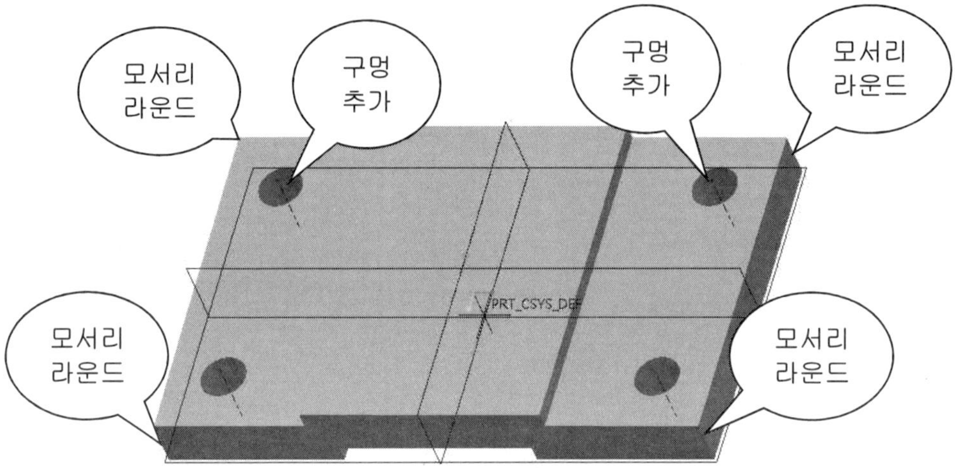

그림 5.110 구멍 추가 완료

- "라운드" 아이콘( )을 클릭한다.
  - 라운드 아이콘을 클릭하여 그림 5.110과 같이 세로 모서리 네 곳을 반지름 "14"로 설정한다(어셈블리 작업에서 사용될 부품이므로 작업을 저장한다).

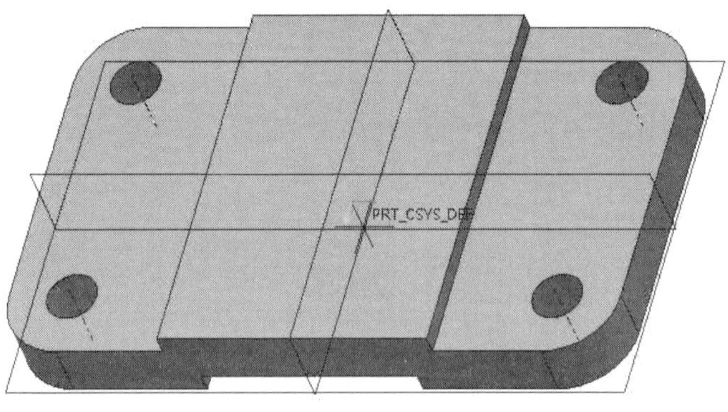

그림 5.111 라운드 완료

[참고예제 5.2]

[bracket.prt 만들기 3]

- 앞에서 작업했던 bracket.prt 파일을 불러와서 작업을 수행
- "라운드" 아이콘()을 클릭한다.
  - 라운드 아이콘을 클릭하여 그림 5.112와 같이 세로 모서리 두 곳을 반지름 "14"로 설정한다.

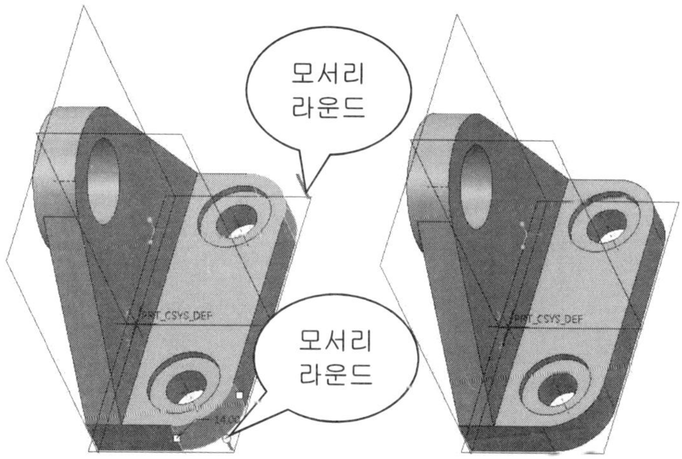

그림 5.112 라운드 완료

  - 라운드 아이콘을 클릭하여 그림 5.113과 같이 모서리들을 반지름 "1"로 설정한다(어셈블리 작업에서 사용될 부품이므로 작업을 저장한다).

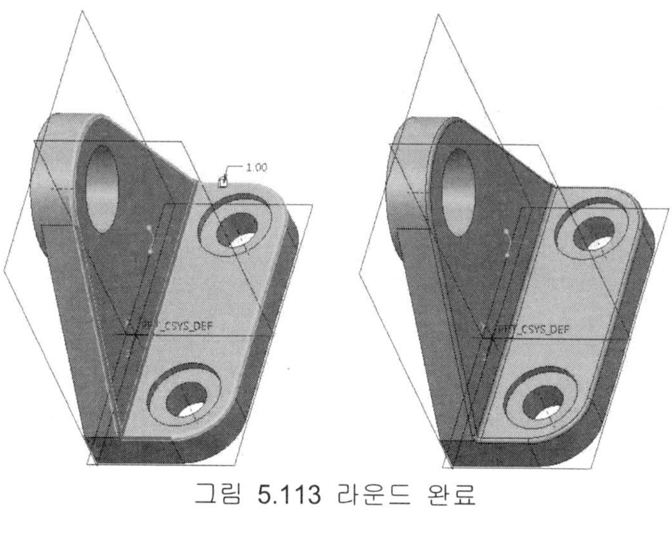

그림 5.113 라운드 완료

[참고예제 5.3]

[ring.prt 만들기 2]

- 3 장에서 작업했던 base.prt 파일을 불러와서 작업을 수행
- “라운드” 아이콘( )을 클릭한다.
  - 라운드 아이콘을 클릭하여 그림 5.114와 같이 모서리 두 곳을 Ctrl키를 누른 상태에서 선택하여 단일 “셋 1”, 반지름 “0.2”로 설정한다.

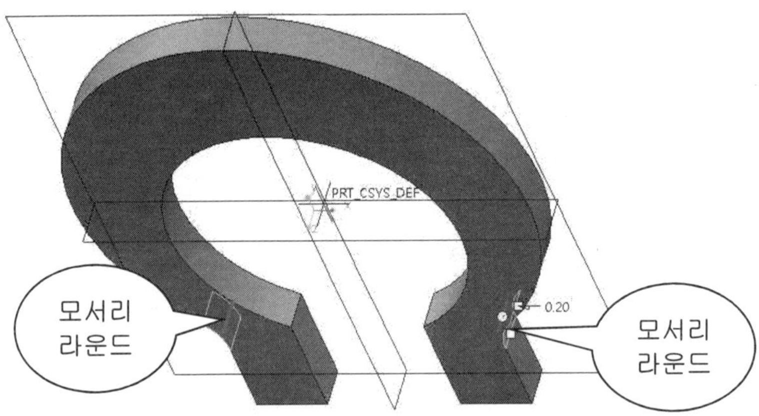

그림 5.114 라운드 작업 추가 : 모서리 두 곳

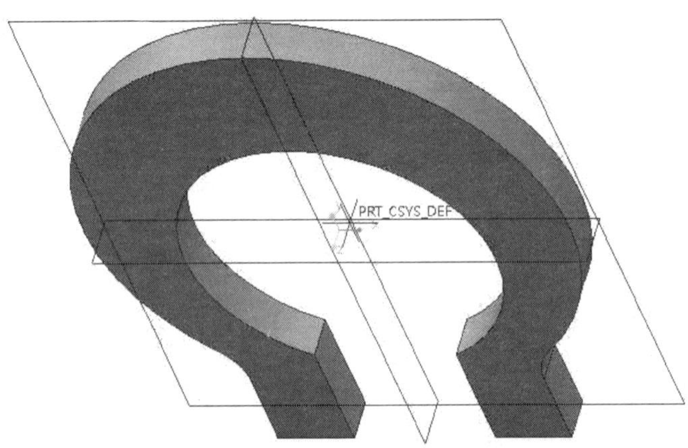

그림 5.115 라운드 완료

[참고예제 5.4]

[hex_bolt.prt 만들기 1 – 6 각 머리 볼트 만들기(M20)]

- 새로만들기 아이콘을 클릭한 후 파일 이름을 "hex_bolt"로 하여 새로운 작업을 시작한다.
- 밀어내기 아이콘을 이용하여 기본 feature를 생성한다.
  - 내부 스케치 설정으로 FRONT 평면을 스케치 평면으로 설정하고 참조 평면 방향으로 RIGHT 평면이 "오른쪽"을 향하게 설정한다.
  - 그림 5.116과 같이 스케치 환경을 "은선 제거"와 "스케치 보기"로 설정한다.

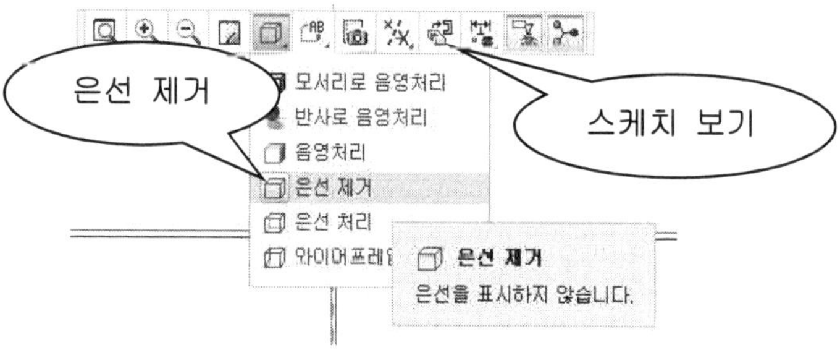

그림 5.116 스케치 환경 설정

  - 그림 5.117과 같이 "팔레트" 아이콘을 이용하여 스케쳐 팔레트 창이 활성화되면 다각형 항목을 클릭하고, "6면 6각형"을 선택한 후 마우스를 클릭한 채로 drag하여 화면에 배치한다.

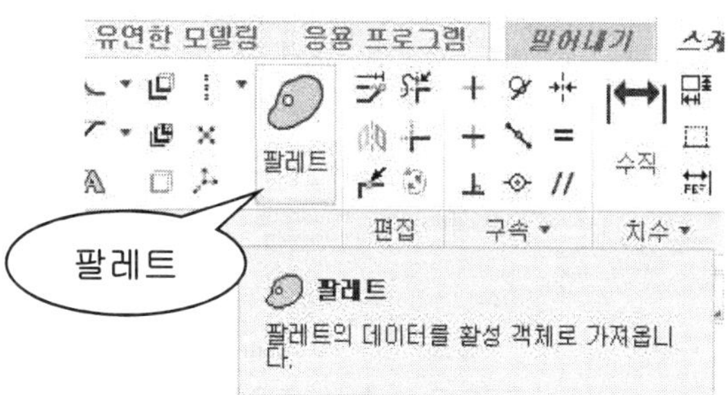

그림 5.117 팔레트 아이콘

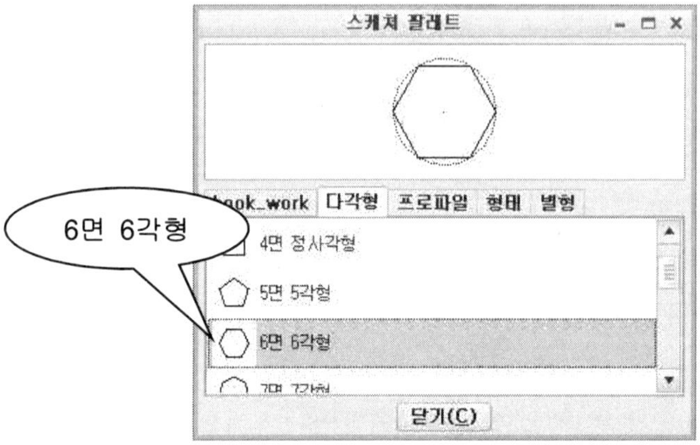

그림 5.118 스케쳐 팔레트 창

- 중심을 원점으로 설정하고 "회전크기 조정"에 "17.32"를 입력한 후 완료 버튼을 클릭한다

⇨ 6각머리 볼트의 기준치수가 내접원지름이 30이고, 6각형의 대각선길이가 약 34.64이므로 배율을 17.32(한 변의 길이)로 설정한다.

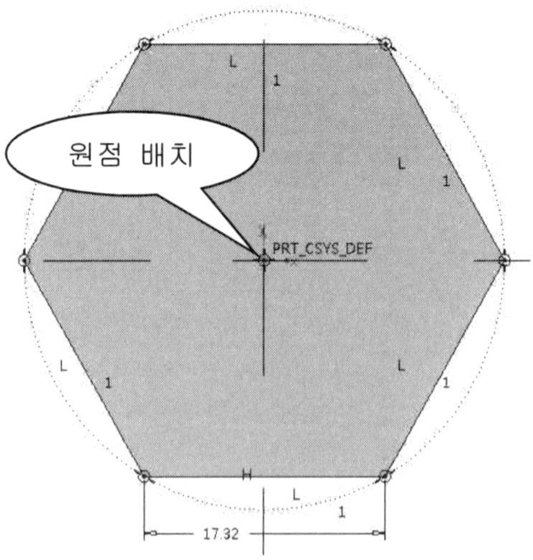

그림 5.119 "6면 6각형" 배치 완료

- 6면 6각형 배치가 끝나면 확인 아이콘(✔)을 클릭하여 단면 작업을 마친다.
- 돌출 두께로 "13"만큼 생성한다(볼트 머리 높이).

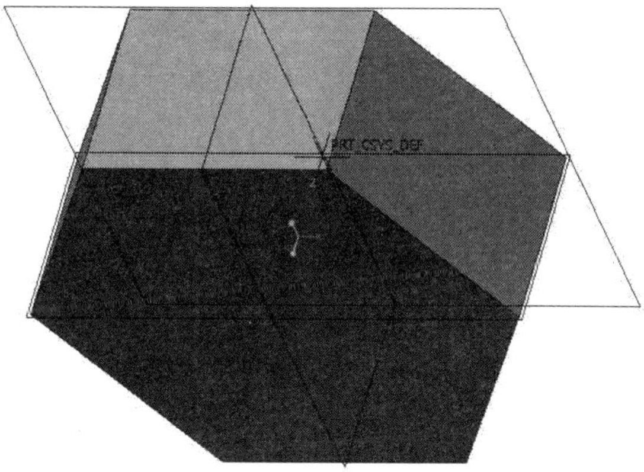

그림 5.120 6각 볼트 머리부분 밀어내기 완료

- 밀어내기 아이콘을 이용하여 볼트의 축 부분을 생성한다.
  - 내부 스케치 설정으로 볼트 머리 부분의 앞면을 스케치 평면으로 설정하고 참조 평면 방향으로 RIGHT 평면이 "오른쪽"을 향하게 설정한다.
  - 스케치 상태에 들어가면 스케치 환경을 "은선 제거"와 "스케치 보기"로 설정한 후 그림 5.121과 같이 지름 "20"인 원을 스케치한다.

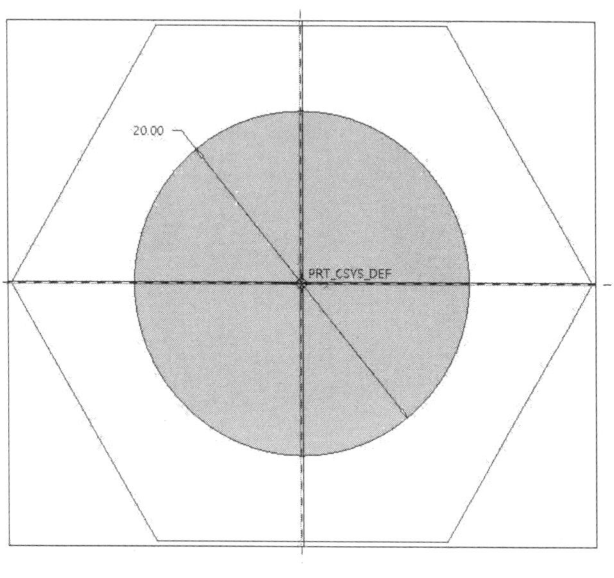

그림 5.121 스케치 단면 : 원 지름 "20"

- 스케치 작업이 끝나면 확인 아이콘(✔)을 클릭하여 단면 작업을 마친다.
- 돌출 두께로 “50”을 설정한다.

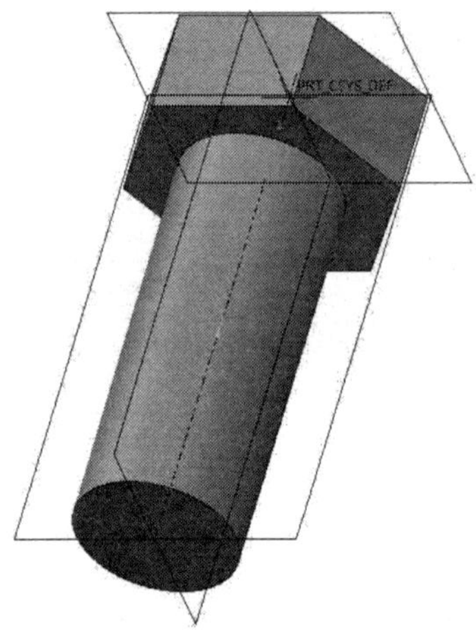

그림 5.122 축 부분 밀어내기 완료

- “라운드” 아이콘( )을 클릭한다.
  - 라운드 아이콘을 클릭한 후 볼트의 머리와 축 연결 부분을 선택하여 반지름 “0.8”로 설정한 후 작업을 완료한다.

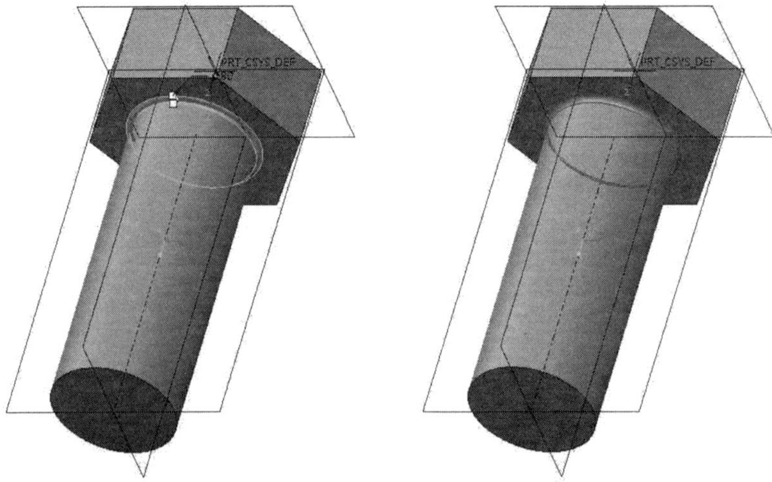

그림 5.123 라운드 작업

- "모서리 모따기" 아이콘( )을 클릭한다.
  - 축 끝부분을 선택한 후 모따기 설정값으로 "2.5"로 설정한 후 작업을 완료한다 (다음 작업은 참고예제 6.1로 이동한다).

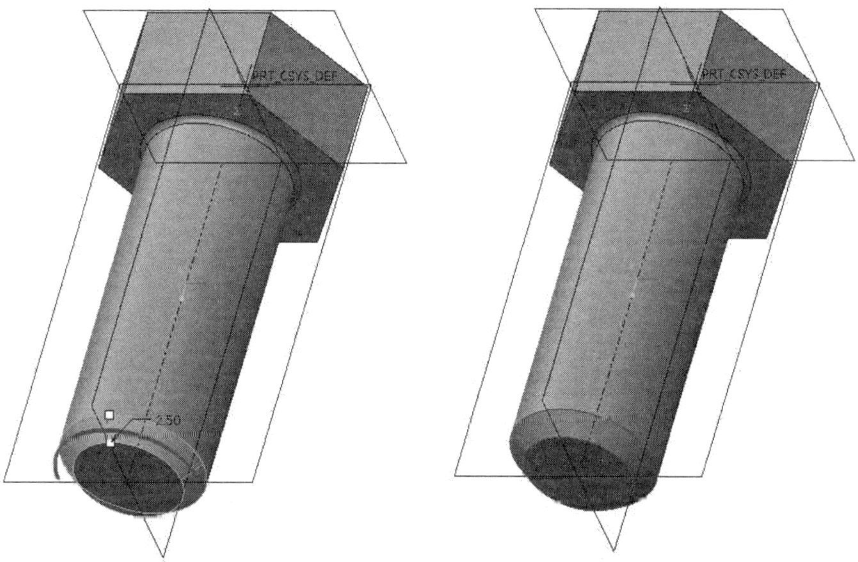

그림 5.124 모서리 모따기 작업

제6장 고급 Sketched Feature의 생성

스케치한 단일 단면에 두께를 주어 형상을 만드는 방법으로는 형상이 생성되지 않는 것들을 생성하는 방법들이 고급 Sketched feature라고 할 수 있다. 이러한 방법들에는 회전(Revolve), 스윕(Sweep), 블렌드(Blend), 스윕 블렌드(Swept blend), 헬리컬 스윕(Helical sweep) 등이 있다. 설계를 함에 있어서 가장 간단하게 형상을 생성하는 것이 좋은 설계라 할 수 있는데 간단한 방법으로는 설계가 이루어지지 않는 형상들이 있기에 고급 Sketched feature 기능이 존재한다고 생각하면 된다. 유용한 기능들에 해당하므로 차근 차근 내용을 이해하기 바란다.

6.1 회전(Revolve) 생성하기

회전 feature는 중심선을 기준으로 스케치한 단면을 회전시켜서 feature를 생성하는 방법이다. 솔리드 모델일 경우에는 닫혀진 단면으로 스케치하여야 하며, 회전시켜서 형상을 만드는 것이므로 회전 중심축이 있어야 한다. 다만, 스케치 내부에 있지 않아도 외부에 중심선이 있으면 참조시켜 회전 feature를 생성할 수 있다(Wildfire 이전 버전에서는 반드시 내부에 중심선이 있어야 했다).

다음의 예제를 통하여 회전 feature를 생성해 보자.

[roller.prt 만들기 1 - 회전 feature 만들기]

- 새로 만들기 아이콘( )을 클릭하여 새로운 part 작업을 시작하거나, Pull down 메뉴에서 "파일(File) ➔ 새로 만들기(New)"를 클릭하면 그림 6.1과 같이 새로 만들기 창이 나타난다.
  - 파일 이름으로 "roller"를 입력한 후 확인 버튼을 클릭한다.

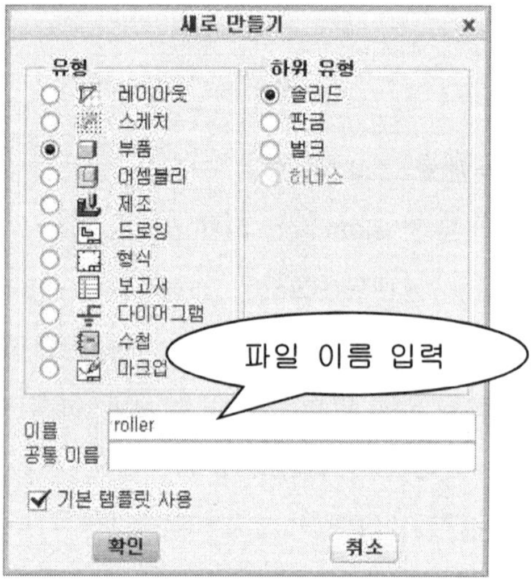

그림 6.1 새로 만들기 창

● 화면 오른쪽에 있는 "회전" 아이콘( )을 클릭하여 회전 feature 작업 시작

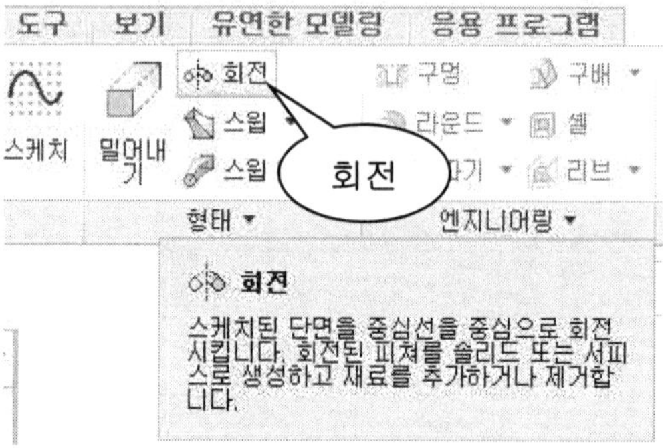

그림 6.2 회전 아이콘

- 그림 6.3과 같이 대시보드에서 배치, 정의 아이콘을 선택하여 내부에 스케치를 정의한다.
- TOP 평면을 "스케치 평면"으로 설정하고, 참조 평면 방향으로 RIGHT 평면이 "오른쪽" 방향으로 향하게 설정한 후 스케치 버튼을 클릭한다.

그림 6.3 회전 feature 대시보드

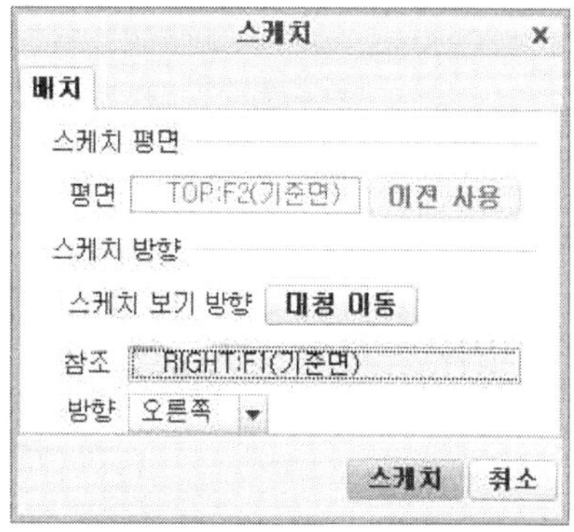

그림 6.4 스케치 평면 정의

- 그림 6.5와 같이 스케치 환경을 "평면 디스플레이" 끄기와 "스케치 보기"로 설정힌다.

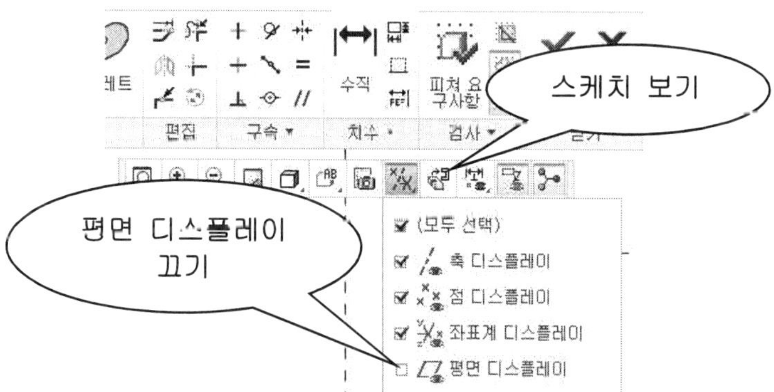

그림 6.5 스케치 환경 설정

- 스케치 상태에 들어가면 먼저 회전 중심선인 형상 중심선을 스케치한다(제일 처음에 스케치한 중심선을 "회전중심선"으로 자동 인식한다).

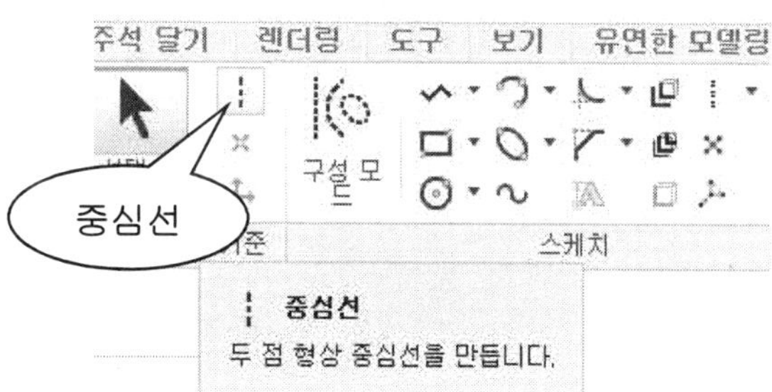

그림 6.6 형상 중심선 스케치 아이콘

- 중심선 아이콘을 클릭한 상태에서 그림 **6.7**과 같이 중앙에 있는 수평참조선에 일치하는 수평중심선을 먼저 스케치한 후 수직중심선도 스케치한다.
- 수직중심선에 대칭인 직선 하나를 먼저 스케치한 후 치수를 수정한다.

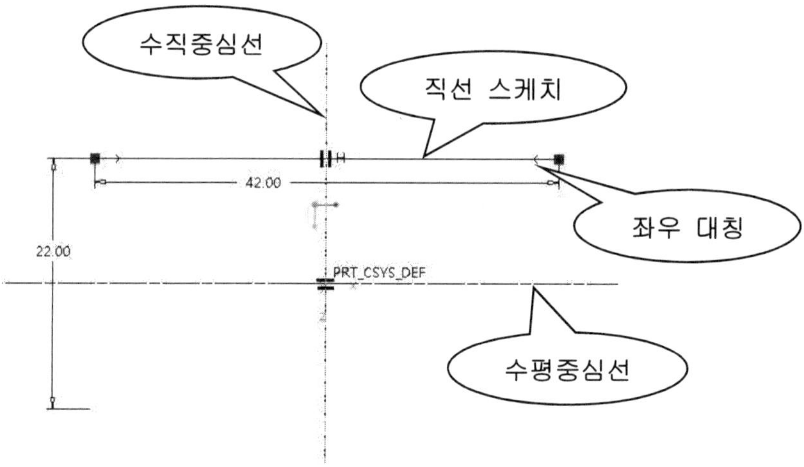

그림 **6.7** 중심선 스케치

- 그림 **6.8**과 같이 나머지 부분을 스케치하여 단면을 완성한다.

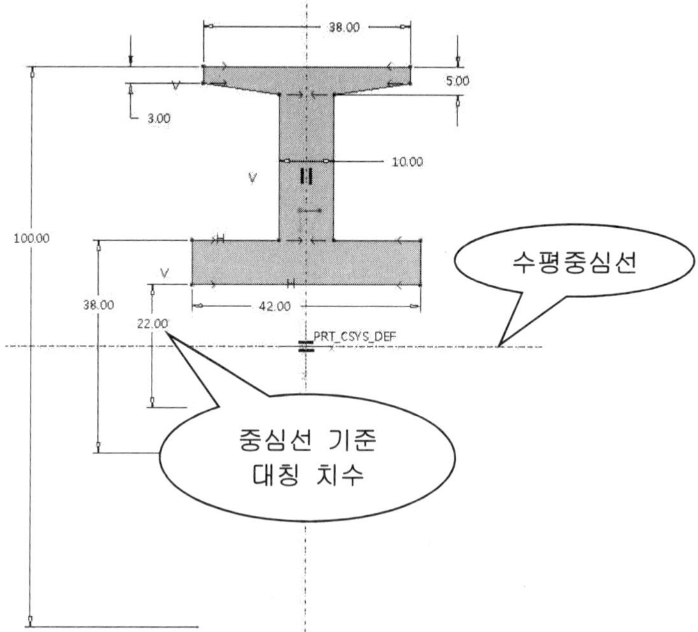

그림 **6.8** 스케치 단면

- 스케치 작업이 끝나면 확인 아이콘(✔)을 클릭하여 단면 작업을 마친다.
- 대시보드에서 회전 각도로 360°를 입력한 후 미리보기 아이콘을 클릭하여 작업을 확인한 후 작업 완료 아이콘(✔)을 클릭하여 작업을 완료한다.

★ 대칭 치수

Wildfire 5.0 부터는 형상중심선 기능이 추가되어 자동으로 대칭치수를 설정해준다. Creo Parametric 2.0 버전도 자동으로 설정해준다. 자동으로 설정되지 않은 치수를 대칭치수로 만들어주려면 다음과 같은 방법을 이용하면 대칭치수를 설정할 수 있다.

[중심선을 기준으로 대칭 치수 기입 방법]

- 치수 생성 아이콘을 클릭하여 치수 기입 상태로 전환
- 대칭 치수를 입력할 객체를 먼저 선택하고, 중심선을 선택한 후 다시 처음 선택한 객체를 선택한 후 마우스 가운데 버튼인 휠 버튼을 클릭하여 치수를 기입한다.
- 대칭 치수를 기입하는 것은 설계 의도를 반영하는 것이고, 대칭치수로 지름치수를 설정한다면 반지름 계산을 따로 하지 않아도 된다.

그림 6.9 회전 feature 완료

- "라운드" 아이콘( )을 클릭한다.
    - 라운드 아이콘을 클릭한 후 그림 6.10과 같이 네 모서리를 선택하여 반지름 **"2"** 로 설정한 후 작업을 완료한다(어셈블리 작업에서 사용될 부품이므로 작업을 저장한다).

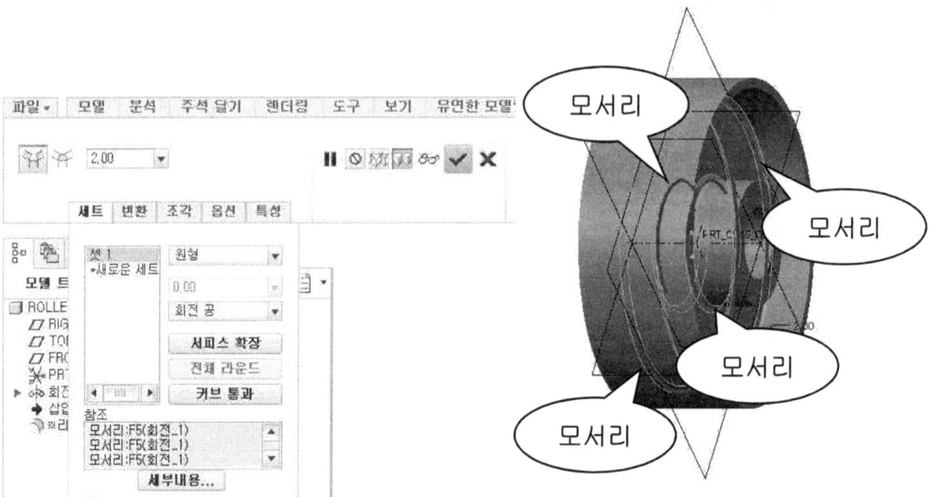

그림 6.10 라운드 설정

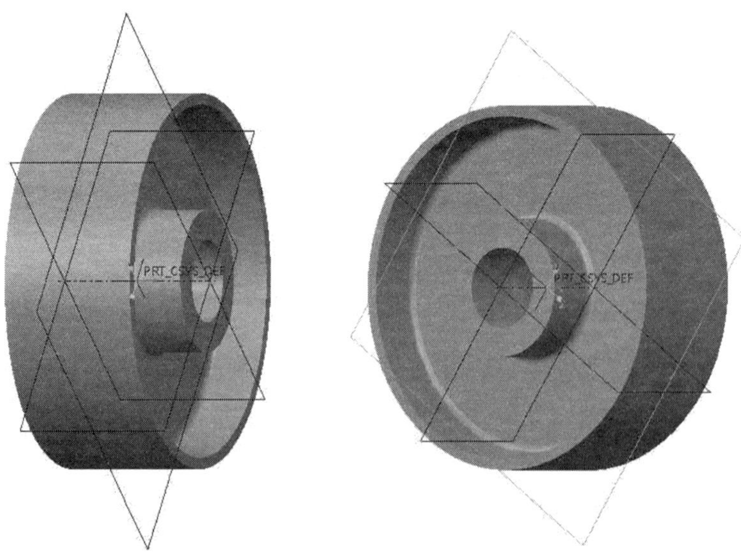

그림 6.11 라운드 완료

6.2 스윕(Sweep) 생성하기

스케치한 단면이 궤적(trajectory)을 따라서 이동하면서 feature가 생성되는 방법이 스윕이다. 여기에서 궤적은 단면이 이동되는 경로인데 궤적과 단면은 서로 수직을 유지한다. 스윕 궤적은 커브로 그려져 있는 것을 선택할 수 있고, 스케치 아이콘을 이용해서 직접 궤적을 스케치할 수도 있다.

다음의 예제를 통하여 스윕 작업을 수행해 보자.

[cup.prt 만들기 - 회전 feature와 스윕 feature 만들기]

- 새로 만들기로 cup.prt 이름으로 작업 시작
- "회전" 아이콘( )을 클릭하여 회전 feature 작업 수행

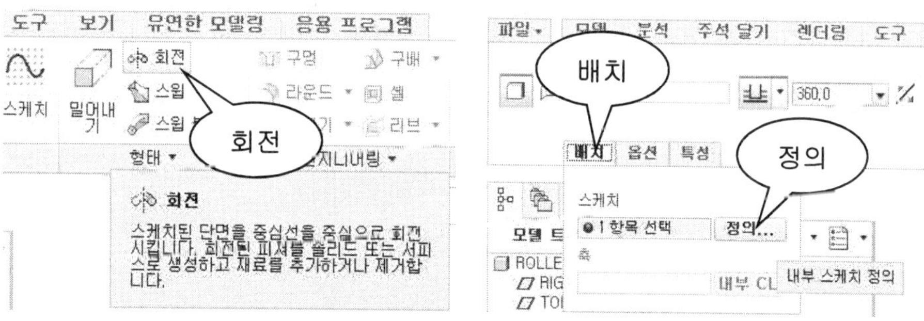

그림 6.12 회전 아이콘과 대시보드

- 대시보드에서 배치, 정의 아이콘을 선택하여 내부에 스케치를 정의한다. FRONT 평면을 "스케치 평면"으로 설정하고, 참조 평면 방향으로 RIGHT 평면이 "오른쪽" 방향으로 향하게 설정한 후 스케치 버튼을 클릭한다.
- 스케치 상태에 들어가면 그림 6.13과 같이 먼저 회전중심선으로 사용될 수직 형상중심선을 스케치한다(내부에 중심선이 없으면 외부에 회전 중심축이 될 수 있는 축이 있어야 한다).
- "선 체인" 아이콘을 이용하여 선 하나만 먼저 스케치한 후 치수를 설정한다(먼저 설정된 선 치수 스케일에 맞게 나머지를 스케치할 때 편리하다).
- 그림 6.14와 같이 나머지 단면을 스케치한다.

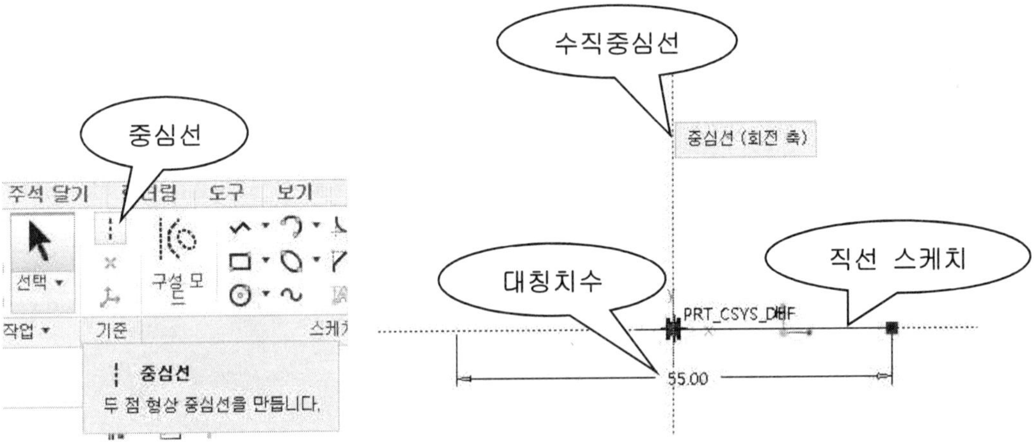

그림 6.13 회전중심선과 직선 스케치

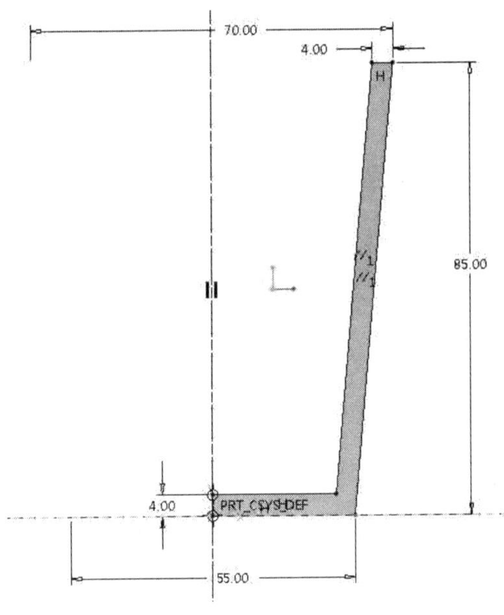

그림 6.14 스케치 단면

- 스케치 작업이 끝나면 확인 아이콘(✔)을 클릭하여 단면 작업을 마친다.
- 대시보드에서 회전 각도로 360°를 입력한 후 미리보기 아이콘을 클릭하여 작업을 확인한 후 작업 완료 아이콘(✔)을 클릭하여 작업을 완료한다.

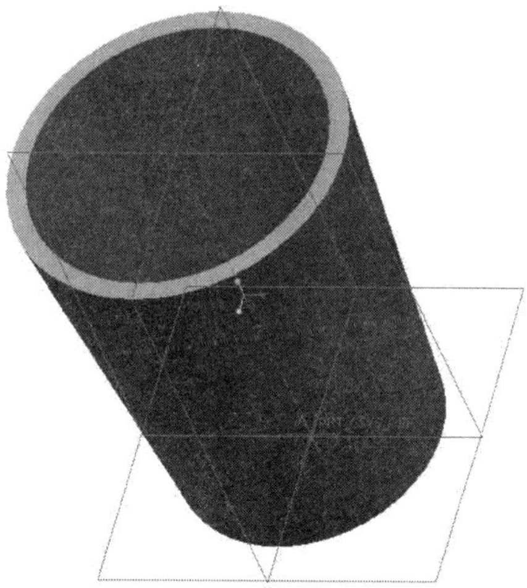

그림 6.15 회전 feature 완료

- 스윕 feature 작업 수행
  - 스케치 아이콘()을 클릭하여 궤적을 스케치한다.
  - 스케치 창이 활성화되면, FRONT 평면을 "스케치 평면"으로 설정 "스케치 방향"으로 RIGHT 평면이 "오른쪽" 방향으로 향하게 설정한 후 스케치 버튼을 클릭한다.
  - 그림 6.16과 같이 스케치 환경을 "은선 제거", "평면 디스플레이" 끄기, "스케치 보기"로 설정한다.

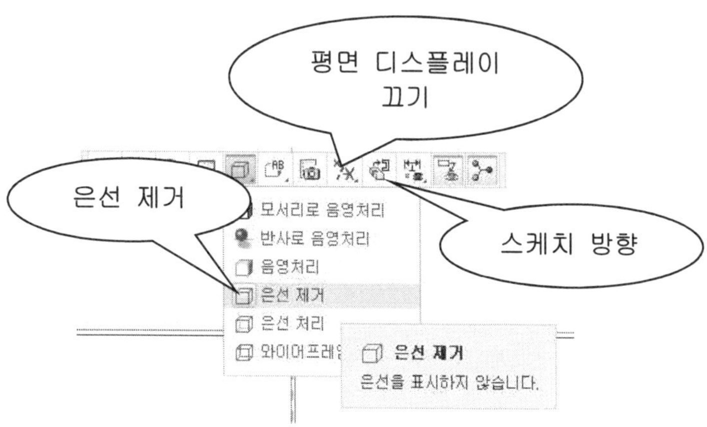

그림 6.16 스케치 환경 설정

- 스케치 상태에 들어가면 그림 6.17과 같이 먼저 "참조" 아이콘을 클릭한 후

오른쪽 사선 모서리를 선택하여 참조를 추가한다.

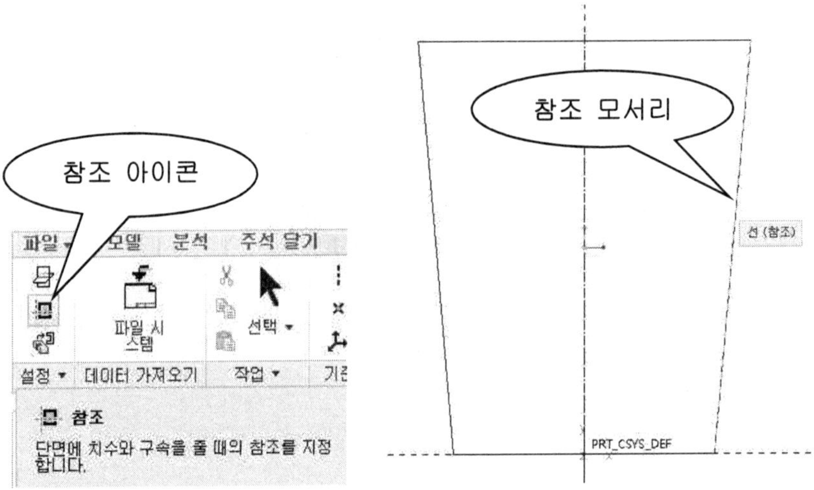

그림 6.17 참조 설정

- 그림 6.18과 같이 "선 체인" 아이콘을 이용하여 직선 세 개를 스케치한다.

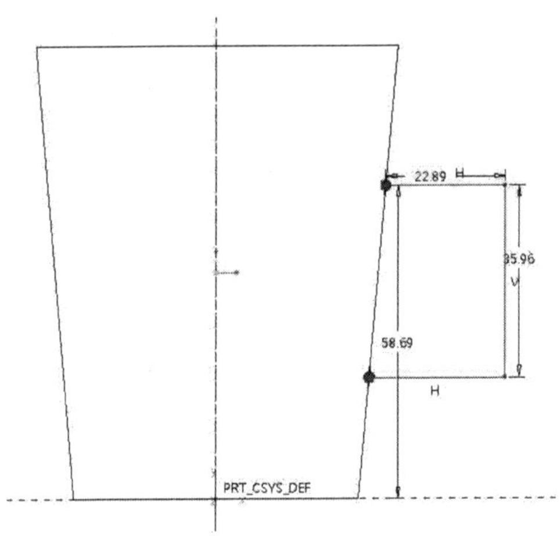

그림 6.18 궤적 스케치

- 그림 6.19와 같이 "원형 트림" 아이콘을 이용하여 각진 모서리 두 부분을 fillet 처리한다.

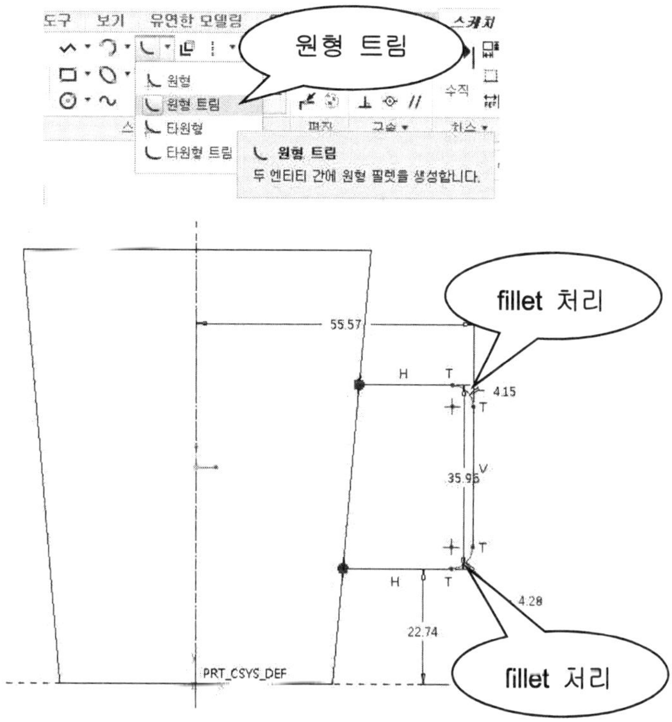

그림 6.19 궤적 스케치 원형 트림

- 그림 6.20의 “같음” 구속 아이콘을 이용하여 그림 6.21과 같이 **fillet** 부분의 반지름 값을 동일하게 만들어준다.

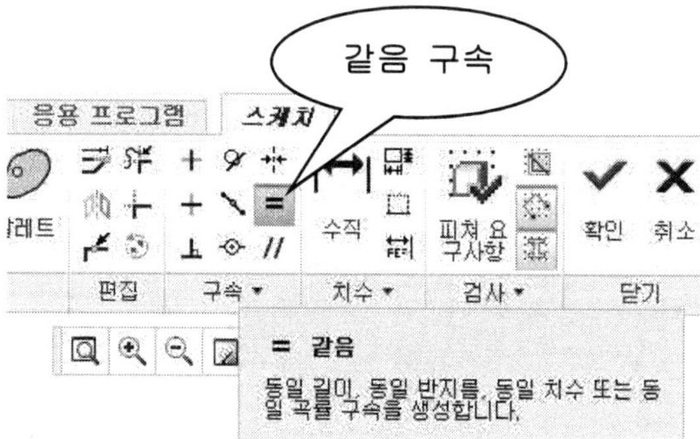

그림 6.20 “같음” 구속 아이콘

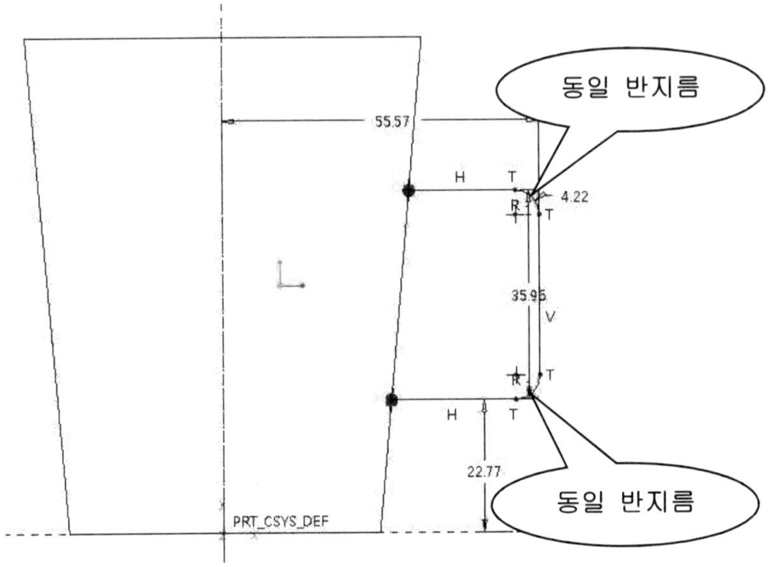

그림 6.21 동일 반지름 설정

- 그림 6.22와 같이 스케치 단면의 치수를 설정한다.

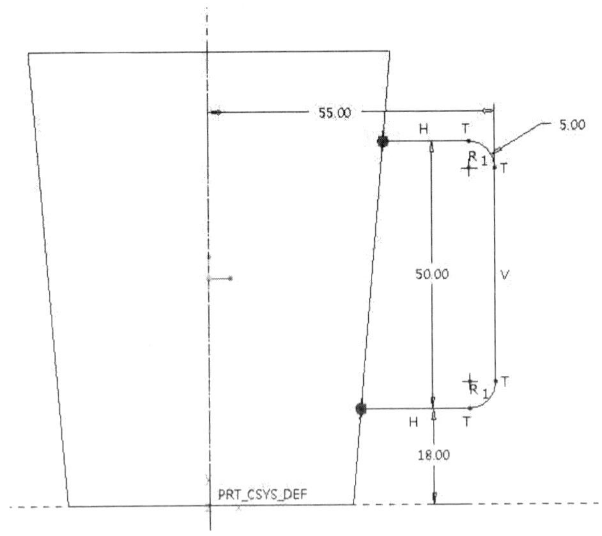

그림 6.22 궤적 스케치 단면

- 궤적 스케치 작업이 끝나면 확인 아이콘(✔)을 클릭하여 작업을 마친다.

- "스윕" 아이콘( )을 클릭하고 대시보드에서 참조 항목을 클릭하면 궤적을 설정할 수 있도록 해준다

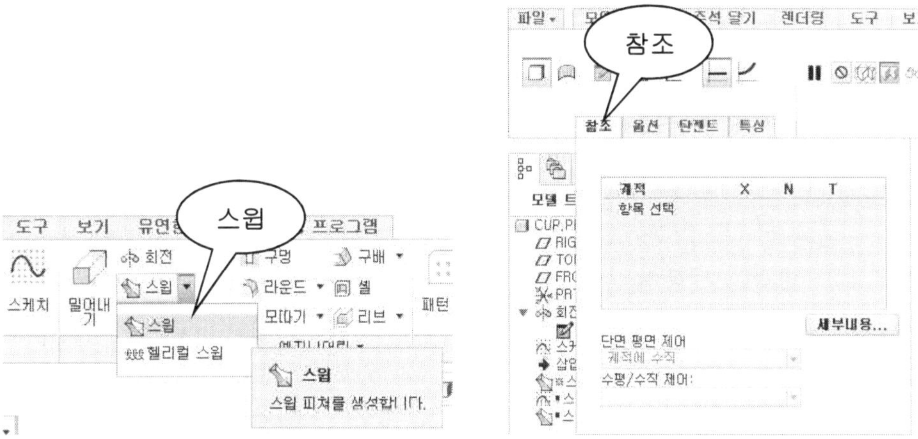

그림 6.23 스윕 아이콘과 대시보드

- 그림 6.24와 같이 궤적을 선택하면 surface 단면을 생성 또는 편집해줄 수 있는 아이콘이 활성화된다. 선택된 궤적에서 시작점을 변경하고 싶으면 "세부내용" 버튼을 클릭하여 시작점의 위치를 바꾸어준다.

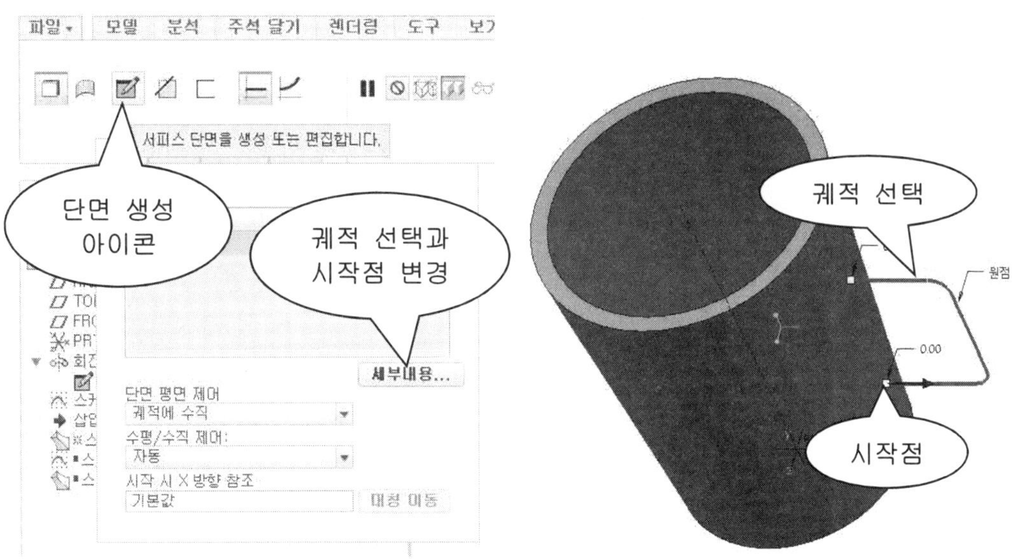

그림 6.24 스윕 궤적 선택

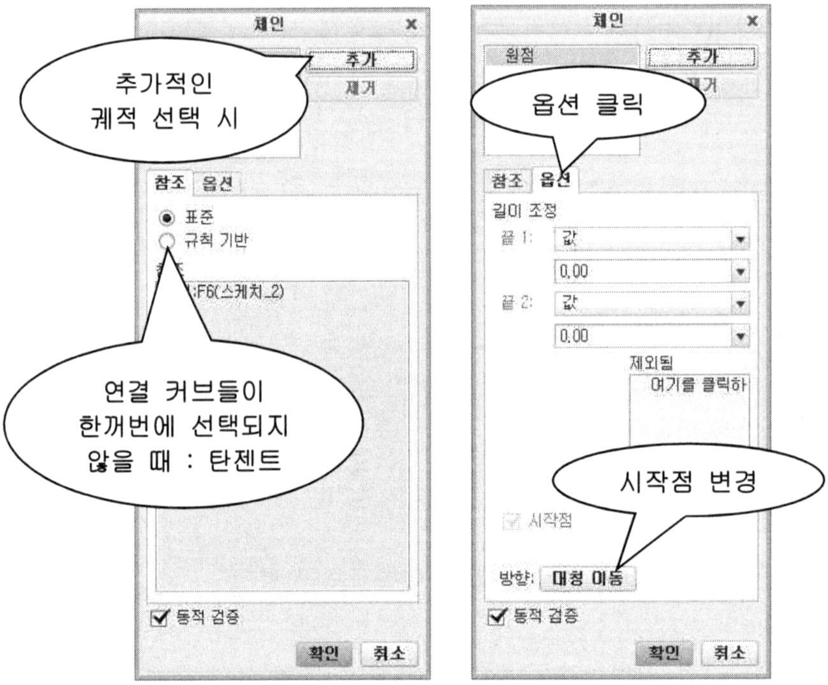

그림 6.25 스윕 궤적 선택 옵션

- 그림 6.26과 같이 surface 단면을 생성 또는 편집해주는 아이콘을 클릭하여 스윕 단면 스케치 상태로 들어가면, 스케치 환경을 "은선 제거", "스케치 보기"로 설정한 후 "중심/점" 원 아이콘을 이용하여 스케치한다.

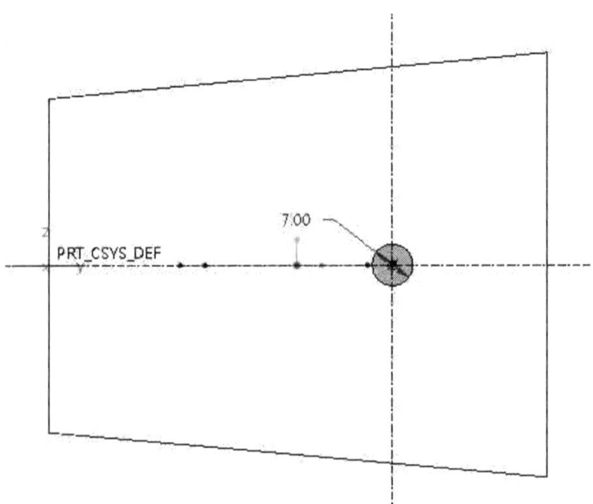

그림 6.26 스윕 단면 : 지름 "7"인 원 스케치

- 스케치가 끝나면 확인 아이콘(✔)을 클릭하여 스윕 설정 대시보드 설정 상태로 돌아와서 "옵션" 항목에서 "끝 결합"을 선택한 후 작업을 완료한다.

그림 6.27 스윕 설정 옵션 : 끝 결합

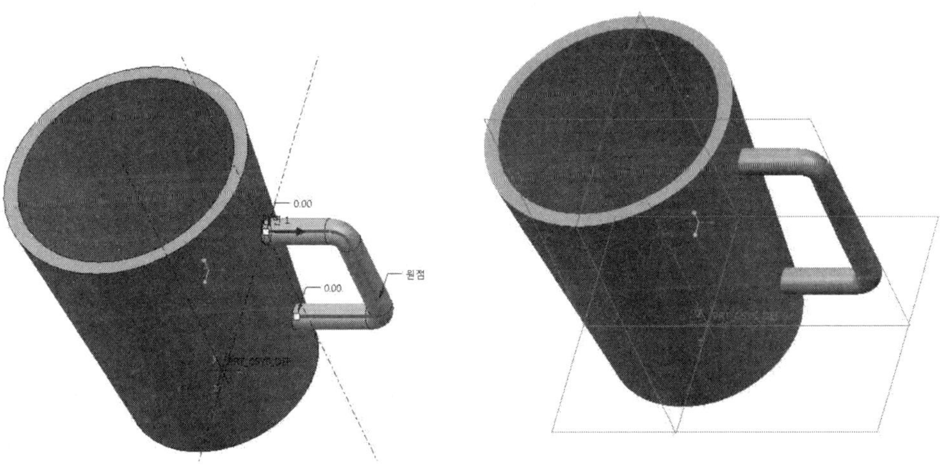

그림 6.28 스윕 완료

★ 옵션 설정 : 끝 결합 ➔ 자유 끝 변경 시 차이점

- 스윕 feature 작업 : 옵션 설정 변경
  - 그림 6.29와 같이 옵션 설정에서 끝 결합 선택을 해제한다.
  - 작업 완료 아이콘을 클릭하여 전체 "정의 편집" 과정을 완료한다.
  - 그림 6.30에서와 같이 차이점을 확인한다.

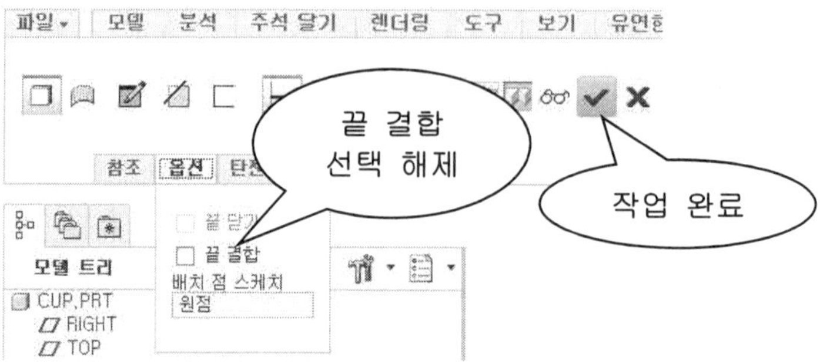

그림 6.29 스윕 옵션 설정 변경

그림 6.30 스윕 완료 : 스윕 끝에서 cup 본체와 손잡이 부분이 떨어져 있음

6.3 블렌드(Blend) 생성하기

블렌드 feature는 두 개 이상의 단면이 단면의 꼭지점끼리 서로 연결하여 feature를 생성하는 것이다. 단면을 미리 스케치한 후 선택할 수도 있고, 직접 스케치할 수도 있다. 또한 두 개의 단면은 서로 평행하거나 평행하지 않을 수도 있다. 블렌드 feature 생성 시 주의할 점은 단면과 단면을 이어주기 위해 각 단면의 설점 수가 같아야 한다는 점이다. 또한 각 단면의 시작점 지정이 가능한 데 단면별로 시작점과 방향이 일치하지 않으면 생성되는 feature가 꼬여서 원하는 작업이 이루어지지 않을 수도 있다.

다음의 예제를 통하여 블렌드 feature를 생성해 보자.

[blend.prt 만들기]

- 새로 만들기로 blend.prt 이름으로 작업 시작
- "블렌드" 아이콘(⟲)을 클릭하여 블렌드 feature 작업 수행

그림 6.31 블렌드 아이콘과 대시보드

- 대시보드에서 단면, 정의 아이콘을 선택하여 내부에 스케치를 정의한다. FRONT 평면을 "스케치 평면"으로 설정하고, 참조 평면 방향으로 RIGHT 평면이 "오른쪽" 방향으로 향하게 설정한 후 스케치 버튼을 클릭한다.
- 스케치 상태에 들어가면 그림 6.32와 같이 "코너 직사각형" 아이콘을 이용하여 첫 번째 단면을 스케치한 후 확인 아이콘을 클릭한다.

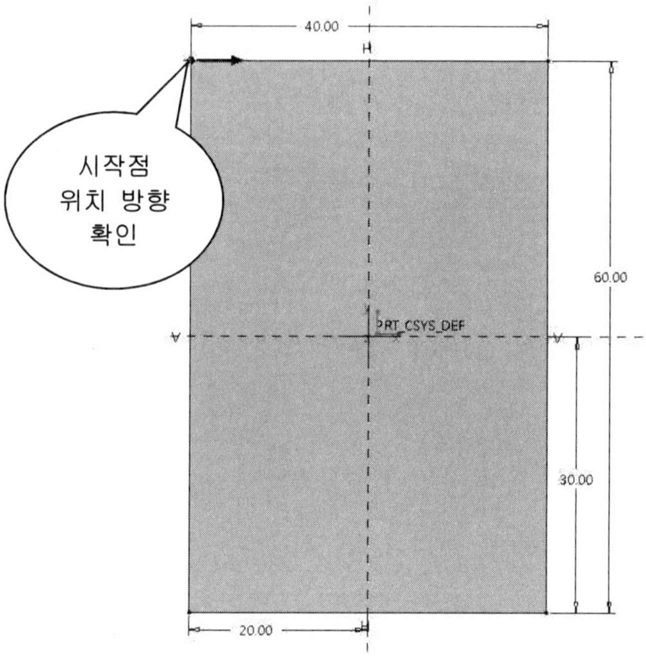

그림 6.32 블렌드 단면 1 (직사각형 40 x 60)

- "블렌드 단면 2"를 스케치하려면 그림 6.33과 같이 대시보드에서 "단면"을 클릭하고 "스케치"를 클릭하면 블렌드 단면 2 스케치 상태로 넘어간다.

그림 6.33 블렌드 단면 설정

- 그림 6.34와 같이 "중심/점" 원 아이콘과 "중심선" 아이콘을 이용하여 스케치한다.

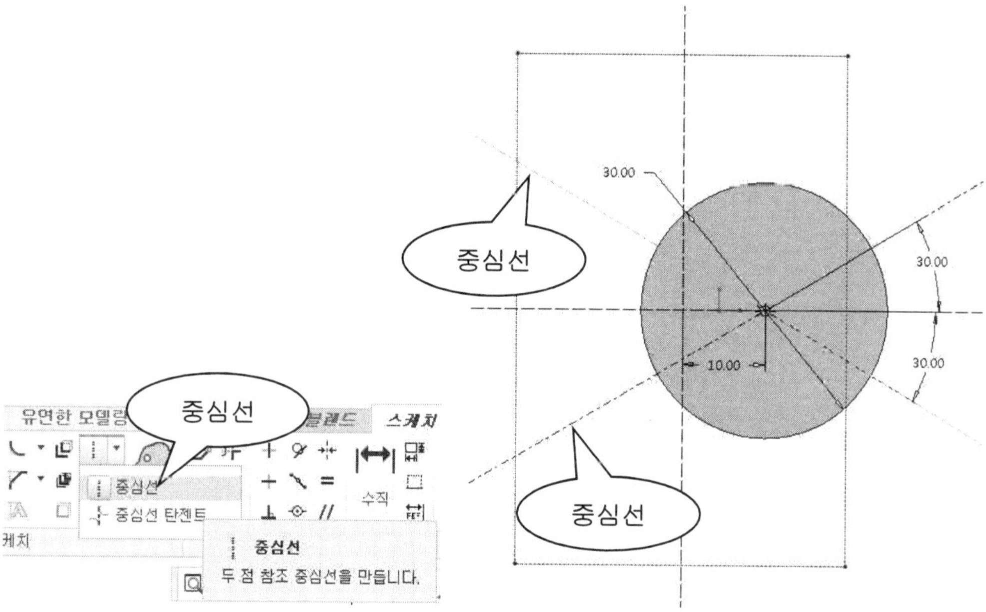

그림 6.34 블렌드 단면 2 스케치

- 그림 6.35와 같이 "분할" 아이콘을 이용하여 원 feature를 분할하여 블렌드 단면 1의 절점의 개수 4개와 일치시킨다.

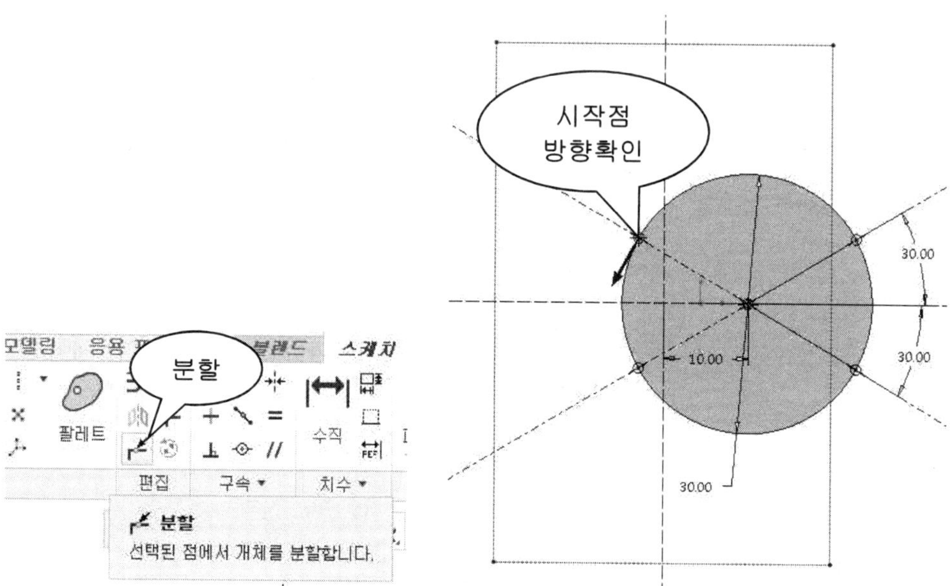

그림 6.35 블렌드 단면 2 스케치

- 원을 분할하고 나면 그림 6.35와 같이 시작점과 방향이 나타나는데 블렌드 단면 1에서 설정되었던 시작점과 방향을 일치시켜야 한다. 시작점을 마우스 왼쪽 버튼으로 선택한 후 마우스 오른쪽 버튼을 길게 누르고 있으면 메뉴 창이 나타나는데 마우스를 "시작점" 항목으로 이동한 후 떼면 시작점이 변경된다.

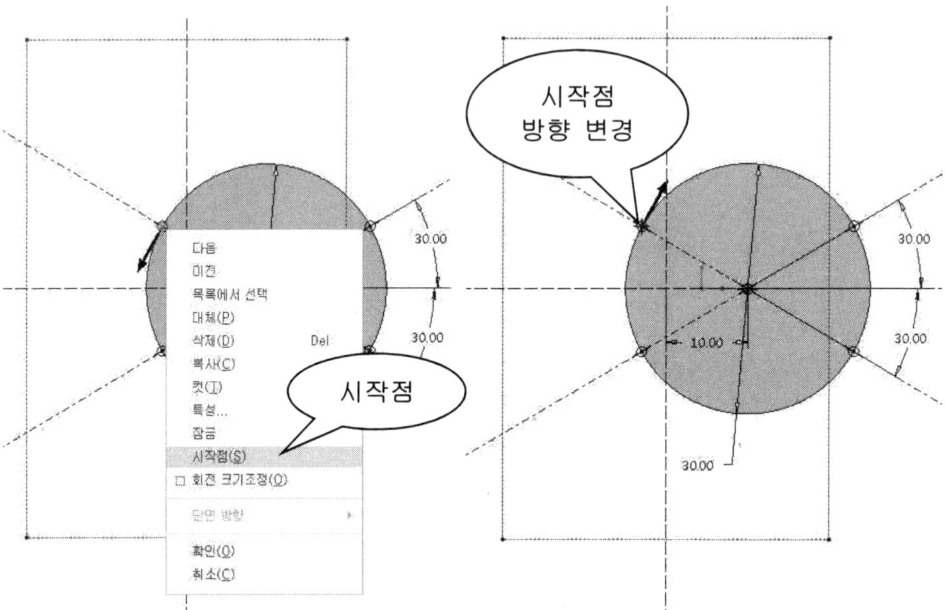

그림 6.36 블렌드 단면 2 시작점 변경

- 확인 아이콘을 클릭한 후 대시보드에서 블라인드 깊이 값으로 "80"을 입력한 후 작업 완료 아이콘을 클릭하여 작업을 완료한다.

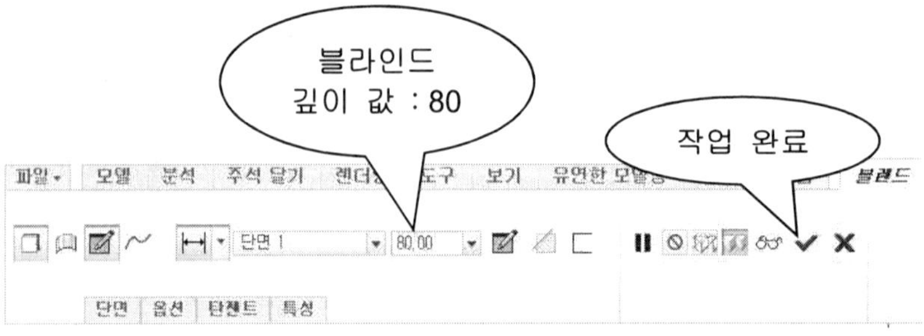

그림 6.37 블라인드 깊이 값 설정(80)

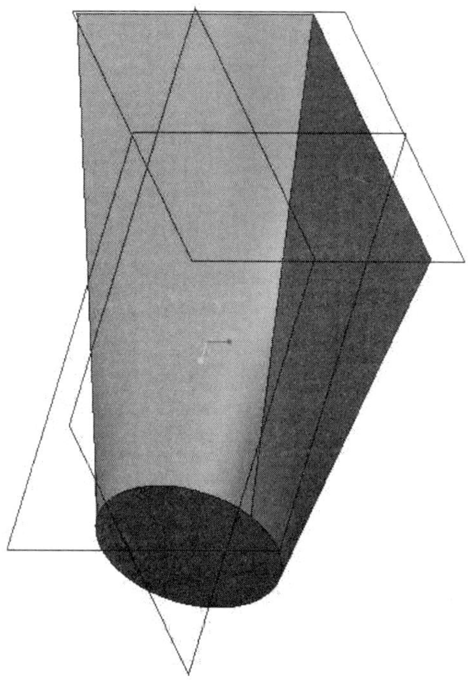

그림 6.38 블렌드 feature 완료 : 단면 1과 단면 2의 연결 확인

6.4 회전 블렌드(Rotational blend) 생성하기

블렌드 feature 생성 방법 중 단면과 단면을 연결하되 두 번째 단면부터는 임의의 각도로 회전된 위치에 있는 단면을 연결하여 feature를 생성하는 방법이다. 이는 일반적인 방법으로 생성하기 어려운 feature 혹은 굽어진 형상을 생성할 때 사용하면 유용한 방법이다.

다음의 예제를 통하여 회전 블렌드 feature를 생성해 보자.

[rotational_blend.prt 만들기]

- 새로 만들기로 rotational_blend.prt 이름으로 작업 시작
- "회전 블렌드" 아이콘( )을 클릭하여 회전 블렌드 feature 작업 수행

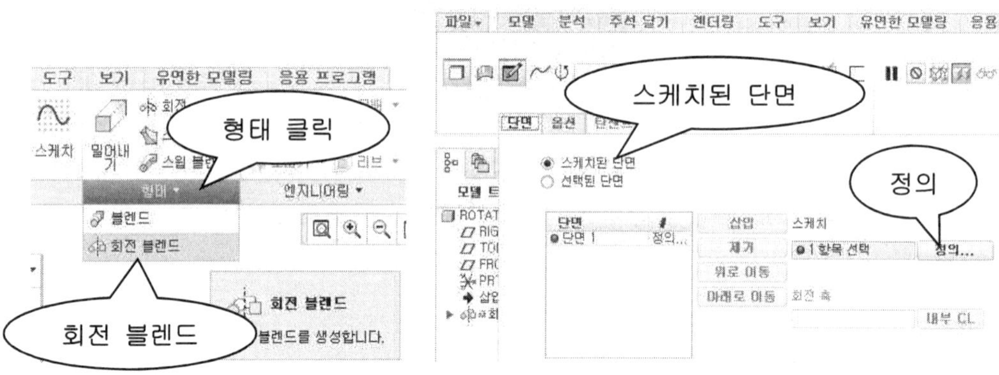

그림 6.39 회전 블렌드 아이콘과 대시보드

- 대시보드에서 단면, 정의 아이콘을 선택하여 내부에 스케치를 정의한다. FRONT 평면을 "스케치 평면"으로 설정하고, 참조 평면 방향으로 RIGHT 평면이 "오른쪽" 방향으로 향하게 설정한 후 스케치 버튼을 클릭한다.
- 단면 스케치 상태에 들어가면 첫 번째 단면으로 그림 6.40과 같이 제일 먼저 "좌표계"아이콘을 이용하여 중앙 교차점인 원점에 좌표계를 배치한다.
- 그림 6.41과 같이 "코너 직사각형" 아이콘을 이용하여 단면을 스케치한 후 확인 아이콘을 클릭한다.

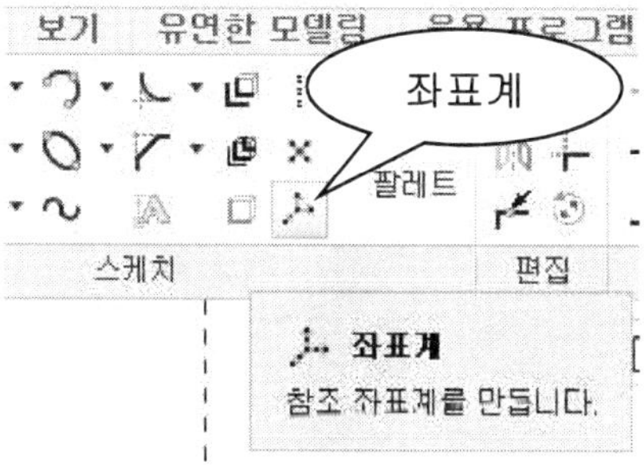

그림 6.40 좌표계 아이콘

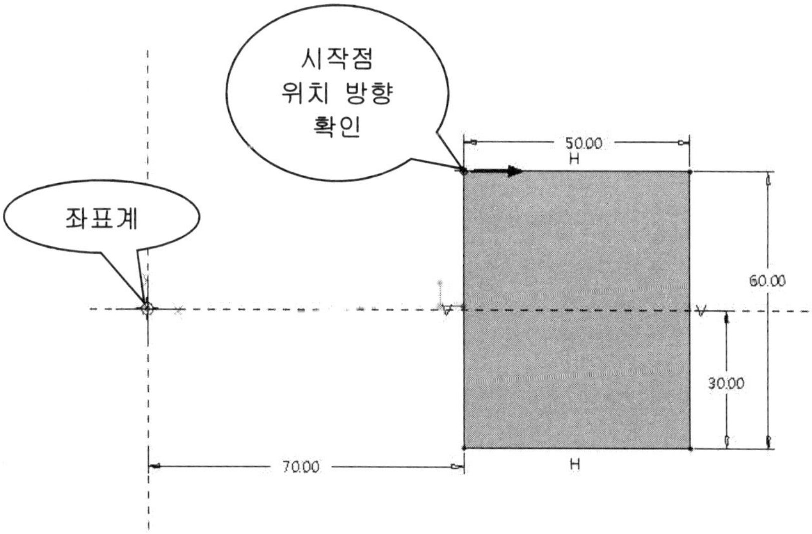

그림 6.41 회전 블렌드 단면 1 (직사각형 50 x 60)

- "회전 블렌드 단면 2"를 스케치하려면 그림 6.42와 같이 대시보드에서 "단면"을 클릭하고 단면 1과의 오프셋 설정값으로 60°를 입력한 후 "스케치"를 클릭하면 회전 블렌드 단면 2 스케치 상태로 넘어간다.
  - ⇨ 내부에 좌표계를 배치하였기 때문에 단면 1의 스케치평면 기준 "y" 축을 중심으로 회전시키는 것으로 설정된다.
  - ⇨ 내부에 좌표계를 배치하지 않으면 회전축을 설정하도록 요청하는데, 이 때는 기본적으로 제공되는 "PRT_CSYS_DEF"의 y축을 선택하여 지정해준다.

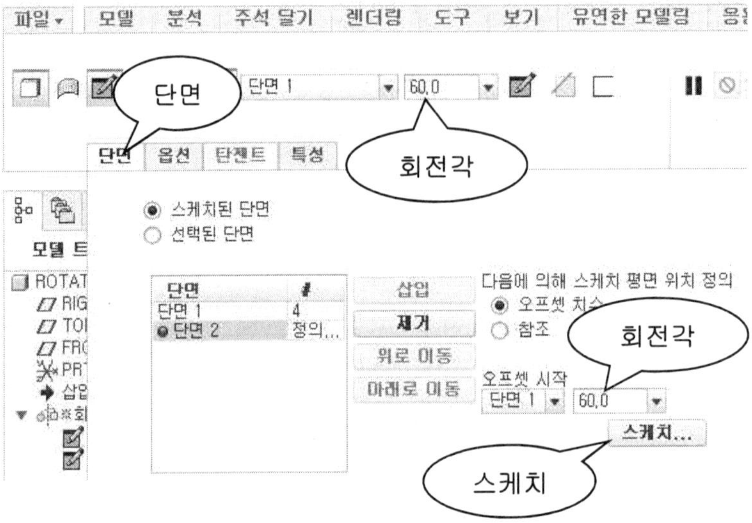

그림 6.42 단면 2에 대한 회전 각도 입력(기본 방향 : 시계방향) : 60˚

- 스케치 환경으로 "스케치 보기"로 설정한 후 그림 6.43과 같이 "중심/점" 원 아이콘과 "중심선" 아이콘을 이용하여 스케치한다. "분할" 아이콘을 이용하여 원을 4개의 절점으로 분할한다.

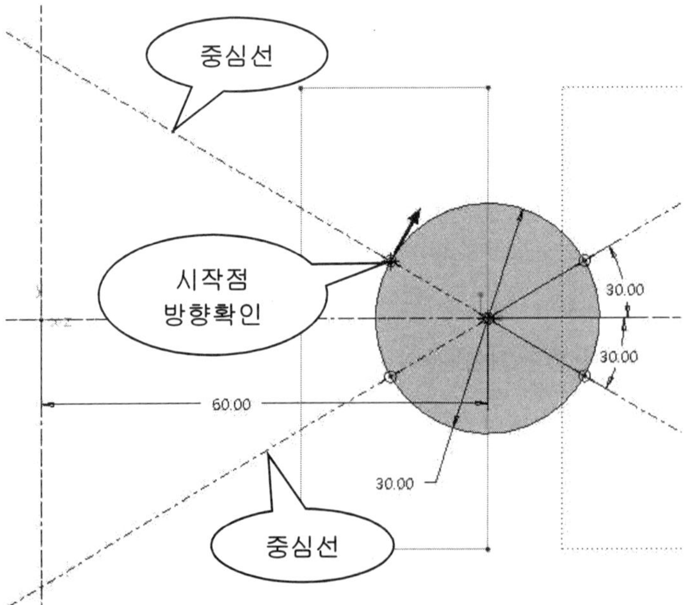

그림 6.43 회전 블렌드 단면 2 스케치

- 스케치 작업이 끝나면 확인 아이콘을 클릭한 후 대시보드 “옵션”에서 속성이 “부드럽게” 항목으로 설정되어 있는지 확인한 후 완료 아이콘을 클릭하여 작업을 완료한다.

그림 6.44 회전 블렌드 옵션 설정 : 부드럽게

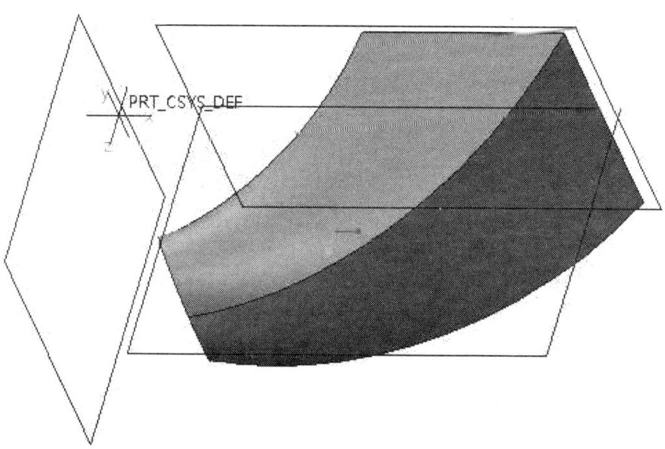

그림 6.45 회전 블렌드 feature 완료 : 단면 1과 단면 2의 연결 확인

★ 속성 변경 : 부드럽게 ➔ 직선

- 회전 블렌드 feature 속성 변경
  - 그림 6.46과 같이 모델 트리에서 회전 블렌드 feature를 선택한 후 마우스 오른쪽 버튼을 클릭하면 나타나는 항목에서 “정의 편집”을 선택하여 회전 블렌드 설정 대시보드를 활성화시킨다.

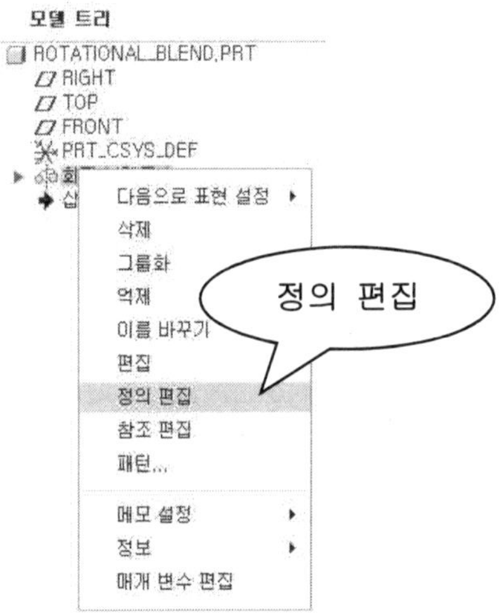

그림 6.46 회전 블렌드 정의 편집

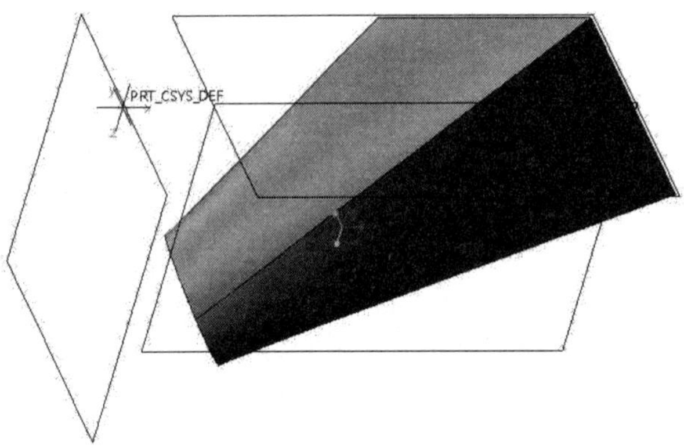

그림 6.47 회전 블렌드 속성 변경 완료

6.5 스윕 블렌드(Swept blend) 생성하기

스윕 블렌드 feature는 경로를 따라 단면이 변화하는 스윕과 블렌드를 결합시킨 feature이다. 스윕 궤적을 따라 서로 다른 두 개의 단면을 이어주어서 생기는 feature이다. 역시 두 단면은 절점 수가 같아야 한다. 단면을 미리 스케치한 후 선택할 수도 있고, 직접 스케치할 수도 있다. 블렌드 feature와 마찬가지로 단면별로 시작점이 일치하지 않으면 생성되는 feature가 꼬여서 원하는 작업이 이루어지지 않을 수도 있다.

다음의 예제를 통하여 스윕 블렌드 feature가 생성되는 과정을 이해해 보자.

[swept_blend.prt 만들기]

- 새로 만들기로 swept_blend.prt 이름으로 작업 시작
- 스윕 궤적 스케치
  - 스케치 아이콘( )을 클릭한다.
  - 스케치 창이 활성화되면, TOP 평면을 "스케치 평면"으로 설정하고 "스케치 방향"으로 RIGHT 평면이 "오른쪽" 방향으로 향하게 설정한 후 스케치 버튼을 클릭한다.

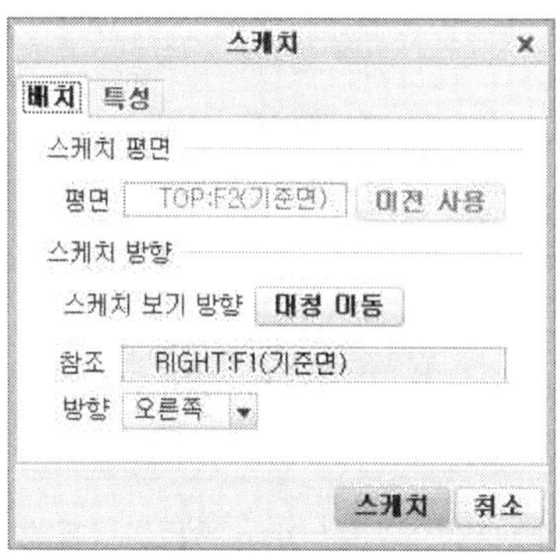

그림 6.48 스케치 평면 정의

  - 그림 6.49와 같이 스케치 환경으로 "평면 디스플레이"를 끄고, 그림 6.50과 같이 "선 체인" 아이콘과 "중심/끝" 아크 아이콘을 이용하여 스케치한다.

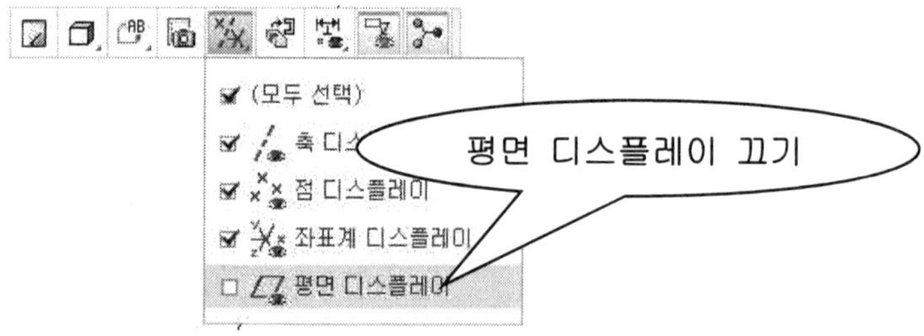

그림 6.49 스케치 환경 설정

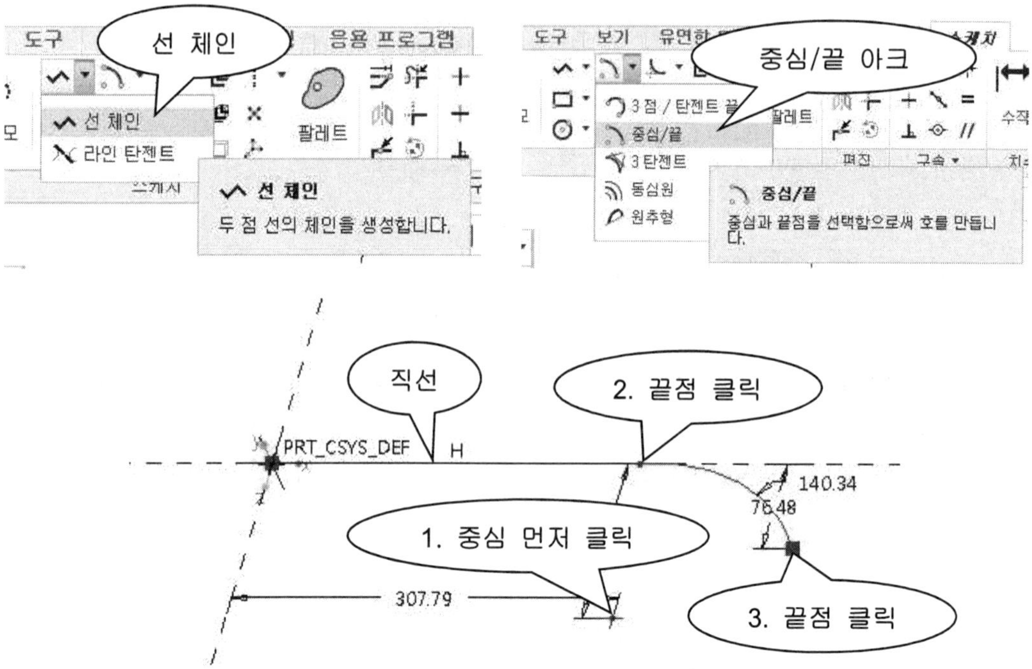

그림 6.50 스윕 궤적 스케치 : 직선 1개, 호 1개

- 그림 6.51과 같이 “탄젠트” 구속 아이콘을 이용하여 스케치한 직선과 아크가 탄젠트로 만나게 설정해준 후 치수를 수정하고 확인 아이콘을 클릭하여 스케치 작업을 완료한다.

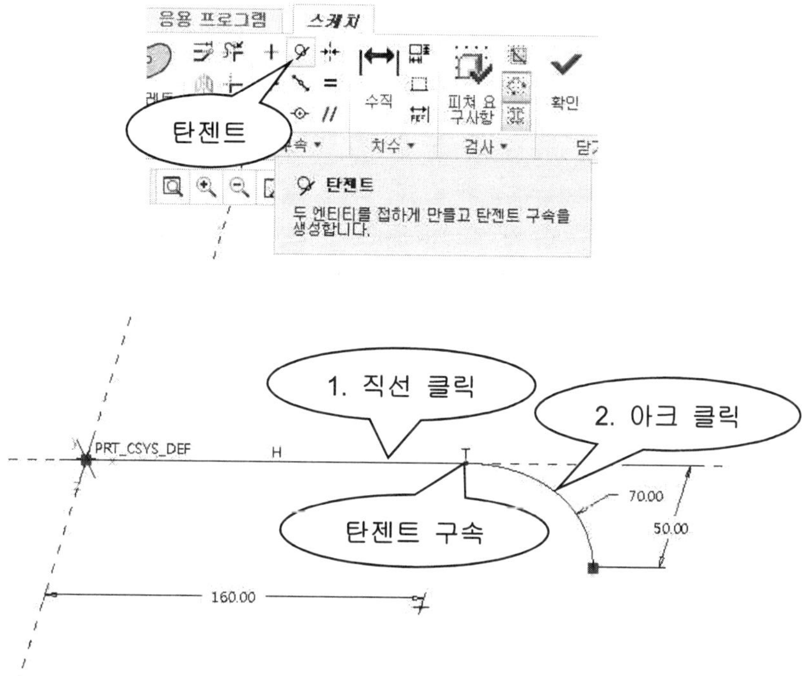

그림 6.51 스윕 궤적 스케치 설정

- 블렌드 단면 1 스케치 : 외부에 단면 스케치
  - 스케치 아이콘()을 클릭한 후 스케치 평면으로 **RIGHT** 평면을 선택하고 참조 평면 방향으로 **TOP** 평면이 "위쪽"을 향하게 설정한 후 스케치 버튼을 클릭한다.

그림 6.52 스케치 평면 정의

- 그림 6.53과 같이 스케치 환경을 "평면 디스플레이" 끄기와 "스케치 보기"로 설정한다.

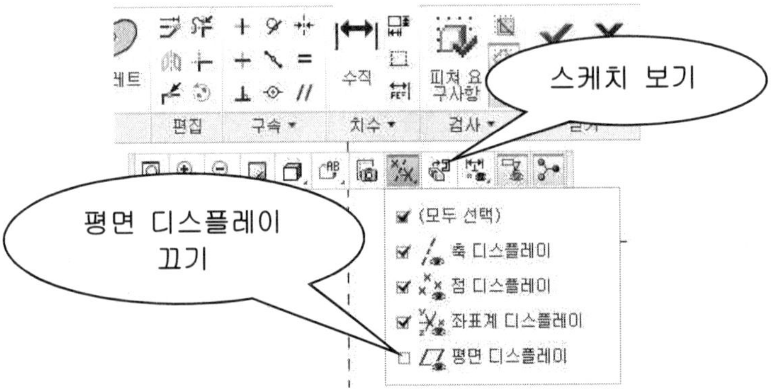

그림 6.53 스케치 환경 설정

- 그림 6.54와 같이 "코너 직사각형" 아이콘을 이용하여 단면을 스케치한다.

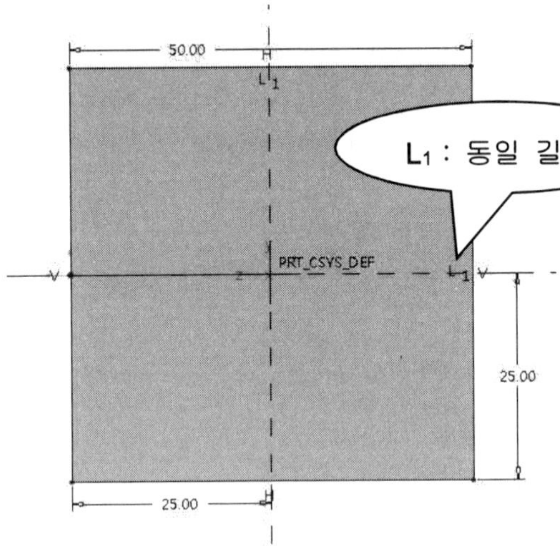

그림 6.54 블렌드 단면 1 : 정사각형(50 x 50)

- 블렌드 단면 2 스케치 : 외부에 단면 스케치
  - "점" 생성 아이콘을 클릭한 후 앞에서 생성한 궤적의 아크 끝(vertex)을 선택한다.
  - 확인 버튼을 클릭하여 점 생성을 완료한다.

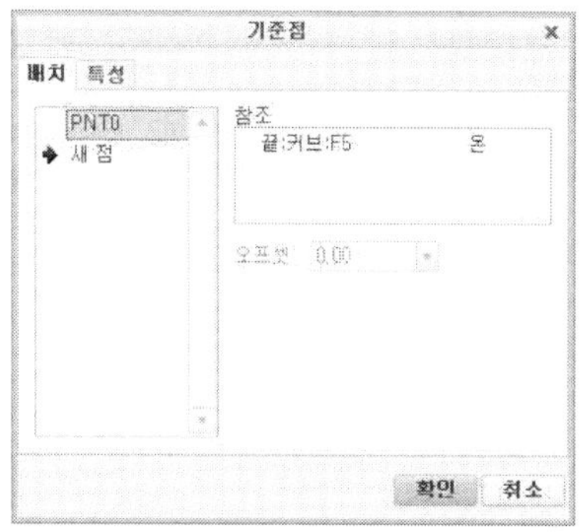

그림 6.55 기준점 생성

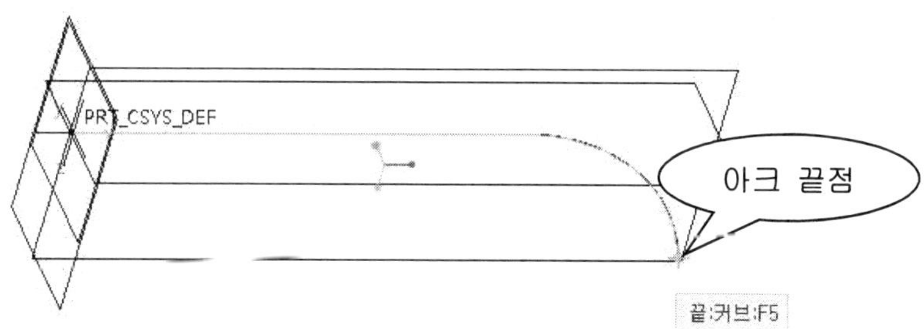

그림 6.56 기준점 생성 완료 : 아크 끝(vertex)

- “평면” 생성 아이콘을 클릭한 후 Ctrl키를 누른 상태에서 앞에서 생성한 점(PNT0)과 아크를 선택하여 새로운 기준면을 생성한다.

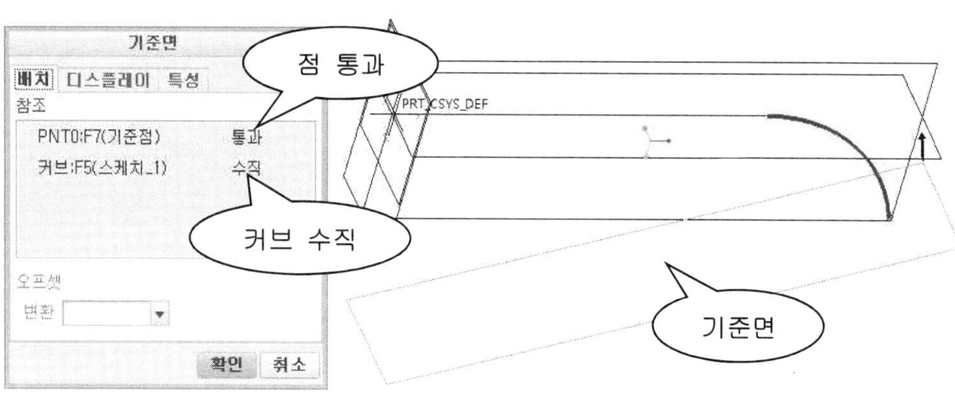

그림 6.57 기준면 생성

- 스케치 아이콘( )을 클릭한 후 스케치 평면으로 앞에서 만든 **DTM1**을 선택하고 참조 평면 방향으로 **TOP** 평면이 "위쪽"을 향하게 한다.

그림 **6.58** 스케치 평면 정의

- 그림 **6.59**에서와 같이 스케치 뷰 방향을 "**대칭이동**"을 클릭하여 앞에서 바라보는 것으로 설정한다.

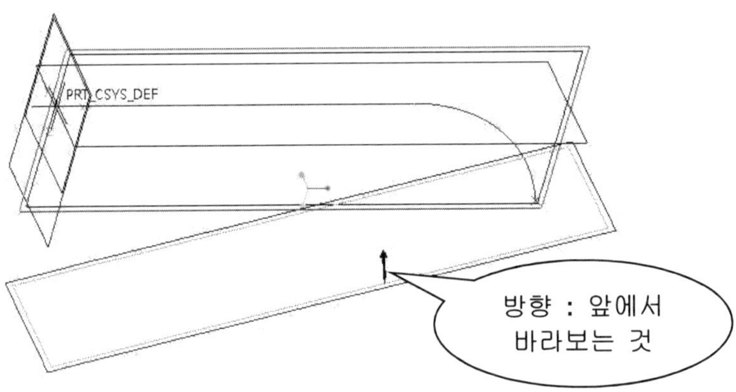

그림 **6.59** 스케치 뷰 방향

- 그림 **6.60**과 같이 스케치 환경을 "평면 디스플레이" 끄기와 "스케치 보기"로 설정한다.

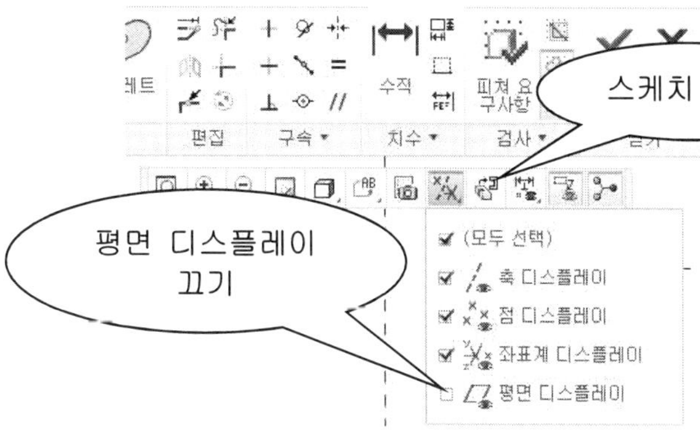

그림 6.60 스케치 환경 설정

- 스케치 상태에 들어가면 그림 6.61과 같이 먼저 "참조" 아이콘을 클릭한 후 앞에서 생성한 기준점을 선택하여 참조를 추가한다.

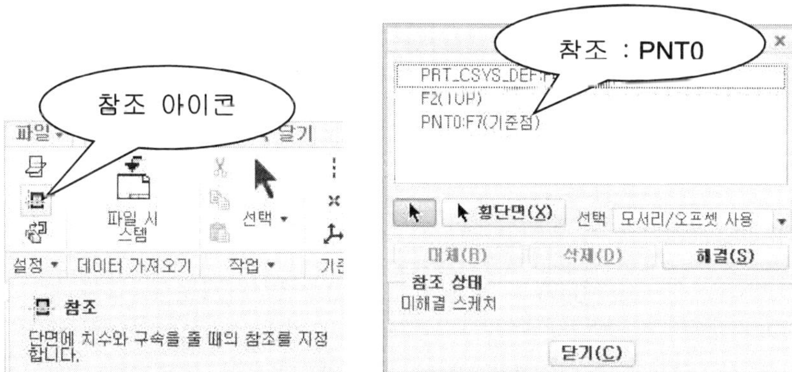

그림 6.61 참조 설정

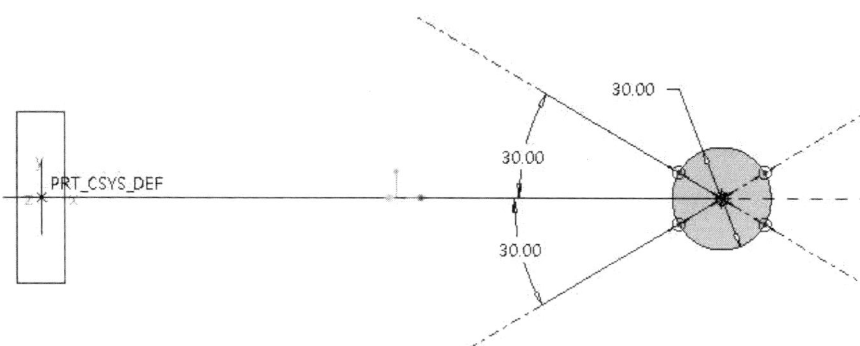

그림 6.62 블렌드 단면 2 : 원(지름 30), 절점을 4개 만든다.

- 그림 6.62와 같이 스케치한다.
  : PNT0을 중심으로 하는 지름이 “30”인 원을 스케치한다.
  : 중심선을 두 개 스케치하여 원과 중심선과의 교점 4곳을 기준으로 분할한다.
- 스케치 작업이 끝나면 확인 아이콘(✔)을 클릭하여 단면 작업을 마친다.

● “스윕 블렌드” 아이콘()을 클릭하여 스윕 블렌드 feature 작업 수행

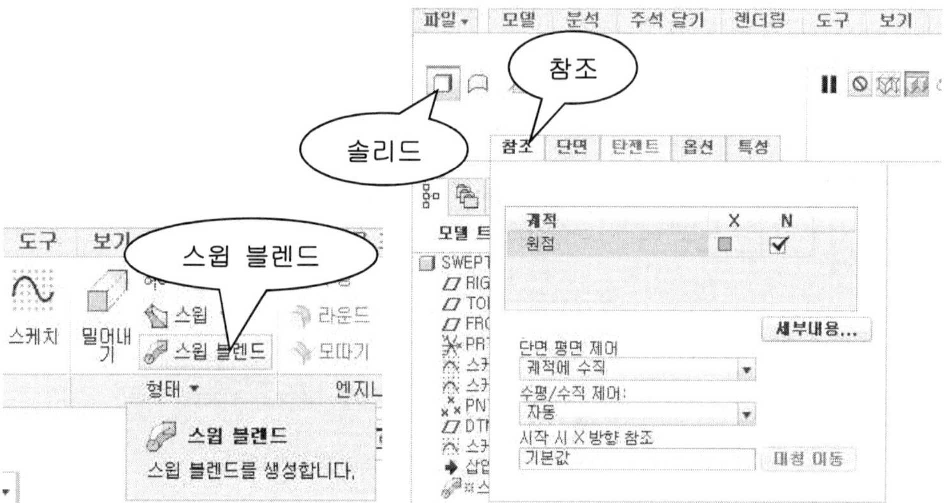

그림 6.63 스윕 블렌드 아이콘과 대시보드

- 대시보드에서 참조 아이콘을 선택한 후 스윕 궤적을 선택한다.

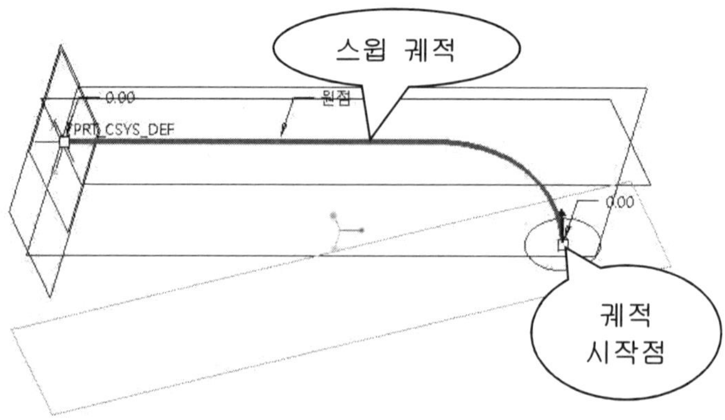

그림 6.64 스윕 궤적 설정

- 그림 6.65와 같이 "단면" 항목을 클릭하고 "선택된 단면"으로 설정한 후 궤적 시작점 부근에 있는 원형 단면을 선택한다.

그림 6.65 단면 설정 1

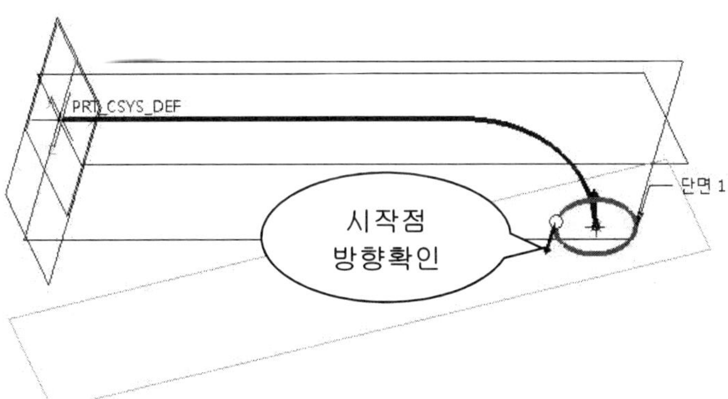

그림 6.66 스윕 블렌드 단면 1 선택

- 그림 6.67과 같이 "삽입" 버튼을 클릭하면 스윕 블렌드 단면 2를 선택할 수 있다. 그림 6.68과 같이 원점 부근의 사각형 단면을 선택한다(형상이 생성되는 것을 확인하여 시작점이 일치하는지 확인한다. 만약 일치하지 않는다면 시작점 조정점을 클릭하여 drag하여 원하는 점으로 이동시킨다).
- 작업완료 아이콘을 클릭하여 스윕 브렌드 작업을 완료한다.

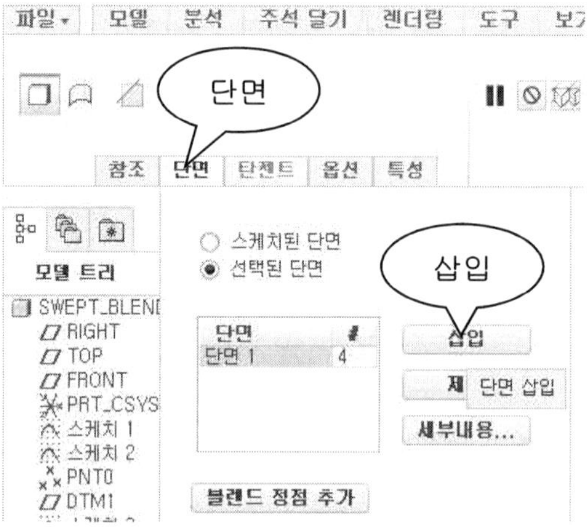

그림 6.67 단면 설정 2

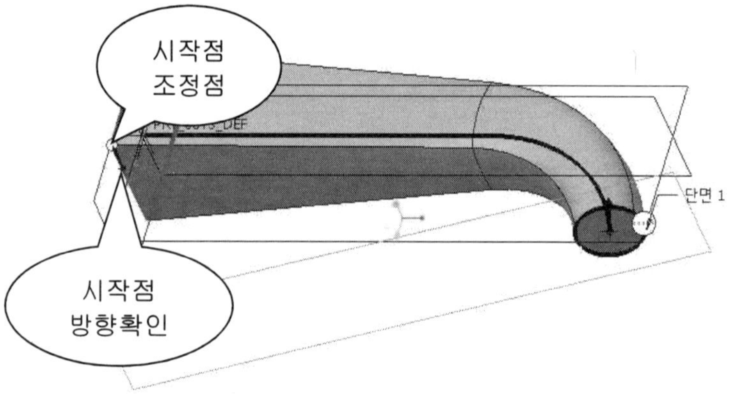

그림 6.68 스윕 블렌드 단면 2 선택 : feature 생성 확인

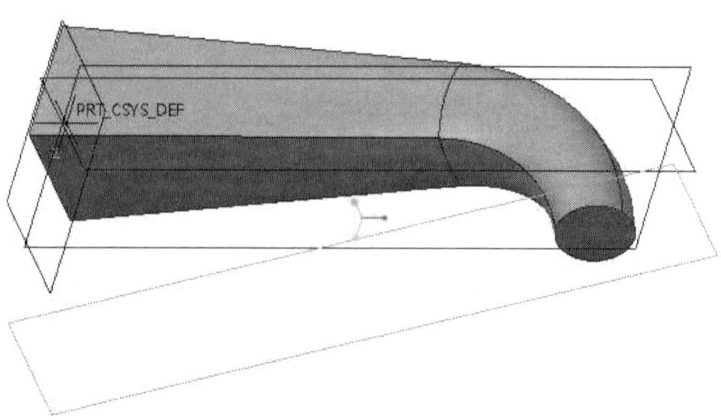

그림 6.69 스윕 블렌드 완료

- 횡단면 영역 제어 설정(이전 version : 블렌드 제어 선택사항)
  - 횡단면 영역 제어 설정을 위해서는 제어할 수 있는 기준점이 필요하다.
  - 기준점 생성시에 선택을 원활하게 하기 위하여 화면을 “와이어프레임” 보기와 “평면 디스플레이” 끄기로 설정한다.

그림 6.70 와이어프레임 / 평면 디스플레이 설정

  - “점” 아이콘을 클릭하여 **“스윕 궤적”** 중 원하는 지점에 그림 6.71과 같이 기준점을 생성한다.
    : 아크 부분의 중간(비율 0.50)에 점을 생성한다.
    : 직선 부분의 0.40, 0.80(비율) 부분에 점을 생성한다.

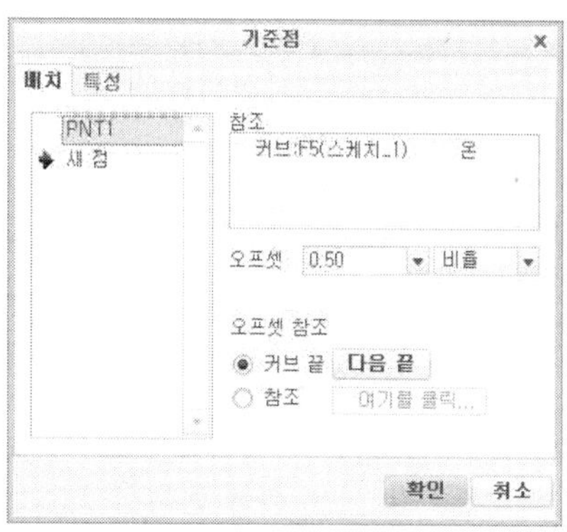

그림 6.71 횡단면 영역 제어 기준점 1 생성

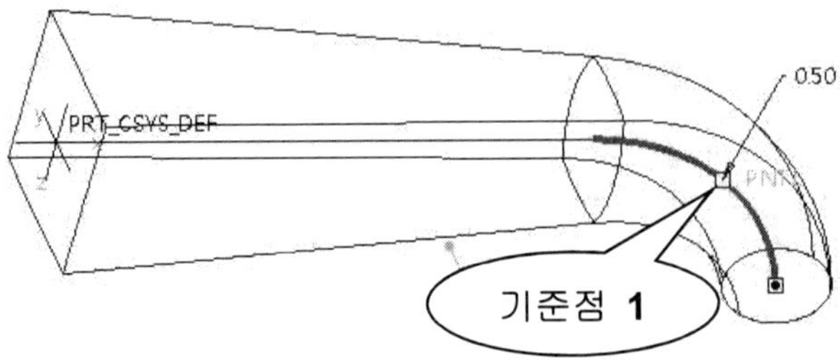

그림 6.72 횡단면 영역 제어 기준점 1 생성

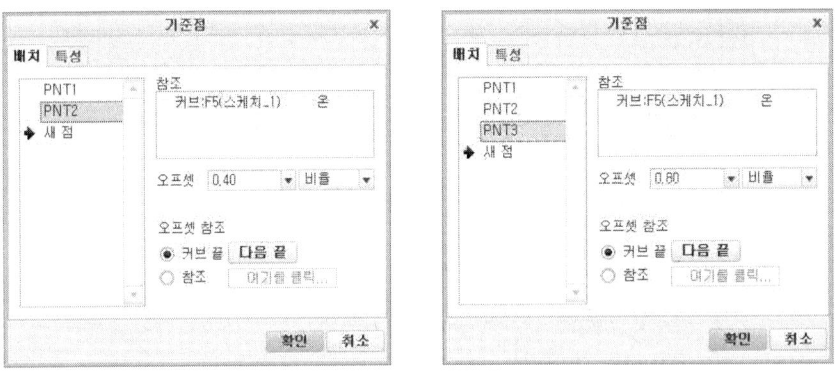

그림 6.73 횡단면 영역 제어 기준점 2, 3 생성

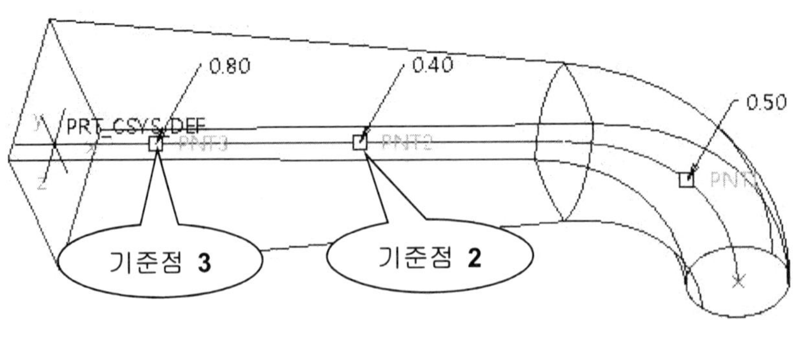

그림 6.74 횡단면 영역 제어 기준점 2, 3 생성

- 모델 트리에서 생성한 기준점을 선택한 후 drag하여 “스윕 블렌드” 앞으로 이동시킨다.

그림 6.75 기준점 순서 변경

- 그림 6.76과 같이 모델 트리에서 스윕 블렌드 fealure를 선택한 후 마우스 오른쪽 버튼을 클릭하면 나타나는 항목에서 “정의 편집”을 선택하여 스윕 블렌드 설정 대시보드를 활성화시킨다.

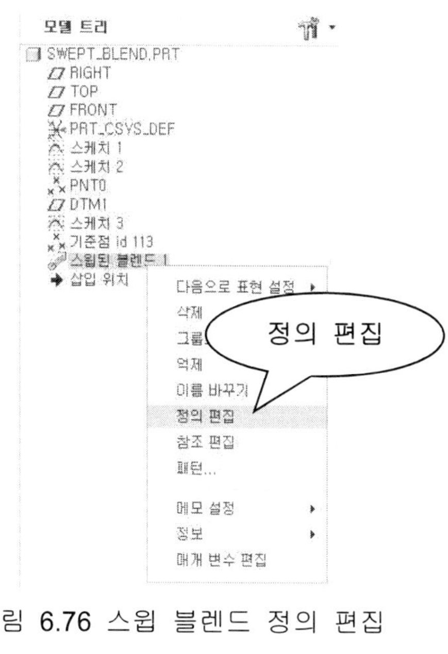

그림 6.76 스윕 블렌드 정의 편집

- 대시보드에서 “옵션” 항목을 선택한 후 “횡단면 영역 제어 설정”을 선택한다.
- 앞에서 생성한 기준점들을 Ctrl키를 누른 상태에서 차례로 클릭하여 영역을 제어한다. 영역 값을 임으로 바꾸어서 화면상의 변화를 확인한다.

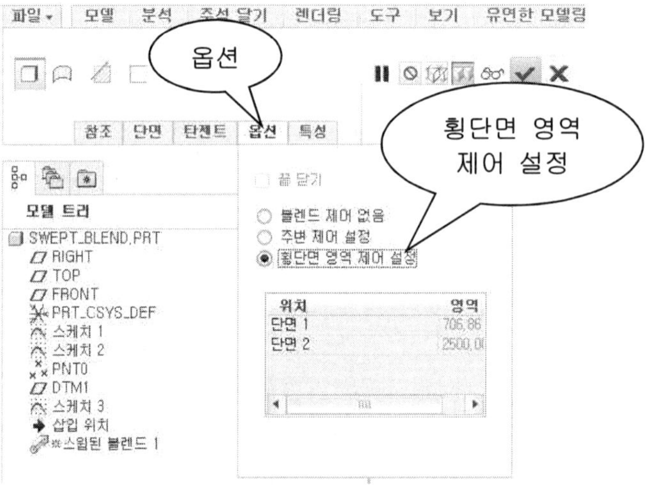

그림 6.77 횡단면 영역 제어 설정

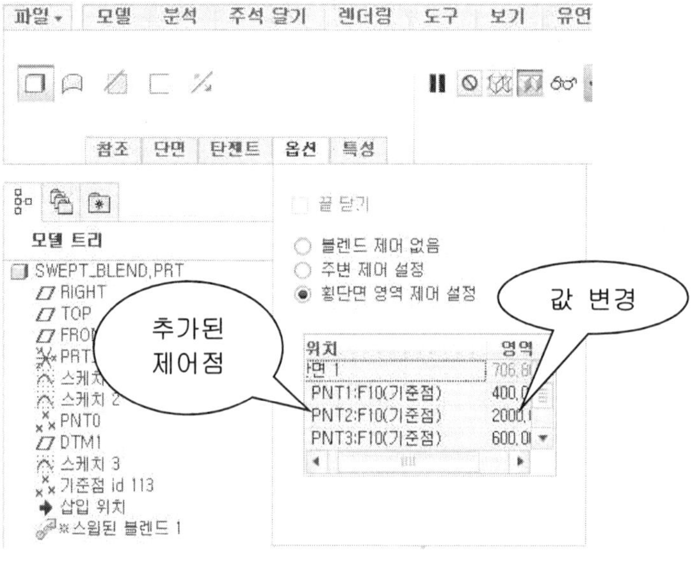

그림 6.78 횡단면 영역 제어 설정 : 제어점 추가 / 값 변경

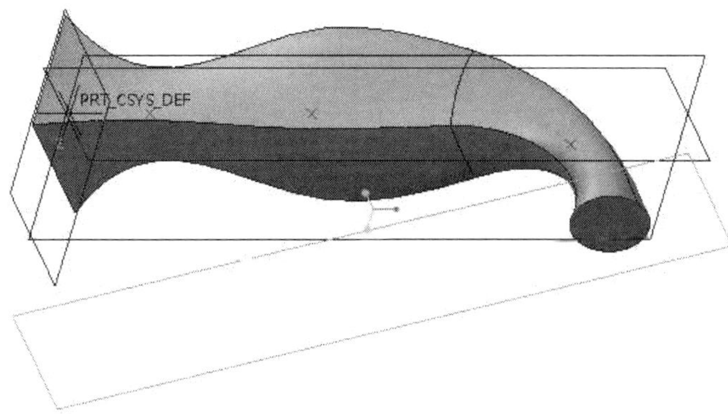

그림 6.79 횡단면 영역 제어 설정 완료

- 셸 작업 추가
  - "셸" 아이콘( )을 클릭하면 그림 6.80과 같이 셸 작업에 관하여 설정할 수 있는 대시보드가 나타난다.

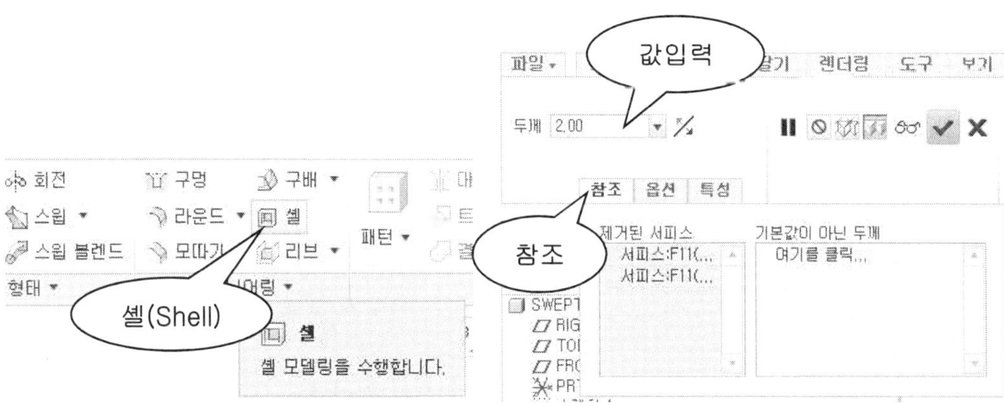

그림 6.80 셸 아이콘과 설정 대시보드

  - "참조" 버튼을 클릭하면 제거할 서피스를 정의하는 메뉴가 나타나는데 이 때 그래픽 영역에서 모델의 제거될 서피스로 양쪽 끝면을 선택한다.
  - 셸 두께값으로 "2"를 입력한다.
  - 미리보기 아이콘을 클릭하여 작업을 확인한 후 완료 아이콘( )을 클릭하면 작업이 완료된다.

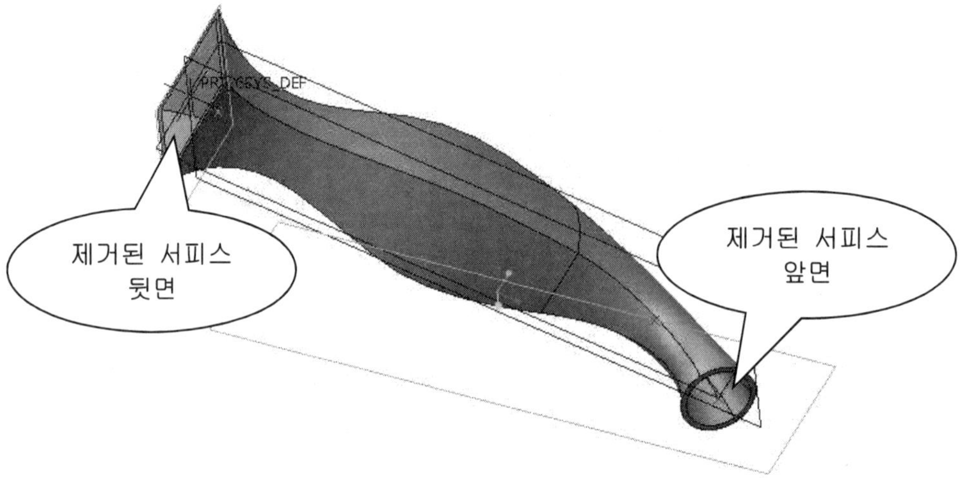

그림 6.81 셸 완료

6.6 헬리컬 스윕(Helical Sweep) 생성하기

헬리컬 스윕 **feature**는 단면 형상이 나선(**Helix**) 모양으로 어떤 간격(피치, **pitch**)으로 따라 올라가며 생성되는 **feature**이다. 나사를 만들거나 스프링 등을 만들 때 꼭 필요한 방법 중의 하나이다.

다음의 예제를 통하여 헬리컬 스윕 **feature**가 생성되는 과정을 이해해 보자.

[spring.prt 만들기]

한국 산업 규격㉿에서 정의하는 표준 스프링 요목표 **data**를 이용하여 헬리컬 스윕 기능으로 스프링을 만든다.

요목	PW3(Piano Wires 3종) [1.00mm~6.00mm)]
재료의 지름	4mm
코일의 평균 지름	26mm
코일 안지름	22±0.4mm
감긴방향	오른쪽
자유높이	80mm
유효감긴수(피치 : mm)	9.5(8mm)

- 새로 만들기로 **spring.prt** 이름으로 작업 시작
  - 현재 설정 단위계를 확인한다.
  - 현재 설정 단위계가 **Inch-lbm** 단위계이므로 표준 스프링을 표현하기 위해서는 단위계를 "**millimeter Kilogram Second(mmKs)**"로 변경한다.

  ⇨ "파일 ➔ 준비 ➔ 모델 특성"을 클릭하여 단위를 변경한다.

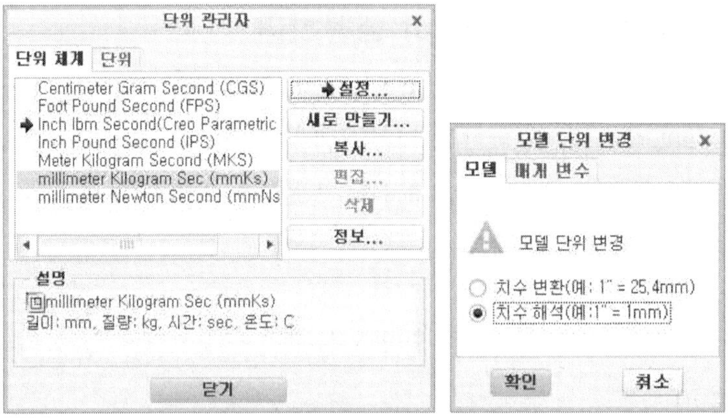

그림 6.82 단위 변경

● "헬리컬 스윕" 아이콘(⸙)을 클릭하여 헬리컵 스윕 feature 작업 수행

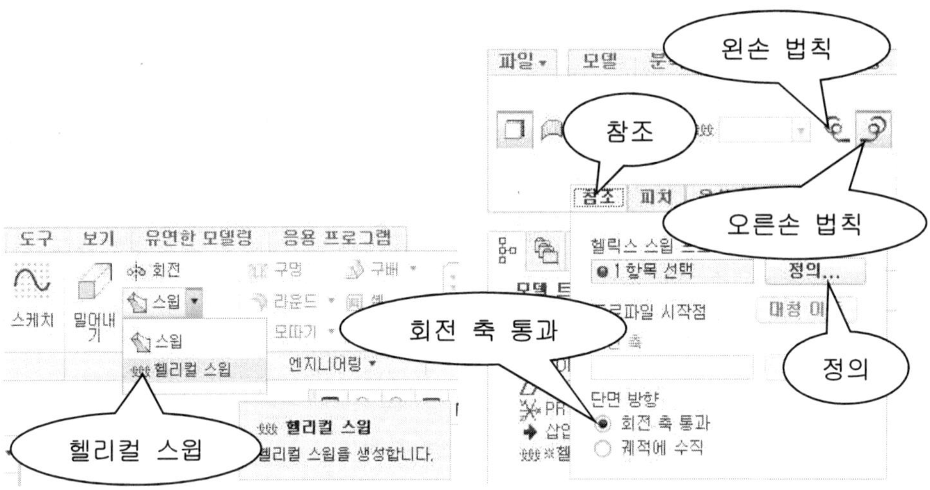

그림 6.83 헬리컬 스윕 아이콘과 대시보드

- 대시보드에서 "오른손 법칙, 회전 축 통과"를 선택한 후 참조, 정의 아이콘을 선택하여 내부에 스케치를 정의한다. FRONT 평면을 "스케치 평면"으로 설정하고, 참조 평면 방향으로 RIGHT 평면이 "오른쪽" 방향으로 향하게 설정한 후 스케치 버튼을 클릭한다.

- 그림 6.84와 같이 스케치 환경을 "평면 디스플레이" 끄기와 "스케치 보기"로 설정한다.

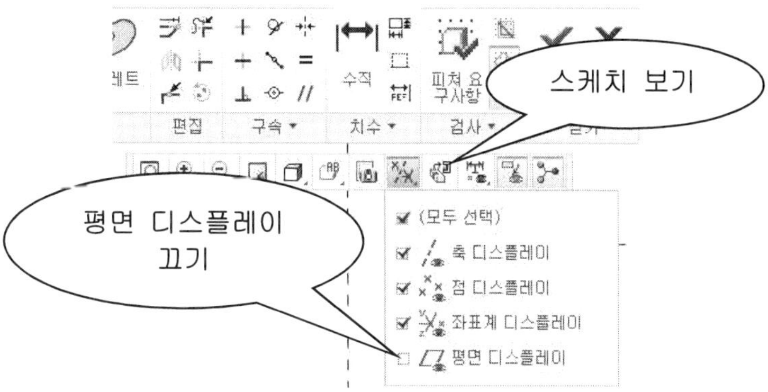

그림 6.84 스케치 환경 설정

- 스케치 상태에 들어가면 그림 6.85와 같이 먼저 회전 축으로 사용될 수직 형상중심선을 스케치한다(내부에 중심선이 없으면 외부에 회전 축이 될 수 있는 축이 있어야 한다).
- "선 체인" 아이콘을 이용하여 선 하나만 스케치한 후 치수를 설정한다(먼저 클릭하는 점이 헬리컬 스윕의 시작점으로 설정된다).

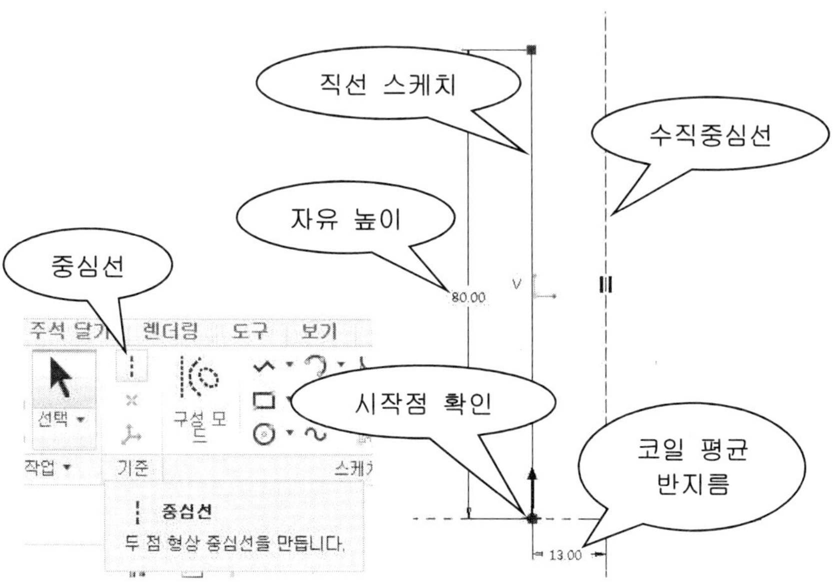

그림 6.85 회전 축과 헬리컬 스윕 궤적 스케치 : 수직 직선 1개 스케치

- 확인 아이콘을 클릭하면 대시보드에서 피치 설정값으로 "8"을 입력한 후 활성화된 스윕 단면 생성 아이콘을 클릭하여 스윕 단면을 스케치하는 상태로 넘어간다.

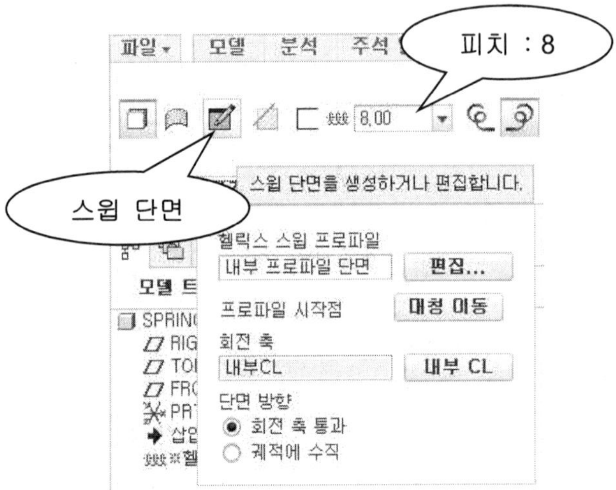

그림 6.86 피치 설정과 스윕 단면 생성

- 그림 6.87과 같이 "중심/점" 원 아이콘을 이용하여 지름 "4"인 원을 스케치한 후 확인 아이콘을 클릭하여 단면 작업을 마친다. 작업 완료 아이콘(✔)을 클릭하여 작업을 완료한 후 저장한다.

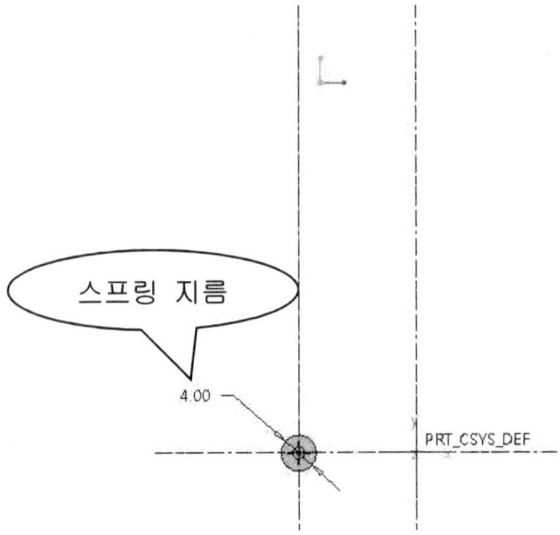

그림 6.87 헬리컬 스윕 : 단면 치수

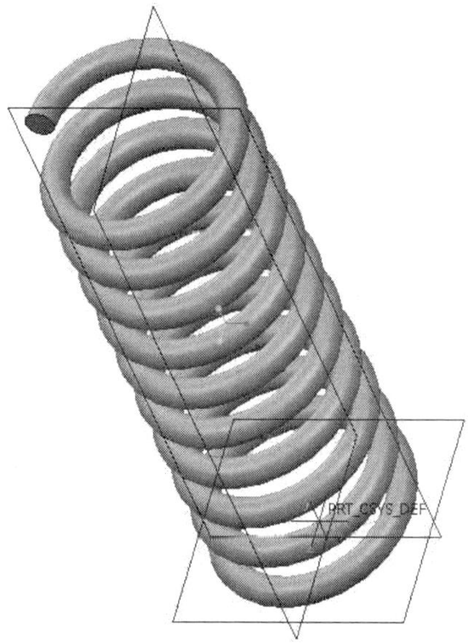

그림 6.88 헬리컬 스윕 완료 : 스프링

[참고예제 6.1]

[hex_bolt.prt 만들기 2 – 6각 볼트 만들기(M20)]

- 참고예제 5.4 에서 생성한 hex_bolt.prt를 불러와서 작업을 수행.
- “회전” 아이콘( )을 클릭하여 회전 feature 작업 수행

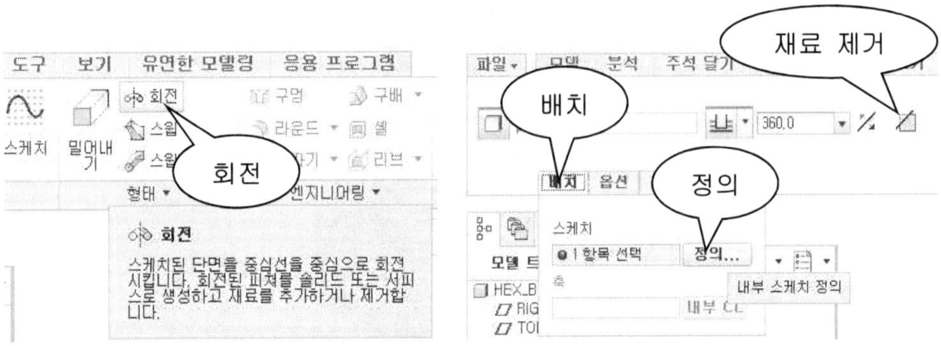

그림 6.89 회전 아이콘과 대시보드

- 대시보드에서 배치, 정의 아이콘을 선택하여 내부에 스케치를 정의한다. TOP 평면을 “스케치 평면”으로 설정하고, 참조 평면 방향으로 RIGHT 평면이 “오른쪽” 방향으로 향하게 설정한 후 스케치 버튼을 클릭한다.
- 그림 6.90과 같이 스케치 환경을 “은선 제거”, “평면 디스플레이” 끄기와 “스케치 보기”로 설정한다.

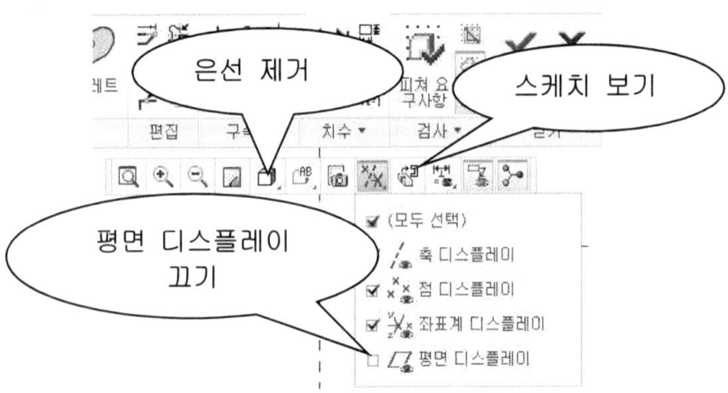

그림 6.90 스케치 환경 설정

- 스케치 상태에 들어가면 그림 6.91과 같이 먼저 회전중심선으로 사용될 수직 형상중심선을 스케치한다(내부에 중심선이 없으면 외부에 회전 중심축이 될 수 있는 축이 있어야 한다).

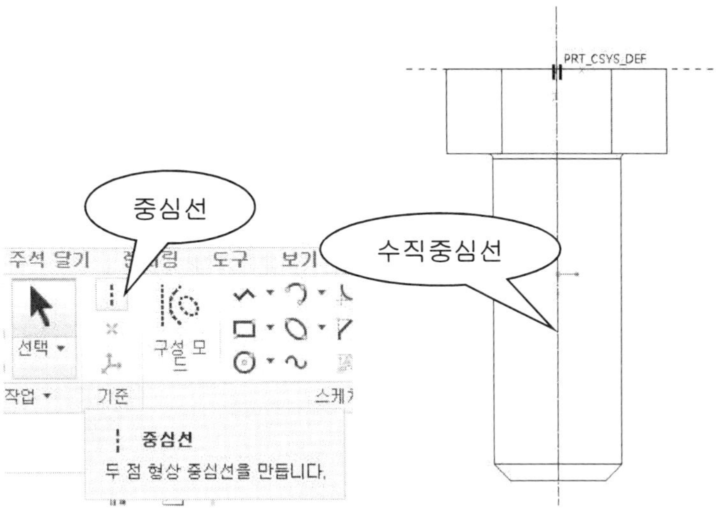

그림 6.91 회전중심선과 직선 스케치

- "선 체인" 아이콘을 이용하여 그림 6.92와 같이 직각삼각형을 스케치한다.

  ⇨ 6각 볼트의 머리부분 지름이 약 29(반지름 14.5)이고, 모따기가 30° 이다.

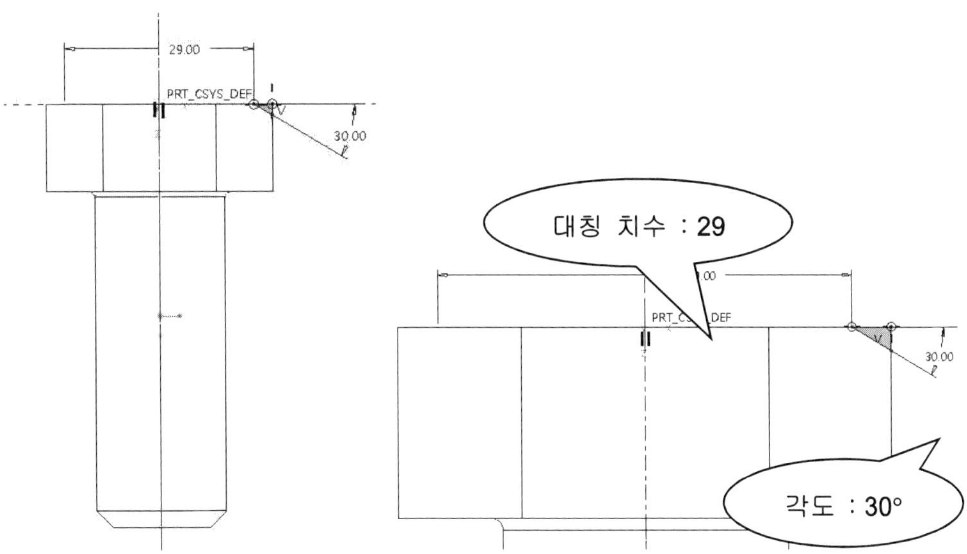

그림 6.92 스케치 단면 : 직각삼각형

- 360° 회전시키고 "재료 제거"를 선택하여 회전 cut을 생성한다.
- 작업 완료 아이콘을 클릭하여 작업을 완료한다.

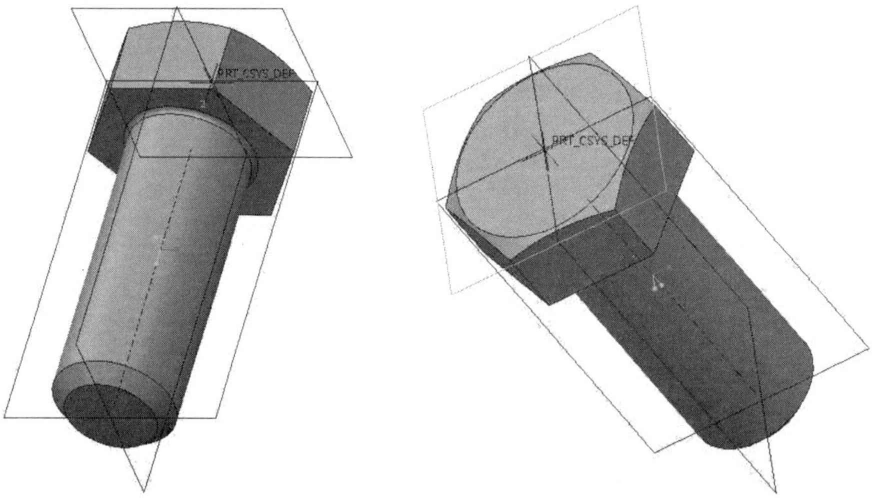

그림 6.93 볼트 머리부분 회전 cut 완료

- "헬리컬 스윕" 아이콘(ꔷ)을 이용하여 나사산 추가

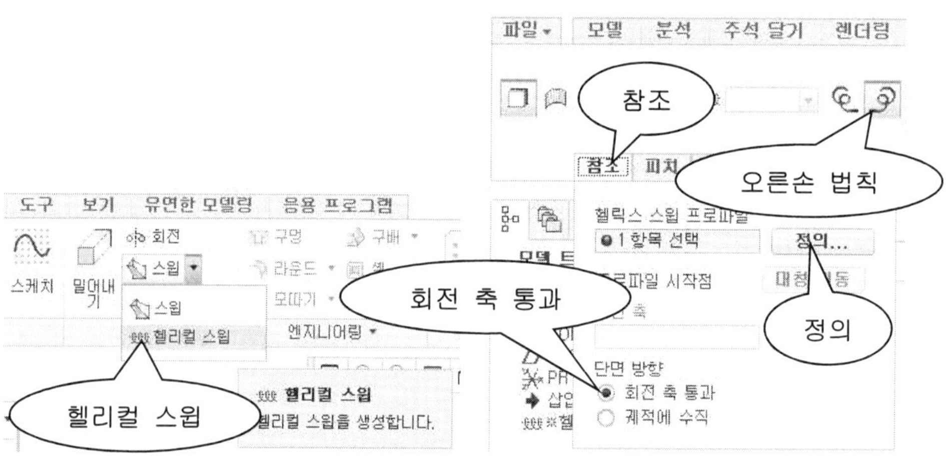

그림 6.94 헬리컬 스윕 아이콘과 대시보드

- 대시보드에서 "오른손 법칙, 회전 축 통과"를 선택한 후 [참조], [정의] 아이콘을

선택하여 내부에 스케치를 정의한다. TOP 평면을 "스케치 평면"으로 설정하고, 참조 평면 방향으로 RIGHT 평면이 "오른쪽" 방향으로 향하게 설정한 후 스케치 버튼을 클릭한다.

- 그림 6.95와 같이 스케치 환경을 "평면 디스플레이" 끄기와 "스케치 보기"로 설정한다.

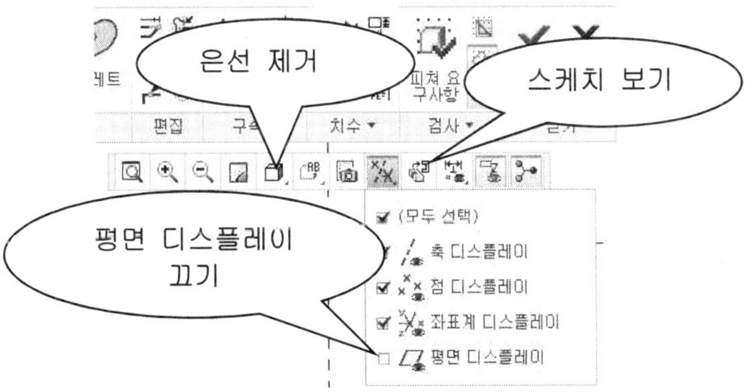

그림 6.95 스케치 환경 설정

- 스케치 상태에 들어가면 그림 6.96과 같이 먼저 회전 축으로 사용될 수직 형상중심선을 스케치한다(내부에 중심선이 없으면 외부에 회전 축이 될 수 있는 축이 있어야 한다).

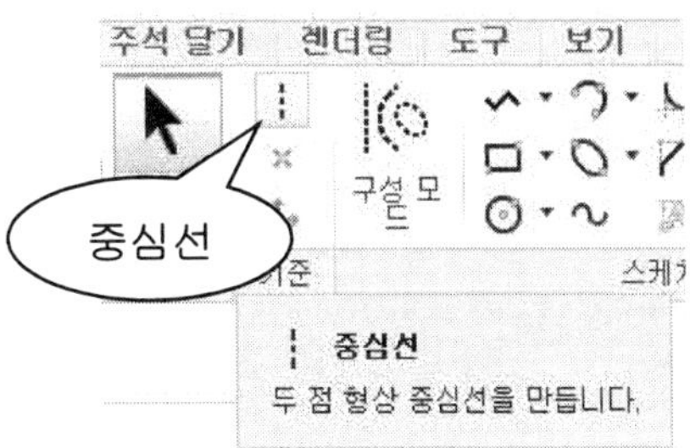

그림 6.96 회전 축과

- 그림 6.97과 같이 "선 체인" 아이콘을 이용하여 선 하나만 스케치한 그림 6.98과 같이 "일치" 구속 조건을 이용하여 볼트 몸통 부분에 일치시킨다(먼저 클릭하는

점이 헬리컬 스윕의 시작점으로 설정된다).

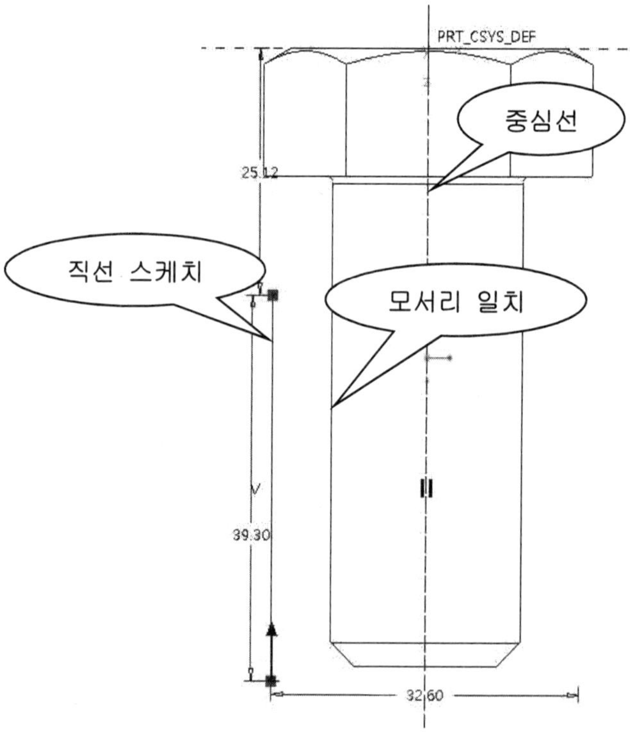

그림 6.97 헬리컬 스윕 궤적 스케치 : 수직 직선 1개 스케치

그림 6.98 일치 구속 조건 추가

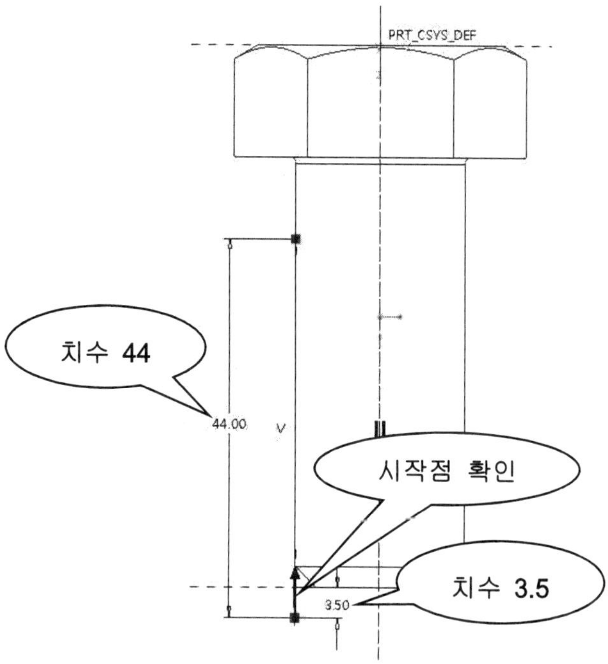

그림 6.99 헬리컬 스윕 궤적 스케치 : 치수 설정

- 확인 이이콘을 클릭하면 대시보드에서 피치 설정값으로 "2.5"를 입력한 후 활성화된 "재료 제거"를 선택하여 cut 작업으로 설정한다.
- 스윕 단면 생성 아이콘을 클릭하여 스윕 단면을 스케치하는 상태로 넘어간다.

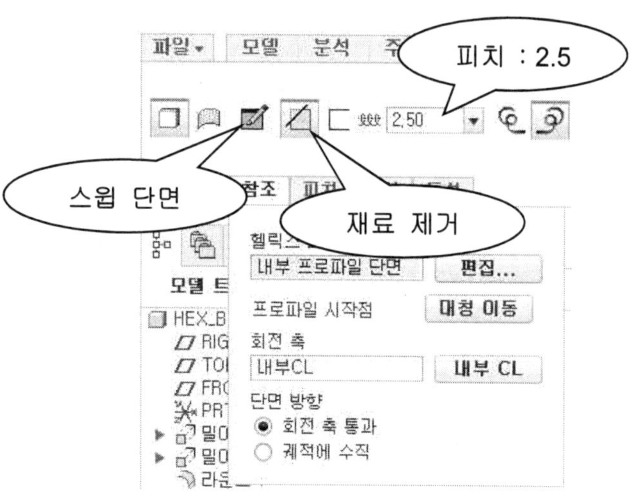

그림 6.100 피치 설정과 스윕 단면 생성

- 그림 6.101과 같이 사다리꼴 모양의 단면을 스케치한다.
  - ➔ 접촉높이 1.353
  - ➔ 기초삼각형 한 변 : 피치(2.5)
  - ➔ 삼각나사 60°
  - ➔ 2.5/8=0.3125

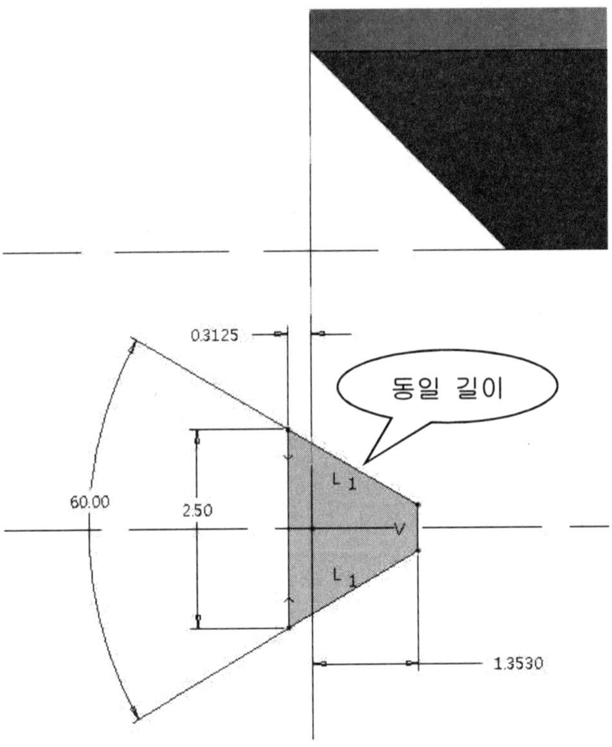

그림 6.101 헬리컬 스윕 : 단면 치수

- 스케치 작업이 끝나면 확인 아이콘을 클릭하여 단면 작업을 마친다. 작업 완료 아이콘(✔)을 클릭하여 작업을 완료한다.
- 표준 볼트 작업이므로 저장하여 볼트 설계 시 활용한다.

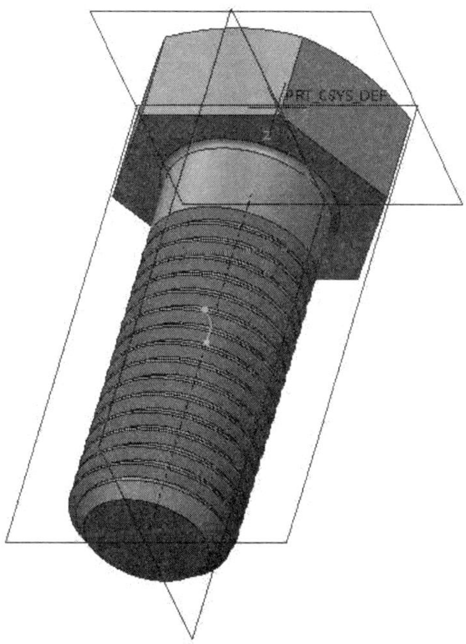

그림 6.102 헬리컬 스윕 완료 : 볼트 최종 완료

[참고예제 6.2]

[guide.prt 만들기 - 회전 feature 만들기]

- 새로 만들기로 guide.prt 이름으로 작업 시작
- "회전" 아이콘( )을 클릭하여 회전 feature 작업 수행

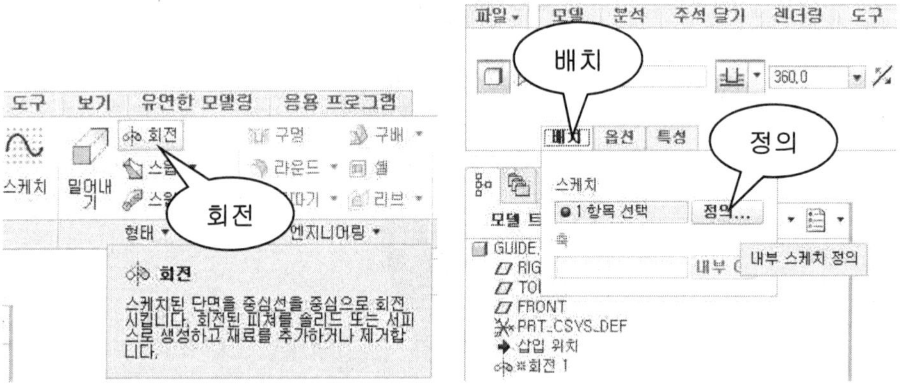

그림 6.103 회전 아이콘과 대시보드

- 대시보드에서 배치, 정의 아이콘을 선택하여 FRONT 평면을 "스케치 평면"으로 설정하고, 참조 평면 방향으로 RIGHT 평면이 "오른쪽" 방향으로 향하게 설정한 후 스케치 버튼을 클릭한다.
- 스케치 상태에 들어가면 그림 6.104와 같이 먼저 회전중심선으로 사용될 수평 형상중심선을 스케치한 후 "선 체인" 아이콘을 이용하여 직선 하나만 먼저 스케치한 후 치수를 설정한다.

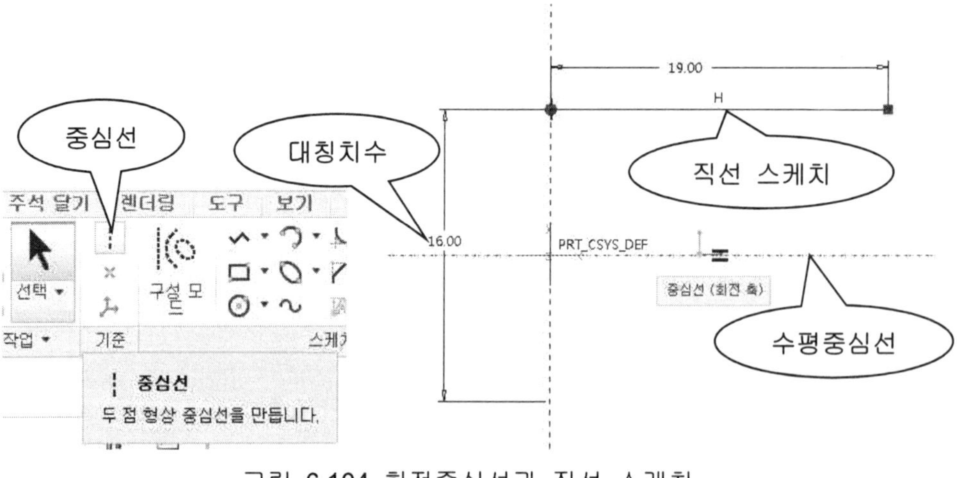

그림 6.104 회전중심선과 직선 스케치

- 그림 6.105와 같이 나머지 단면을 스케치한다.

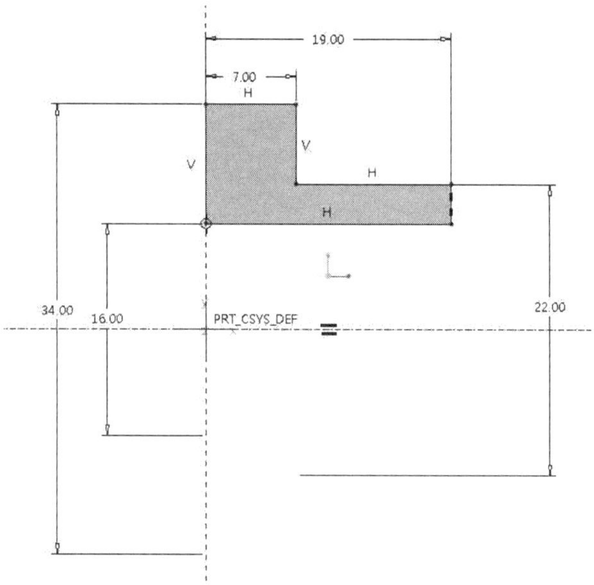

그림 6.105 스케치 단면

- 스케치 작업이 끝나면 확인 아이콘(✔)을 클릭하여 단면 작업을 마친다.
- 대시보드에서 회전 각도로 360°를 입력한 후 작업 완료 아이콘(✔)을 클릭하여 작업을 완료한다. 어셈블리 작업에서 사용될 부품이므로 파일을 저장한다.

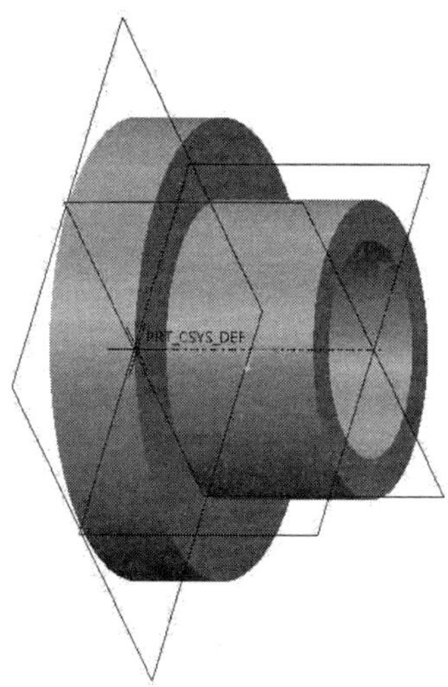

그림 6.106 회전 feature 완료

[참고예제 6.3]

[shaft.prt 만들기 - 회전 feature 만들기]

- 새로 만들기로 shaft.prt 이름으로 작업 시작
- "회전" 아이콘( )을 클릭하여 회전 feature 작업 수행
  - 대시보드에서 배치, 정의 아이콘을 선택하여 FRONT 평면을 "스케치 평면"으로 설정하고, 참조 평면 방향으로 RIGHT 평면이 "오른쪽" 방향으로 향하게 설정한 후 스케치 버튼을 클릭한다.
  - 스케치 상태에 들어가면 먼저 회전중심선으로 사용될 수평 형상중심선을 스케치한 후 "선 체인" 아이콘을 이용하여 직선 하나만 먼저 스케치한 후 치수를 설정한다. 그림 6.107과 같이 단면을 스케치한다.

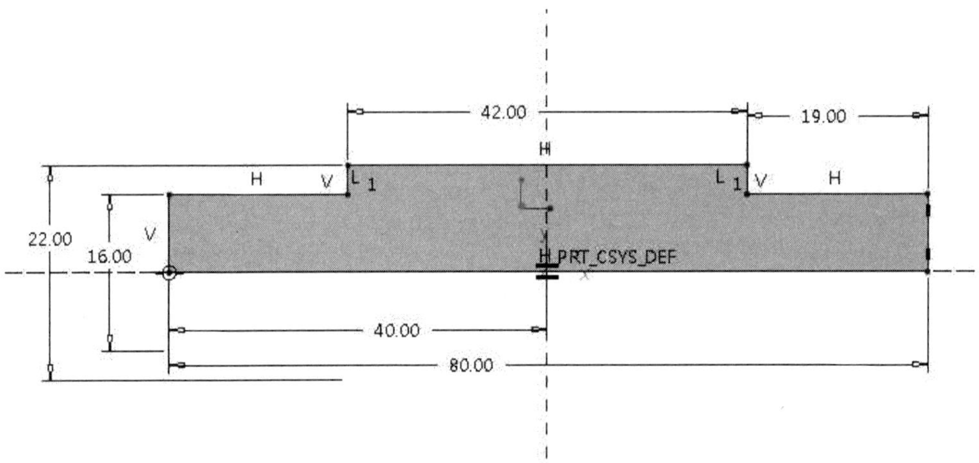

그림 6.107 스케치 단면

  - 스케치 작업이 끝나면 확인 아이콘(✔)을 클릭하여 단면 작업을 마친다.
  - 대시보드에서 회전 각도로 360°를 입력한 후 작업 완료 아이콘(✔)을 클릭하여 작업을 완료한다.

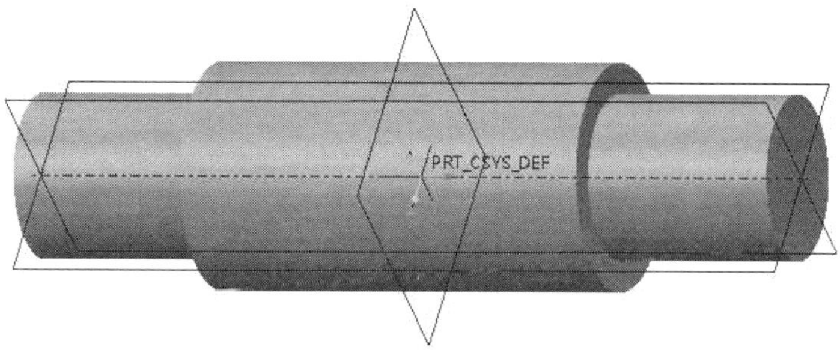

그림 6.108 회전 feature 완료

- 모서리 모따기(Chamfer) 작업
  - "모서리 모따기" 아이콘( )을 클릭하면 그림 6.109와 같이 모따기 작업에 관하여 설정할 수 있는 내용이 나타난다.

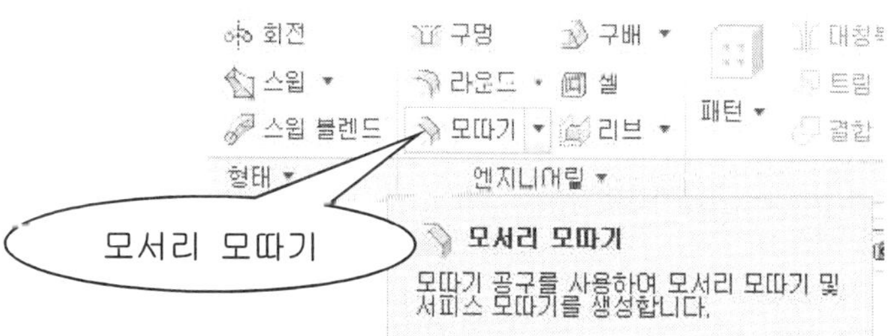

그림 5.109 모서리 모따기 아이콘

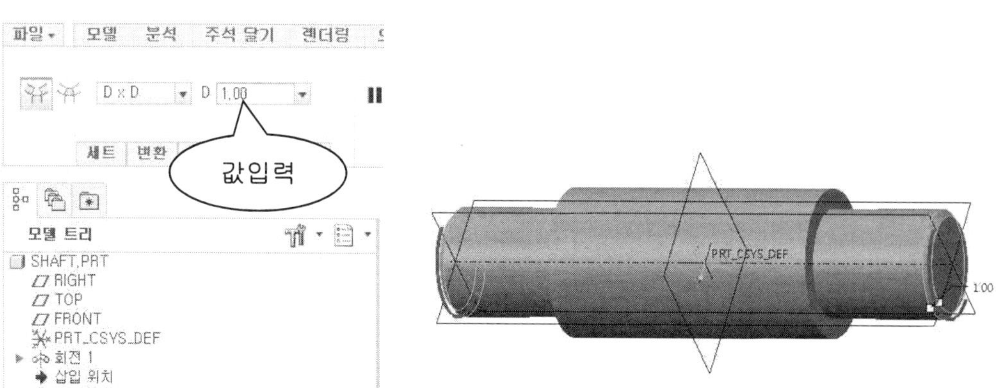

그림 6.110 모서리 모따기 설정

- 모따기 설정이 끝나면 작업 완료 아이콘(✔)을 클릭하여 작업을 완료한다.
- 어셈블리 작업에서 사용될 부품이므로 파일을 저장한다.

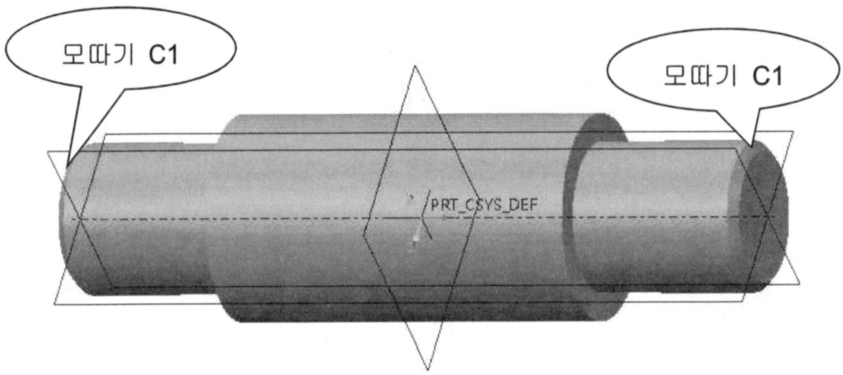

그림 6.111 모서리 모따기 완료

[참고예제 6.4]

[variable_cut.prt 만들기] - Graph feature를 사용하여 cut 높이를 조정한다.

- 새로 만들기로 variable_cut.prt 이름으로 작업 시작
- "회전" 아이콘( )을 클릭하여 회전 feature 작업 수행
  - 대시보드에서 배치, 정의 아이콘을 선택하여 FRONT 평면을 "스케치 평면"으로 설정하고, 참조 평면 방향으로 RIGHT 평면이 "오른쪽" 방향으로 향하게 설정한 후 스케치 버튼을 클릭한다.
  - 스케치 상태에 들어가면 먼저 회전중심선으로 사용될 수평 형상중심선을 스케치한 후 "선 체인" 아이콘을 이용하여 직선 하나만 먼저 스케치한 후 치수를 설정한다. 그림 6.112와 같이 단면을 스케치한다.

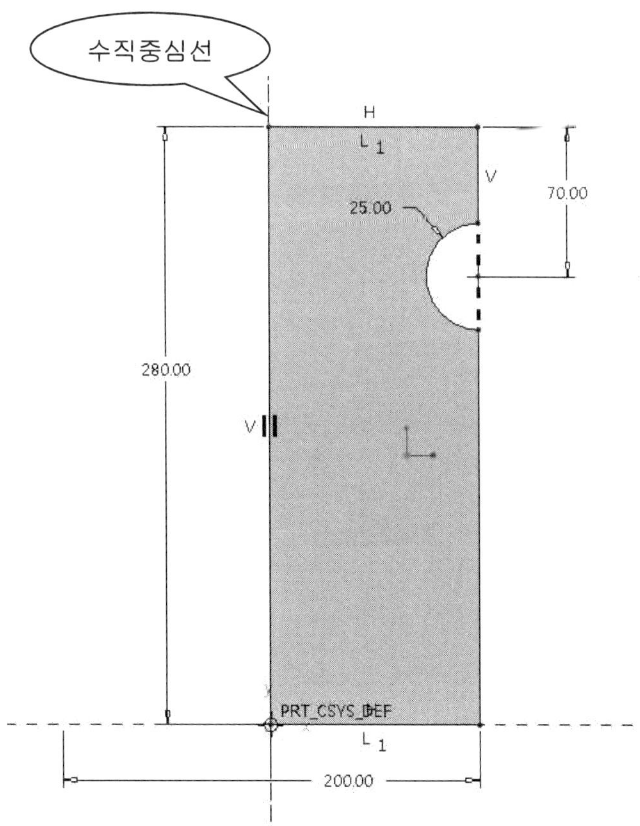

그림 6.112 스케치 단면

- 스케치 작업이 끝나면 확인 아이콘(✔)을 클릭하여 단면 작업을 마친다.
- 대시보드에서 회전 각도로 360°를 입력한 후 작업 완료 아이콘(✔)을 클릭하여 작업을 완료한다.

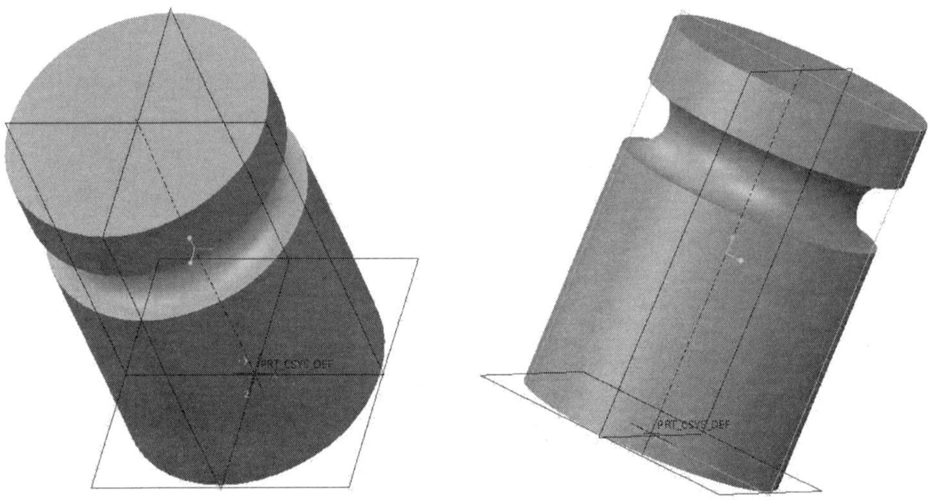

그림 6.113 회전 feature 완료

- Graph feature를 생성하여 다음 단계에 생성할 cut의 높이를 조정
  - 그림 6.114와 같이 그래프 아이콘(⩗)을 클릭하여 그래프 feature를 생성한다.

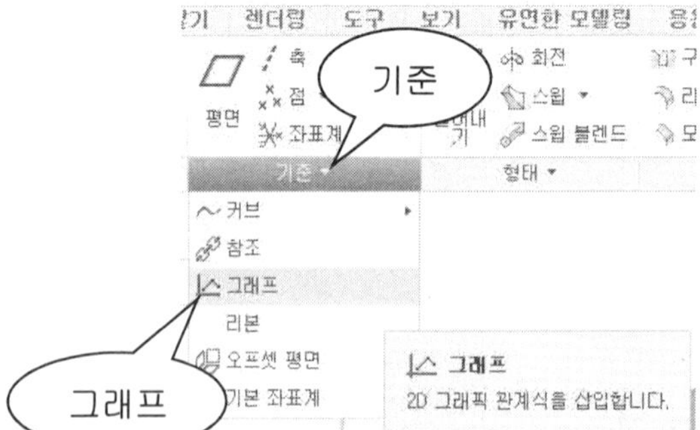

그림 6.114 그래프 아이콘

- 그림 6.115와 같이 그래프 이름을 입력하는 창에 "cut"이라고 입력한다.

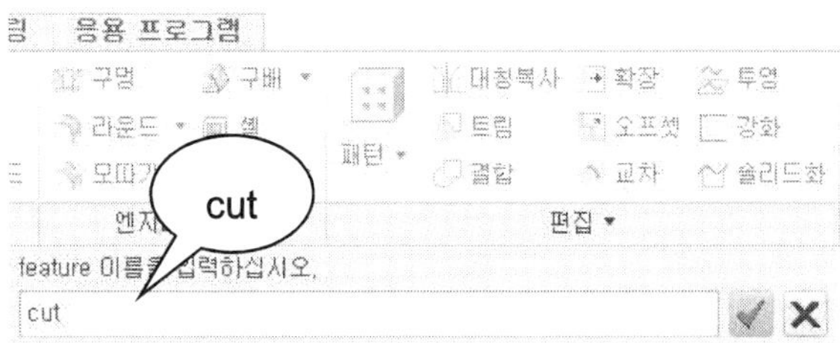

그림 6.115 그래프 feature 이름 입력 : cut

- 그래프를 스케치하는 상태로 넘어가면 우선적으로 수직, 수평 중심선을 스케치한다. 그림 6.117과 같이 수직, 수평중심선이 만나는 중앙에 **"좌표계"**를 위치시킨다.
  - ⇨ 그래프 스케치는 2D 상태이므로 수직, 수평 중심선과 좌표계를 먼저 스케치 하여 공간상의 위치를 알 수 있게 해주어야만 한다.

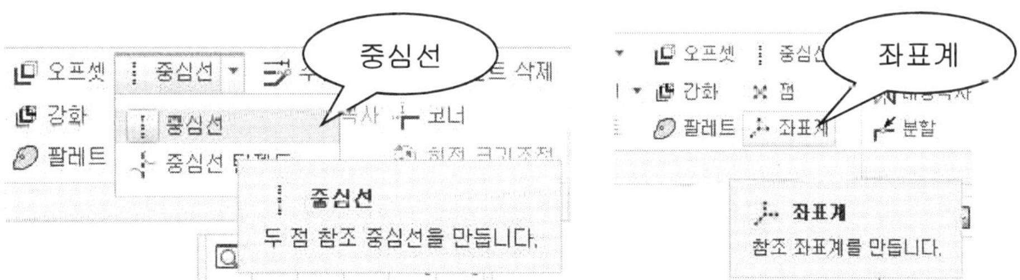

그림 6.116 중심선과 좌표계 아이콘

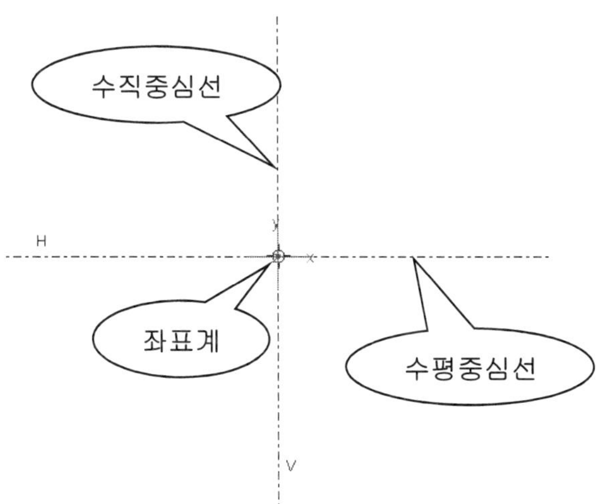

그림 6.117 그래프 스케치 준비 : 수직, 수평 중심선, 좌표계

- 그림 6.118과 같이 “선 체인” 아이콘을 이용하여 먼저 수평 직선 하나만 스케치한 후 치수를 수정한다(스케치 작업을 조금 더 수월하게 해준다).

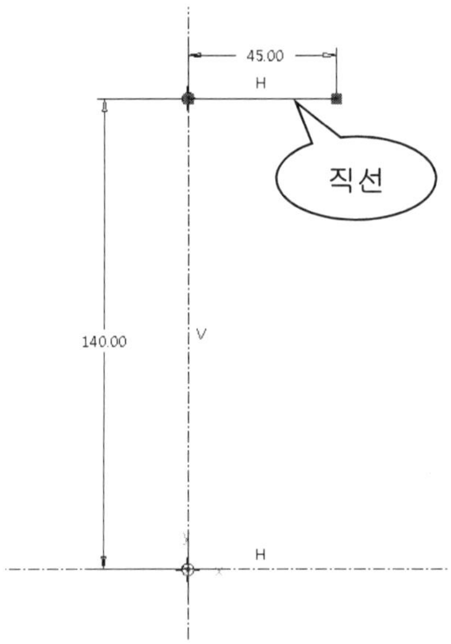

그림 6.118 그래프 스케치 작업

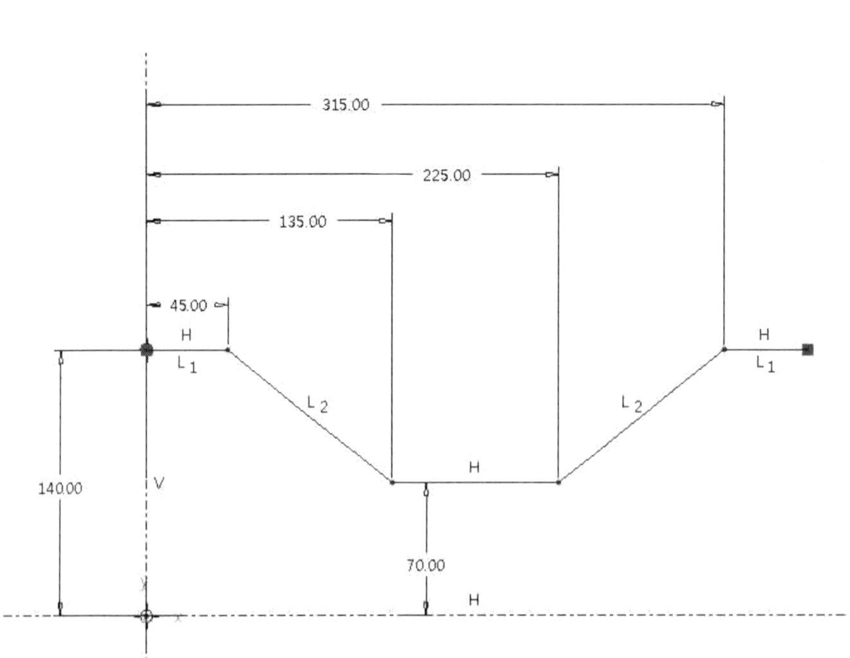

그림 6.119 그래프 치수

- 스케치 작업이 끝나면 확인 아이콘(✓)을 클릭하여 그래프 생성 작업을 마친다.

그림 6.120 그래프 feature 생성 완료

- 가변 단면 스윕(Variable Section Sweep) 잘라내기
  - 가변 단면 스윕 기능을 이용하여 feature를 생성한다. Wildfire 버전에서는 가변 단면 스윕 아이콘이 따로 있었는데 Creo Parametric 2.0 버전에서는 스윕 아이콘에 기능이 합쳐져서 스윕 fcature 설정 대시보드에서 설정해준다.

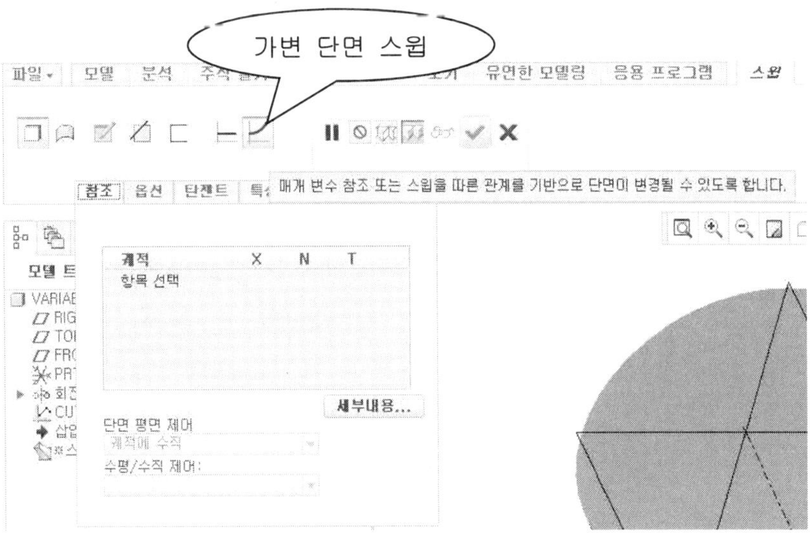

그림 6.121 가변 단면 스윕 설정

- 가변 단면 스윕도 스윕 기능의 하나이므로 궤적이 필요하다. 사용될 궤적으로

그림 6.122와 같이 원통 형상의 아랫부분을 선택하면 원의 반만 선택된다.

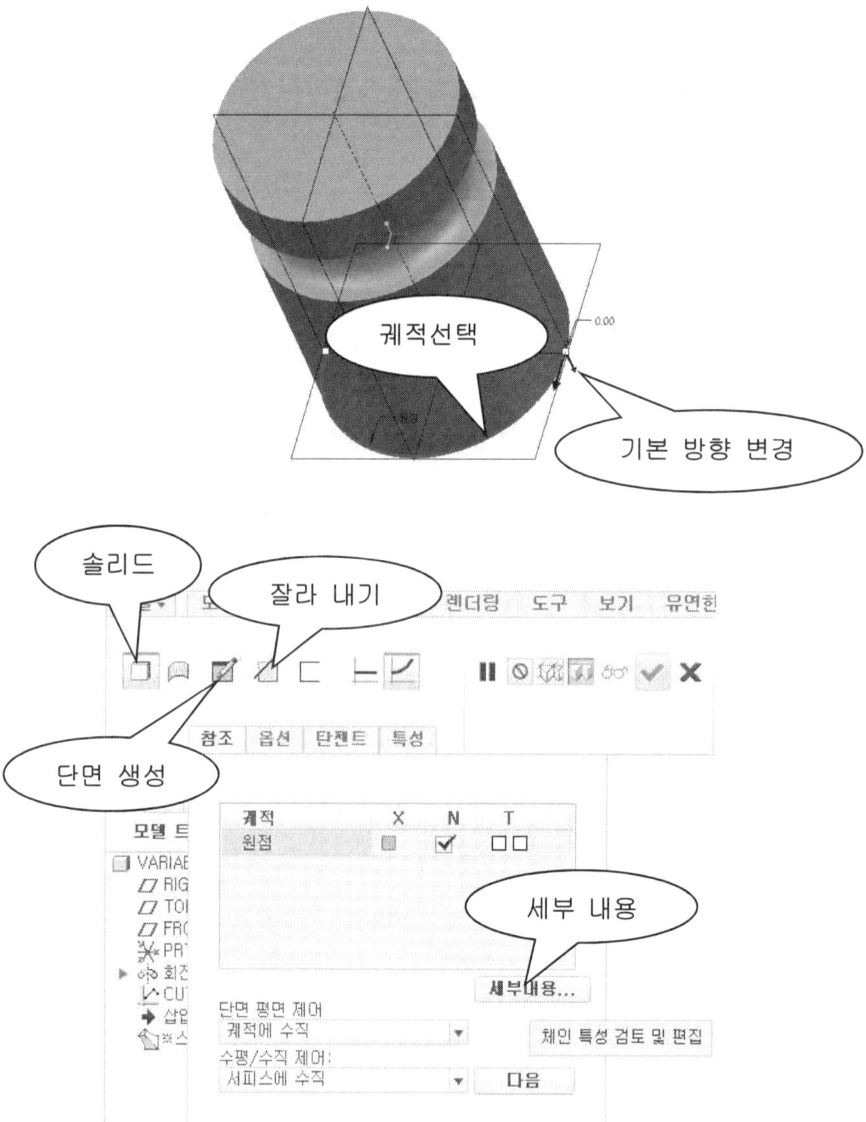

그림 6.122 가변 단면 스윕 설정

- 전체 원을 따라가는 궤적이 필요하므로 “세부 내용”을 클릭하여 그림 6.123과 같이 “규칙 기반”, “탄젠트”를 선택하면 전체 원통 주변이 궤적으로 선택된다. 기준이 되는 기본 방향 화살표가 아래로 향하고 있는데 화살표를 클릭하여

윗쪽을 향하게 설정한다.

⇨ 방향의 의미는 Pivot direction 개념으로 원통 궤적의 한 가운데 축이 화살표 방향을 + 향으로 설정한다는 개념이다.

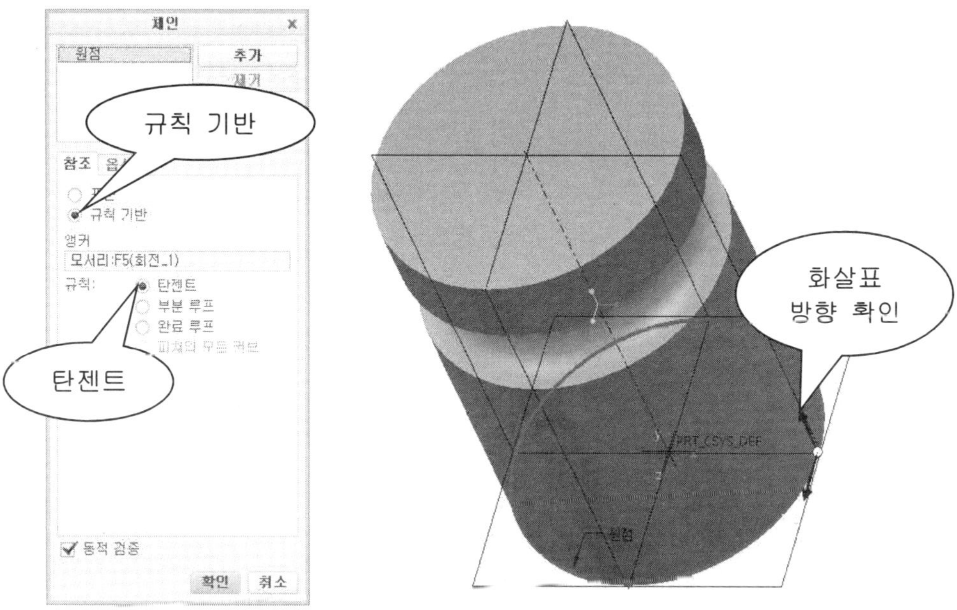

그림 6.123 가변 단면 스윕 설정

- 단면을 생성해주는 아이콘을 클릭하여 스케치 작업으로 들어간다.
- 그림 6.124와 같이 스케치 환경을 “은선 제거”, “평면 디스플레이” 끄기와 “스케치 보기”로 설정한다.

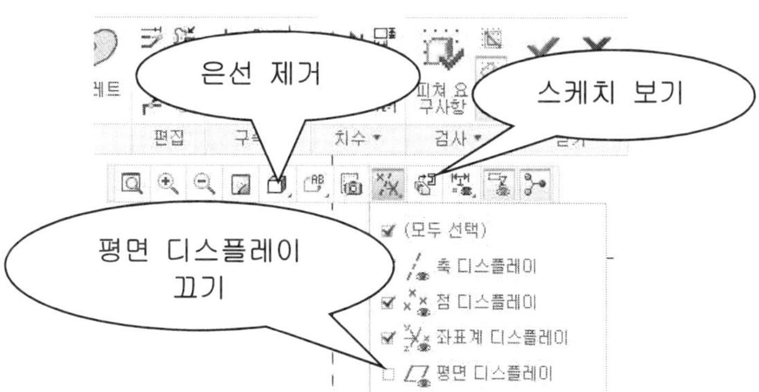

그림 6.124 스케치 환경 설정

- 그림 6.125와 같이 단면을 스케치한다.
  : Cut 높이를 제어하기 위해서 단면 스케치 시에 "**수평중심선**"을 먼저 그린 후 바닥면으로부터 중심선까지의 치수를 설정한다.

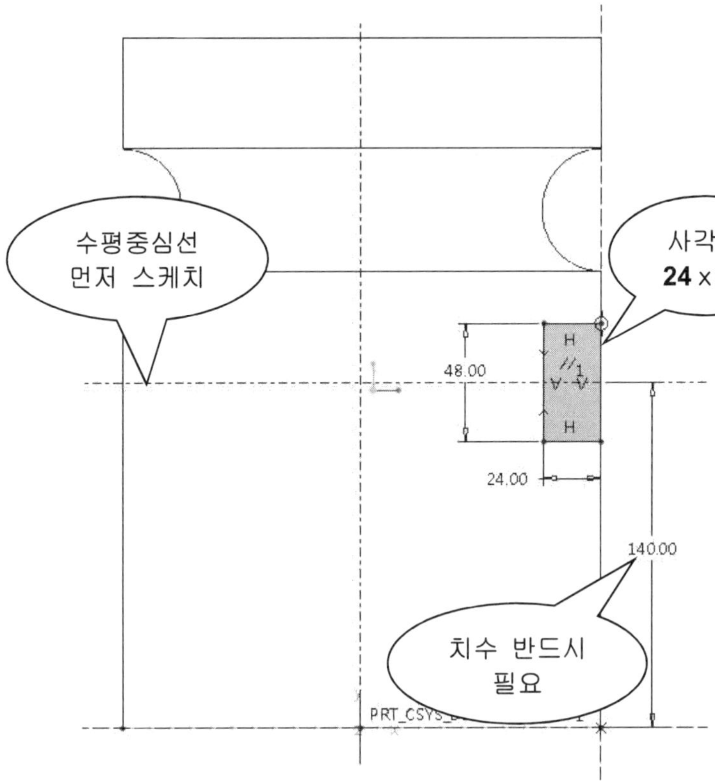

그림 6.125 가변 단면 스윕 : 단면 스케치(사각형 **24 x 48)**

- Cut이 그래프 feature의 profile을 따라가도록 "관계식(relation)"을 추가한다. 스케치 상태에서 그림 6.126과 같이 "도구" 항목을 클릭한 후 "관계식" 아이콘을 클릭한다.
- 관계식 창이 활성화되면 치수들이 자동으로 "변수"로 변경된다.
- 다음과 같이 관계식을 입력한 후 "확인" 버튼을 클릭한다.
  ⇨ 첫 줄은 일반식으로 참고하고 # 대신에 각자의 숫자(여기서는 "3")를 입력한다.

sd#=evalgraph("CUT", trajpar*360)

sd3=evalgraph("CUT", trajpar*360)

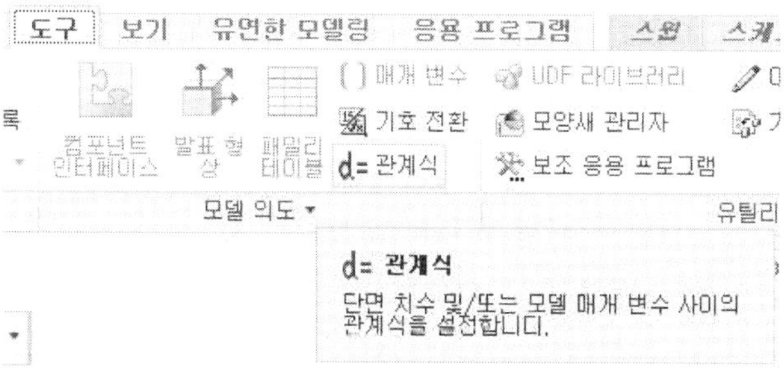

그림 6.126 관계식 추가 아이콘

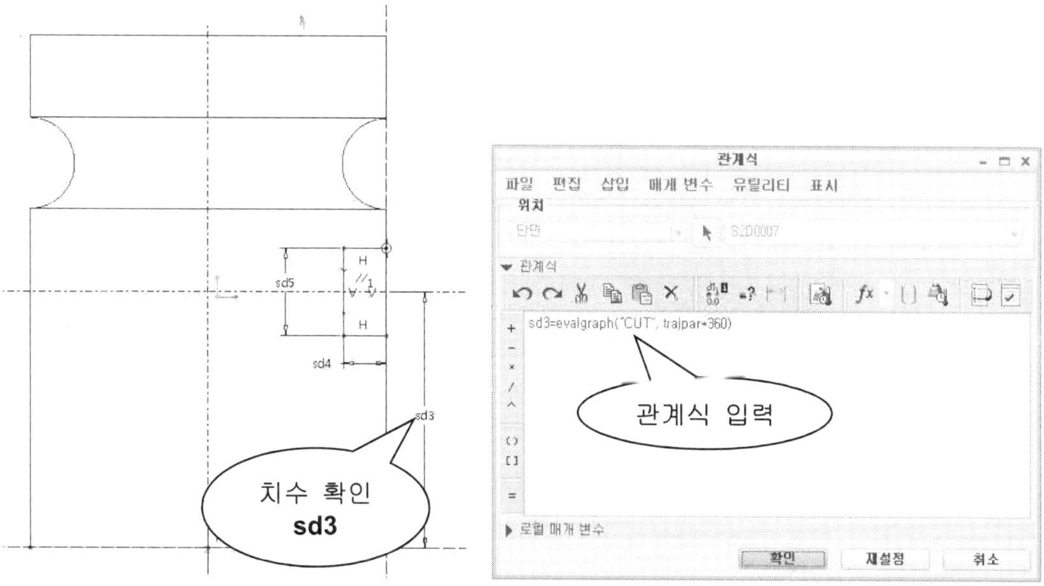

그림 6.127 관계식 입력

- 관계식 입력을 마친 후 확인 버튼을 클릭한 후 대시보드에서 작업 완료 아이콘(✔)을 클릭하여 작업을 완료한다.

  ⇨ 관계식에 오류가 있을 때에는 그림 6.128과 같은 관계식 검증 창이 뜨는데 확인 버튼을 클릭한 후 관계식 입력 상태로 돌아가서 관계식의 오류(오타)를 수정하면 된다.

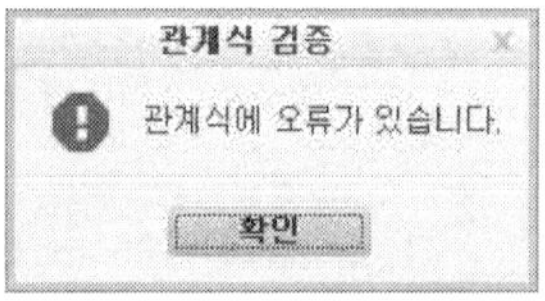

그림 6.128 관계식 오류

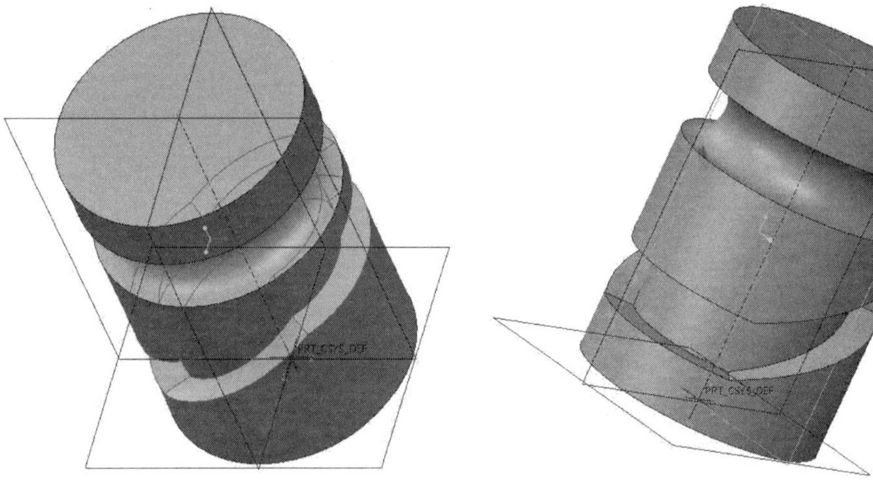

그림 6.129 가변 단면 스윕 잘라내기 완료

제7장 응용 Feature의 생성

Sketched feature를 이용하여 형상을 만들거나 Pick and place feature를 이용하여 형상을 만들게 되는데, 이 방법 이외에 반복적으로 동일한 feature를 만든다거나 대칭되는 형상이 있을 때 이를 일일이 형상 작업을 하지 않고도 쉽고 빠르게 형상 작업을 할 수 있는 방법이 있다. 이 방법들로는 패턴(Pattern), 복사/붙여넣기(Copy/Paste), 대칭복사(Mirror), 그룹화(Group) 등이 있다. 이 방법들을 이용하면 빠르고 쉽게 작업이 가능한 점도 있으며, 표현이 불가능해 보이는 작업들도 때로는 가능하게 해줄 수 있는 중요한 작업 방법들이다.

7.1 패턴(Pattern) 생성하기

하나의 원본 feature를 기준으로 하여 여러 개의 같은 형상을 만들어낼 때 사용할 수 있는 방법이다. 페턴은 반복되는 feature를 개수로 조절할 수 있기 때문에 개수 조절로 간단하게 수정이 가능한 장점이 있다.

패턴의 유형에는 동일 패턴, 가변 패턴, 일반 패턴으로 구분할 수 있다. 동일 패턴은 가장 단순한 방법으로 반복되는 형상이 크기가 변할 수 없고 서로 겹쳐질 수 없으며, 동일 서피스(평면)에 위치한다. 가변 패턴은 반복되는 형상의 크기는 변할 수 있으나 서로 겹쳐질 수 없다. 일반 패턴은 동일 패턴이나 가변 패턴보다 복잡한 방법으로 반복되는 형상이 서로 겹쳐질 수 있고 크기도 또한 변할 수 있다.

Creo Parametric에서 제공하는 패턴 방법은 치수, 방향, 축, 채우기, 패턴 테이블 등이 있다. 각각의 방법에 대하여 알아보자.

(1) 치수 패턴

치수 패턴은 치수를 이용하여 패턴을 하는 방법인데, 패턴할 치수가 기입되어 있는 방향으로 지정하는 증가값과 생성 개수만큼 반복하여 나타내준다. 치수 패턴을 적용하기 위하여 사각 plate의 기준 feature를 생성하고 원본 feature로 지름 “10”의 구멍을 이용하여 치수 패턴을 수행해보자.

[치수 패턴] - 사각 plate 만들기 : 치수 패턴을 위한 기준 feature

- 새로 만들기 아이콘을 클릭한 후 파일 이름을 “pattern”으로 하여 새로운 작업을 시작한다.
- 밀어내기 아이콘을 이용하여 기본 feature를 생성한다.
  - 스케치 작업 후에 밀어내기 아이콘을 이용하여 feature를 생성하는 것이 아니라 밀어내기 아이콘을 클릭한 후 내부에 스케치 작업을 하는 방법을 이용한다.
  - 마우스 포인터가 그래픽 윈도우에 있는 상태에서 오른쪽 버튼을 조금 길게 누르고 있으면 바로가기 메뉴가 나타난다.

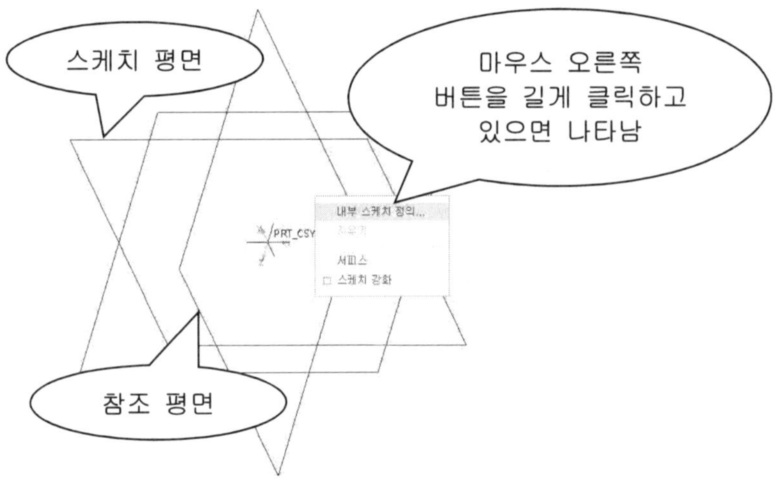

그림 7.1 마우스 오른쪽 버튼 클릭 : 내부 스케치 정의

  - “내부 스케치 정의”를 선택하여 FRONT 평면을 스케치 평면으로 설정하고 참조 평면 방향으로 RIGHT 평면이 “오른쪽”을 향하게 설정한다.
  - 그림 7.2와 같이 사각형 단면(100 x 20)을 스케치한다.
  - 스케치 작업이 끝나면 확인 아이콘(✔)을 클릭하여 단면 작업을 마친다.
  - 대시보드에서 양방향 돌출로 “100”만큼 설정한 후 작업 완료 아이콘(✔)을 클릭하여 작업을 완료한다.

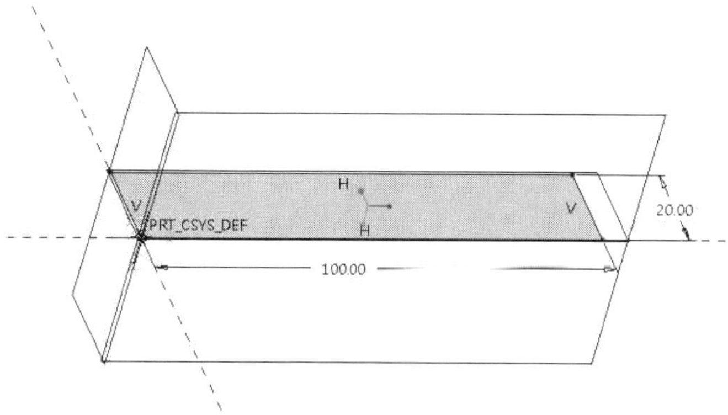

그림 7.2 스케치 단면

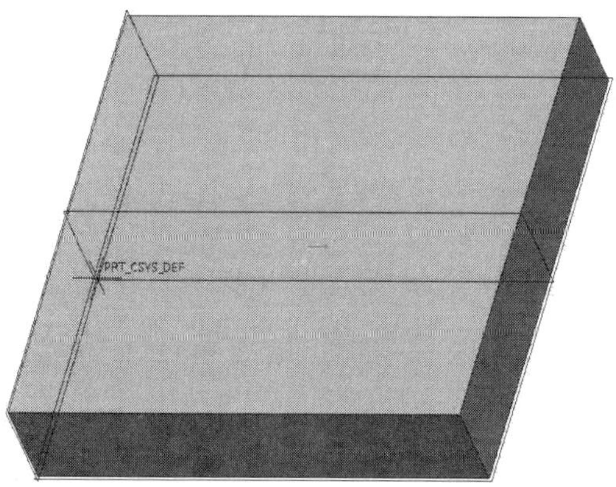

그림 7.3 밀어내기 완료

- "구멍" 아이콘( )을 이용하여 작업 수행
  - 그림 7.4와 같이 구멍 아이콘을 클릭한다.

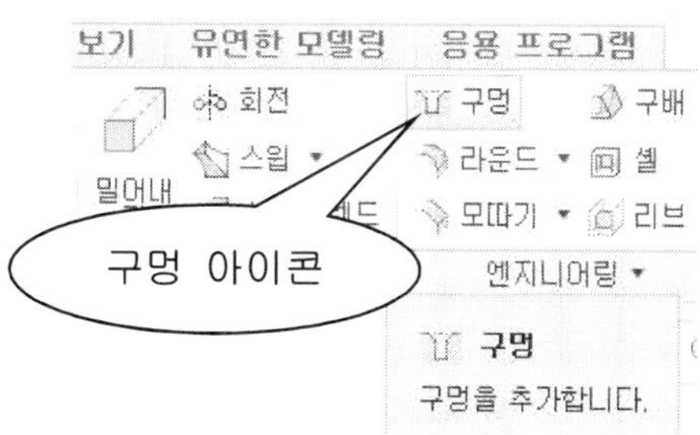

그림 7.4 구멍 아이콘

- 그림 7.5와 같이 구멍을 배치할 서피스를 선택하면 그림 7.6과 같이 대시보드에서 구멍의 설계 치수에 맞게 설정할 수 있는 내용이 나타난다.

그림 7.5 구멍 배치 서피스

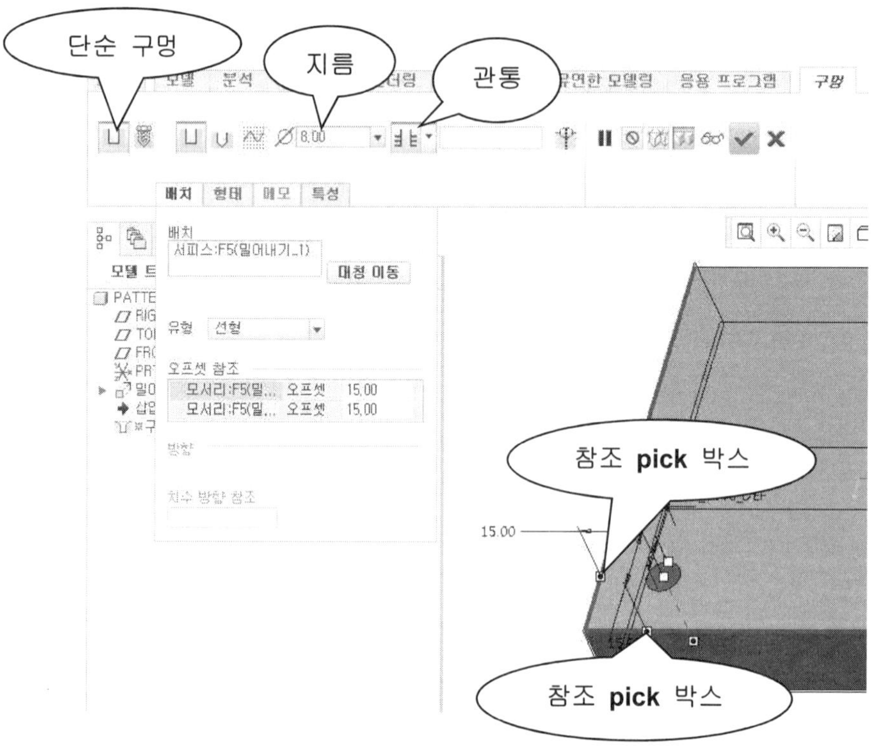

그림 7.6 구멍 설계 치수 설정

- 설정이 끝나면 완료 아이콘(✔)을 클릭하여 작업을 완료한다.

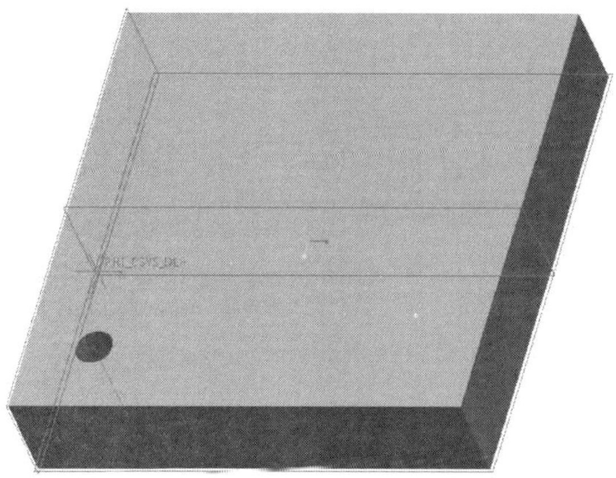

그림 7.7 구멍 작업 완료

- 치수 패턴[가로 방향]
  - 앞에서 생성한 구멍 feature를 선택한 후 마우스 오른쪽 버튼을 클릭하면 메뉴가 나타나는데 그 중 "패턴"을 선택한다.

그림 7.8 치수 패턴 작업 시작 : 구멍 feature 이용

- 그림 7.9와 대시보드에서 패턴의 종류로 "**치수**"를 선택하고, 가로 방향 치수를 선택하여 간격 "20"만큼씩 4개의 구멍을 패턴한다.
- 설정이 끝나면 완료 아이콘(✔)을 클릭하여 작업을 완료한다.

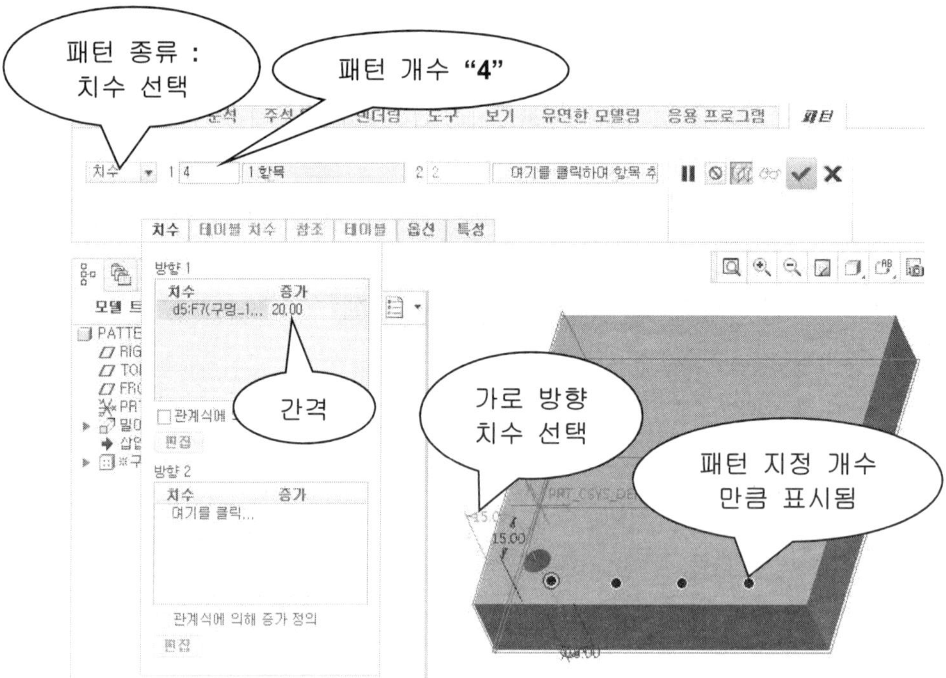

그림 7.9 치수 패턴 : 구멍 feature, 가로 방향 4개 패턴

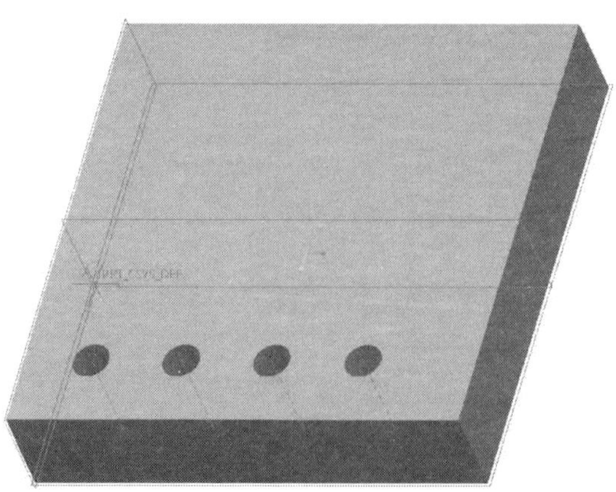

그림 7.10 치수 패턴 : 가로 방향

- 치수 패턴[세로 방향]
  - 구멍 feature를 선택한 후 “패턴” 아이콘을 클릭하여 그림 7.11과 같이 대시보드에서 패턴의 종류로 “치수”를 선택한 후 세로 방향 치수를 선택하여 “20”만큼씩 4개의 구멍을 패턴한다.
  - 설정이 끝나면 완료 아이콘(✔)늘 클릭하여 작업을 완료한다.

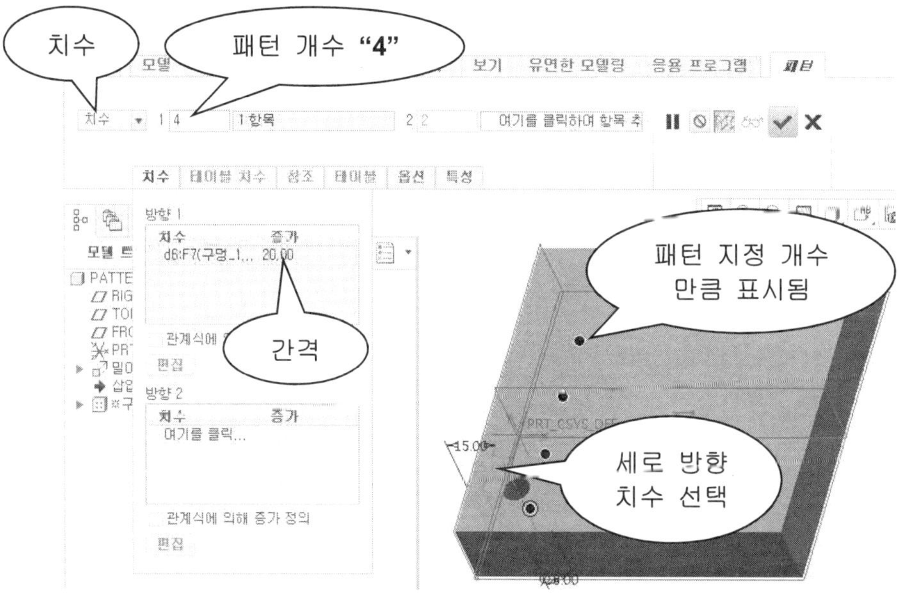

그림 7.11 치수 패턴 : 구멍 feature, 세로 방향 4개 패턴

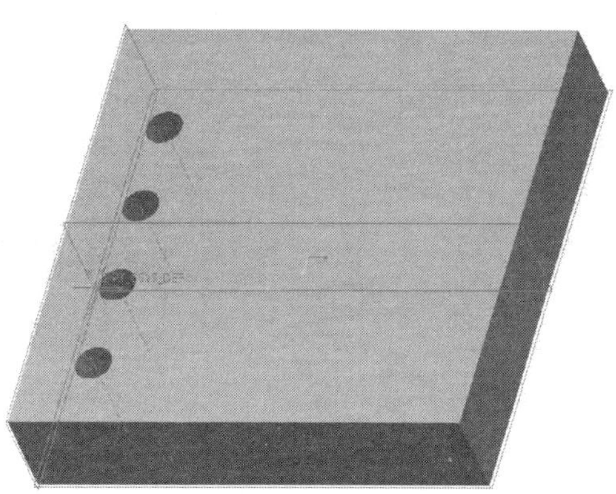

그림 7.12 치수 패턴 : 세로 방향

- 치수 패턴[대각선 방향]
  - 이번엔 구멍 feature를 대각선 방향으로 패턴한다.
  - 구멍을 선택한 후 "패턴" 아이콘을 클릭한다.
  - 그림 7.13과 같이 대시보드에서 패턴의 종류로 **"치수"**를 선택하고, 대각선 방향으로 4개의 구멍을 패턴한다.
  - 가로 방향 치수를 선택한 후 간격으로 "20"을 입력한다. 대각선 방향으로 패턴을 하기 위해 Ctrl키를 누른 상태에서 세로 방향 치수를 선택한 후 간격으로 "20"을 입력한다.

    : 패턴 개수로 4를 입력한다.
  - 설정이 끝나면 완료 아이콘(✔)을 클릭하여 작업을 완료한다.

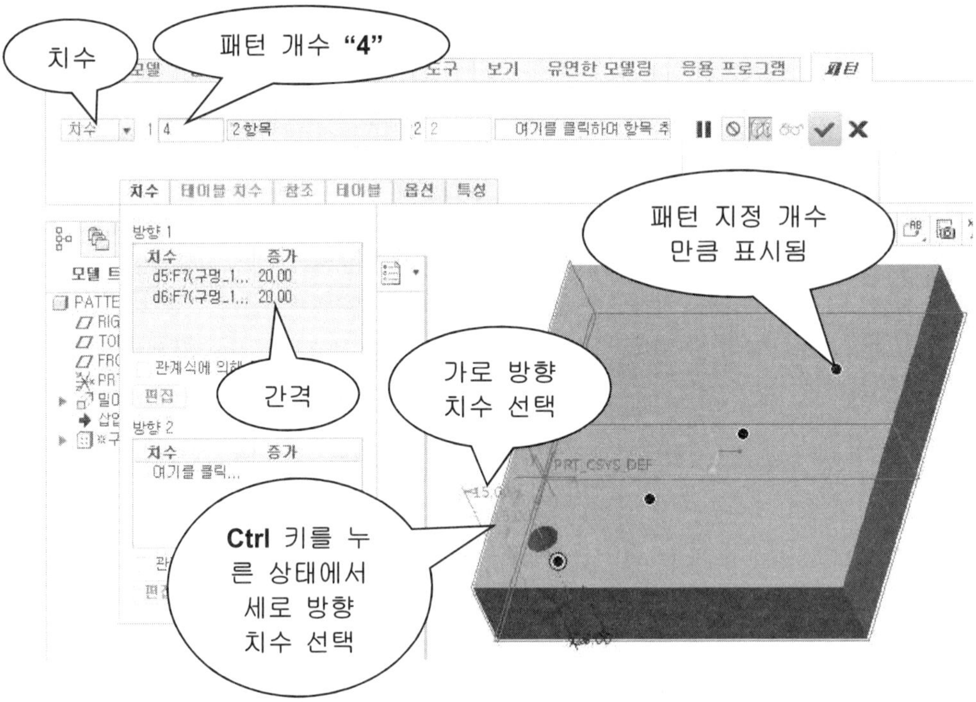

그림 7.13 치수 패턴 : 구멍 feature, 대각선 방향 4개 패턴

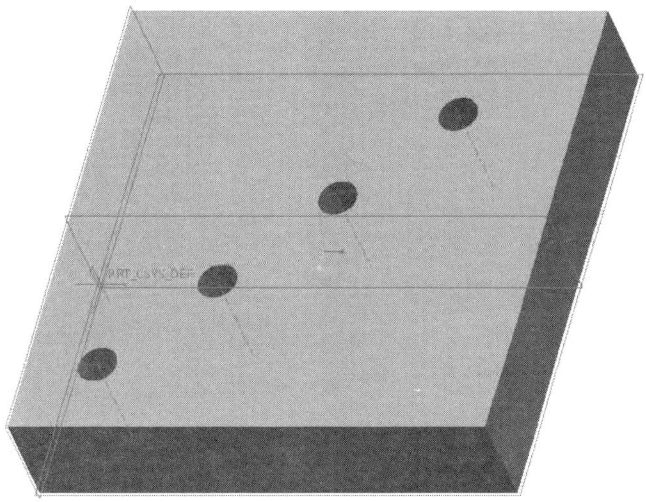

그림 7.14 치수 패턴 : 대각선 방향

- 치수 패턴[양방향]
  - 구멍 feature를 가로와 세로 양방향으로 패턴한다.
  - 구멍을 선택한 후 “패턴” 아이콘을 클릭한다.
  - 그림 7.15, 7.16과 같이 대시보드에서 패턴의 종류로 “치수”를 선택하고, 양방향으로 4 x 4개의 구멍을 패턴한다.
    - ⇨ 가로 방향 치수를 선택 - 간격으로 “20” 입력, 개수 “4”를 입력한다.
    - ⇨ 양방향으로 패턴을 하기 위해 가로 방향을 선택하여 설정한 후 세로 방향 패턴을 추가하기 위해 그림 7.15와 같이 “여기를 클릭하여 항목 추가”를 먼저 선택한 후 세로 방향 치수를 선택하여 간격 “20”만큼씩 4개를 패턴한다.

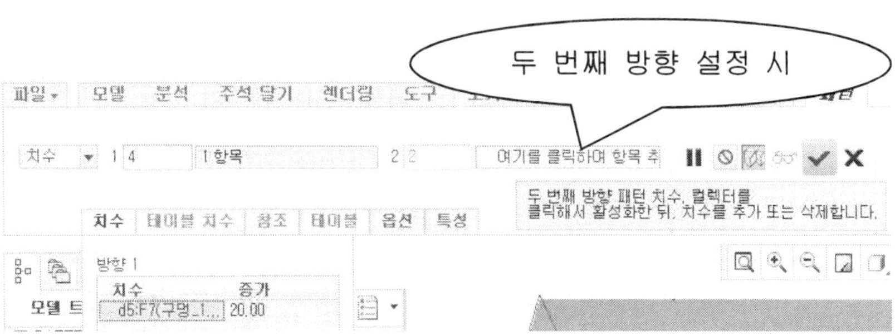

그림 7.15 치수 패턴 : 양방향

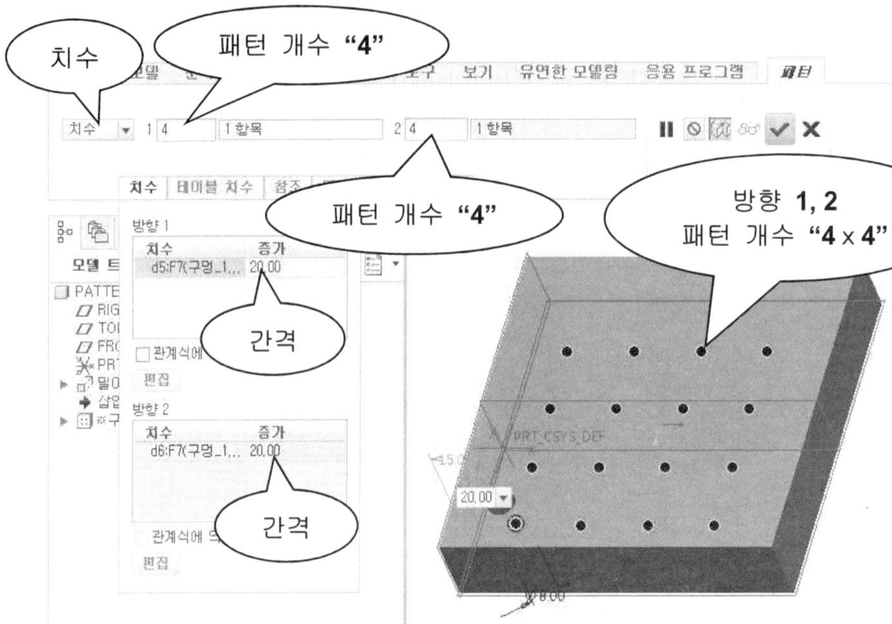

그림 7.16 치수 패턴 : 양방향 4 x 4 패턴

- 설정이 끝나면 완료 아이콘(✔)을 클릭하여 작업을 완료한다.

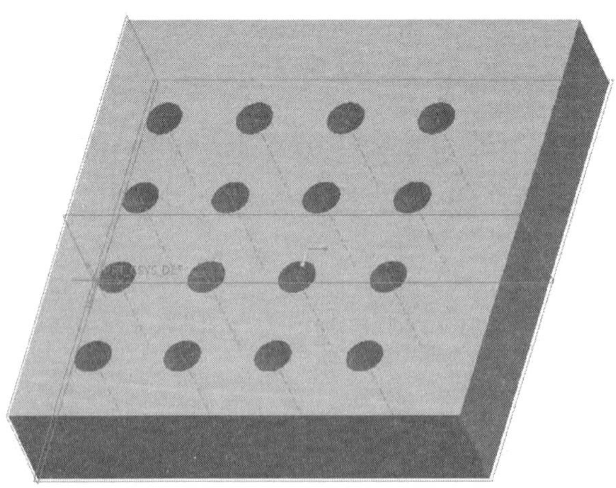

그림 7.17 치수 패턴 완료 : 양방향 4 x 4 패턴

★ 옵션 : 양방향 패턴에서 특정 부분만 제거 시…

- 양방향 패턴을 설정하면 그림 7.18과 같이 검은 점으로 표시가 되는데 이 때 패턴 시 생략할 부분의 점을 클릭하면 하얗게 변하면서 패턴 시 제외된다.

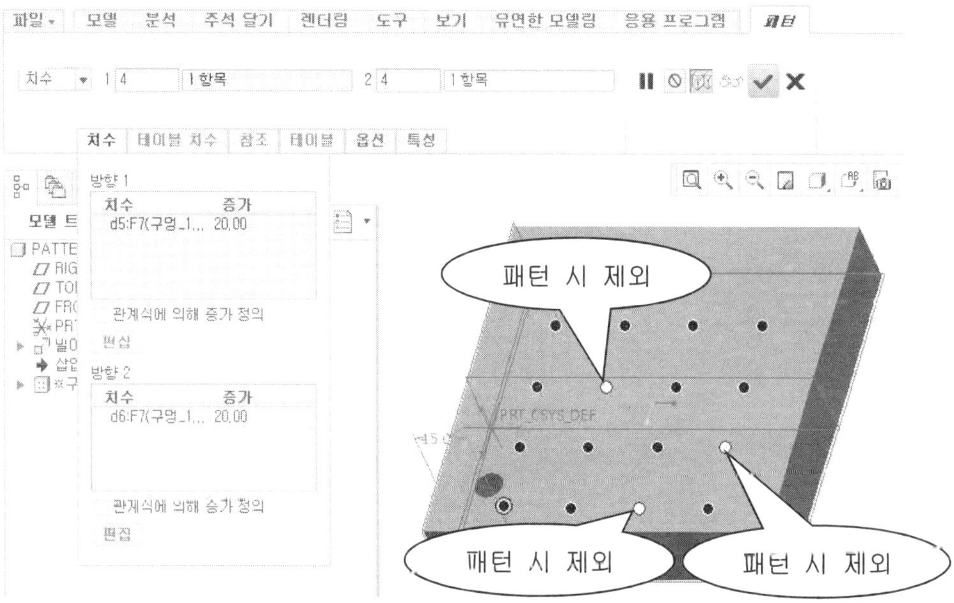

그림 7.18 치수 패턴 : 양방향 - 부분 제외

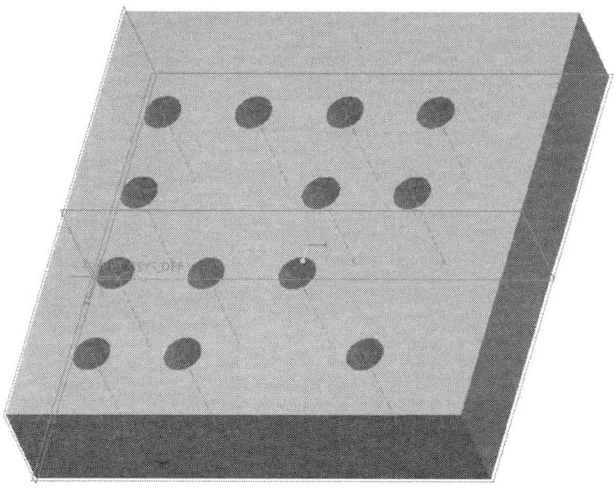

그림 7.19 치수 패턴 : 양방향 - 부분 제외

(2) 방향 패턴

방향 패턴은 패턴 시킬 feature에 포함된 치수에 종속되지 않는다. 패턴 시킬 원본 feature에 있는 치수를 이용하는 것이 아니라 패턴 시킬 방향을 지정하기 위해 참조를 선택한다.

그림 7.20은 패턴 방향으로 밀어내기 feature의 왼쪽 측면을 선택한 것으로 방향 전환 아이콘을 클릭하여 기준 방향을 변경 가능하다. 패턴 방향을 지정하기 위해서는 모서리뿐만 아니라 평면도 선택 가능하다.

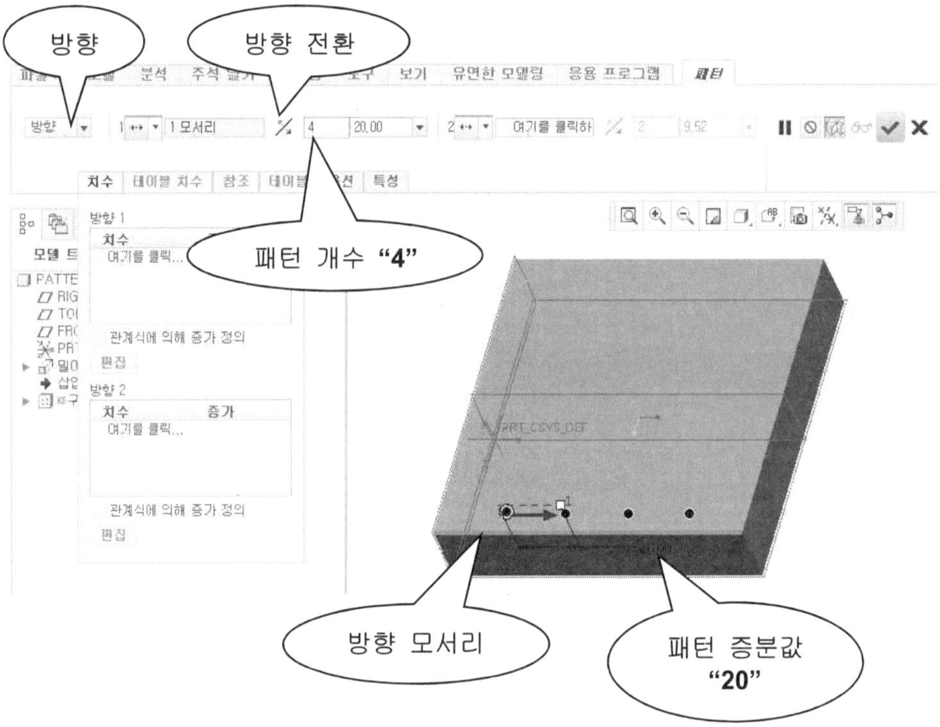

그림 7.20 방향 패턴 : 한 방향

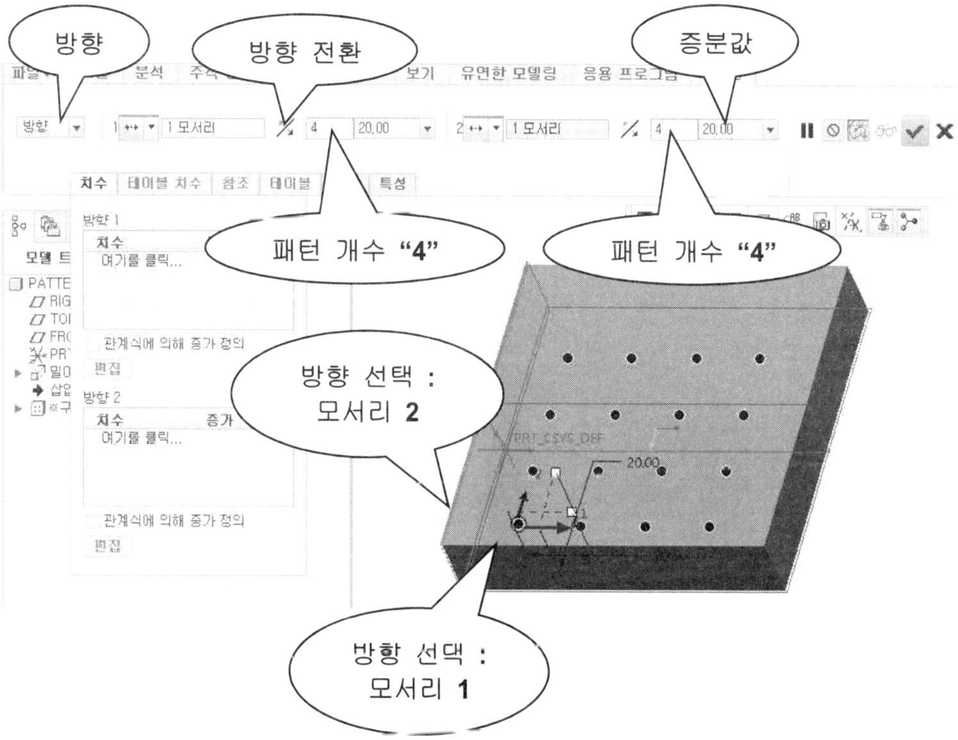

그림 7.21 방향 패턴 모서리 이용 : 양방향

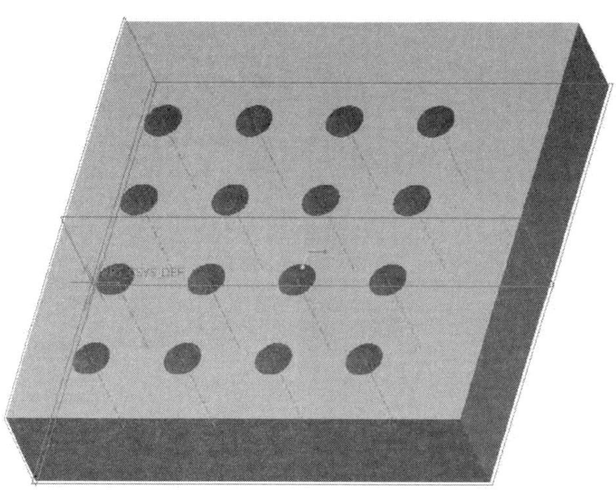

그림 7.22 방향 패턴 완료 : 모서리 이용 양방향

(3) 축 패턴

특정 형상이 원형으로 배치되어 있을 때 축 패턴을 사용하면 편리하고도 빠르게 feature를 생성할 수 있다. 이는 Creo와 Wildfire 이전 버전에서의 "회전 패턴"과 같은 기능이며, 회전 패턴 시엔 스케치 내부에 각도 치수를 주기 위해 내부 기준면을 만들어야 하는 어려움이 있었는데 Creo와 Wildfire 버전에서는 쉽게 회전 패턴, 즉 축 패턴을 쉽게 수행할 수 있다. 축 패턴은 원형 형상으로 배치되어 있을 때뿐만 아니라 원형으로 배치된 상태로 다른 부품들이 결합되어 있을 때 참조 패턴을 활용할 수 있어서 유용하게 사용할 수 있는 기능 중의 하나이므로 잘 익혀두도록 하자.

- 축 패턴
  - 구멍 feature를 축을 기준으로 회전 시켜 패턴한다.
  - 축 패턴은 기준이 되는 축(axis)이 필요하므로 "축" 아이콘을 클릭하여 밀어내기 feature 한 가운데에 축을 생성한다.
    - ⇨ 원하는 위치에 축이 있을 경우는 기존의 축을 이용한다.
    - ⇨ 구멍을 패턴할 것이므로 기준축이 구멍보다 앞선 작업이어야 하므로 모델 트리로부터 "축"을 구멍 feature 앞쪽으로 이동시켜서 순서를 바꿔준다.

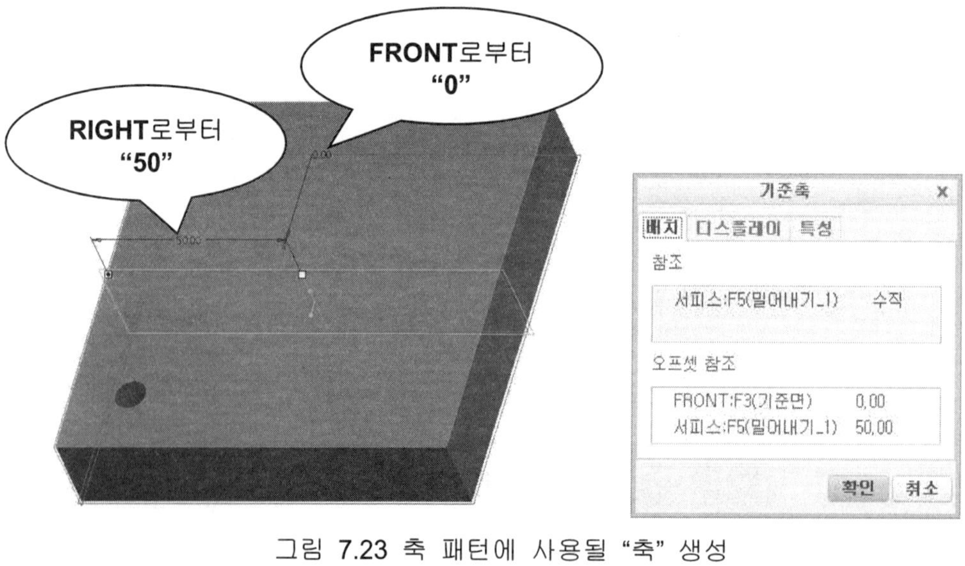

그림 7.23 축 패턴에 사용될 "축" 생성

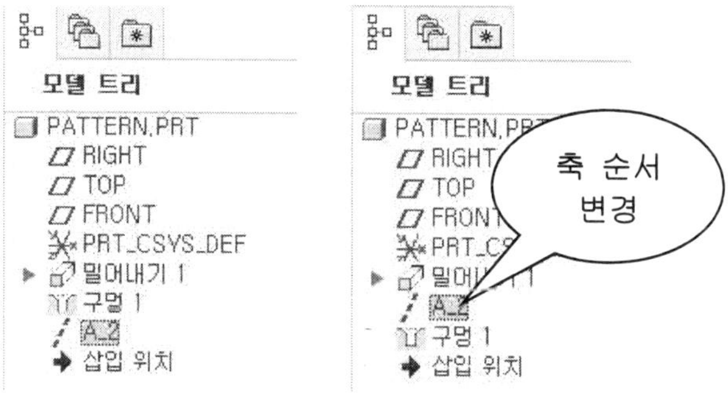

그림 7.24 축 패턴에 사용될 “축” 순서 변경

- 구멍 feature를 선택한 후 “패턴” 아이콘을 클릭하여 그림 7.25와 같이 대시보드에서 패턴의 종류로 “축”을 선택하고, 한 가운데에 만들어 놓은 축을 클릭한다.

  ⇨ 축을 중심으로 60° 간격으로 6개를 패턴한다.

- 설정이 끝나면 완료 아이콘(✔)을 클릭하여 작업을 완료한다.

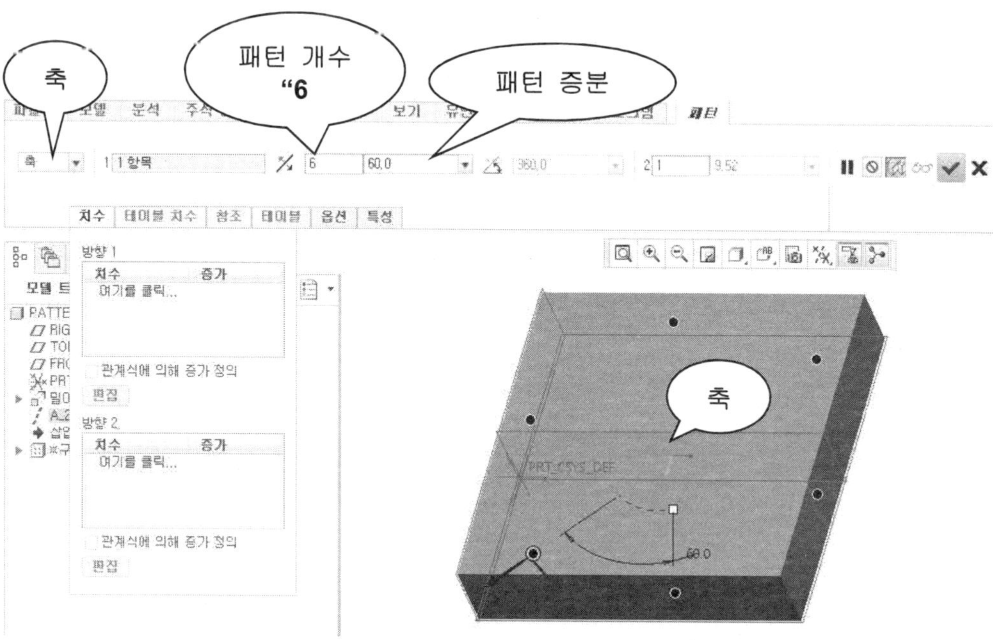

그림 7.25 축 패턴

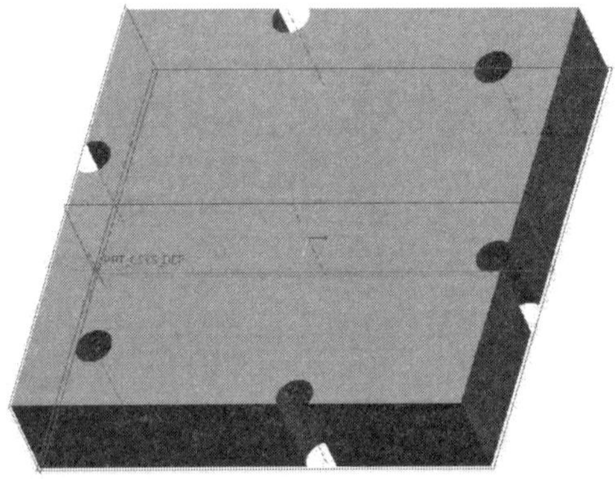

그림 7.26 축 패턴 완료

★ 축 패턴에 방향 추가

- 앞에서 생성한 구멍의 축 패턴 feature를 선택한 후 마우스 오른쪽 버튼을 클릭하여 나타나는 메뉴 중 "정의 편집"을 선택한다.
- 대시보드에서 설정에서 방향 2의 패턴 멤버 수로 "2"를 입력하고, 증분값으로 "10"을 입력한다.
- 설정이 끝나면 완료 아이콘(✔)을 클릭하여 작업을 완료한다.

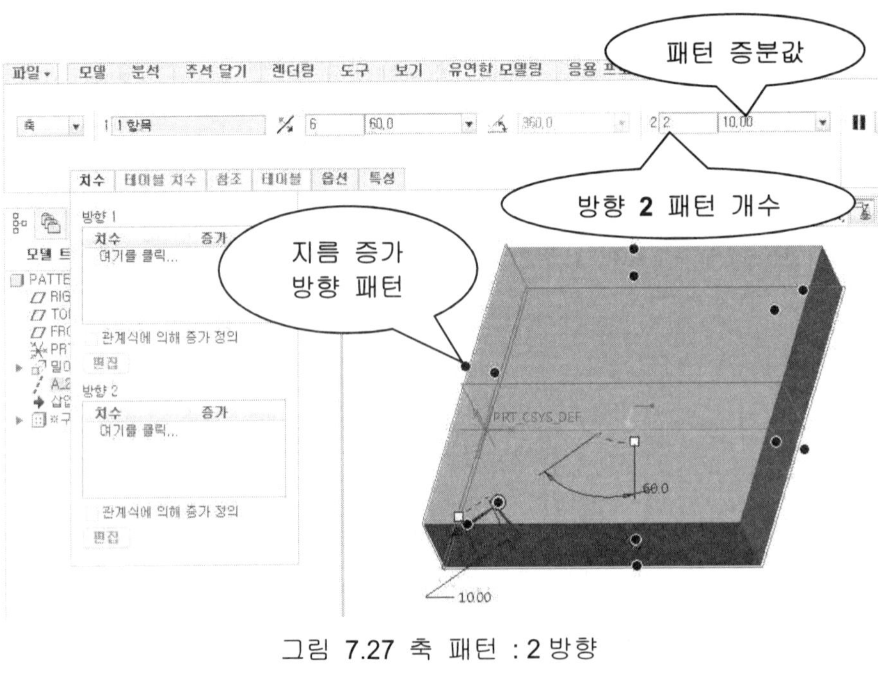

그림 7.27 축 패턴 : 2 방향

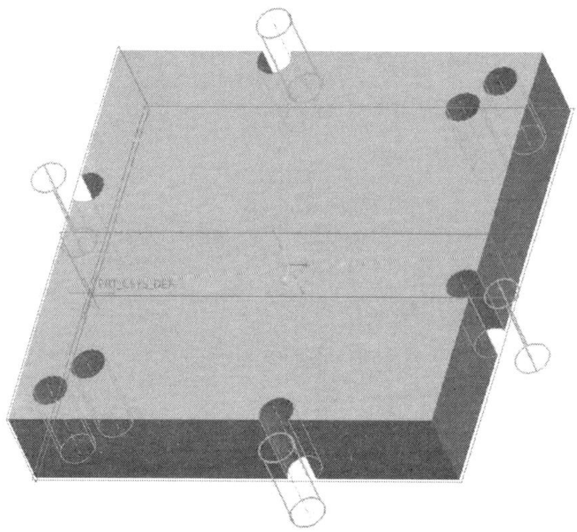

그림 7.28 축 패턴 완료

(4) 채우기 패턴

채우기 패턴은 특정 영역 안에 원본 모양들을 채워주는 방법이다. 어떤 무늬를 표현하고자 할 때 유용한 방법이며, 특성 영역은 스케치하여 사용자가 원하는 영역을 지정하는 것이 가능하다.

채우기 패턴을 수행하기 위해 치수 패턴에서 사용했던 기본 feature에 정사각형 모양의 cut을 수행하자.

[채우기 패턴] - 패턴 원본 정사각형 cut

- 밀어내기 아이콘을 이용하여 feature를 생성한다.
  - 모델 트리에서 구멍 feature를 패턴 작업했던 것을 선택한 후 마우스 오른쪽 버튼을 클릭하여 나타나는 메뉴 중에서 "억제(suppress)"를 선택하여 화면에서 사라지게 한다.
  - 밀어내기 아이콘을 클릭한 후 대시보드에서 배치, 정의를 클릭하여 스케치 평면으로 밀어내기 feature의 윗면을 설정하고 참조 평면 방향으로 RIGHT 평면이 "오른쪽"을 향하게 설정한다.

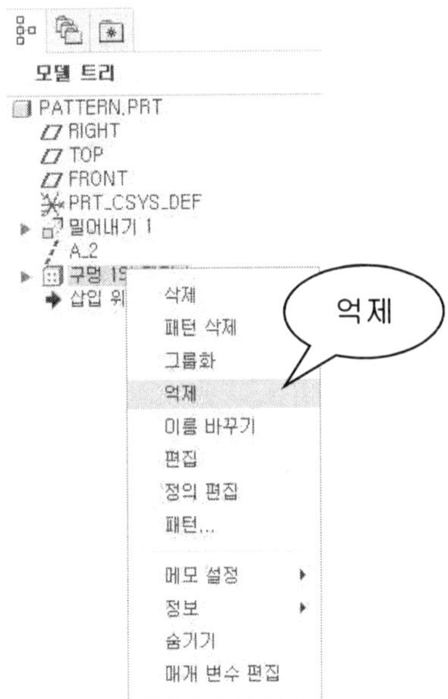

그림 7.29 구멍 패턴 feature 억제

- 그림 7.30과 같이 스케치 환경을 “은선 제거”, “평면 디스플레이” 끄기와 “스케치 보기”로 설정한다.

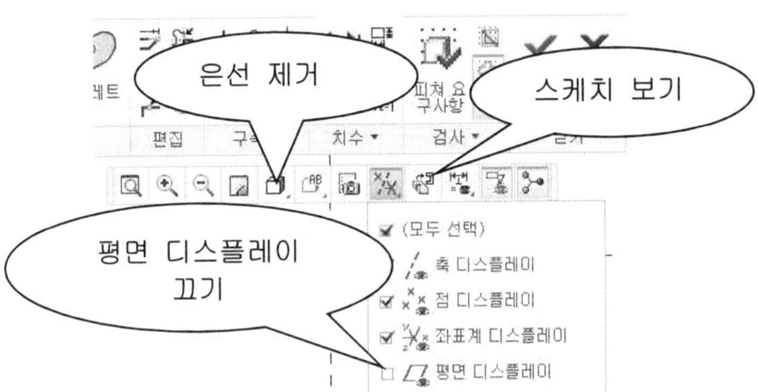

그림 7.30 스케치 환경 설정

- 그림 7.31과 같이 “스플라인” 아이콘을 이용하여 단면을 스케치한다.

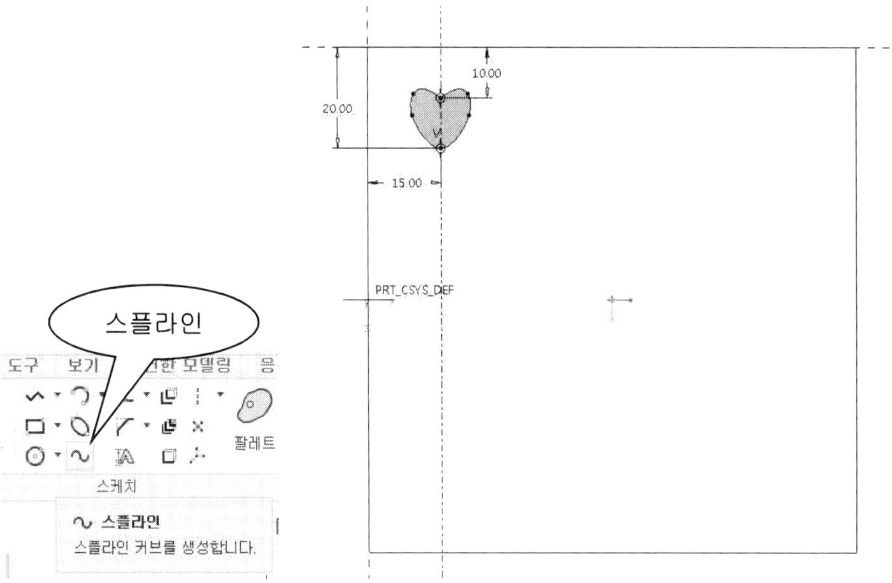

그림 7.31 스케치 단면

- 스케지 작업이 끝나면 확인 아이콘(✔)을 클릭하여 단면 작업을 마친다.
- 대시보드에서 "재료 제거", "방향 전환"을 클릭한 후 깊이값으로 "2"만큼 설정한 후 작업 완료 아이콘(✔)을 클릭하여 작업을 완료한다.

그림 7.32 대시보드 설정

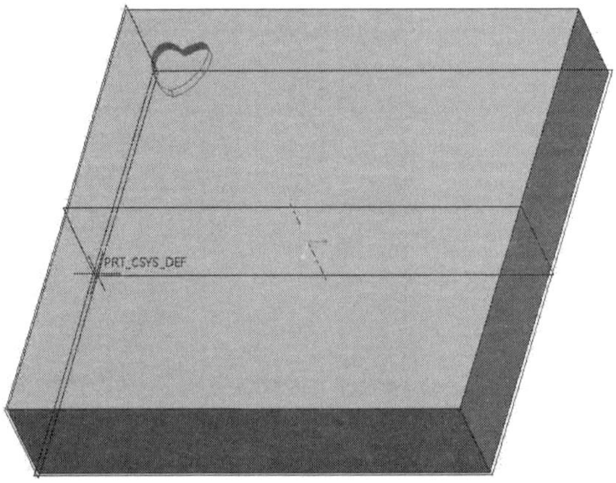

그림 7.33 채우기 패턴 원본 밀어내기 cut 완료

- 채우기 패턴 실행
  - 패턴 원본인 밀어내기 cut feature를 선택한 후 마우스 오른쪽 버튼을 클릭하여 "패턴"을 선택한다.
  - 그림 7.34와 같이 대시보드에서 패턴의 종류로 "채우기"를 선택한다.

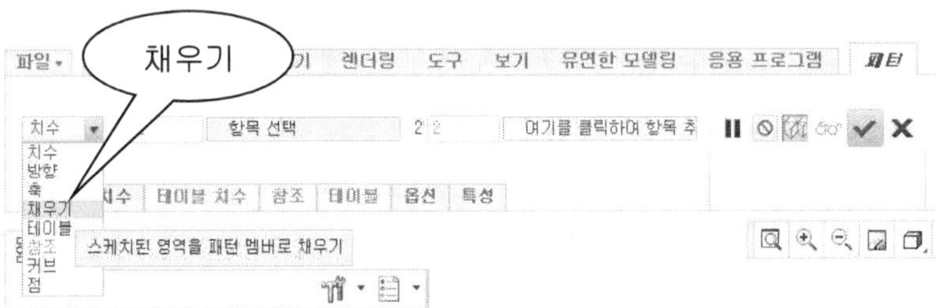

그림 7.34 채우기 패턴

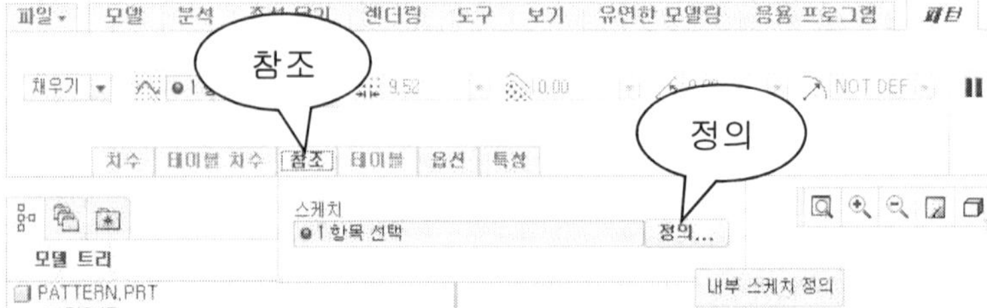

그림 7.35 채우기 패턴 : 참조 설정

- 참조, 정의를 클릭하여 밀어내기 feature의 윗면을 스케치 평면으로 설정하고 참

조 평면 방향으로 RIFHT 평면이 "오른쪽" 방향을 향하게 설정한 후 그림 7.36과 같이 스플라인 아이콘으로 비슷하게 임의로 스케치한다.

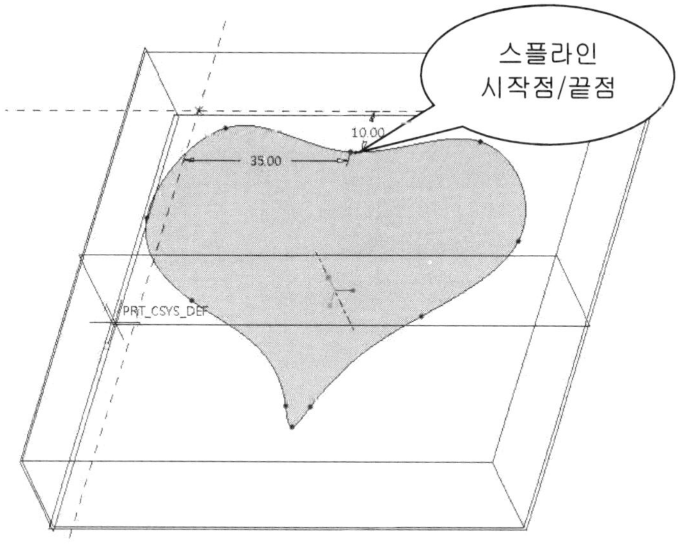

그림 7.36 스케치 : 스플라인을 이용하여 비슷하게 스케치

- 스케치 작업이 끝나고 확인 아이콘(✔)을 클릭하면 그림 7.37과 같이 대시보드에서 설정한다.

그림 7.37 채우기 패턴 설정

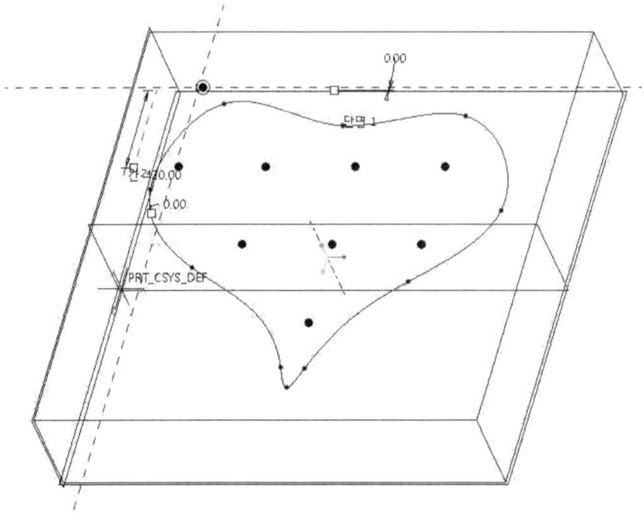

그림 7.38 채우기 패턴 설정

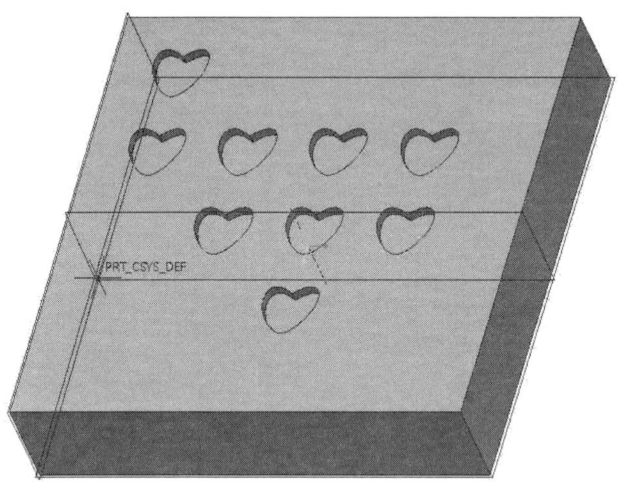

그림 7.39 채우기 패턴 완료

★ 채우기 패턴 설정 사항들

채우기 패턴 작업에서 추가적인 설정 사항들에 대하여 알아보자. 그림 7.40과 같이 채우기 모양에 관한 여러 종류가 있다. 각 설정 사항에 따른 결과 모양을 비교해본다. 설정 변경에 따른 패턴 표시(검은 점)를 확인하여 비교한다.

그림 7.40 채우기 패턴 설정 사항들

① 다이아몬드형(⁘)

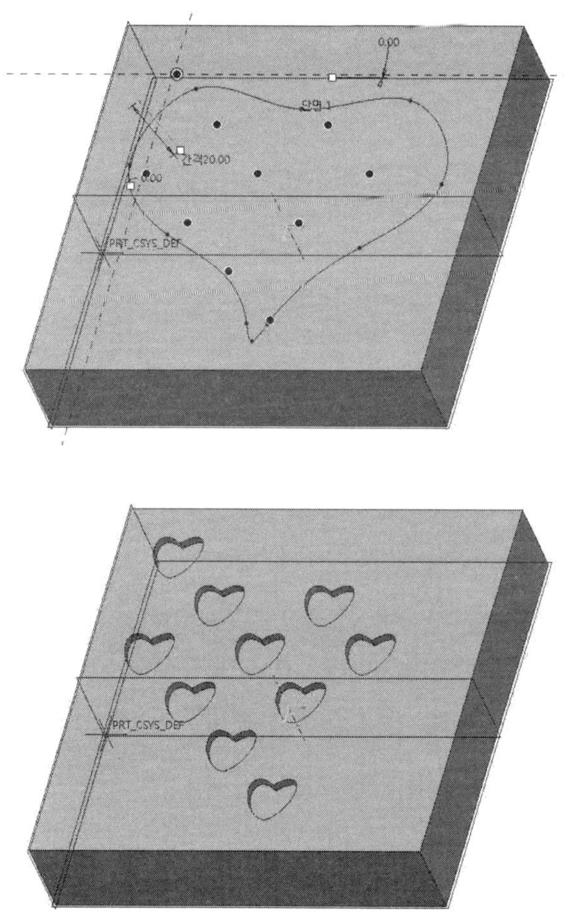

그림 7.41 채우기 패턴 : 다이아몬드형

② 6 각형(⁚⁚)

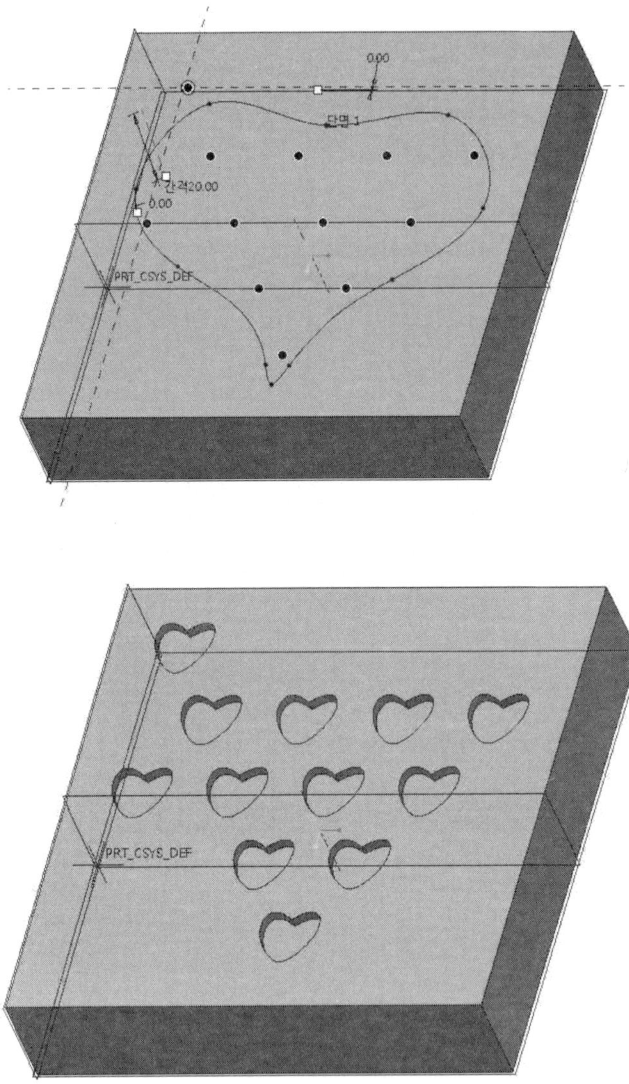

그림 7.42 채우기 패턴 : 6 각형

③ 동심원(⁘)

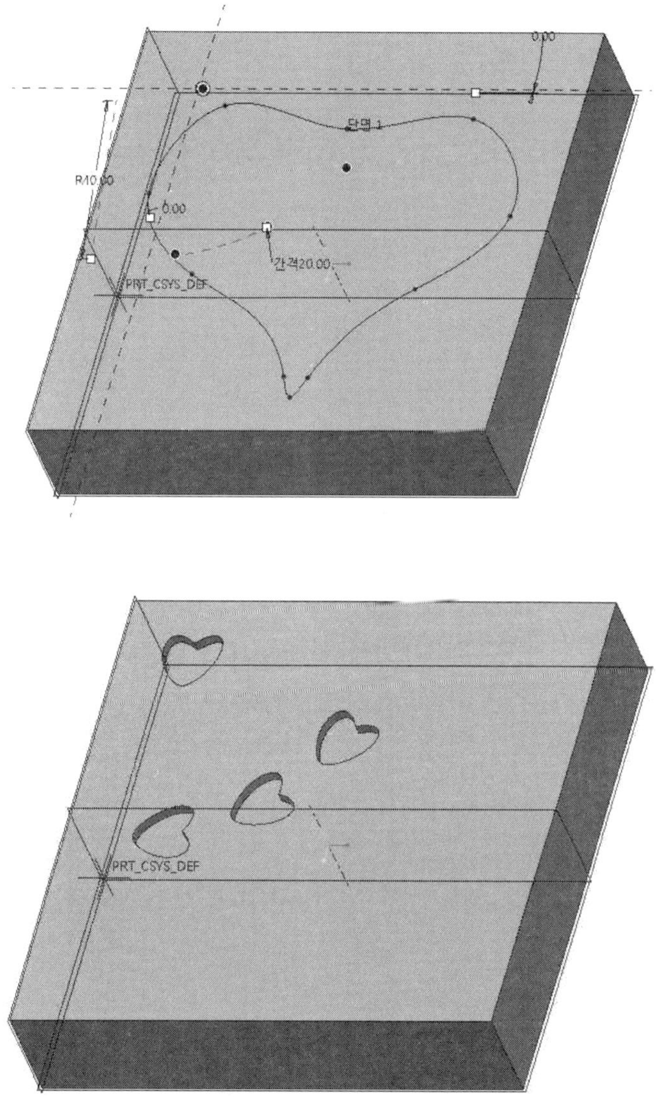

그림 7.43 채우기 패턴 : 동심원

④ 나선형()

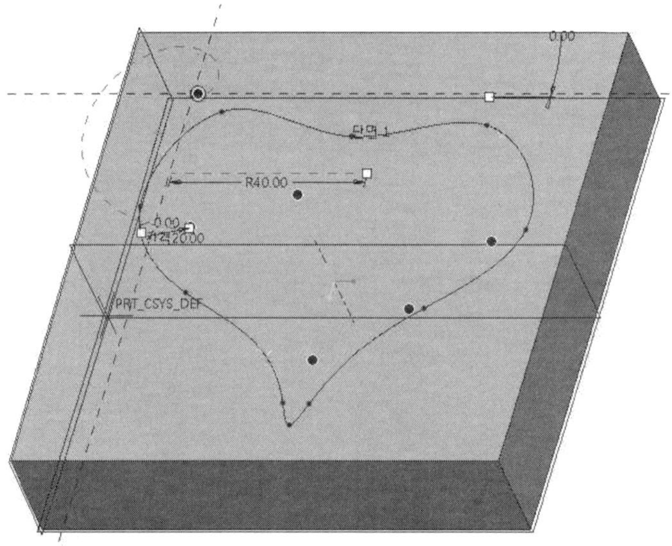

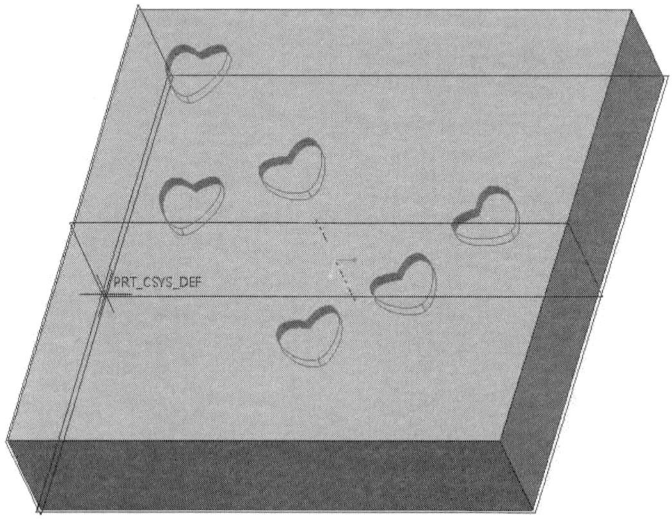

그림 7.44 채우기 패턴 : 나선형

⑤ 스케치된 커브(⁙)

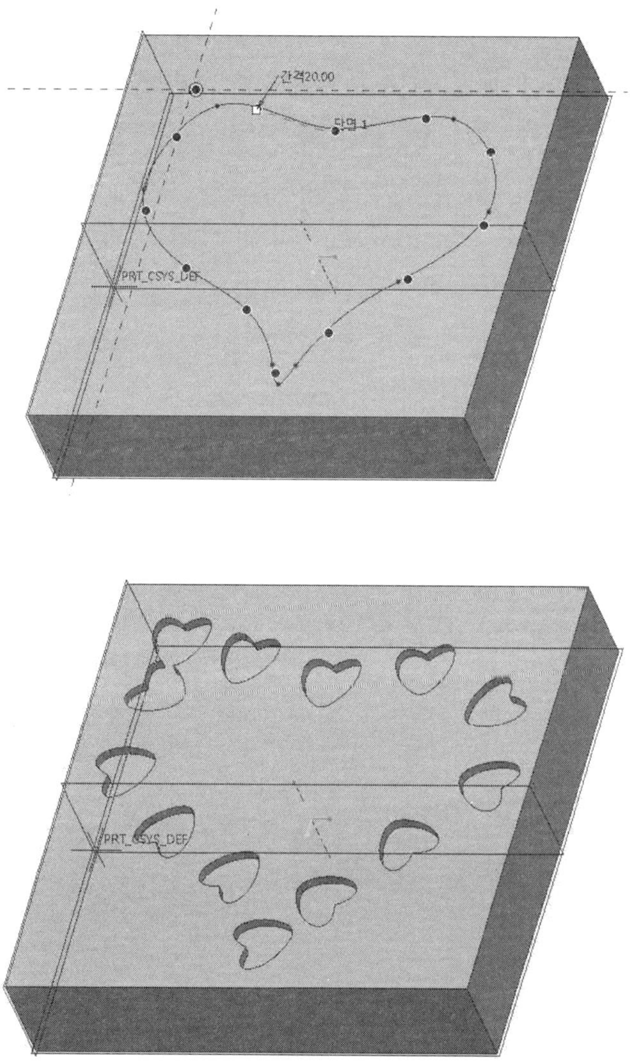

그림 7.45 채우기 패턴 : 스케치된 커브

(5) 참조 패턴(Reference pattern)

참조 패턴은 이미 패턴된 feature에 같은 패턴으로 패턴 시킬 때 사용하는 방법이다. 새롭게 생성될 패턴 feature들은 기존의 패턴 정보와 같은 패턴으로 feature를 생성시킨다. 따라서 증분값, 패턴 개수 등의 정보를 입력할 필요가 없게 된다.

참조 패턴 시 주의할 점은 반드시 기존 패턴의 feature 중 처음으로 생성된 feature를 참조해서 feature를 생성해야만 참조 패턴이 실행된다. 참조 패턴은 어셈블리 작업에서 볼트나 기타 같은 부품들의 조립 시에도 이용 가능한 방법 중 하나이다. 따라서 모델링 작업을 수행할 때 어셈블리 작업을 고려하여 패턴으로 작업을 하면 편리한 경우가 있다.

[참조 패턴] - 축 패턴 작업을 이용

- 밀어내기 feature 윗면에 축 패턴을 생성시킨 작업 상태에 이어서 작업
  - 모델 트리에서 앞에서 생성한 채우기 패턴을 선택한 후 삭제한다.
  - 그림 7.46과 같이 "작업", "복원", "모두 복원"을 클릭하여 억제되었던 구멍 feature를 복원한다.

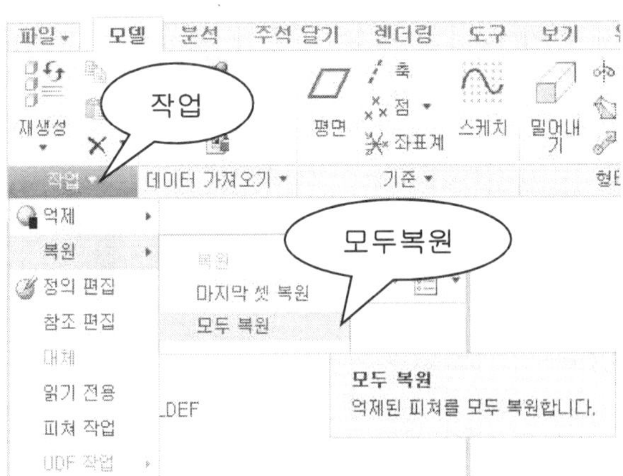

그림 7.46 복원 아이콘

  - 구멍 패턴 feature가 복원되면 모델 트리에서 선택한 후 마우스 오른쪽 버튼을 클릭하여 "정의 편집"을 선택한다. 그림 7.47과 같이 패턴 개수 "4"개, 증분값

90°로 설정한 후 작업 완료 아이콘을 클릭하여 편집을 완료한다.

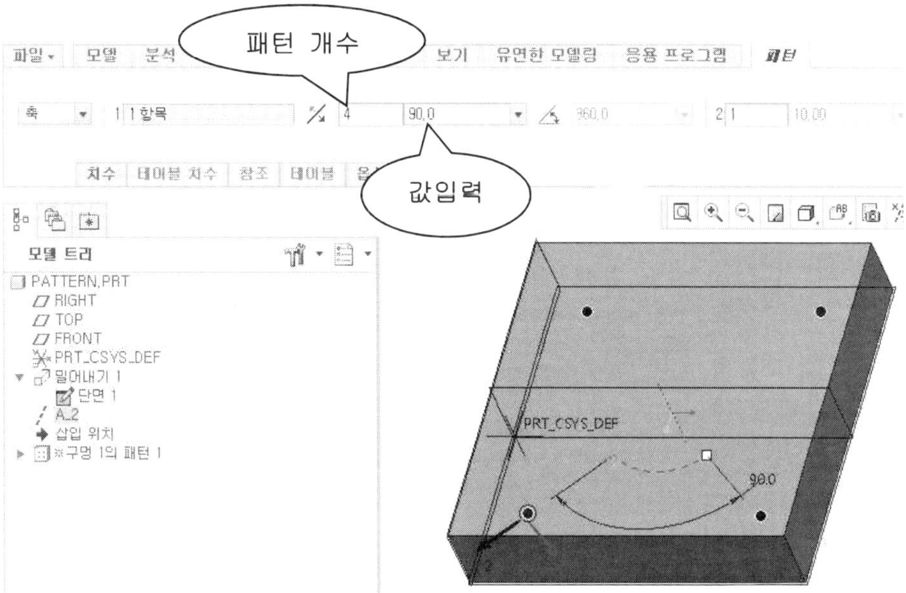

그림 7.47 패턴 정의 편집

- "구멍" 아이콘( )을 이용하여 작업 수행
  - 구멍 아이콘을 클릭한 후 앞에서 완료한 구멍과 같은 배치 서피스를 선택하면 자동으로 선형 유형이 선택되어 있다.
  - "동축" 유형을 사용하려면 **Ctrl**키를 누른 상태에서 기존 구멍의 축을 선택하면 그림 **7.48**과 같이 자동으로 "동축" 유형으로 변경된다.

    (유형 항목 선택에서 "동축"을 선택할 수는 없다)
  - 그림 **7.48**과 같이 대시보드에서 구멍의 지름 "**12**", 깊이값 "**4**"로 설정한 후 완료 아이콘(✔)을 클릭하여 작업을 완료한다.

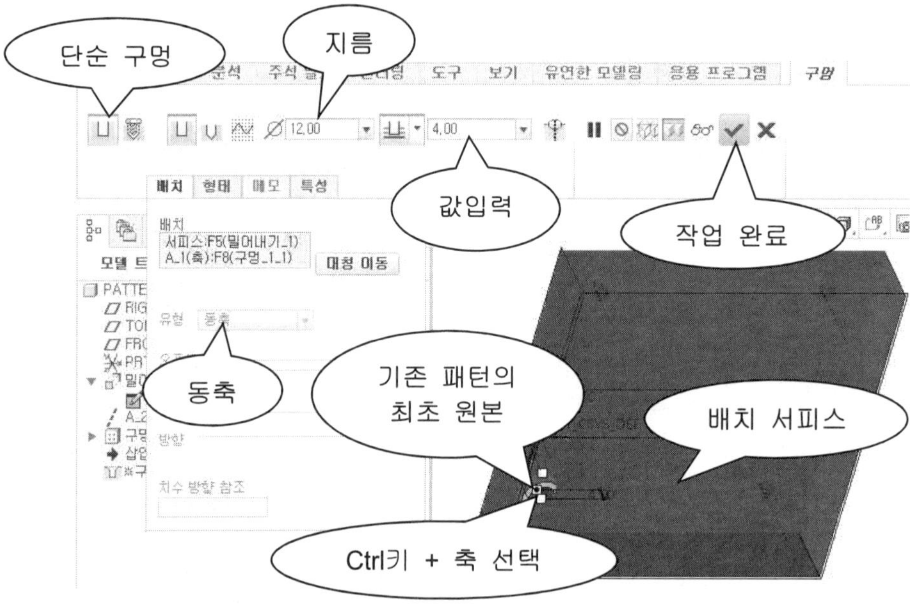

그림 7.48 동축 구멍 배치 설정

그림 7.49 동축 구멍 작업 완료

- 앞에서 생성한 구멍 feature를 참조 패턴 작업
  - 구멍 feature를 선택한 후 패턴 마우스 오른쪽 버튼을 클릭한 후 나타나는 항목 중에서 "패턴"을 선택한다.
  - 그림 7.50과 같이 참조 패턴을 수행하도록 자동으로 "참조"가 활성화된다.
  ⇨ 참조 패턴이 실행될 수 있도록 완전하게 설정되지 않으면 "참조"가 활성화되지 않는다.
  - 설정이 완료되면 그림 7.51과 같이 참조 패턴이 완성된다.

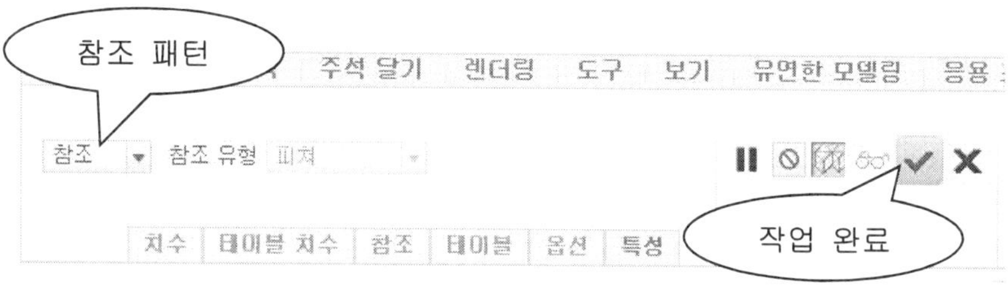

그림 7.50 참조 패턴

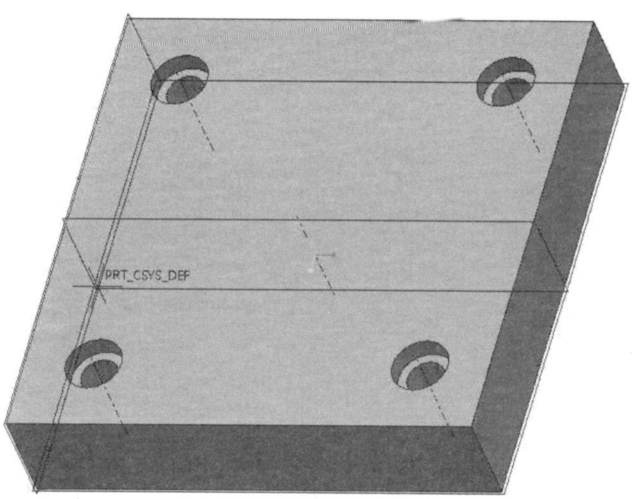

그림 7.51 참조 패턴 완료

7.2 복사/붙여넣기(Copy/Paste)

원본과 같은 feature를 만들어내는 방법으로 복사 및 붙여넣기가 있다. 복사하고자 하는 원본 feature를 선택한 후 편집 메뉴에 있는 복사를 선택하면 붙여넣기 메뉴가 활성화되는데 이를 선택하여 붙여넣기를 수행하여 형상을 만들 수 있다. 이 때 선택한 feature의 복사본이 한 번에 하나만 생성된다. 붙여넣기를 사용하여 새로운 feature를 생성하는 경우에는 복사본은 원본에 종속되지 않는다.

다음의 예제를 통하여 복사 및 붙여넣기 작업을 수행해 보자.

(1) 복사/붙여넣기

- 패턴 작업 시 사용했던 파일을 이용
- Feature 억제 : 작업 feature가 복잡하므로 잠시 억제시킨다.
  - 모델 트리에서 Ctrl키를 누른 상태에서 구멍 패턴 feature 모두를 선택한 후 마우스 오른쪽 버튼을 클릭하면 나타나는 메뉴 중 "억제" 클릭한다 : 화면에서만 사라진다("작업 ➔ 복원 ➔ 마지막 셋 혹은 모두"를 선택하여 활성화 가능).

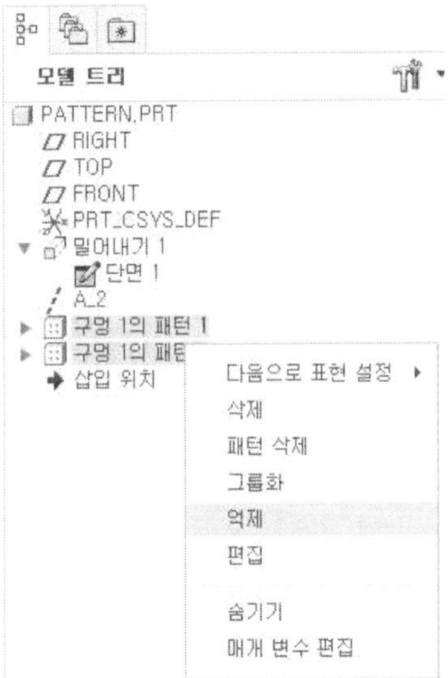

그림 7.52 패턴 feature 억제

- 밀어내기 아이콘을 이용하여 feature를 생성한다.
  - 밀어내기 아이콘을 클릭한 후 대시보드에서 배치, 정의를 클릭하여 스케치 평면으로 밀어내기 feature의 윗면을 설정하고 참조 평면 방향으로 RIGHT 평면이 "오른쪽"을 향하게 설정한다.
  - 그림 7.53과 같이 스케치 환경을 "은선 제거", "스케치 보기"로 설정한다.

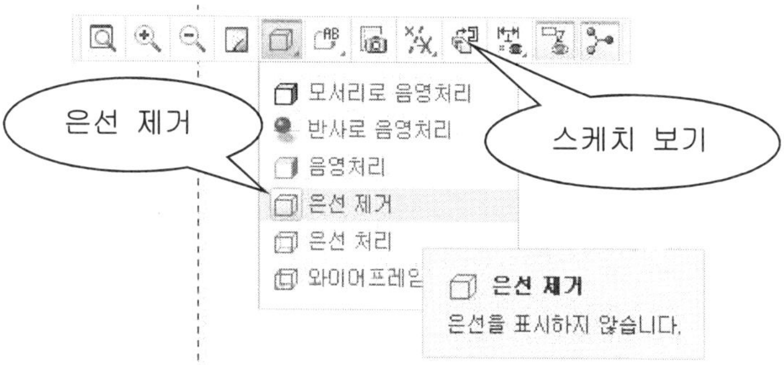

그림 7.53 스케치 환경 설정

  - 그림 7.54와 같이 "코너 직사각형" 아이콘을 이용하여 단면을 스케치한다.

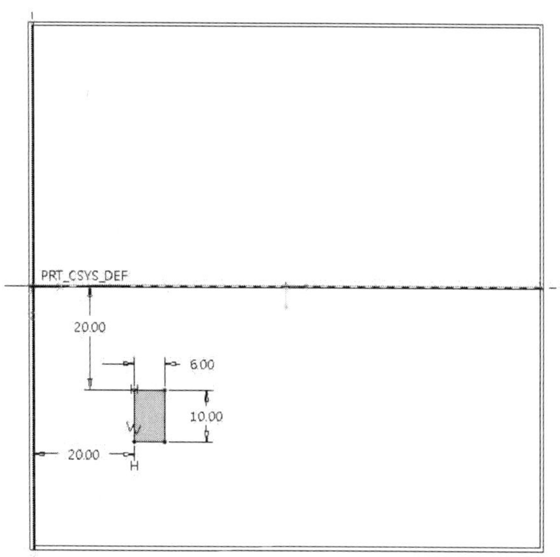

그림 7.54 스케치 단면

- 스케치 작업이 끝나면 확인 아이콘(✔)을 클릭하여 단면 작업을 마친다.
- 대시보드에서 돌출 깊이값으로 “30”만큼 설정한 후 작업 완료 아이콘(✔)을 클릭하여 작업을 완료한다.

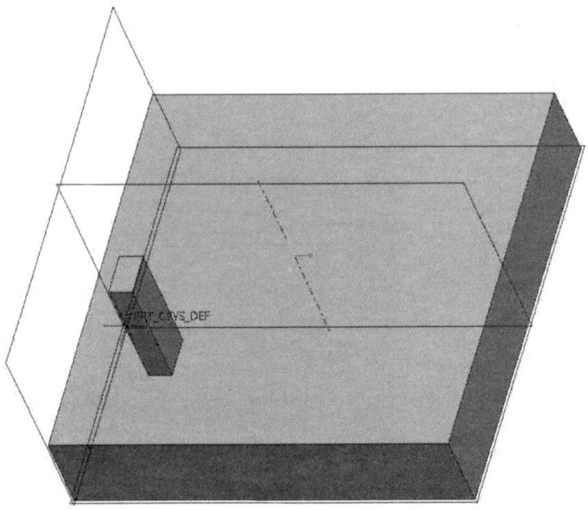

그림 7.55 복사할 원본 feature 완료

- 사각형 돌출 feature 복사/붙여넣기
  - 모델 트리로부터 밀어내기 돌출 feature를 선택한 후 “Ctrl + C” 클릭한 후 “Ctrl + V”를 클릭하면 내부 스케치 편집을 할 수 있는 대시보드가 활성화된다.
  - 그림 7.56과 같이 “배치, 편집”을 클릭한다.

그림 7.56 내부 스케치 편집

- 새로운 스케치 평면으로 오른쪽 측면을 선택하고, 참조 평면 방향은 그대로 유

지하고 “스케치” 버튼을 클릭하여 스케치 작업으로 넘어간다.

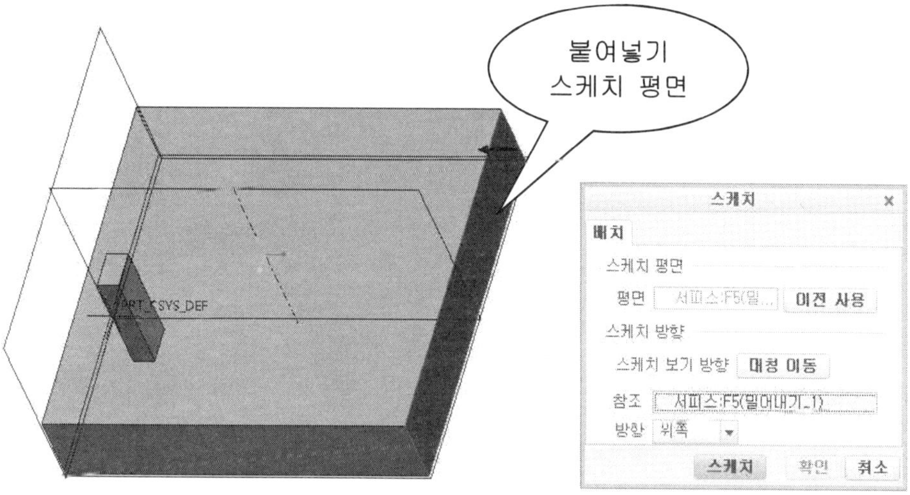

그림 7.57 붙여넣기 작업 스케치 평면

- 그림 7.58과 같이 단면을 배치한다(스케치 단면은 그대로 유지하면서 위치만 변경한다. 물론 단면도 변경이 가능하다).

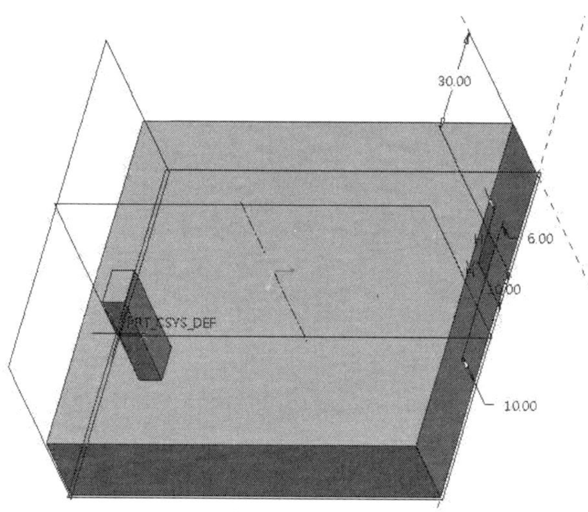

그림 7.58 스케치 작업 : 위치만 결정

- 스케치 작업이 끝나면 확인 아이콘(✔)을 클릭하여 단면 작업을 마친다.

- 대시보드에서 돌출 깊이값은 "30" 그대로 설정한 후 작업 완료 아이콘(✓)을 클릭하여 작업을 완료한다.

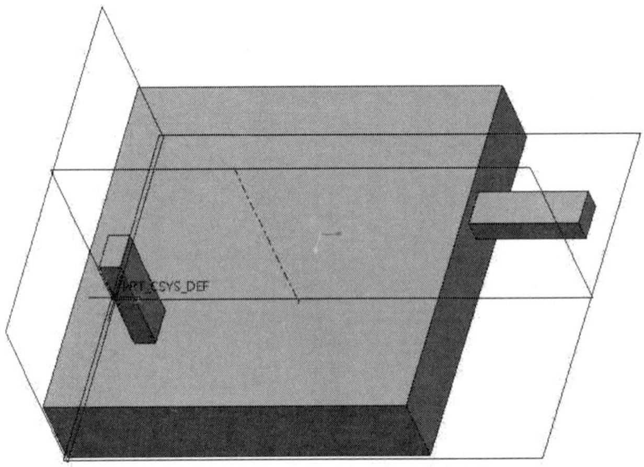

그림 7.59 복사/붙여넣기 완료

(2) 복사/붙여넣기 특수

- 사각형 돌출 feature 복사/붙여넣기 특수
  - 모델 트리에서 "복사/붙여넣기"에 사용된 밀어내기 돌출 feature를 선택한 후 "Ctrl + C" 클릭하면, 그림 7.60과 같이 "붙여넣기 특수"가 활성화되면 클릭한다.

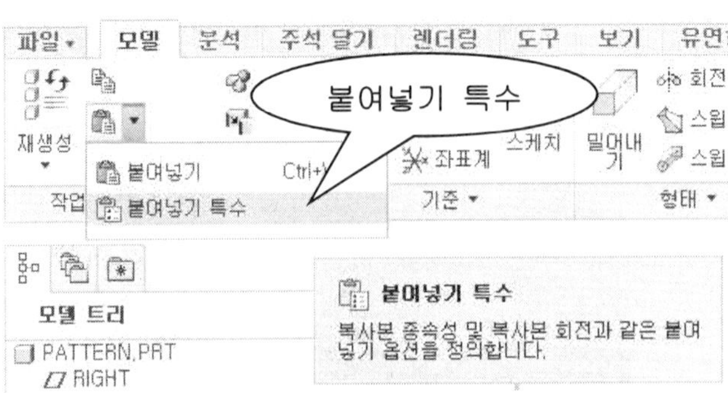

그림 7.60 붙여넣기 특수

- "종속 복사본" 선택을 해제하고, "이동/회전 변환을 복사본에 적용"을 선택한 후

확인 버튼을 클릭한다.

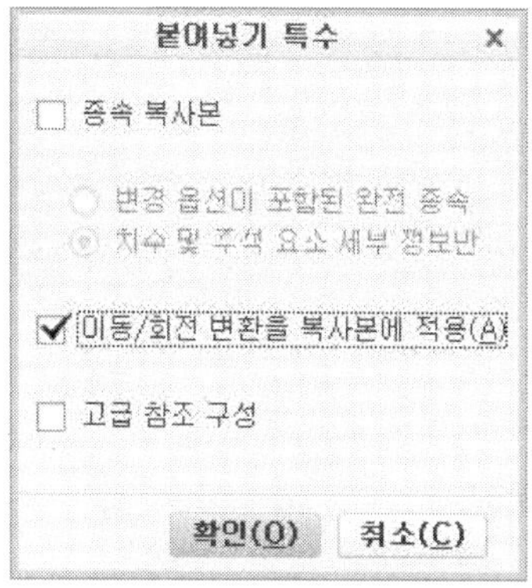

그림 7.61 붙여넣기 특수 설정

- “변환”을 클릭하고, 설정에서 “이동”을 선택한 후 방향 참조로 FRONT 평면을 선택하여 이동값으로 “30”을 입력한다.

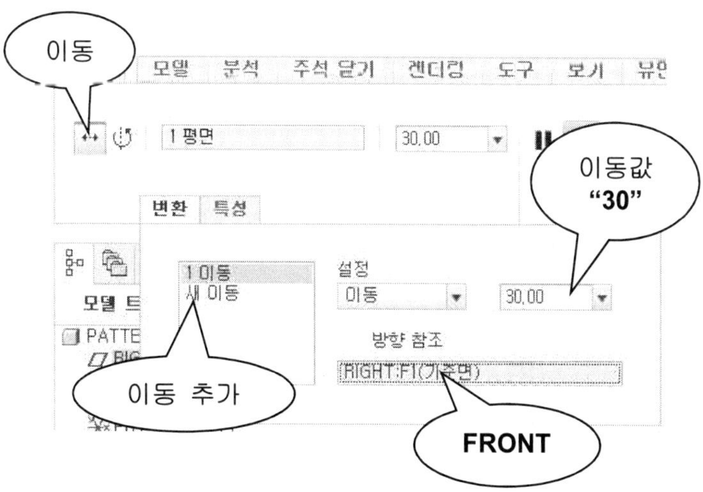

그림 7.62 붙여넣기 특수 : 이동 설정

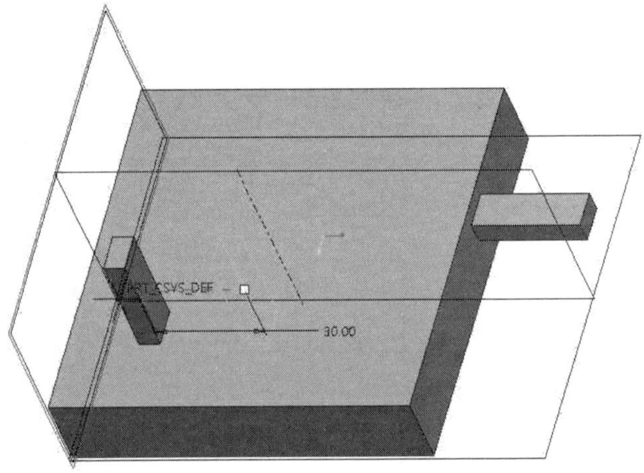

그림 7.63 붙여넣기 특수 : 이동

- 붙여넣기 특수 설정 대시보드에서 “새 이동”을 클릭하여 화면 한 가운데 있는 축을 기준으로 반시계방향으로 60°만큼 회전시킨다.
- 설정이 끝나면 작업 완료 아이콘( )을 클릭하여 작업을 완료한다.

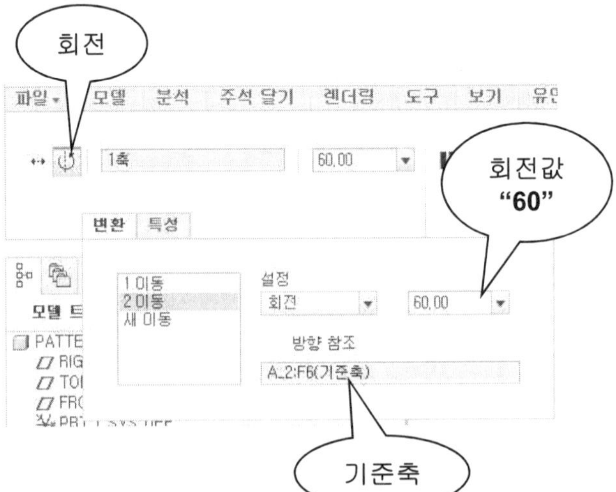

그림 7.64 붙여넣기 특수 : 회전 추가

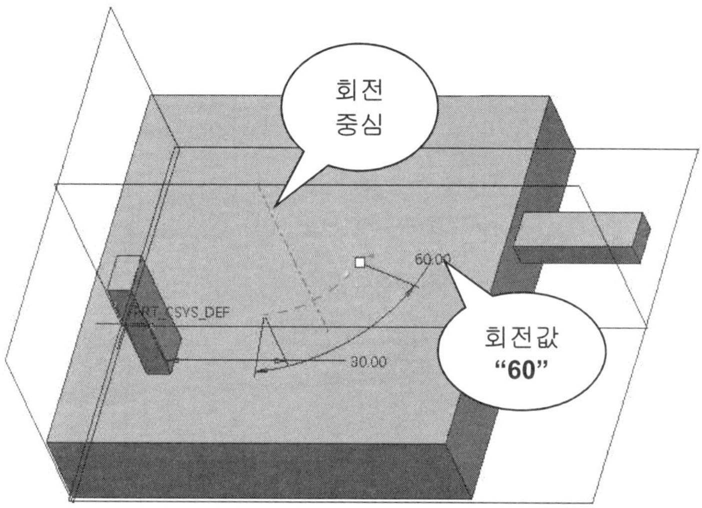

그림 7.65 붙여넣기 특수 : 회전

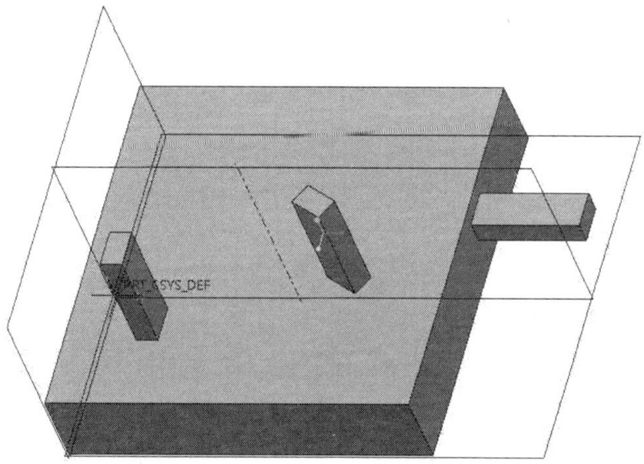

그림 7.66 붙여넣기 특수 완료

7.3 대칭복사(Mirror)

대칭구조를 가진 feature를 생성할 때 편리한 방법이다. 대칭복사는 원본 feature를 대칭의 중심이 되는 면에 대하여 복사하는 방법인데, feature의 하나만 생성한 후 기준면에 대하여 대칭복사를 하여 대칭 형상을 쉽게 생성할 수 있다. 대칭복사된 feature는 원본 feature에 대하여 종속적일 수도 있고 독립적일 수도 있다. 어셈블리 작업에서 부품을 대칭복사하여 새부품 모델을 생성할 수 있다. 이 방법은 대칭인 부품을 일일이 작업을 하지 않고도 어셈블리 작업 시에 대칭복사 방법을 이용하여 부품을 생성할 수 있는 아주 편리하고도 중요한 방법이다.

[대칭복사]

- 복사/붙여넣기에 사용된 밀어내기 돌출 feature를 대칭복사한다.
  - 밀어내기 돌출 feature를 선택하면 "대칭복사" 아이콘이 활성화되면 클릭한다.

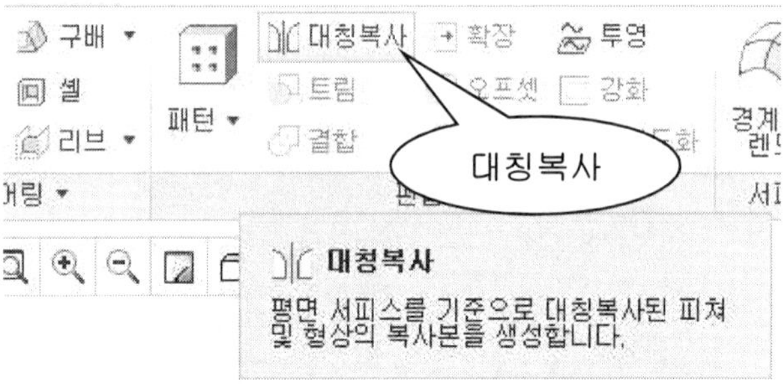

그림 7.67 대칭복사 아이콘

  - 그림 7.68과 같이 FRONT 평면에 대하여 대칭복사를 수행한다(대칭평면 선택 시에 선택하고자 하는 평면이 켜져 있어야 선택이 가능하다).
  - 설정이 끝나면 작업 완료 아이콘(✔)을 클릭하여 작업을 완료한다.

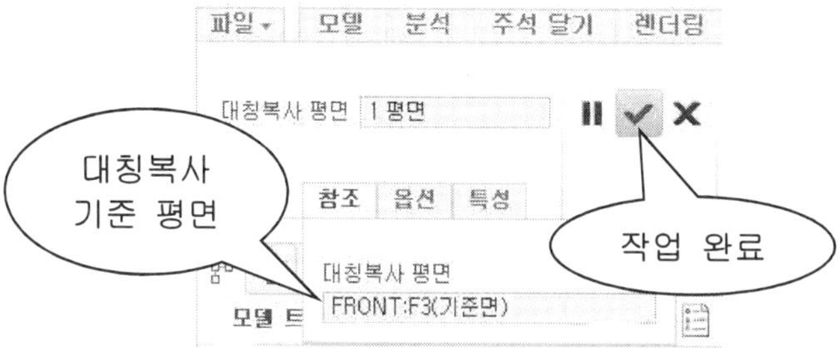

그림 7.68 대칭복사 설정 대시보드

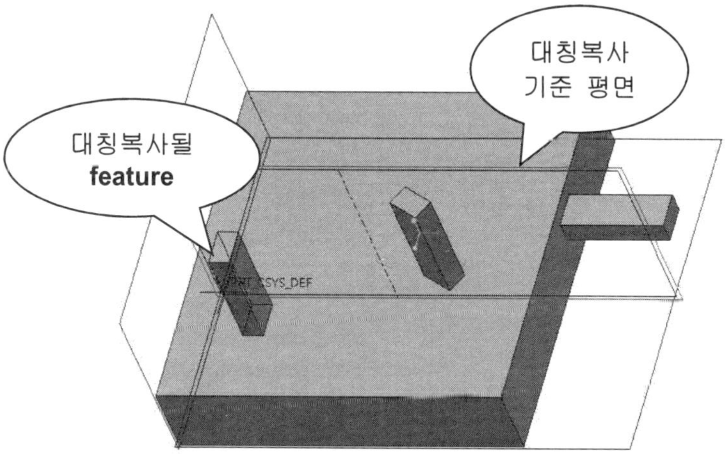

그림 7.69 대칭복사 설정

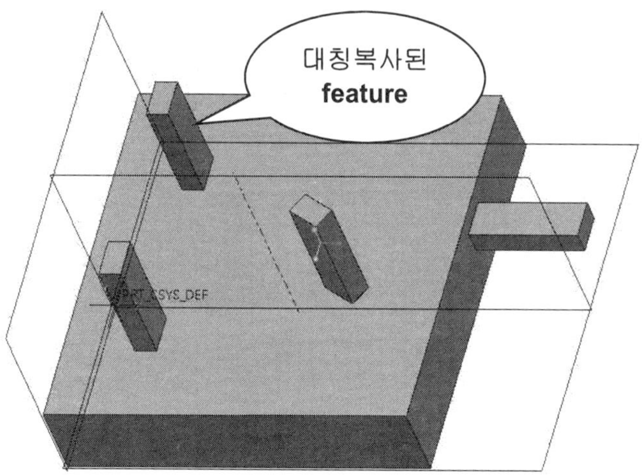

그림 7.70 대칭복사 완료

[참고예제 7.1]

★ [spur_gear.prt 만들기] 다음 표와 같은 치수의 평 기어(spur gear)를 그리는 연습을 해보도록 한다.

피치원	24mm	치끝 지름	28mm
치저 지름	19mm	잇 수	12
압력각	20°	이 두께	15°(π/12)

기어 관련 기본 식

모듈 : m, 피치원 지름 : D, 잇 수 : Z, 원주피치 : t, 이 두께 : S

① $D = Z \cdot m$ ② $S = \frac{m\pi}{2} = \frac{D\pi}{2Z} = \frac{24\pi}{2 \times 12} = \pi$

원주길이 $S = r\theta$ 이용 ➔ $\theta = \frac{S}{r} = \frac{\pi}{12} = 15^{\circ}$

- 부품 모델링 작업 시작
  - 새로운 작업을 실행 : 파일 ➔ 새로 만들기 또는 New 아이콘을 클릭한다.
  - 유형 : ⦿ 부품 check, 하위 유형 : ⦿ 솔리드 check
  - 기본템플릿 사용 안함 : 그림과 같이 mm 단위계 선택 : solid_part_mmks

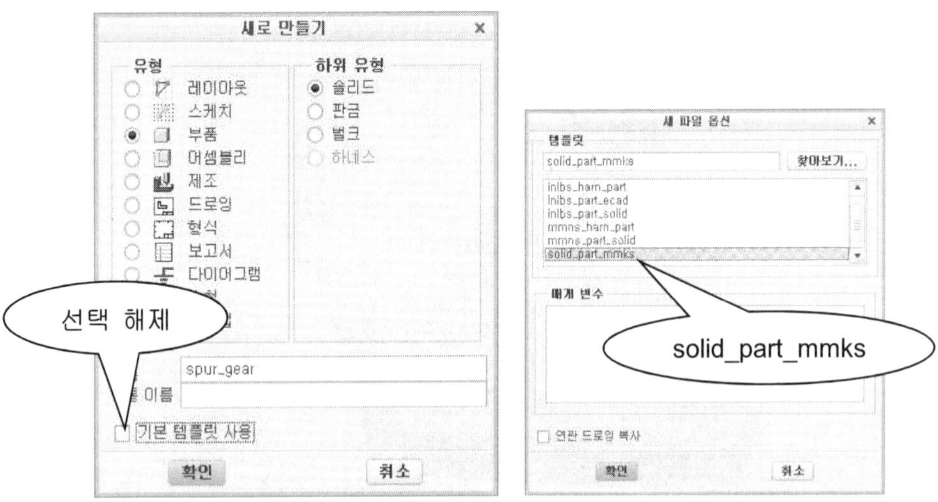

그림 7.71 새로 만들기 옵션 : 기본 템플릿 사용 안했을 시

- 기어 치형의 기본 곡선 생성 : 인벌류트 치형 곡선을 이용
    - 방정식으로부터의 커브 아이콘을 클릭하여 커브 생성

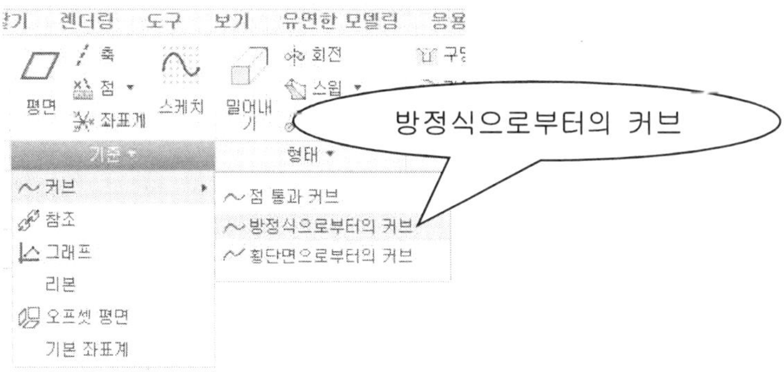

그림 7.72 기준 커브 : 방정식으로부터의 커브

그림 7.73 대시보드 설정

- 그림 7.73과 같이 좌표계 설정은 카티시안으로 설정한 후 “참조”를 클릭하면 좌표계를 선택할 수 있는데 화면 한 가운데에 있는 좌표계 “PRT_CSYS_DEF”를 선택한다.

그림 7.74 기준 커브 생성 : 좌표계 선택

- 대시보드에서 "방정식"을 클릭하면 방정식 입력 창이 활성화된다. 다음과 같이 방정식을 입력한다(방정식을 정확하게 입력하여야 오류가 나지 않으니 주의하여 입력을 해야 함).

```
pitch_diameter=24
pressure_angle=20
r=(pitch_diameter/2)*cos(pressure_angle)
theta = t*90
theta_rad=(3.1416/180)*t*90
x=r*cos(theta)+r*theta_rad*sin(theta)
y=r*sin(theta)-r*theta_rad*cos(theta)
```

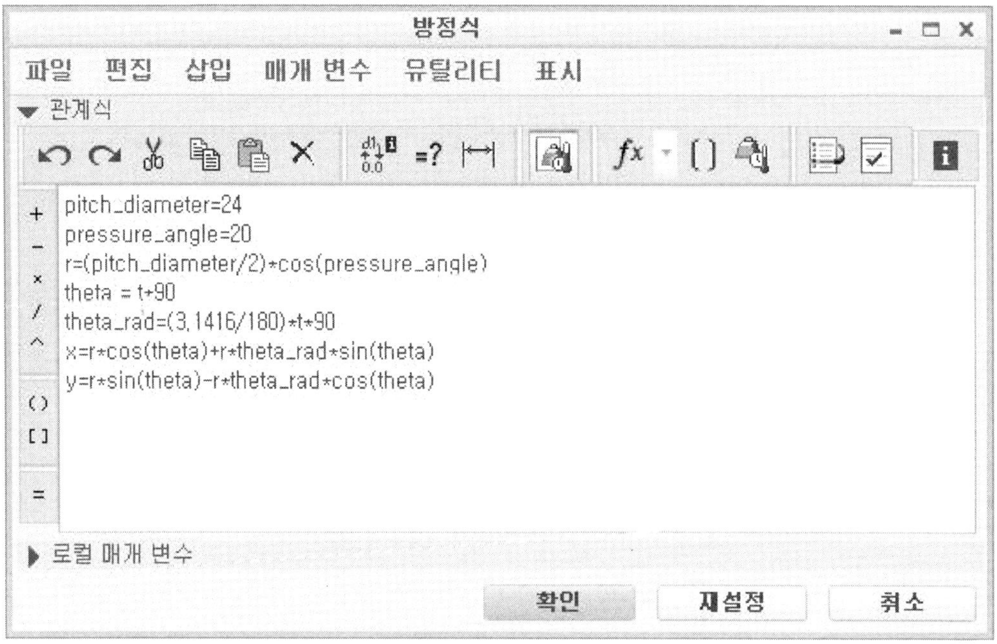

그림 7.75 방정식 입력 창

- 방정식 입력 창에서 확인 버튼을 클릭하여 입력을 완료한다.
- 대시보드에서 확인 버튼을 클릭하여 커브 생성을 완료한다.

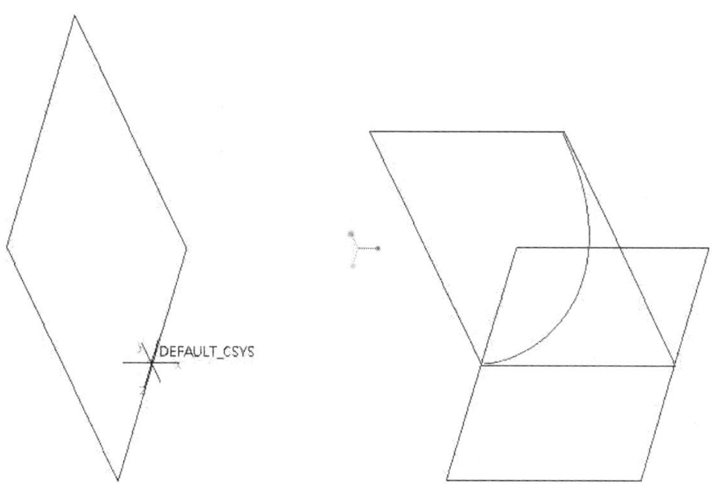

그림 7.76 기준 커브 생성 완료 : 방정식 이용

- 인벌류트 치형 곡선을 이용하여 하나의 치형을 완성
  - 스케치 아이콘( )을 클릭한다.
  - 스케치 창이 활성화되면, **FRONT** 평면을 "스케치 평면"으로 설정하고 "스케치 방향"으로 **RIGHT** 평면이 "오른쪽" 방향으로 향하게 설정한 후 스케치 버튼을 클릭한다.
  - 그림 **7.77**과 같이 스케치 환경을 "평면 디스플레이" 끄기와 "스케치 보기"로 설정한다.

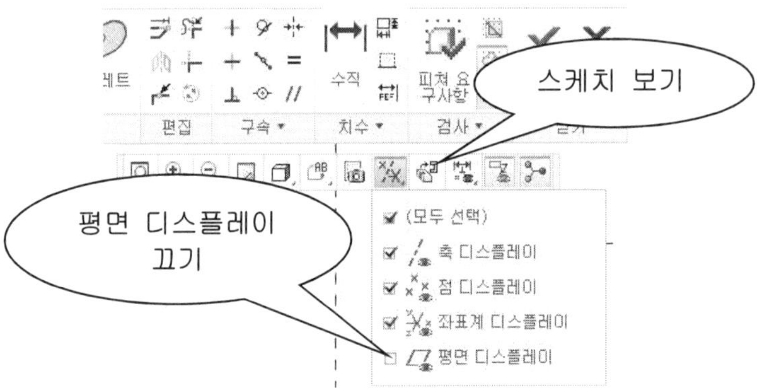

그림 **7.77** 스케치 환경 설정

  - 그림 **7.78**과 같이 스케치한다.

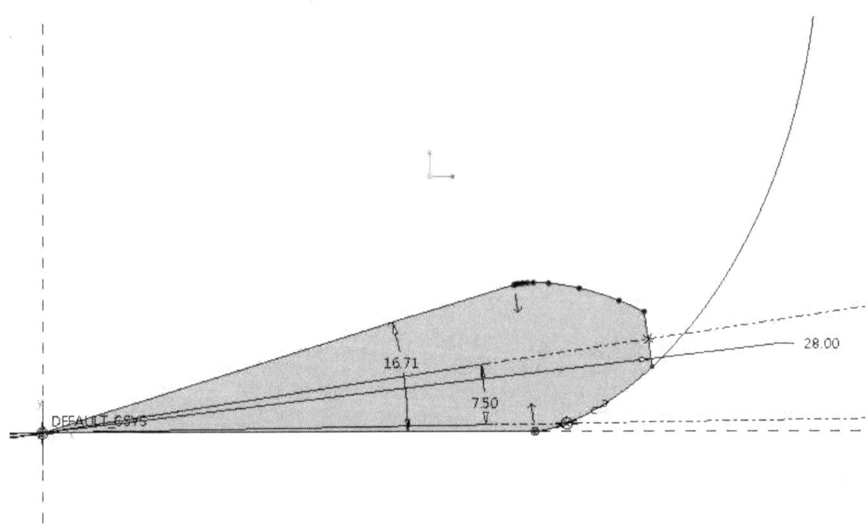

그림 **7.78** 스케치 단면

[스케치 순서]

◦ 제일 먼저 “투영” 아이콘을 클릭한 후 치형 곡선을 선택한다.

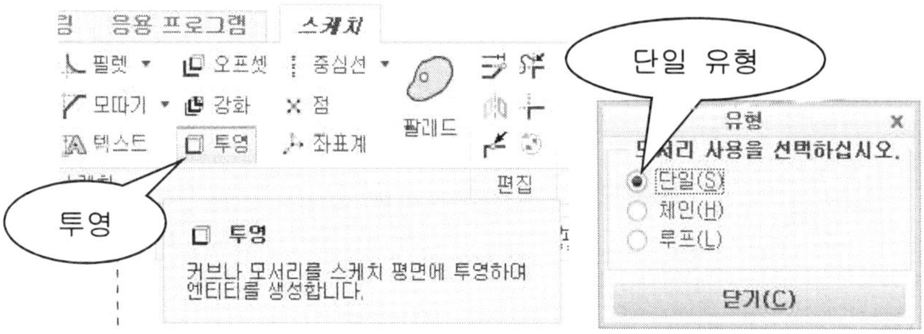

그림 7.79 투영 아이콘 : 단일 유형

◦ 피치원(중심 : 원점, 지름 : 24mm)을 그린다

◦ 치 끝원(중심 : 원점, 지름 : 28mm)을 그린다.

◦ 피치원과 인벌류트 커브 곡선이 만나는 곳에 점(point)을 추가한다.

◦ 이 점과 원점을 지나는 중심선을 하나 그린다.

◦ 원점을 지나고 첫번째 중심선에서 각도가 7.5°인 중심선을 그린다(피치원에서 이두께 15°이므로 반인 7.5°).

➔ 중심선의 기울어진 정도가 너무 작으므로 마우스 가운데 버튼인 휠을 이용하여 화면을 확대해서 중심선을 스케치한다.

◦ 두 번째 중심선을 기준으로 인벌류트 커브 곡선을 **대칭복사**한다.

◦ 인벌류트 커브 곡선의 두 끝점을 원점과 직선으로 이어서 그린다.

◦ 불필요한 부분들을 제거하여 스케치(하나의 치형)를 완성한다.

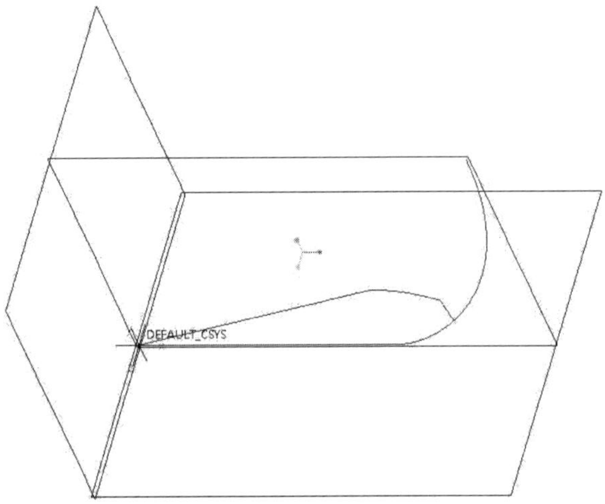

그림 7.80 스케치 완료

- 그려진 치형을 이용하여 기어 이 하나 만들기
  - 스케치된 치형을 선택한 후 “밀어내기” 아이콘을 클릭한다.
  - 양방향 돌출로 “15”만큼 생성한다.

그림 7.81 양방향 돌출 : 깊이 “15”

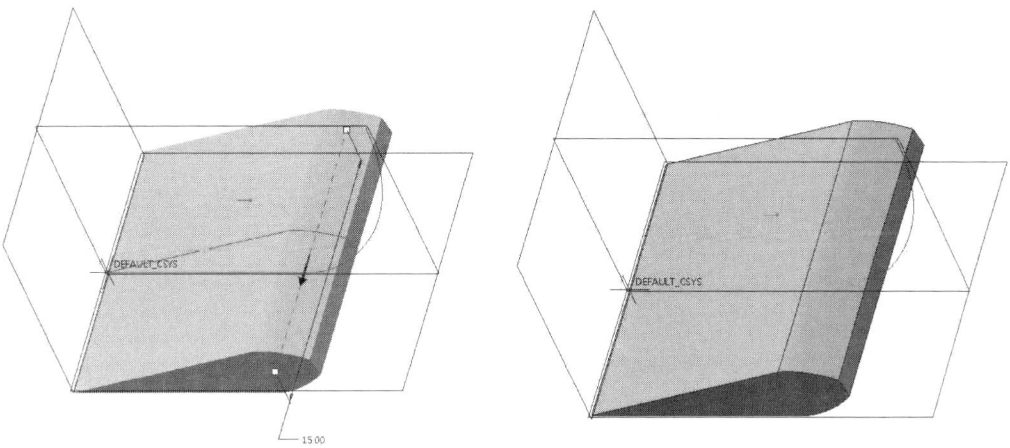

그림 7.82 기어 이 하나

- 기어 이 패턴 : 축 패턴을 이용하여 나머지 치형 만들기
  - 축 패턴을 수행하기 위해서는 기준축이 필요하다.
  - “축” 아이콘을 클릭한 후 Ctrl키를 누른 상태에서 RIGHT 평면과 TOP 평면을 클릭하여 기준축을 생성한다.

그림 7.83 기준축 생성

  - 모델트리에서 생성한 기준축이 “기어 이” 다음에 있으면 축 패턴 시에 회전축으로 사용될 수 없으므로 순서를 “기어 이” 앞에 오도록 바꾸어준다.

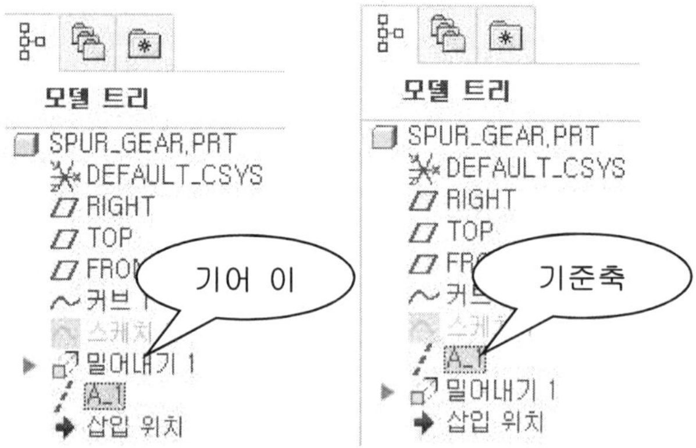

그림 7.84 모델 트리 : 축 이동

- 모델 트리에서 "기어 이"를 선택한 후 "패턴" 아이콘을 클릭하여 그림 7.85와 같이 대시보드에서 패턴의 종류로 "축"을 선택하고, 한 가운데에 만들어 놓은 A_1축을 선택하고 12개의 개수와 30도의 각도를 입력하고 완료하면 12개의 "기어 이"가 완성된다.

그림 7.85 축 패턴 설정 대시보드

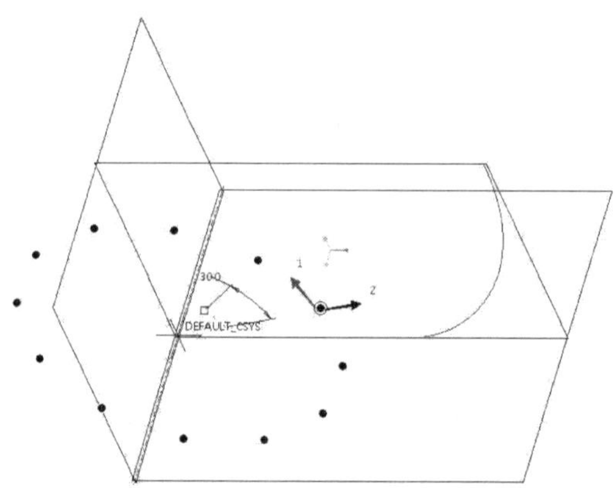

그림 7.86 축 패턴 : 30° 간격 12개 패턴

- 설정이 끝나면 완료 아이콘(✔)을 클릭하여 작업을 완료한다.

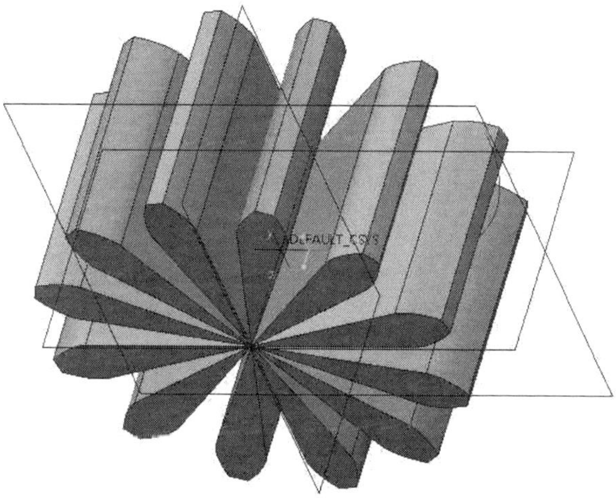

그림 7.87 기어 이 패턴

- 밀어내기 아이콘을 이용하여 중심부에 치저 지름(19mm)과 같은 원통 feature를 생성한다.
  - "스케치 평면"을 설정함에 있어서 바로 앞에서 설정한 평면에 스케치 작업을 할 경우에는 이전사용 버튼을 마우스로 클릭하면 바로 앞에서 작업한 상태의 스케치 평면 상태로 넘어간다.
  - 그림 7.88과 같이 스케치 환경을 "은선 제거"와 "스케치 보기"로 설정한다.

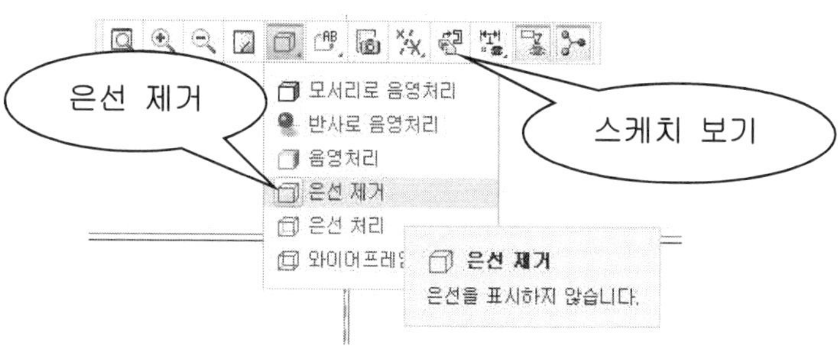

그림 7.88 스케치 환경 설정

- 그림 7.89와 같이 "중심/끝" 아이콘을 이용하여 지름 "19"의 원을 스케치한다.

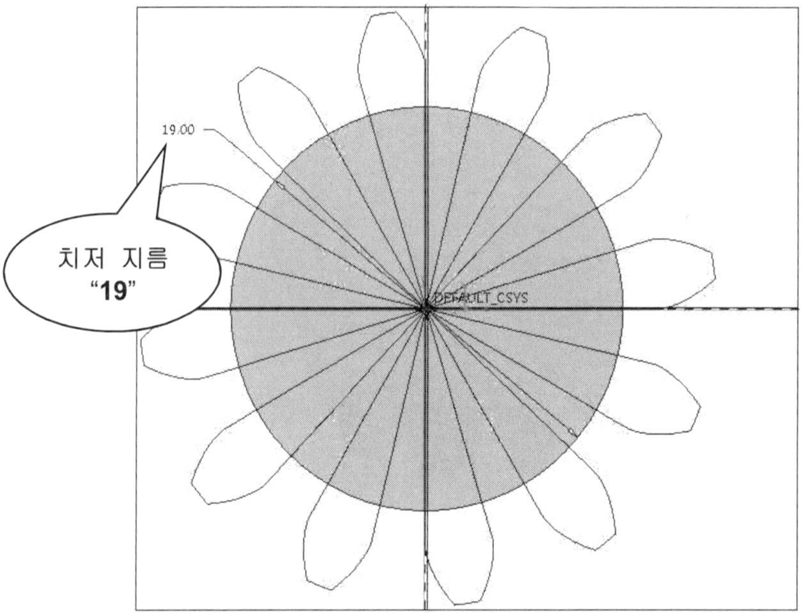

그림 7.89 스케치 단면 : 치저 지름 "19"

- 스케치 작업이 끝나면 확인 아이콘(✔)을 클릭하여 단면 작업을 마친다.
- 대시보드에서 "옵션"을 클릭하여 "측면 1"과 "측면 2"를 "선택 항목으로" 옵션을 이용하여 기어 이의 앞면과 뒷면을 설정한다.
  ⇨ 선택된 면까지 돌출을 생성하면 이전에 생성한 feature의 돌출 깊이값을 변경하더라도 동시에 변경된다.
- 작업 완료 아이콘(✔)을 클릭하여 작업을 완료한다.

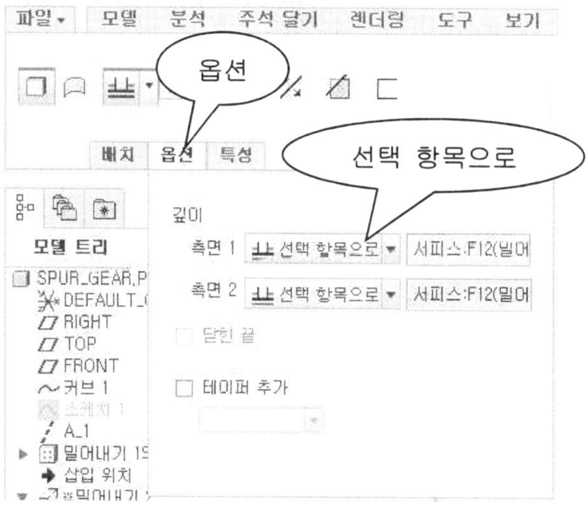

그림 7.90 대시보드 설정

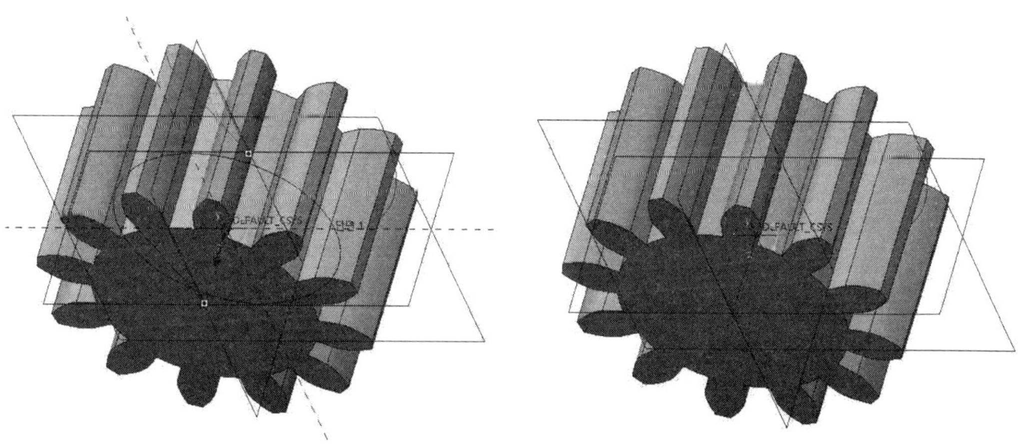

그림 7.91 스퍼 기어 완료

[참고예제 7.2]

관계식을 이용하여 전자 부품 중 connector의 연결 pin 수 변경 시 자동으로 전체 feature가 수정되도록 만들어보자.

[connector.prt 만들기]

- "밀어내기" 아이콘을 클릭하여 돌출 형상을 만든다.
  - 대시보드에서 "배치, 정의"를 클릭하여 내부 스케치를 정의한다. FRONT 평면을 스케치 평면으로 설정하고 참조 평면 방향으로 RIGHT 평면이 "오른쪽"을 향하게 설정한다.
  - 그림 7.92와 같이 스케치 환경을 "은선 제거"와 "스케치 보기"로 설정한다.

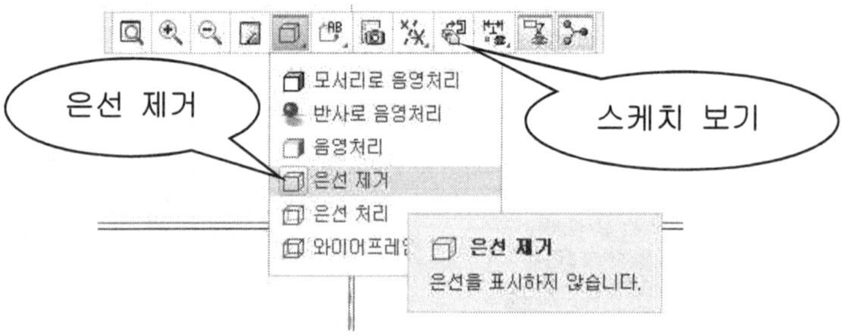

그림 7.92 스케치 환경 설정

  - 그림 7.93과 같이 수직중심선을 먼저 스케치한 후 "코너 직사각형" 아이콘을 이용하여 사각형 단면(9.9 x 4.9)을 스케치한다.

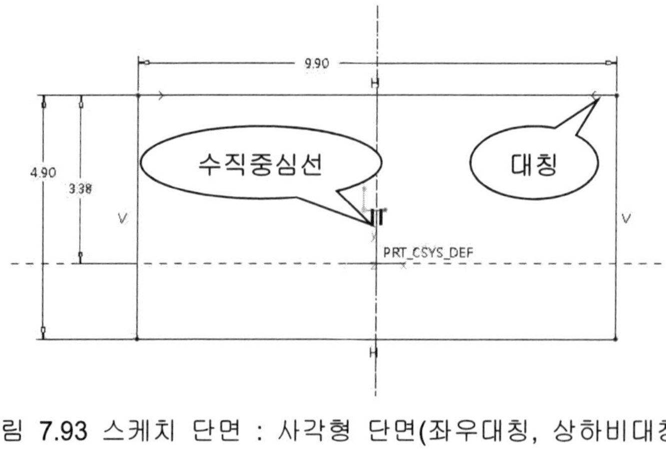

그림 7.93 스케치 단면 : 사각형 단면(좌우대칭, 상하비대칭)

- 스케치 작업이 끝나면 확인 아이콘(✔)을 클릭하여 단면 작업을 마친다.
- 그림 7.94와 같이 깊이값을 **"5.9"**로 설정한 후 작업 완료 아이콘(✔)을 클릭하면 작업이 완료된다.

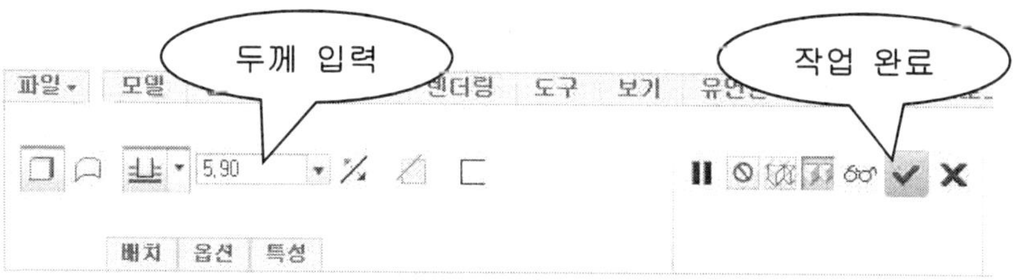

그림 7.94 대시보드 설정

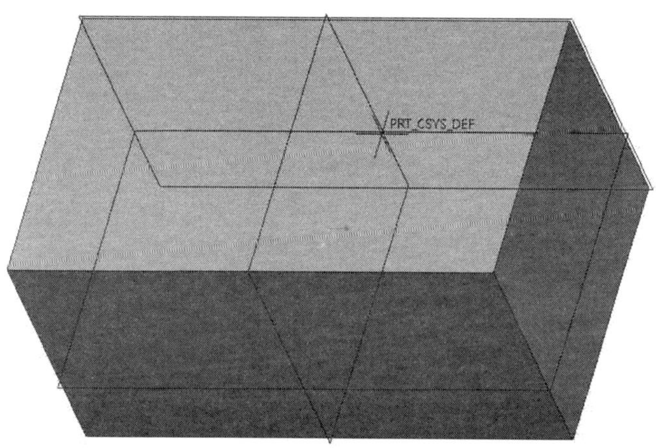

그림 7.95 밀어내기 완료

- "밀어내기" 아이콘을 이용하여 cut 형상을 만든다.
  - 대시보드에서 "배치, 정의"를 클릭하여 내부 스케치를 정의한다. 오른쪽 측면을 스케치 평면으로 설정하고 참조 평면 방향으로 TOP 평면이 "위쪽"을 향하게 설정한다.

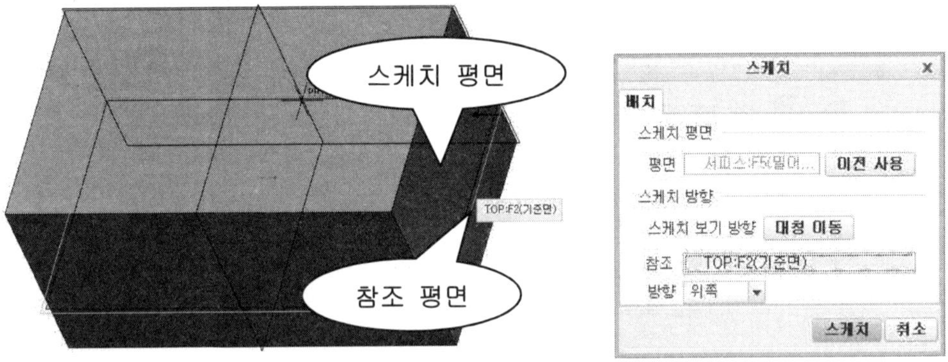

그림 7.96 스케치 평면 설정

- 그림 7.97과 같이 스케치 환경을 "은선 제거"와 "스케치 보기"로 설정한다.

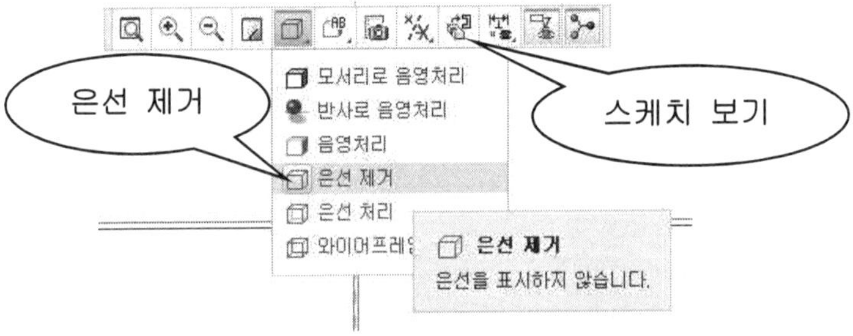

그림 7.97 스케치 환경 설정

- 스케치 상태에 들어가면 그림 7.98과 같이 스케치한다.

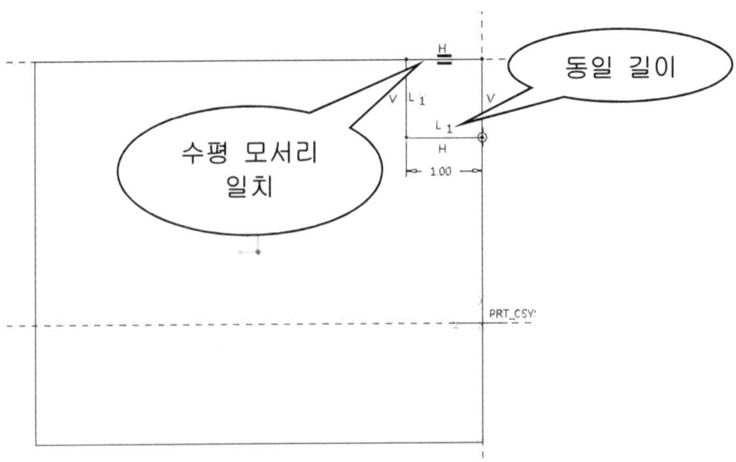

그림 7.98 스케치 단면(정사각형 1 x 1)

- 스케치 작업이 끝나면 확인 아이콘(✔)을 클릭하여 단면 작업을 마친다.
- 그림 7.99와 같이 "재료 제거"를 선택하고, 깊이값 설정으로 "관통"을 클릭한 후 작업 완료 아이콘(✔)을 클릭하면 작업이 완료된다.

그림 7.99 대시보드 설정

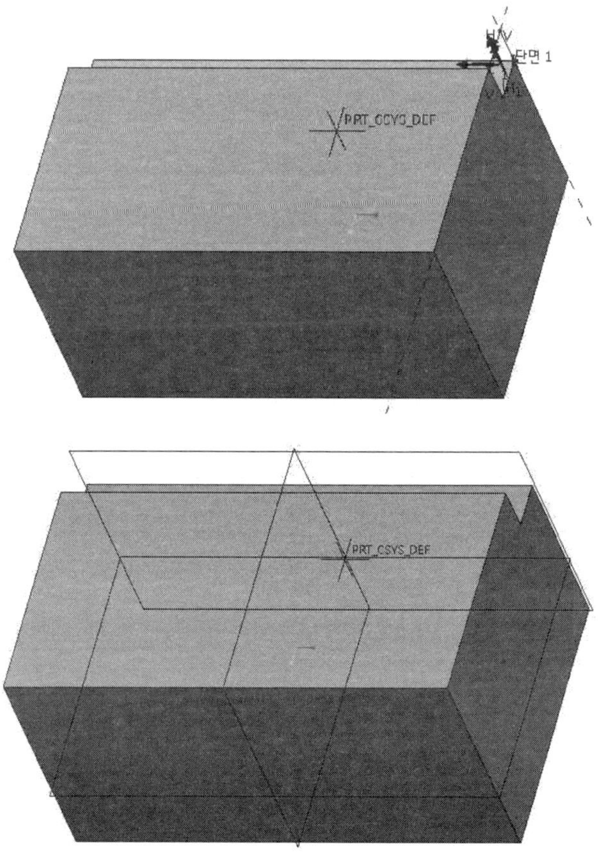

그림 7.100 밀어내기 cut 완료

- "밀어내기" 아이콘을 이용하여 cut 형상을 만든다.
  - 대시보드에서 "배치, 정의"를 클릭하여 내부 스케치를 정의한다. 형상의 정면을 스케치 평면으로 설정하고 참조 평면 방향으로 RIGHT 평면이 "오른쪽"을 향하게 설정한다.

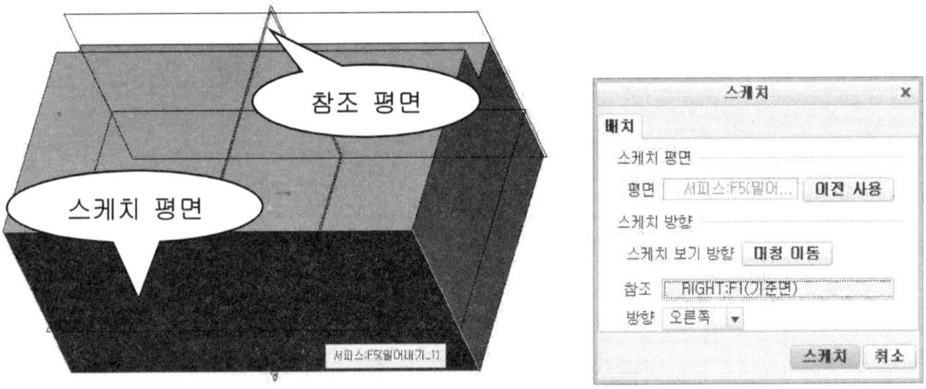

그림 7.101 스케치 평면 설정

  - 스케치 환경을 "은선 제거"와 "스케치 보기"로 설정한 후 그림 7.102와 같이 수직중심선을 먼저 스케치한 후 "코너 직사각형" 아이콘을 이용하여 좌우 대칭으로 스케치한다(반드시 치수는 주어진 단면대로 설정한다).

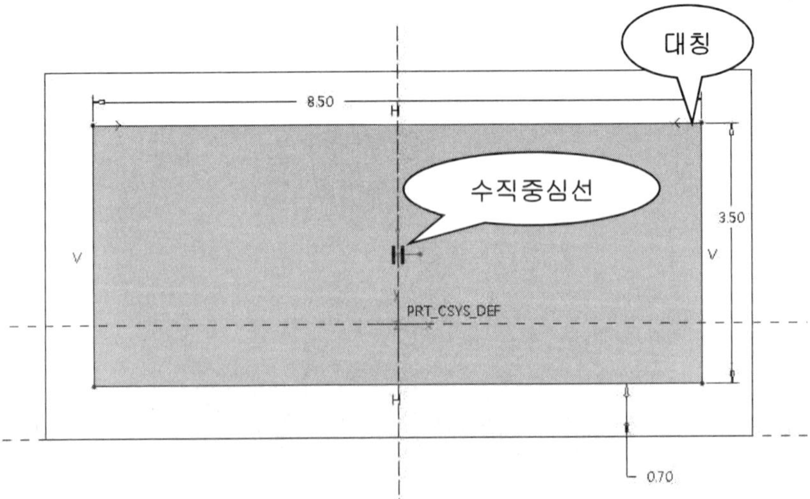

그림 7.102 스케치 단면(직사각형 8.51 x 3.5)

- 스케치 작업이 끝나면 확인 아이콘(✔)을 클릭하여 단면 작업을 마친다.
- 그림 7.103과 같이 "재료 제거"를 선택하고, 깊이값을 "4"로 설정한 후 작업 완료 아이콘(✔)을 클릭하면 작업이 완료된다.

그림 7.103 대시보드 설정

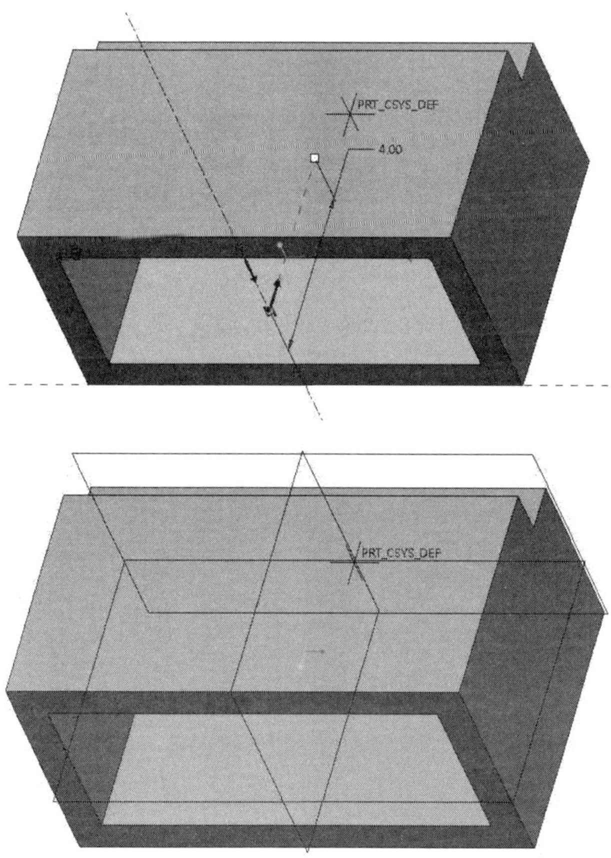

그림 7.104 밀어내기 cut 완료

- "밀어내기" 아이콘을 이용하여 돌출 형상을 만든다.
  - 대시보드에서 "배치, 정의"를 클릭하여 내부 스케치를 정의한다. 형상의 바닥면을 스케치 평면으로 설정하고 참조 평면 방향으로 RIGHT 평면이 "왼쪽"을 향하게 설정한다.

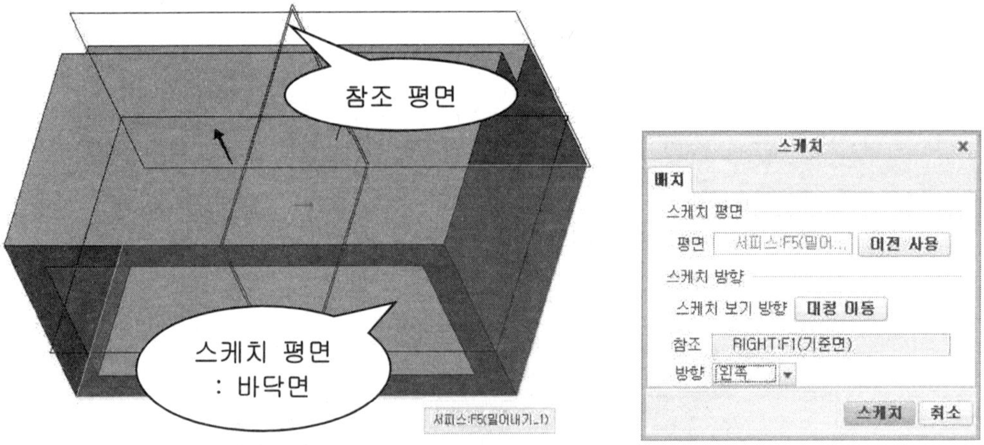

그림 7.105 스케치 평면 설정

  - 스케치 환경을 "은선 제거"와 "스케치 보기"로 설정한 후 그림 7.106과 같이 "참조" 아이콘을 클릭한 후 그림 107과 같이 좌, 우 두 모서리를 선택하여 참조를 추가한다.

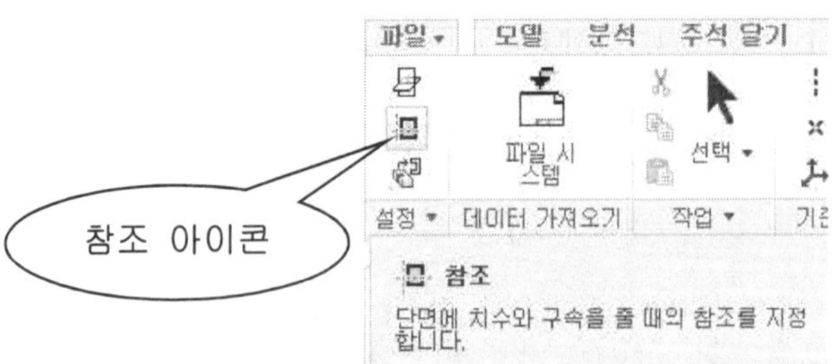

그림 7.106 참조 아이콘

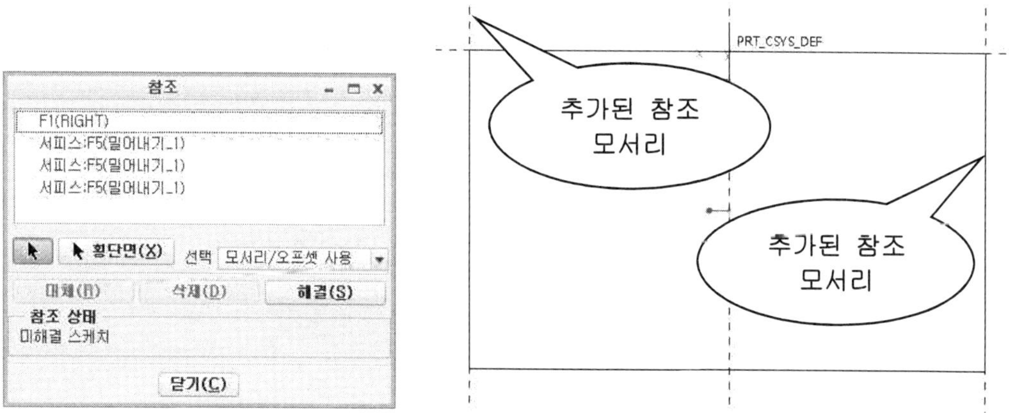

그림 7.107 참조 모서리 추가

- 그림 7.108과 같이 "선 체인" 아이콘을 이용하여 오른쪽 단면을 차례대로 스케치한 후 치수를 설정한다.

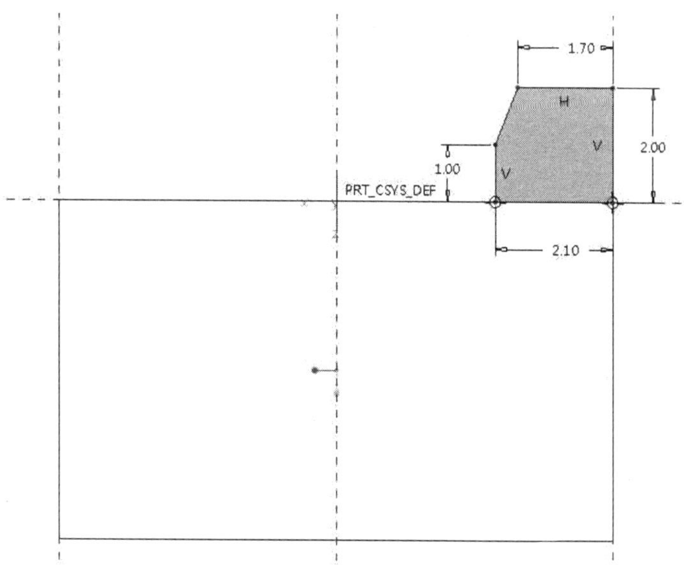

그림 7.108 스케치 단면 : 오른쪽 단면

- 왼쪽 단면은 그림 7.109와 같이 오른쪽 단면과 "동일 길이"가 되도록 ①, ②, ③번 점을 클릭하여 직선 2개를 스케치한 후 "휠" 버튼을 클릭한다. ④, ⑤, ⑥,

⑦번 점을 클릭하여 나머지 직선을 스케치한다(직선을 스케치할 때 오른쪽 단면의 치수와 "동일 길이" 표시가 나타날 때 스케치한다).

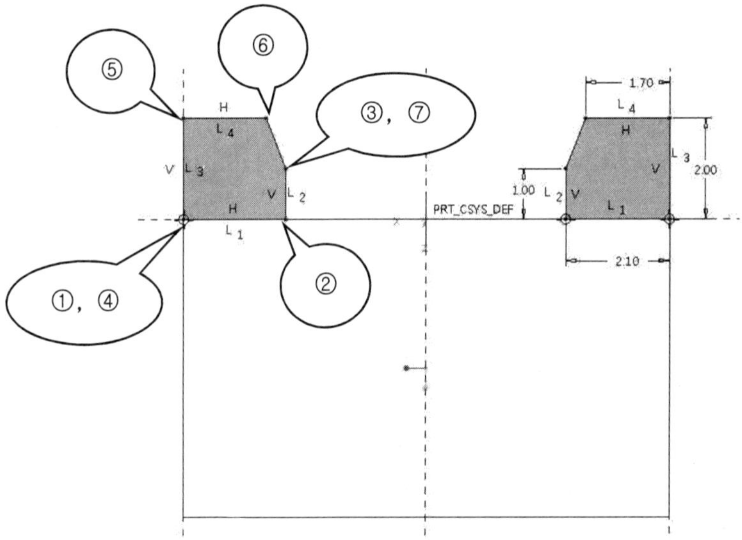

그림 7.109 스케치 단면 : 왼쪽 단면

- 스케치 작업이 끝나면 확인 아이콘(✔)을 클릭하여 단면 작업을 마친다.
- 그림 7.110과 같이 돌출 깊이값을 "1"로 설정한 후, 방향 전환을 클릭하여 설정한 후 작업 완료 아이콘(✔)을 클릭하면 작업이 완료된다.

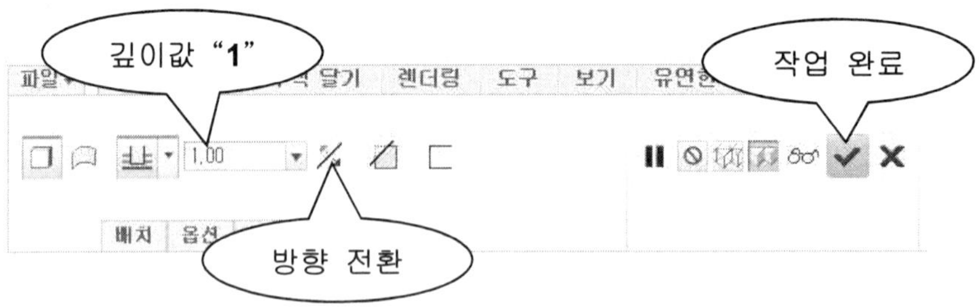

그림 7.110 대시보드 설정

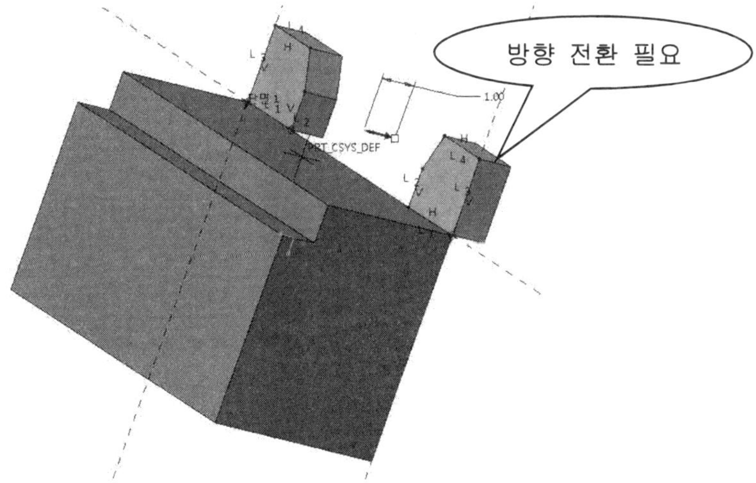

그림 7.111 밀어내기 방향 설정

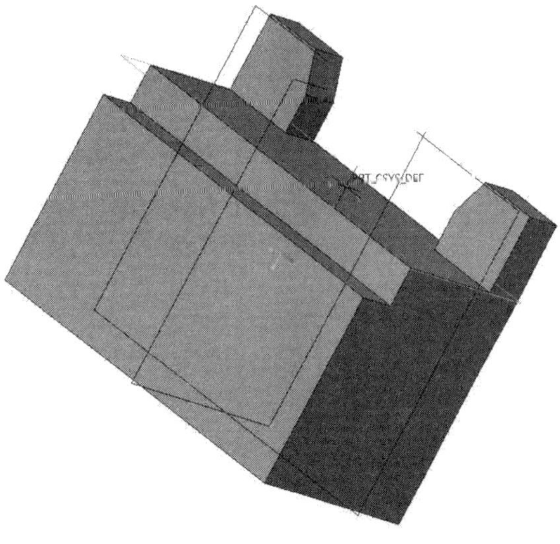

그림 7.112 밀어내기 완료

- 모서리 모따기(Chamfer) 작업
    - "모서리 모따기" 아이콘( )을 클릭하면 그림 7.114와 같이 모따기 작업에 관하여 설정할 수 있는 내용이 나타난다.
    - Ctrl키를 누른 상태에서 안쪽 두 모서리를 선택한다.

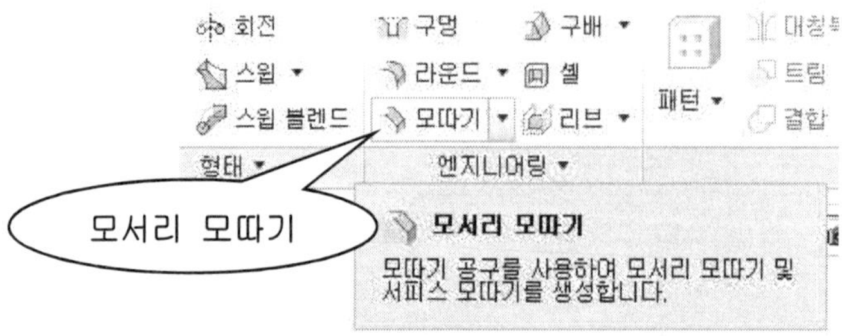

그림 7.113 모서리 모따기 아이콘

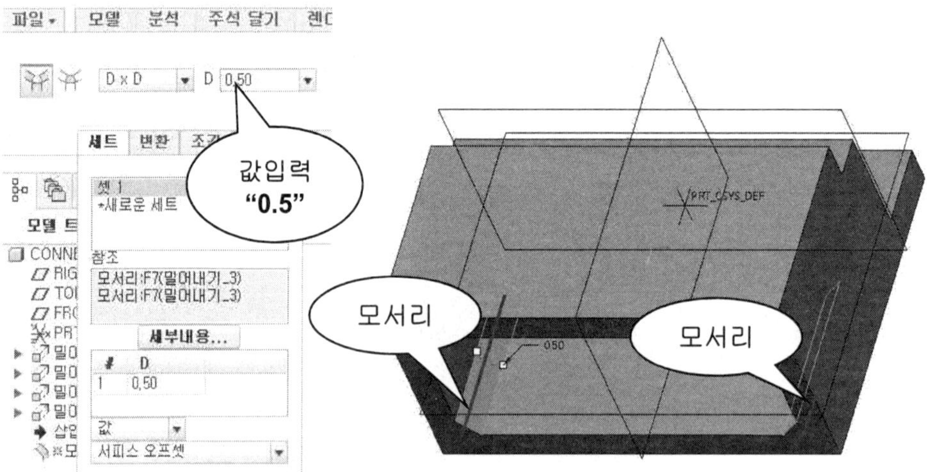

그림 7.114 모서리 모따기 설정 : 셋 1

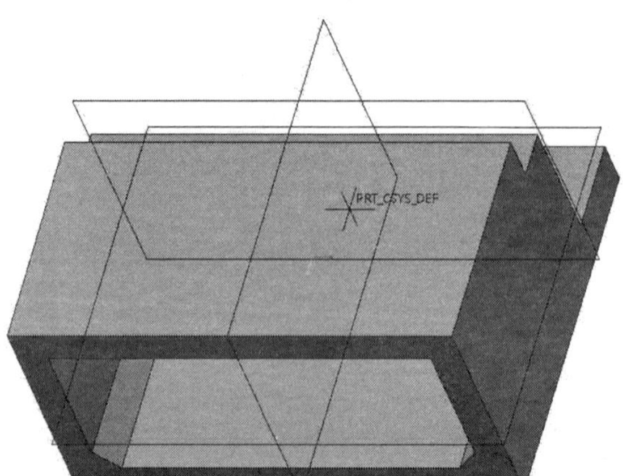

그림 7.115 모서리 모따기 완료

- 스윕 궤적 스케치
  - "평면" 아이콘을 클릭한 후 형상의 우측면을 선택하면 그림 7.116과 같이 오프셋 기본 방향과 반대로 생성할 것이므로 "-2.45"만큼 오프셋으로 생성한다.

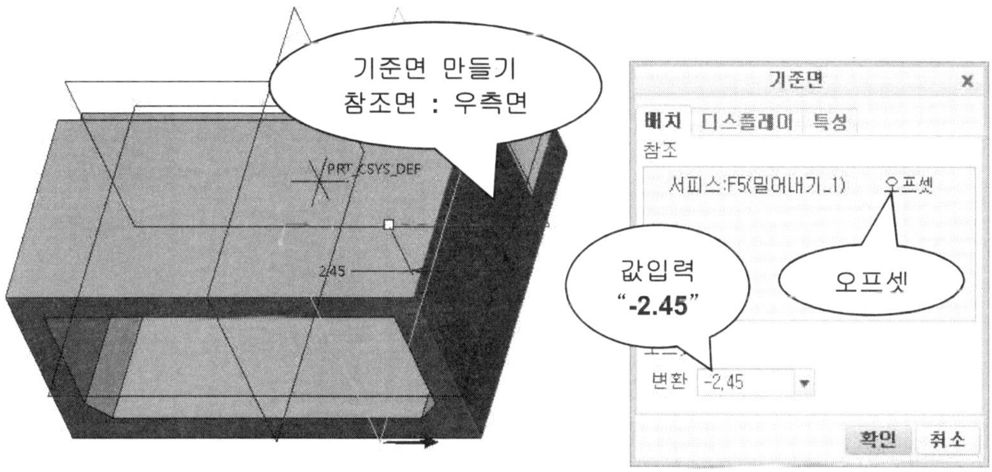

그림 7.116 오프셋 : 면과 일정한 간격으로 평면 설정

  - 스케치 아이콘( )을 클릭하여 오프셋으로 생성한 기준면을 스케치 평면으로 설정하고 참조 평면 방향으로 FRONT 평면이 "아래쪽"을 향하게 설정한다.

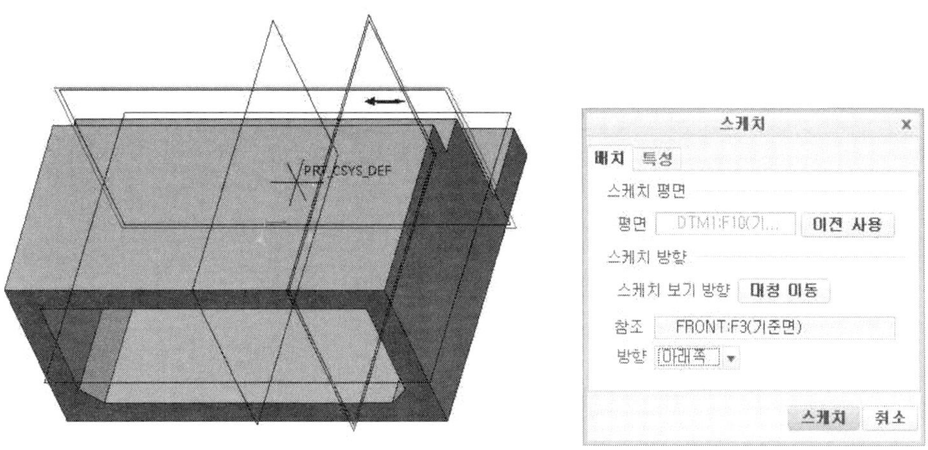

그림 7.117 스케치 평면 설정:

- 그림 7.118과 같이 스케치 환경을 "와이어프레임", "평면 디스플레이" 끄기, "스케치 보기"로 설정한다.

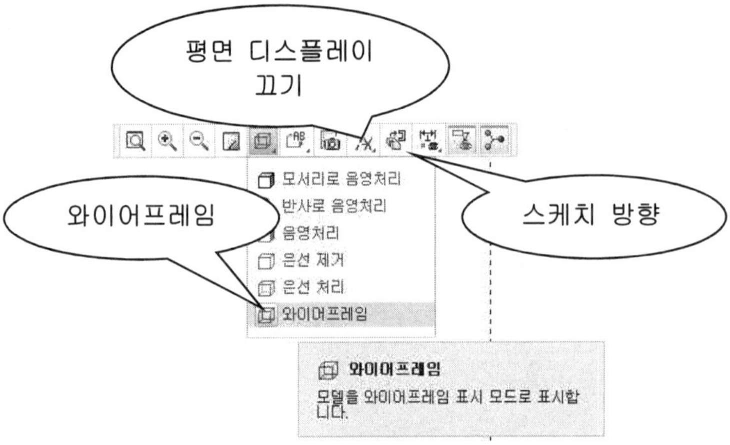

그림 7.118 스케치 환경 설정

- 스케치 상태에 들어가면 그림 7.119와 같이 궤적을 스케치한다.
  ⇨ 시작점을 고려하여 아래에서부터 직선을 스케치한다.
  ⇨ "선 체인" 아이콘을 이용하여 직선 2개를 스케치한 후 "원형 트림" 아이콘을 이용하여 "0.35"만큼 fillet 처리한다.

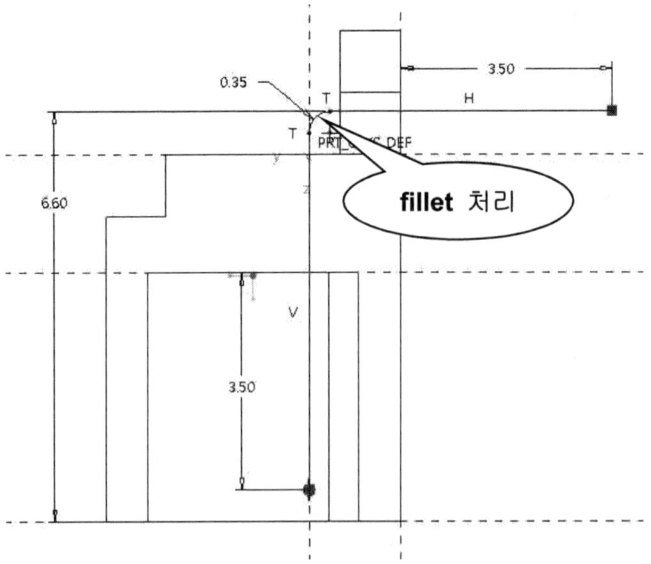

그림 7.119 궤적 스케치

- 궤적 스케치 작업이 끝나면 확인 아이콘(✔)을 클릭하여 작업을 마친다.

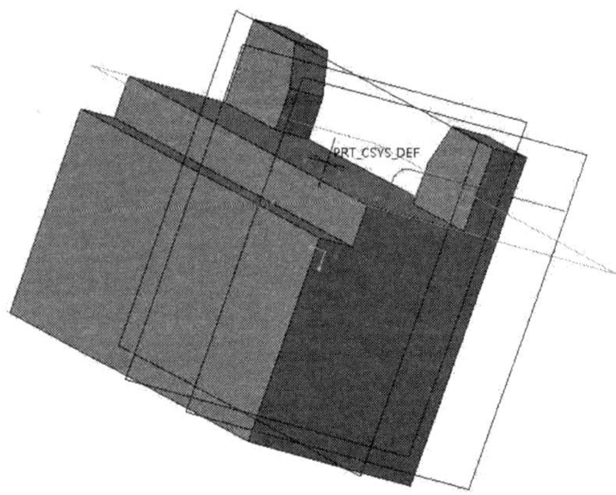

그림 7.120 궤적 스케치 완료

- "스윕" 아이콘( )을 이용하여 돌출 형상을 만든다.
  - 스윕 설정 대시보드에서 그림 7.121과 같이 참조 항목을 클릭하면 궤적을 설정할 수 있도록 해준다.

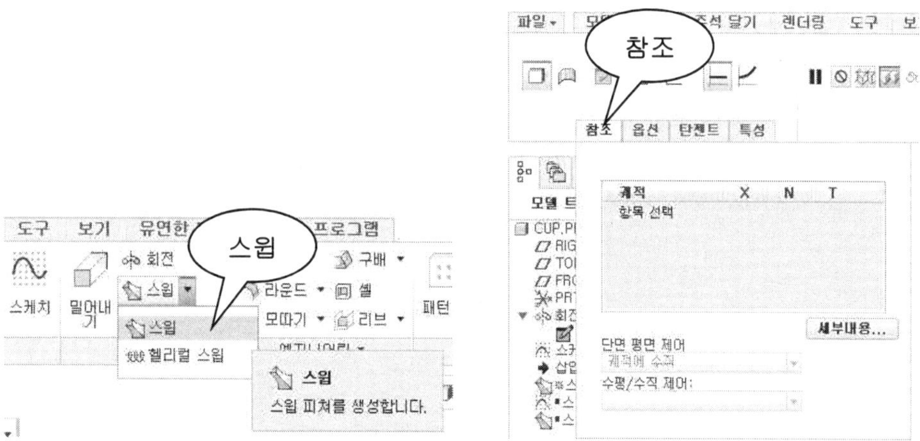

그림 7.121 스윕 아이콘과 대시보드

- 그림 7.122와 같이 궤적을 선택하면 서피스 단면을 생성 또는 편집해줄 수 있는 아이콘이 활성화된다. 선택된 궤적에서 시작점을 변경하고 싶으면 "세부내용" 버튼을 클릭하여 시작점의 위치를 바꾸어준다.

그림 7.122 스윕 궤적 선택

- 서피스 단면을 생성 또는 편집해주는 아이콘을 클릭하여 스윕 단면 스케치 상태로 들어가면, 그림 7.123과 같이 “중심/점” 원 아이콘을 이용하여 지름 “0.7”인 원을 스케치한다.

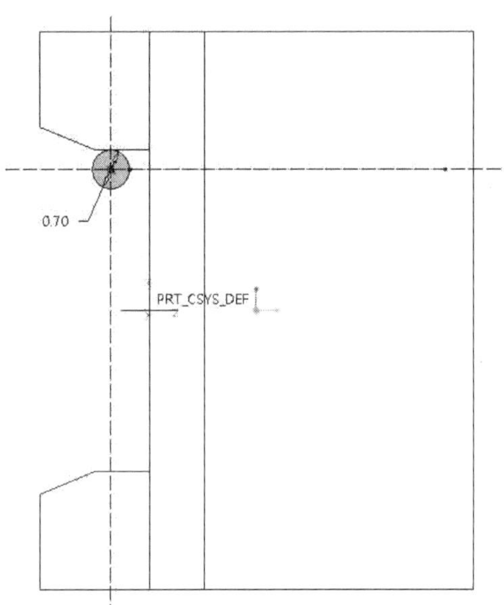

그림 7.123 스윕 단면 : 지름 “0.7”인 원 스케치

- 스케치가 끝나면 확인 아이콘(✔)을 클릭한 후 대시보드 설정 상태로 돌아와서 미리보기 아이콘을 클릭하여 작업을 확인한 후 작업을 완료한다.

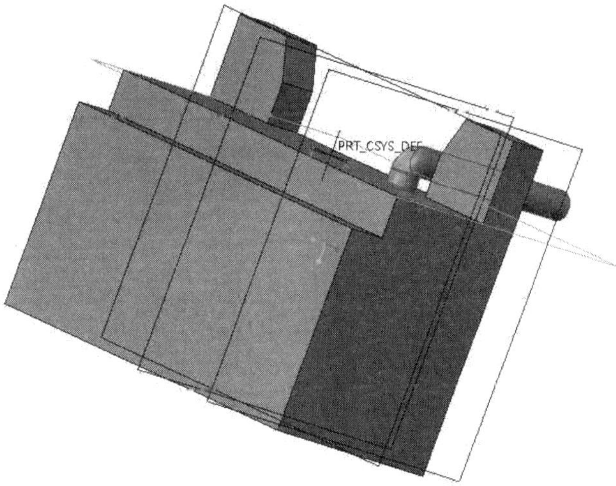

그림 7.124 스윕 완료

- 스윕 feature 패턴
  - 스윕 feature를 선택한 후 마우스 오른쪽 버튼을 클릭하면 나타나는 메뉴 중 "패턴"을 클릭한다.
  - 그림 7.126과 같이 "방향" 패턴에 사용될 평면으로 앞에서 생성한 기준면을 선택한 후 "2.5" 간격으로 3개를 패턴한다.
  - 설정이 끝나면 작업 완료 아이콘(✔)을 클릭하여 작업을 완료한다.

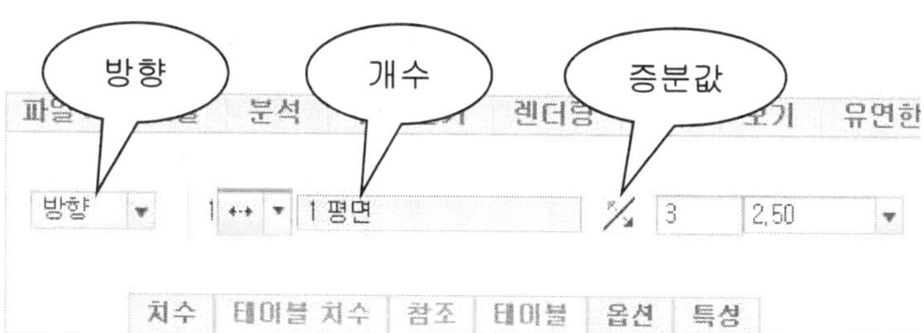

그림 7.125 스윕 설정 대시보드

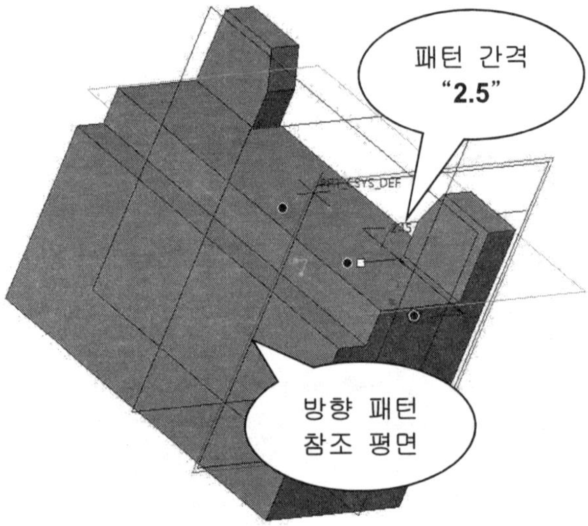

그림 7.126 방향 패턴

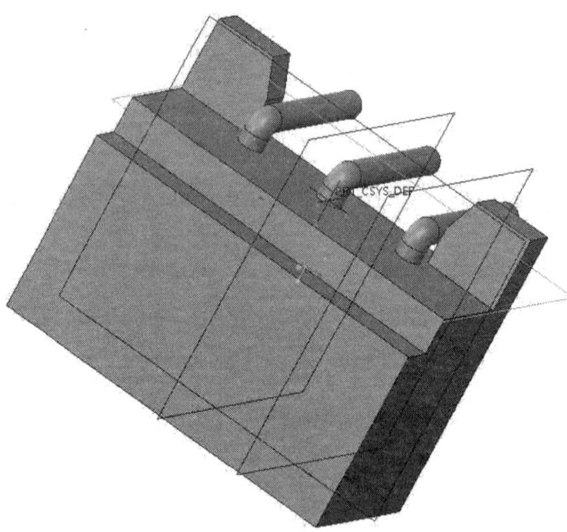

그림 7.127 치수 패턴 완료

- 연결핀 고정부 만들기
  - 밀어내기 아이콘을 이용하여 형상을 만든다.
  - "스케치 평면"으로 앞에서 만들어진 형상의 **바닥면**을 선택하고, 참조 평면 방향으로 **RIGHT** 평면이 **"왼쪽"** 방향으로 향하게 설정한 후 [스케치] 버튼을

클릭한다.

➔ 형상의 바닥면을 선택할 때 모델을 회전시켜서 선택하면 가능하다.

➔ 쿼리 셀(Query Sel) : 모델 기본 뷰 상태에서 마우스 포인터를 적당한 위치에 가져다 놓은 상태에서 마우스 오른쪽 버튼을 클릭하면 현재 선택할 수 있는 feature가 표시되므로 차례로 마우스 오른쪽 버튼을 클릭해가면서 원하는 스케치 평면이 나타나면 왼쪽 버튼을 클릭하여 선택한다.

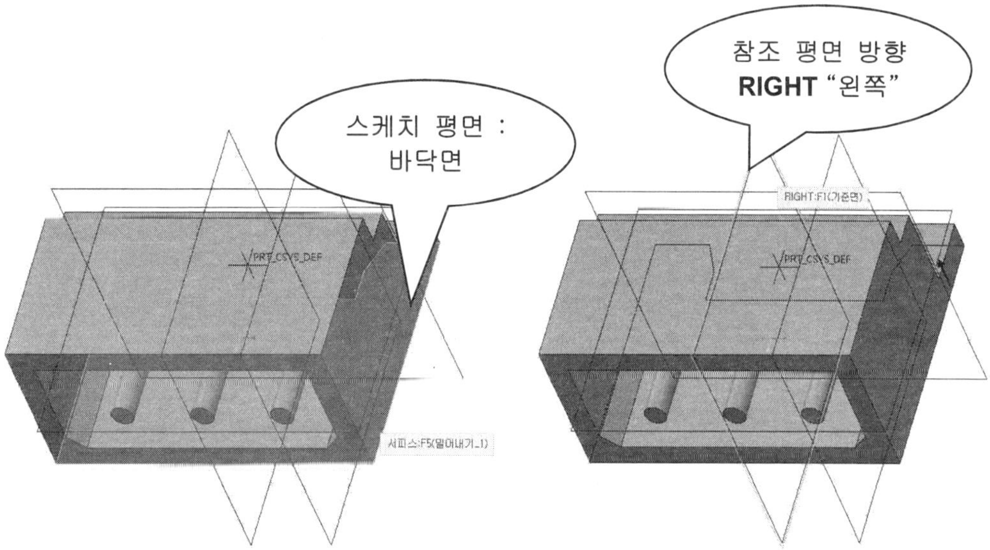

그림 7.128 스케치 평면 설정

- 스케치 상태에 들어가면 그림 7.129와 같이 "선 체인" 아이콘을 이용하여 스케치한다

  ⇨ 스케치 시에 스윕 원형 단면에 정렬시키지 말아야 한다.

  ⇨ 구속 조건 설정 1 : 선의 두 부분을 각각 "같음" 구속을 설정한다.

  ⇨ 구속 조건 설정 2 : 두 선을 "수평" 구속을 설정한다.

- 단면 작업이 끝나면 확인 아이콘을 클릭한다.
- 돌출 방향은 바닥면에서 위쪽으로 돌출 두께값으로 "1"을 설정한다.
- 작업 완료 아이콘(✔)을 클릭하여 작업을 완료한다.

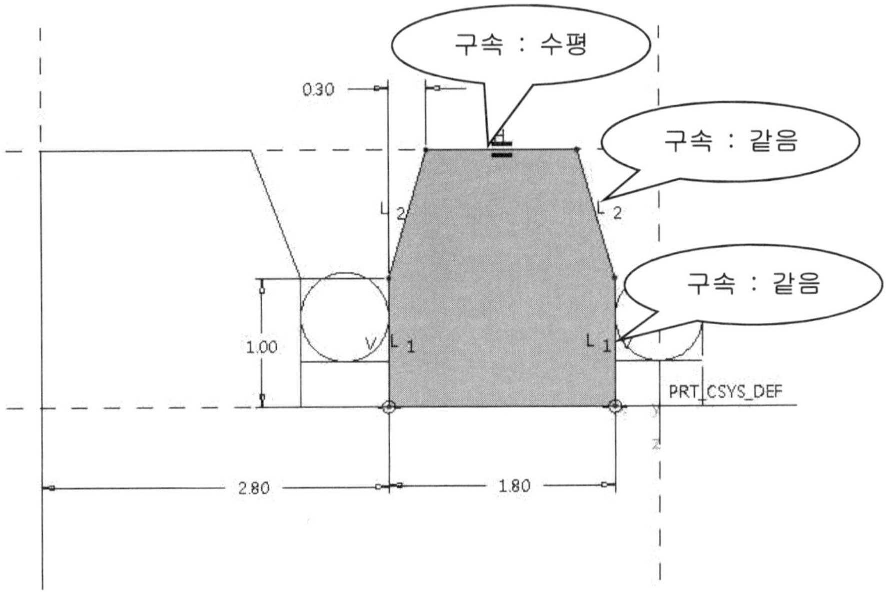

그림 7.129 스케치 단면

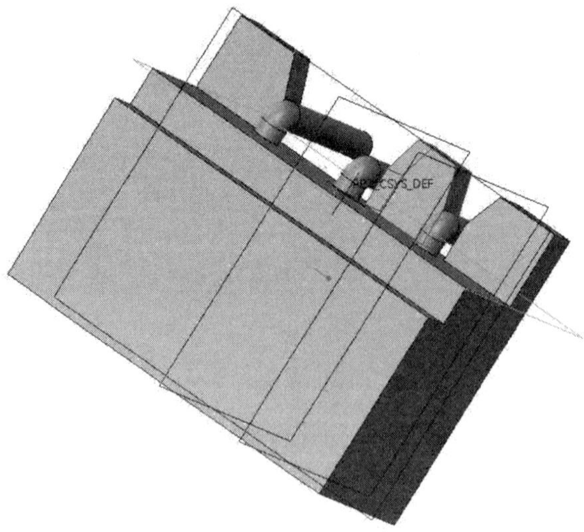

그림 7.130 밀어내기 완료

- 연결핀 고정부 패턴
  - 돌출된 연결핀 고정부를 선택한 후 마우스 오른쪽 버튼을 클릭하면 나타나는

메뉴 중 "패턴"을 클릭한다.

- 그림 7.131과 같이 오른쪽 측면에서부터 "2.8" 치수를 선택한 후 "2.5" 간격으로 2개 치수 패턴을 수행한다.

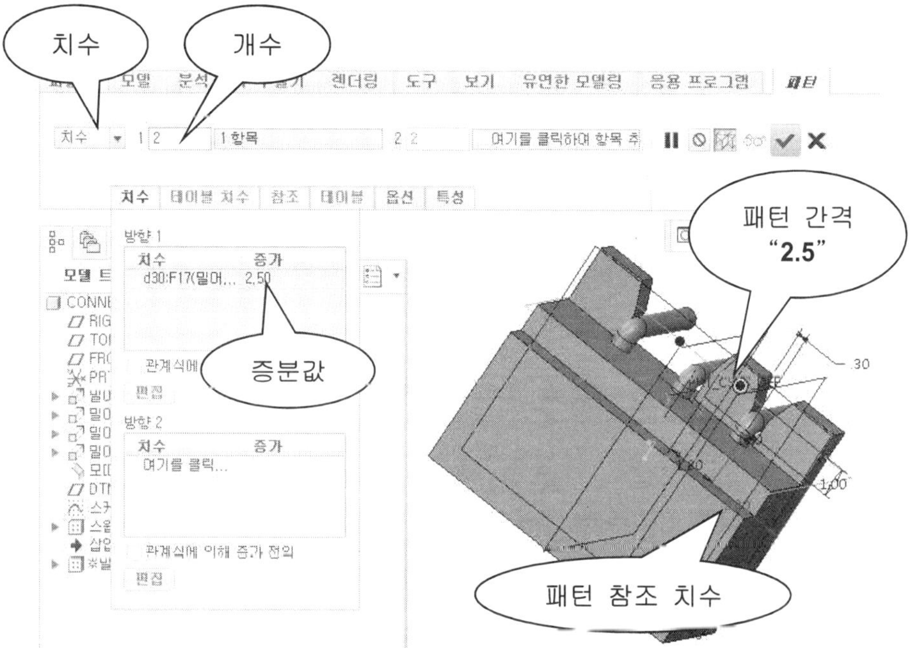

그림 7.131 치수 패턴 : 한 방향

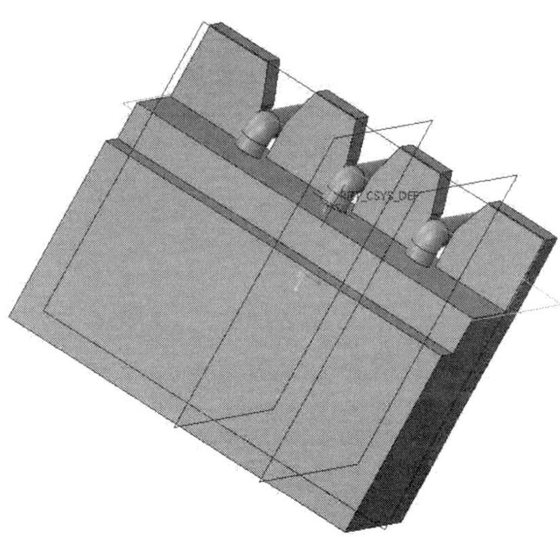

그림 7.132 패턴 완료

★ 참고 : 관계식**(Relation)** 추가

- 모델의 pin 개수 변경 시 나머지 연관 부분도 자동으로 수정되도록 설정
    - "도구 ➔ 관계식" 클릭 : 관계식 설정 창이 나타난다.

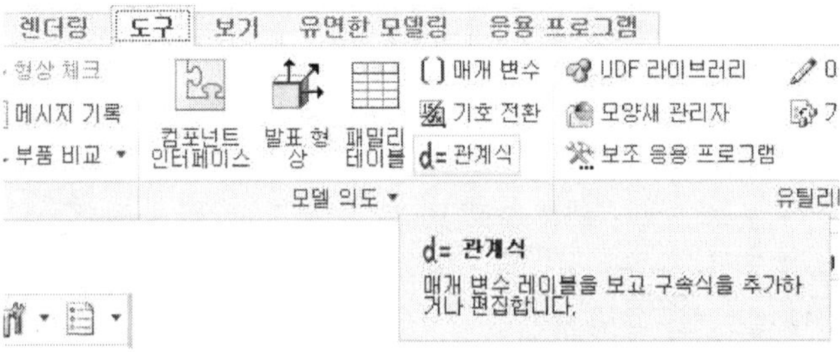

그림 7.133 관계식 아이콘

- 그림 7.134와 같이 관계식을 추가한다.
    ⇨ 주의 : 모델 작업의 순서에 따라 혹은 작업 정도에 따라 수식 번호가 달라지므로 각자의 모델 수식 번호에 맞게 설정한다
    ⇨ 관계식(relation)은 설정한 순서대로 적용이 되므로 순서에 유의하며 작성한다.

그림 7.134 관계식 설정

관계식 1 : p35 = p27 - 1

p35 - pin 고정 돌출부(중앙에 2 개 패턴된 feature)

p27 - pin feature (pin 고정 돌출부와 1 개 차이)

p27 을 수정하면 자동으로 p35 치수가 변경된다.

관계식 2 : d9 = p27 * 2.5+1

d9 - pin 자리 제거된 부분의 폭(그림 7.64 참조)

d9= p27 * 2.5 + 1

➔ pin 돌출 개수가 변경되면 자동으로 변경되도록 설정한다.

관계식 3 : d1 = d16 + 1.4

d1 - connector 전체 폭(초기 치수 9.9)

d1 = d9 + 1.4

➔ pin자리 제거 치수가 변경되면 전체 폭도 함께 변경되도록 설정한다.

- 그림 7.135와 같이 두 번째로 페턴했던 feature를 선택하면 치수가 나타난다.

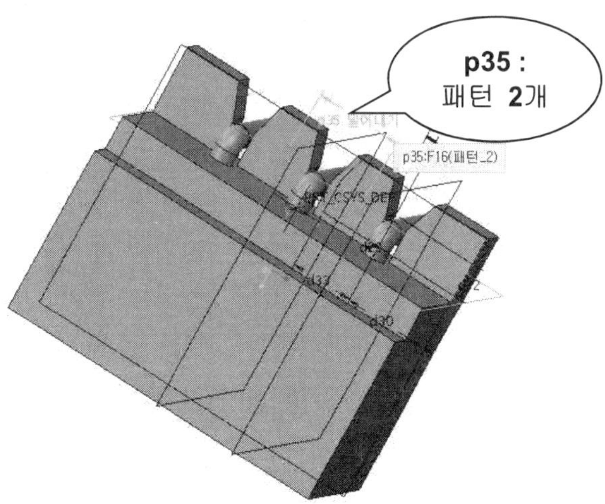

그림 7.135 관계식에 사용될 치수 : p35

- "다시 그리기" 아이콘(◪)을 클릭하면 먼저 선택했던 치수들은 사라진다. 그림 7.136과 같이 첫 번째로 패턴했던 feature를 선택하면 "메뉴 관리자" 설정 창이 활성화되는데, "지정" 상태에서 "궤적 1"과 "단면 1"을 선택한 후 "완료"를 선택하거나 "모두"를 선택하면 하면 치수가 나타난다.

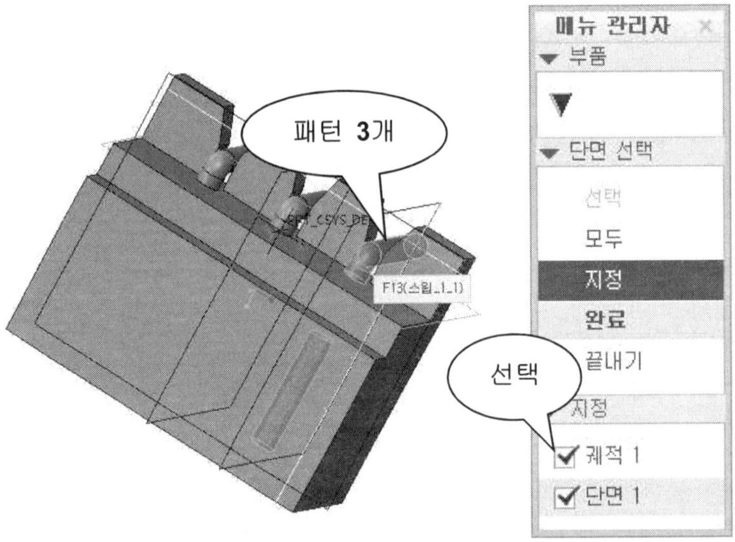

그림 7.136 관계식에 사용될 치수 : p27

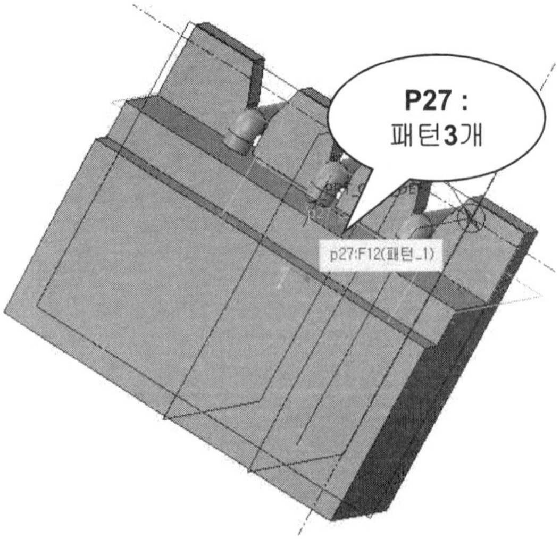

그림 7.137 관계식에 사용될 치수 : p27

- "다시 그리기" 아이콘(◪)을 클릭하여 먼저 선택했던 치수들을 사라지게 한 후에 그림 7.138과 같이 안쪽에 cut된 feature를 선택하면 치수가 나타난다.

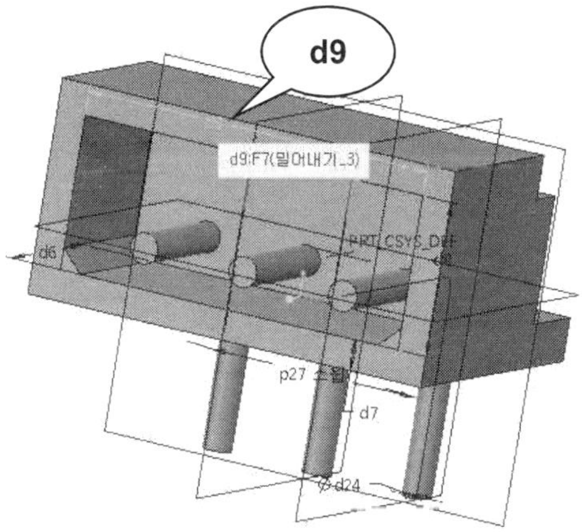

그림 7.138 관계식에 사용될 치수 : d9

- "다시 그리기" 아이콘(◪)을 클릭하여 먼저 선택했던 치수들을 사라지게 한 후에 그림 7.139와 같이 전체 폭 치수가 나타난다.

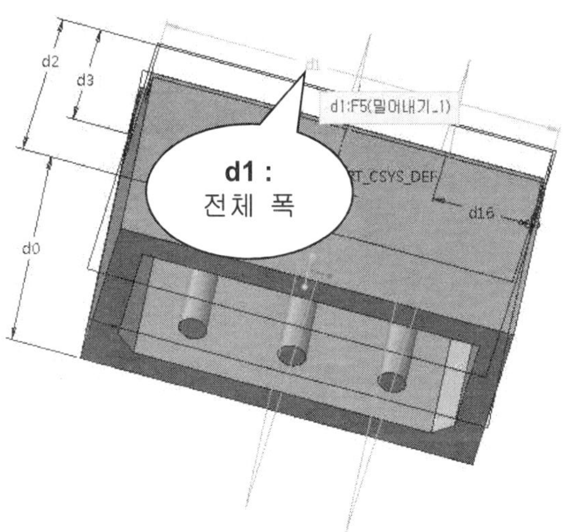

그림 7.139 관계식에 사용될 치수 : d1

- 모델의 pin 개수를 변경하여 관계식 설정이 제대로 이루어졌는지 확인
  - 그림 7.140과 같이 모델에서 pin 스윕 feature를 마우스로 더블 클릭한다.
  - “3 돌출” 부분을 클릭하여 “6”개로 변경한다.

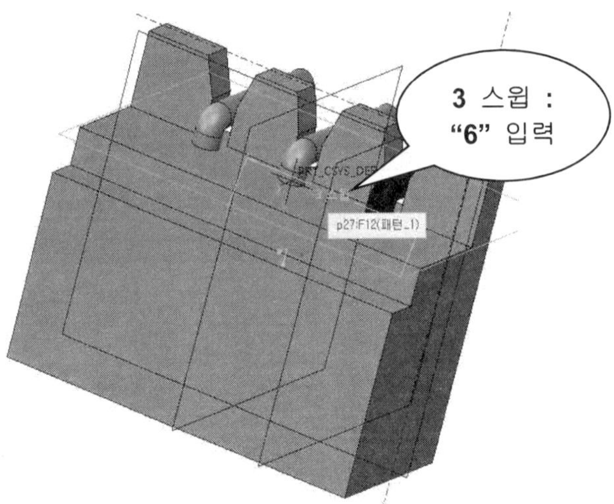

그림 7.140 pin 개수 변경

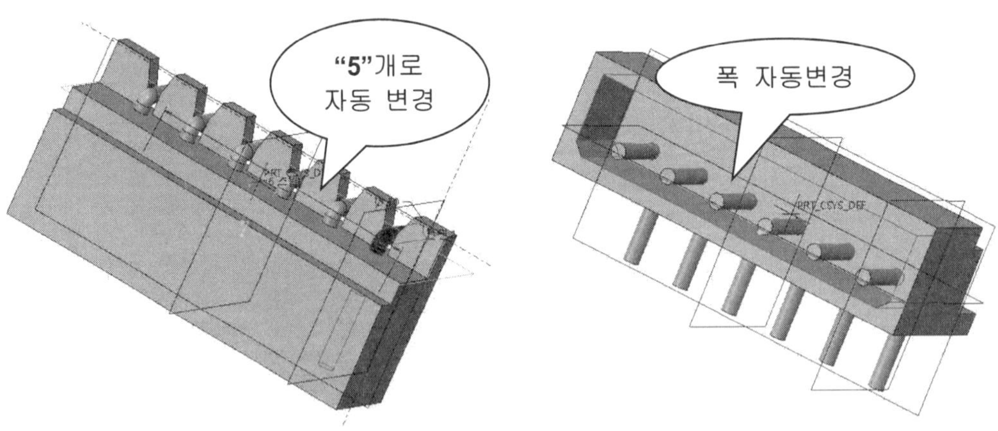

그림 7.141 관계식 설정 확인 : 변경 사항 확인

[참고예제 7.3]

[curve_pattern1.prt 만들기 - 응용 패턴 1]

- 불규칙한 curve 위에 놓여 있는 규칙적인 feature들을 패턴하여 보자.
- "밀어내기" 아이콘을 이용하여 기본 feature를 생성한다.
  - "스케치 평면"으로 TOP 평면을 선택하고, 참조 평면 방향으로 RIGHT 평면이 "오른쪽" 방향으로 향하게 설정한 후 스케치 버튼을 클릭한다.
  - 스케치 상태에 들어가면 그림 7.142와 같이 스케치한 후 스케치 확인 아이콘을 클릭하여 단면 작업을 마친다.
  - 양방향 돌출로 "50"을 설정한 후 작업 완료 아이콘을 클릭하여 작업을 완료한다.

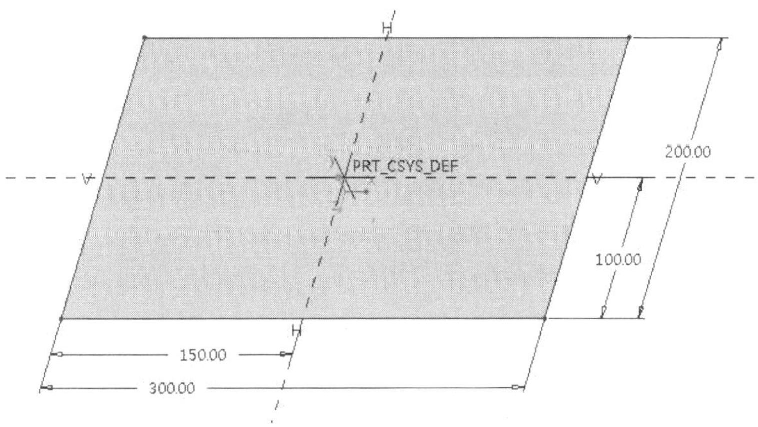

그림 7.142 스케치 단면 : 직사각형(300 x 200)

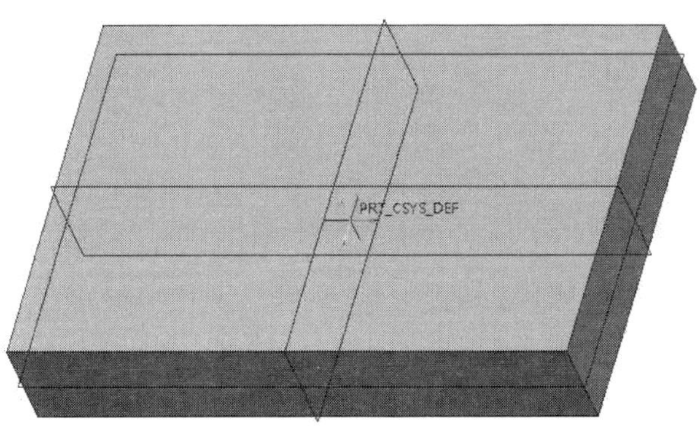

그림 7.143 밀어내기 완료 : 기본 feature

- 스케치 아이콘( )을 이용하여 스케치 커브를 추가한다.
  - "스케치 평면"으로 기본 feature의 윗면을 선택하고, 참조 평면 방향으로 RIGHT 평면이 "오른쪽" 방향으로 향하게 설정한 후 스케치 버튼을 클릭한다.
  - 그림 7.144를 참고하여 스플라인으로 임의의 커브를 스케치한다.

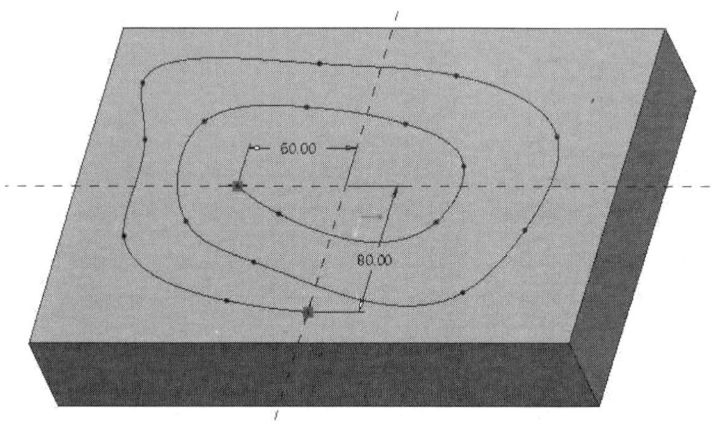

그림 7.144 커브 스케치

- 기준점 추가
  - 점 아이콘을 클릭한 후 앞에서 스케치한 커브를 선택한다.
  - 그림 7.145 와 같이 오프셋 비율값으로 "0.01"만큼 점을 생성하도록 설정한다.

그림 7.145 기준점 생성

- 치수 패턴 : 기준점을 커브 위에 패턴
  - 기준점을 선택한 후 “패턴” 아이콘을 클릭한다.
  - 대시보드에서 패턴의 종류로 “치수”를 선택하고, 기준점의 치수 “.01REL” 을 선택한 후 증분값으로 “0.1”, 패턴 개수로 “8”을 입력한다.

그림 7.146 패턴 설정

  - 설정이 끝나면 작업 완료 아이콘을 클릭하여 작업을 완료한다.

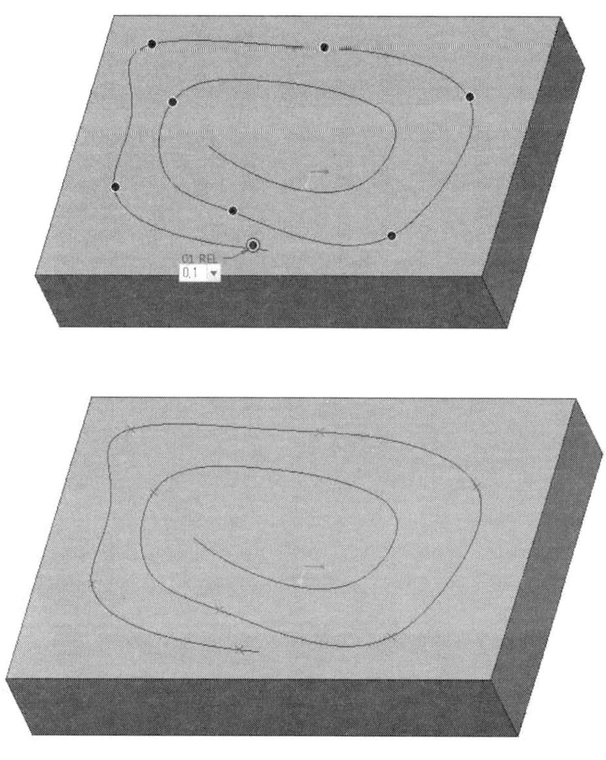

그림 7.147 기준점 패턴 : 커브 위에 일정 간격, 8개의 점

- "밀어내기" 아이콘을 이용하여 구멍 feature를 생성한다.
  - 패턴 원본의 기준점 위에 "밀어내기 구멍"을 만든다.
  - "스케치 평면"으로 윗면을 선택하고, 참조 평면 방향으로 RIGHT 평면이 "오른쪽" 방향으로 향하게 설정한 후 스케치 버튼을 클릭한다.
  - 스케치 상태에 들어가면 그림 7.148과 같이 반드시 최초 생성된 원본 기준점 위에 지름 "10"인 원을 스케치한다.

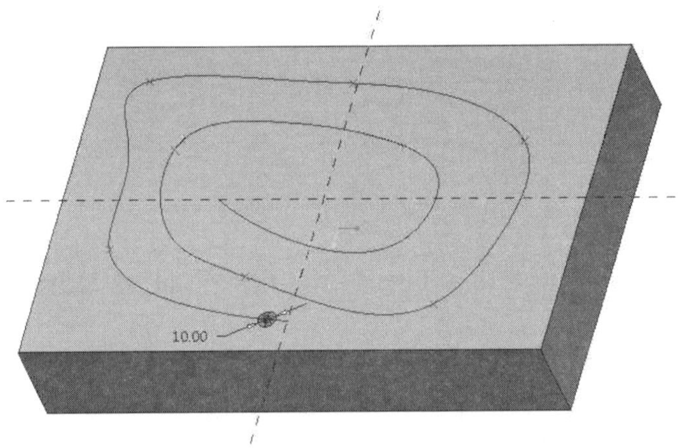

그림 7.148 스케치 단면

  - 스케치 확인 아이콘을 클릭하여 단면 작업을 마친 후 "재료 제거", "방향 전환", "관통"으로 설정하여 구멍 feature를 생성한다.

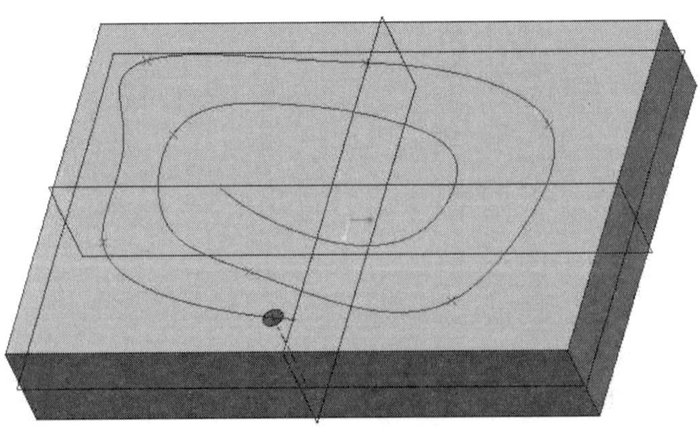

그림 7.149 밀어내기 cut 완료

- 참조 패턴(Reference pattern)
  - 생성된 구멍을 선택한 후 "패턴" 아이콘을 클릭한다.
  - 참조 패턴을 설정한다.

  ⇨ 참조 패턴이 자동으로 활성화 되지 않으면 "밀어내기 cut" 작업에 문제가 있는 것이므로 "밀어내기 cut"을 수정해야 한다.
  - 작업을 완료한다.

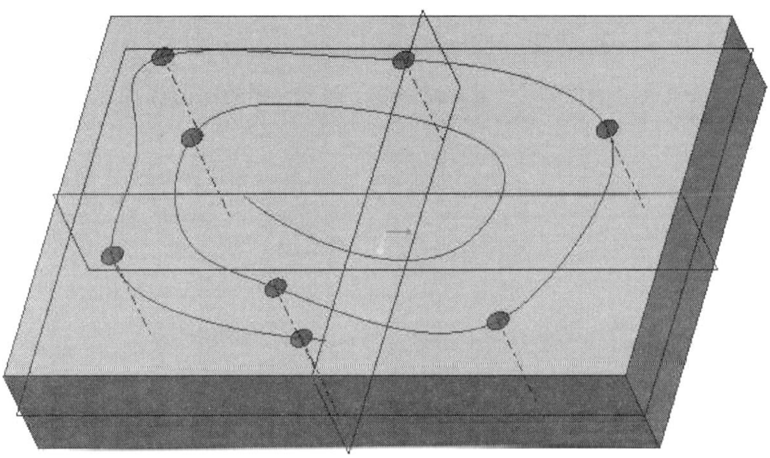

그림 7.150 참조 패턴 : 커브 위에 구멍

[참고예제 7.4]

[curve_pattern2.prt 만들기 - 응용 패턴 2]

- 특정 평면 위에 있는 curve까지 불규칙한 cut 작업
- "밀어내기" 아이콘을 이용하여 기본 feature를 생성한다.
    - "스케치 평면"으로 TOP 평면을 선택하고, 참조 평면 방향으로 RIGHT 평면이 "오른쪽" 방향으로 향하게 설정한 후 스케치 버튼을 클릭한다.
    - 스케치 상태에 들어가면 그림 7.151과 같이 스케치한 후 스케치 확인 아이콘을 클릭하여 단면 작업을 마친다.
    - 양방향 돌출로 "100"을 설정한 후 작업 완료 아이콘을 클릭하여 작업을 완료한다.

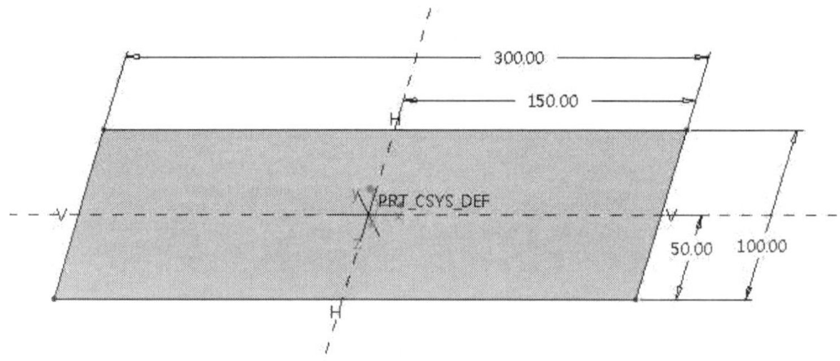

그림 7.151 스케치 단면 : 직사각형(300 x 100)

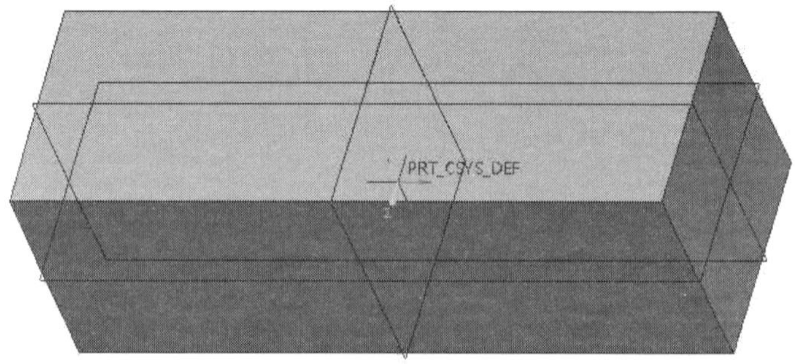

그림 7.152 밀어내기 완료

- 스케치 커브 생성 : 재료 제거 작업 시 경계선이 될 커브
  - 스케치 아이콘()을 클릭한다.
  - "스케치 평면"으로 밀어내기 feature의 앞면(정면)을 선택하고, 참조 평면 방향으로 RIGHT 평면이 "오른쪽" 방향으로 향하게 설정한 후 스케치 버튼을 클릭 한다.
  - 그림 7.153을 참고하여 "스플라인"으로 임의의 커브를 스케치한 후 스케치 확인 아이콘을 클릭하여 단면 작업을 마친다.

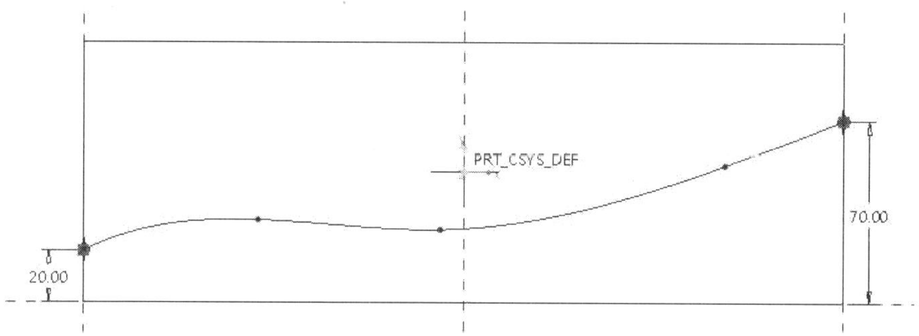

그림 7.153 스케치 단면 : 스플라인 커브

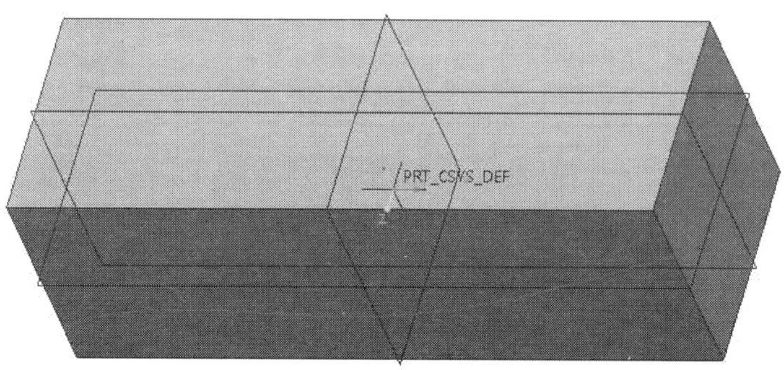

그림 7.154 스케치 커브

- "밀어내기" 아이콘을 이용하여 cut 작업 : 패턴에 사용될 원본 feature
  - "스케치 평면"으로 이전사용을 선택하여 스케치 작업으로 들어간다.
  - 스케치 환경을 "와이어프레임", "평면 디스플레이" 끄기, "스케치 보기"로 설정한

후 그림 7.155와 같이 "투영" 아이콘을 이용하여 "단일" 유형 설정 상태에서 앞에서 생성한 커브를 선택한다.

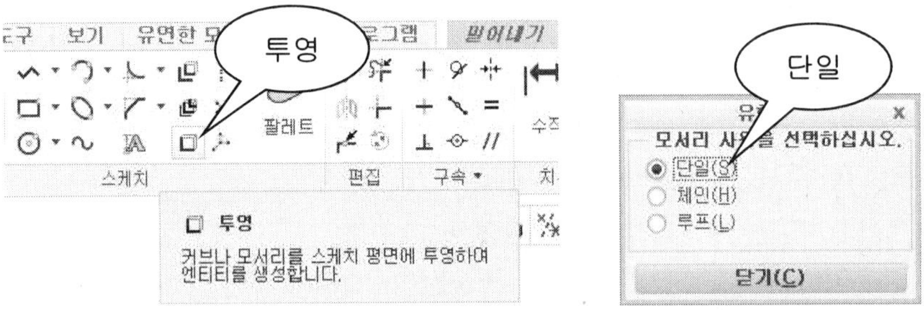

그림 7.155 투영 아이콘

- 그림 7.156과 같이 투영된 커브에 이어서 "선 체인" 아이콘을 이용하여 직선 3개를 스케치한다.

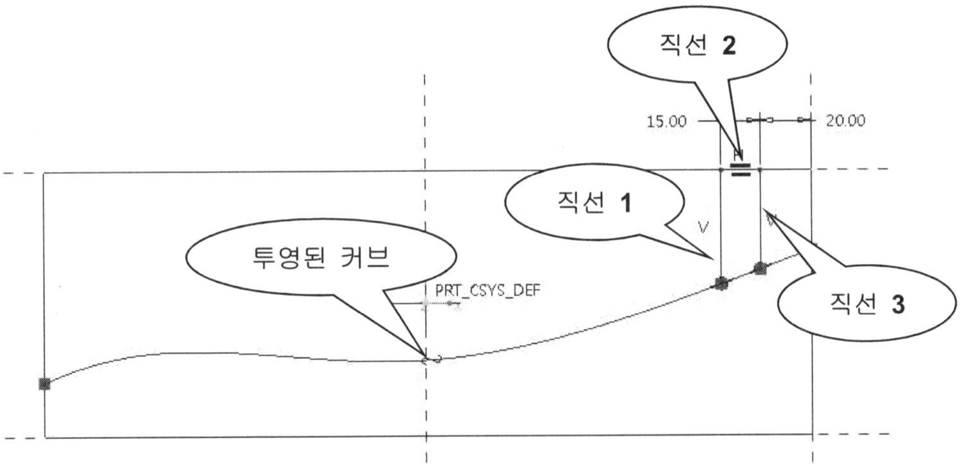

그림 7.156 스케치 단면 : trim 이전

- 불필요한 스케치 커브 부분을 trim으로 잘라내고 나머지 부분을 그림 7.157과 같이 만들어준 후 확인 아이콘을 클릭하여 단면 작업을 마친다.

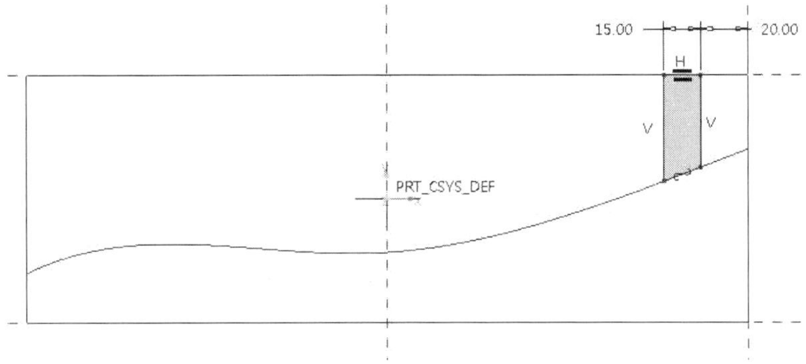

그림 7.157 스케치 단면

- 재료 제거 작업이므로 잘려나갈 부분과 방향을 정확히 확인한 후 제거 깊이를 "10"으로 설정한 작업을 완료한다.

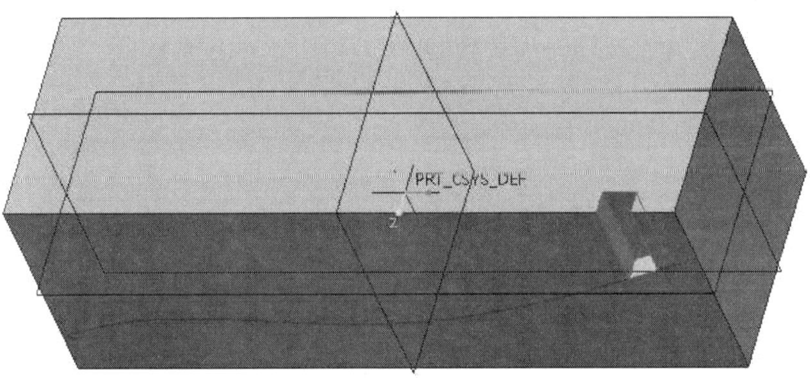

그림 7.158 패턴시킬 원본 cut feature

- 치수 패턴 : 패턴될 feature들의 단면이 스케치된 커브까지 생성된다.
  - 원본 feature를 선택한 후 "패턴" 아이콘을 클릭한다.
  - 대시보드에서 패턴의 종류로 "치수"를 선택한다.
  - 오른쪽 측면에서부터 기입된 치수를 선택한다.
    ⇨ 증분값으로 "25"을 입력한다.
    ⇨ 패턴 개수로 "10"을 입력한다.
  - 설정이 끝나면 작업 완료 아이콘을 클릭하여 작업을 완료한다.

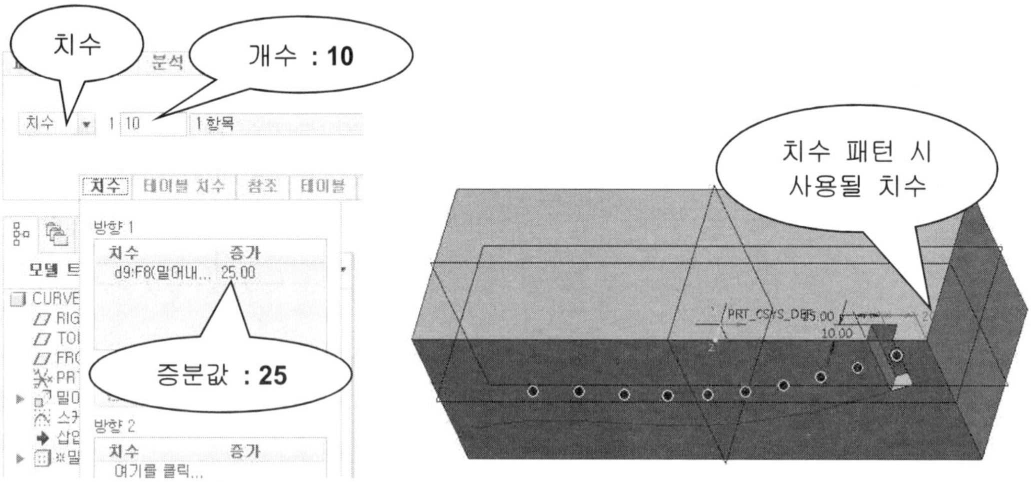

그림 7.159 치수 패턴 설정

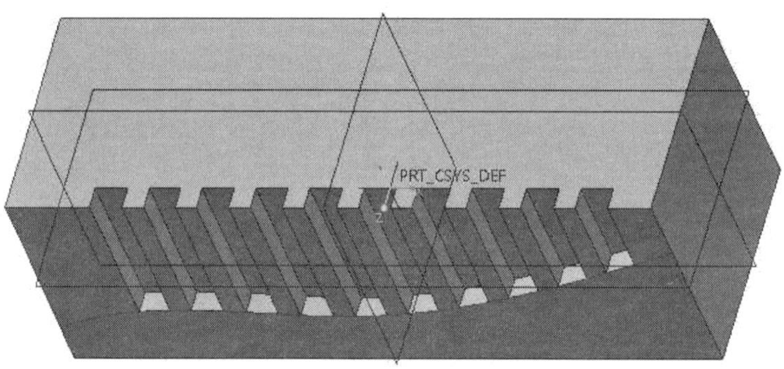

그림 7.160 치수 패턴 완료 : cut 높낮이 확인

제8장 **Surface**를 이용한 **Feature**의 생성

8.1 Surface 모델링 소개

Creo Parametric은 "Feature-Based Solid Modeling Tool"로써 컴퓨터 상에서 제품을 개발하는 것을 도와주는 3D CAD 소프트웨어이다. Creo Parametric을 이용하여 surface 모델링을 활용하면 모델 제작의 가공 작업, 응용 feature의 생성, 몰드 구성 요소 작성 같은 목적으로 surface를 활용할 수 있다.

(1) Surface를 솔리드로 만드는 방법

Surface만을 사용하여 완전히 닫혀신 입체를 정의함으로써 전체 모델을 생성한 후 "생성된 surface 선택 ➔ 솔리드화" 기능을 이용하면 솔리드 형상을 만들 수 있다. Surface가 닫혀진 입체를 정의하지 않았을 경우에는 "강화" 기능을 이용하여 두께를 줄 수 있다. 솔리드 형상을 통과하는 surface를 생성한 후 "생성된 surface 선택 ➔ 솔리드화" 기능을 이용하여 기존 솔리드 형상의 한 부분의 재질 제거에 활용할 수 있다.

어떤 surface 또는 결합 surface가 솔리드 모델의 경계까지 확장되거나 경계를 넘어서게 되는 경우에는 이를 사용해서 새로운 솔리드 또는 얇은 feature를 생성할 수 있다. Surface는 종종 퀼트(quilt)로 참조되는데 퀼트는 단일 surface feature로 단일 feature로 만들 수 있는 단일 surface를 모아 놓은 것이다. 퀼트 사용 옵션을 이용해서 돌출, 슬롯, 컷 등과 같은 서로 다른 feature들을 생성할 수도 있다.

"자르기" 기능을 사용하면 기존의 surface feature의 구간을 제거할 수 있다. 자르기 feature는 "솔리드 컷"과 많이 유사한데, 밀어내기, 회전, 스윕, 블렌드, 퀼트 사용, 커브 사용 등의 옵션을 활용하여 자르기 feature를 생성할 수 있다.

모델에 surface를 생성하면 draft와 round 같은 솔리드 feature 옵션을 활용하여 형상을 추가할 수 있다. 솔리드 모델에 draft를 만들 때 사용하는 방법과 마찬가지 방법으로 surface feature에 draft를 추가할 수도 있다.

(2) Surface 사용의 장점

Surface를 사용하여 모델을 디자인하면 다음과 같은 작업을 수행할 수 있어서 여러 가지 장점이 있다. Surface는 디자인에 유연성을 추가하고 필요한 형상을 생성하는 데 간단하고 단순한 방법을 제공한다. 솔리드 feature는 항상 다른 feature와의 교차, 교차 부족을 계산하는데, surface는 교차 부분을 자동으로 계산하지 않아서 재생성 시간을 단축시켜 준다. 질량 속성에 아무런 영향을 주지 않는다. Surface는 많은 기준과 솔리드 feature를 생성하는 대신 솔리드 형상을 생성하는데 필요한 경로를 제공하여 feature의 갯수를 감소시킨다. 생성된 surface를 레이어(layer) 숨기기 처리하여 화면을 정리할 수 있다. Surface를 사용하여 기존 솔리드 모델에 형상을 만들어주어 조합할 수 있다. 또한 여러 가지 형식의 데이터를 가져와 surface를 생성할 수 있다.

8.2 Surface feature 생성하기

Surface를 사용하여 단순하거나 복잡한 유형의 형상을 생성할 수 있다. 솔리드 feature를 생성하는 데 사용하는 방법과 동일한 방법인 "밀어내기(Extrude), 회전(Revolve), 스윕(Sweep), 블렌드(Blend), 스윕 블렌드(Swept Blend), 가변 단면 스윕(Variable Section Sweep), 헬리컬 스윕(Helical Sweep)"을 사용하여 surface를 생성할 수 있다.

(1) 밀어내기(Extrude)

Sketched feature를 생성하는 작업 순서를 보면 크게 3단계로 나눌 수 있다. 스케치 작업을 수행할 평면에 대한 정의 단계, 형상의 단면 모양을 스케치하는 단계, 스케치된 단면에 정확한 치수를 주는 단계로 구성된다.

다음의 예제를 통하여 surface 생성 작업을 수행해 보자.

- 새로 만들기 아이콘을 클릭한 후 파일 이름을 "simple_surface.prt"로 하여 새로운 작업을 시작한다.
- 밀어내기 아이콘을 이용하여 surface feature를 생성한다.
  - 그림 8.1과 같이 surface를 선택한 후 배치, 정의 항목을 클릭하여 내부 스케치를 정의한다.

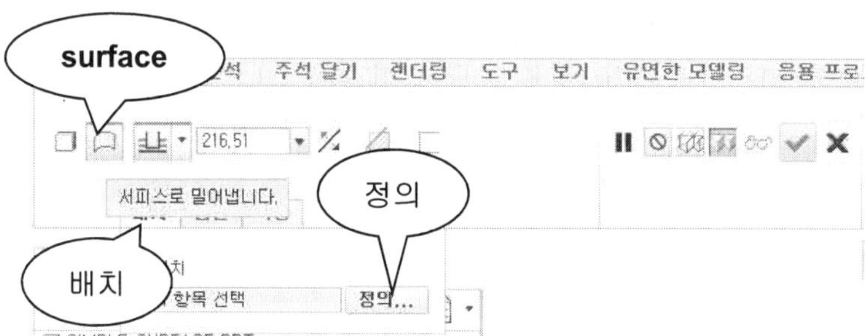

그림 8.1 Surface 설정 대시보드

  - FRONT 평면을 스케치 평면으로 설정하고 참조 평면 방향으로 RIGHT 평면이

"오른쪽"을 향하게 설정한다.

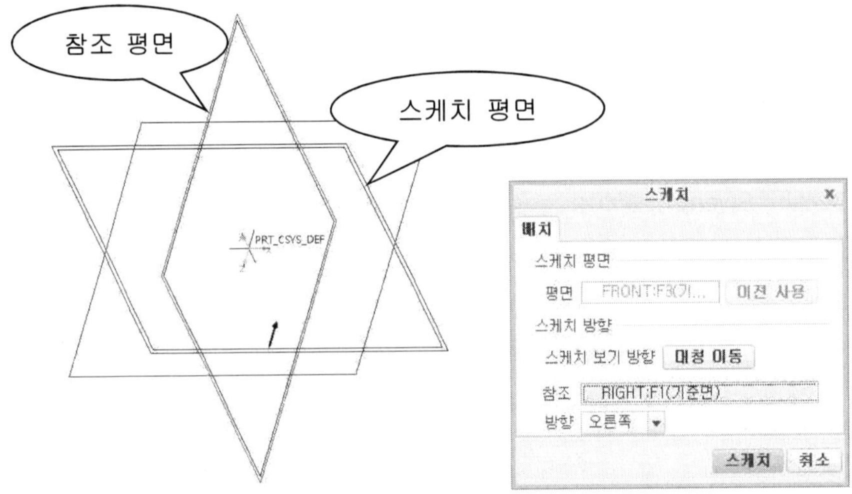

그림 8.2 스케치 평면 설정

- "선 체인" 아이콘을 이용하여 그림 8.3과 같이 스케치한 후 확인 아이콘을 클릭하여 스케치 작업을 완료한다.

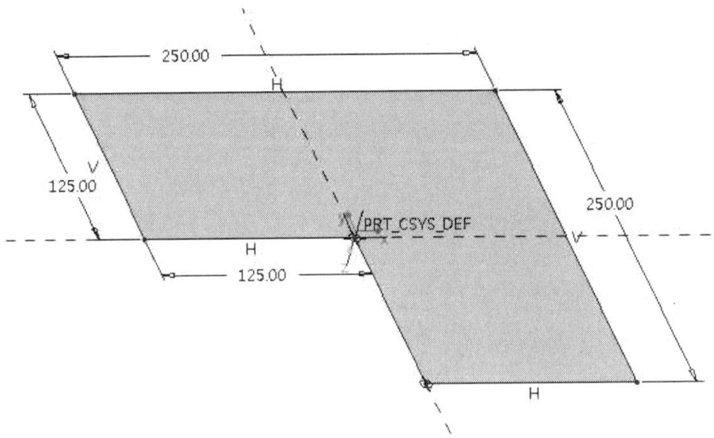

그림 8.3 스케치 형상

- 그림 8.4와 같이 깊이값으로 "150"을 입력한 후 작업 완료 아이콘을 클릭하여 작업을 완료한다.

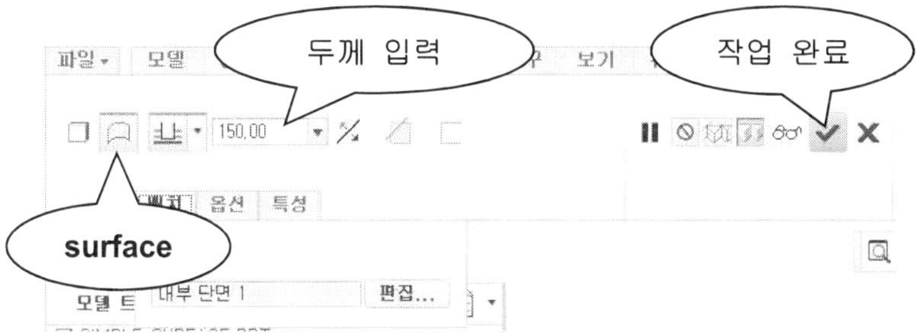

그림 8.4 대시보드 설정

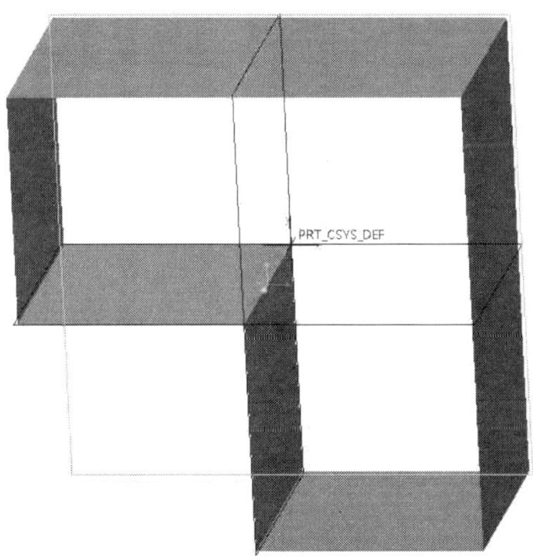

그림 8.5 밀어내기 surface 완료

- "밀어내기" surface 옵션 설정
  - 모델 트리에서 "밀어내기" 작업을 선택한 후 마우스 오른쪽 버튼을 클릭하여 나타나는 메뉴에서 "정의 편집"을 선택하여 설정을 편집한다.
  - 그림 8.6과 같이 "옵션"을 클릭한 후 "닫힌 끝"을 선택한 후 작업 완료 아이콘을 클릭하여 편집을 완료한다.

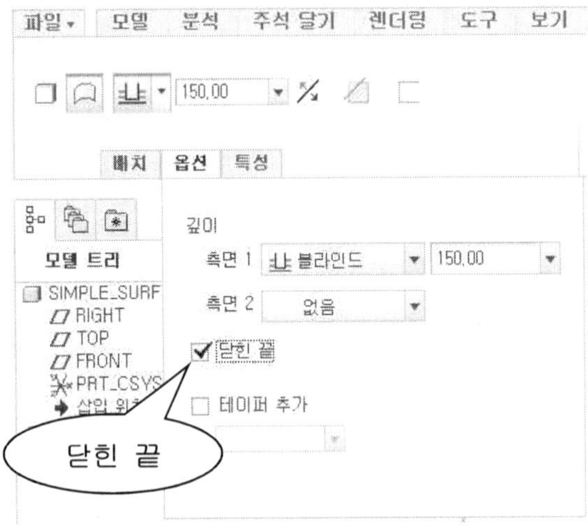

그림 8.6 밀어내기 surface 정의 편집

- 그림 8.7과 같이 닫혀진 영역을 surface로 생성해준다.

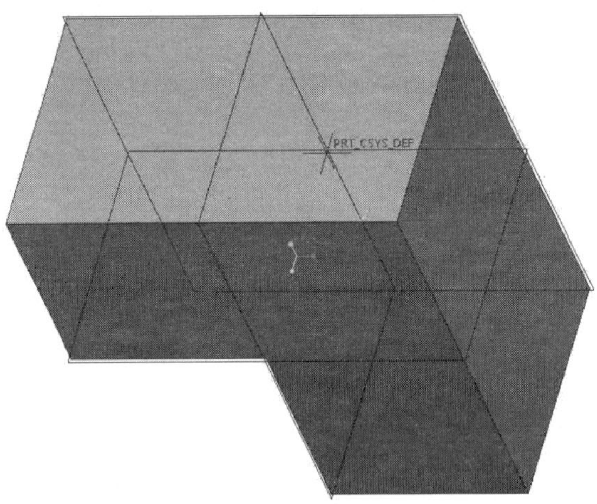

그림 8.7 닫혀진 Surface 생성 완료

- Surface “솔리드화”
  - 모델 트리에서 앞에서 생성한 “밀어내기” 작업을 선택한 후 “솔리드화” 아이콘을 선택하여 그림 8.8과 같이 닫혀진 surface를 솔리드로 만든다. 솔리드와 surface의 형상에 있어서 외형상 구분이 되지 않는데, surface 형상은 은선 제거 또는

와이어프레임으로 디스플레이 했을 경우 보라색으로 표현된다. 특정 형상이 보라색으로 표시될 경우에 이는 surface 형상을 뜻하는 것이다.

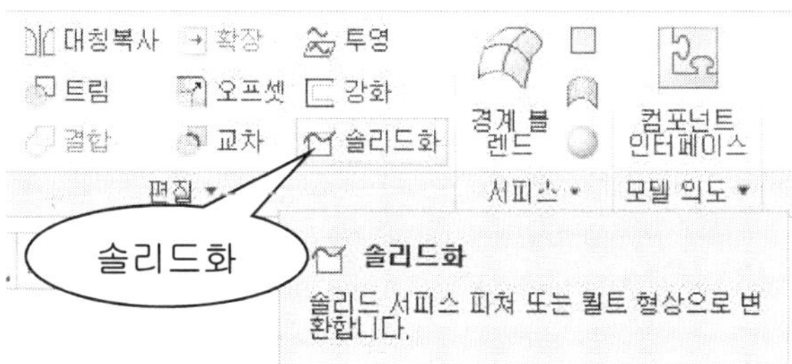

그림 8.8 솔리드화 아이콘

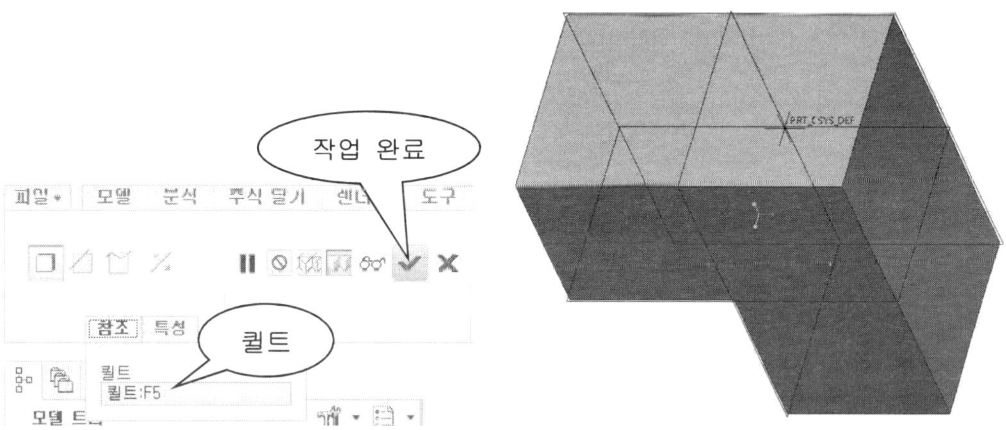

그림 8.9 솔리드화 설정 대시보드 및 완료

(2) 회전(Revolve)

회전 feature는 중심선을 기준으로 스케치한 단면을 회전시켜서 feature를 생성하는 방법이다. 솔리드 모델일 경우에는 닫혀진 단면으로 스케치하여야 하며, 회전시켜서 형상을 만드는 것이므로 회전 중심축이 있어야 한다. 다만, 스케치 내부에 있지 않아도 외부에 중심선이 있으면 참조시켜 회전 feature를 생성할 수 있다.

다음의 예제를 통하여 회전 surface 작업을 수행해 보자.

- 새로 만들기 아이콘을 클릭한 후 파일 이름을 “revolve_surface.prt”로 하여 새로운 작업을 시작한다.
- “회전” 아이콘을 이용하여 surface feature를 생성한다.
  - 그림 8.10과 같이 surface를 선택한 후 배치, 정의 항목을 클릭하여 내부 스케치를 정의한다.

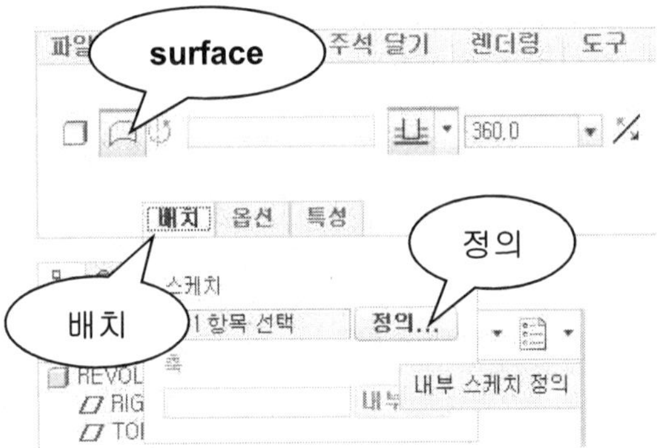

그림 8.10 회전 surface 대시보드

  - FRONT 평면을 스케치 평면으로 설정하고 참조 평면 방향으로 RIGHT 평면이 “오른쪽”을 향하게 설정한다.
  - 스케치 상태에 들어가면 그림 8.11과 같이 중심선 아이콘을 이용하여 기준축으로 사용될 중심선을 스케치한다.

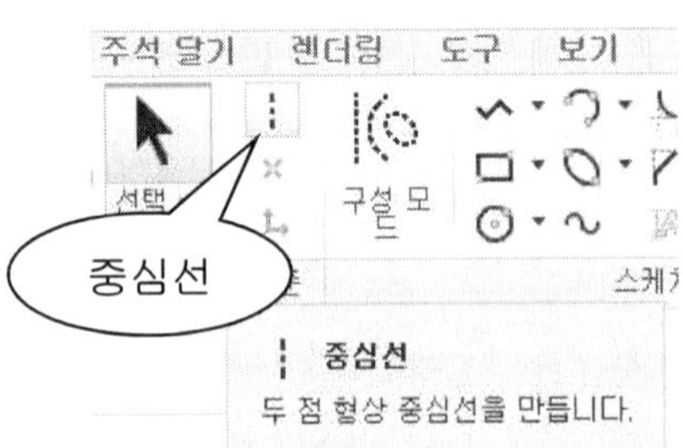

그림 8.11 중심선 아이콘

  - “선 체인” 아이콘을 이용하여 그림 8.12와 같이 스케치한다.

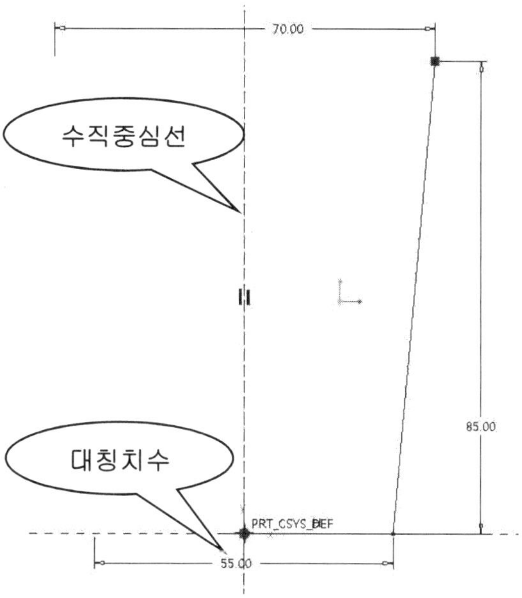

그림 8.12 스케치 단면 : 직선 2 개

- 스케지 작업이 끝나면 확인 아이콘(✔)을 클릭하여 단면 작업을 마친다.
- 대시보드에서 회전 각도로 360°를 입력한 후 미리보기 아이콘을 클릭하여 작업을 확인한 후 작업 완료 아이콘(✔)을 클릭하여 작업을 완료한다.

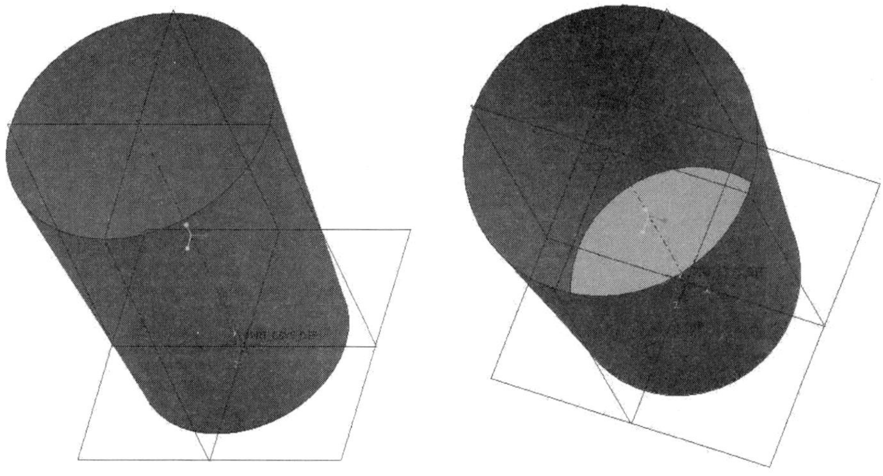

그림 8.13 회전 feature 완료

- 회전 Surface "강화"
  - 모델 트리에서 앞에서 생성한 "회전" surface feature를 선택한 후 "강화" 아이콘을 선택하여 그림 8.15와 같이 surface를 솔리드로 만든다.

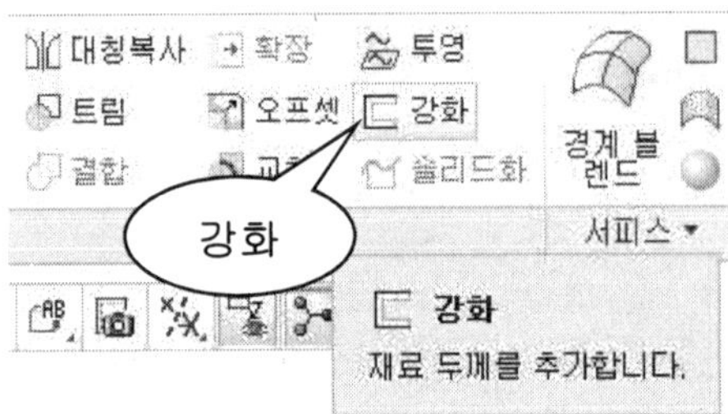

그림 8.14 회전 surface 강화 아이콘

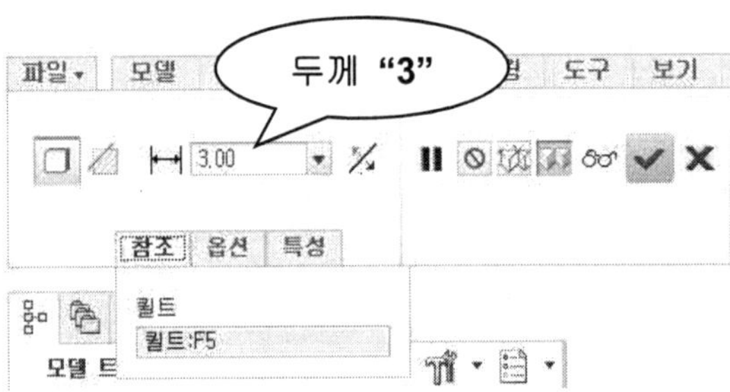

그림 8.15 Surface 강화 설정

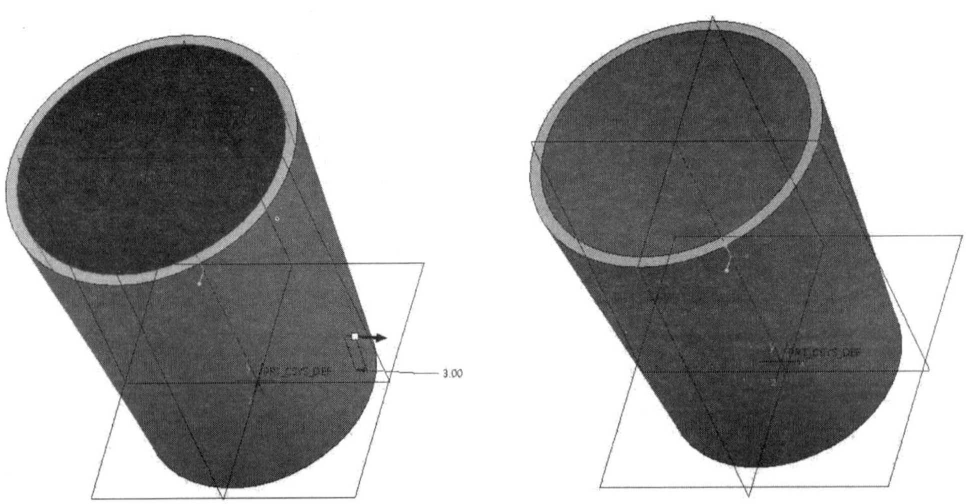

그림 8.16 회전 surface 강화 완료 : 솔리드 형상

(3) 스윕(Sweep)

스케치한 단면이 궤적(trajectory)을 따라서 이동하면서 feature가 생성되는 방법이 스윕이다. 여기에서 궤적은 단면이 이동되는 경로인데 궤적과 단면은 서로 수직을 유지한다.

[cup_surface.prt 만들기 - 스윕 surface 만들기]

- 파일 이름 변경
  - 앞의 회전 surface 작업을 이용한다.
  - "파일 ➔ 파일 관리 ➔ 이름 바꾸기"를 클릭한 후 새 이름으로 "cup_surface"를 입력한다.

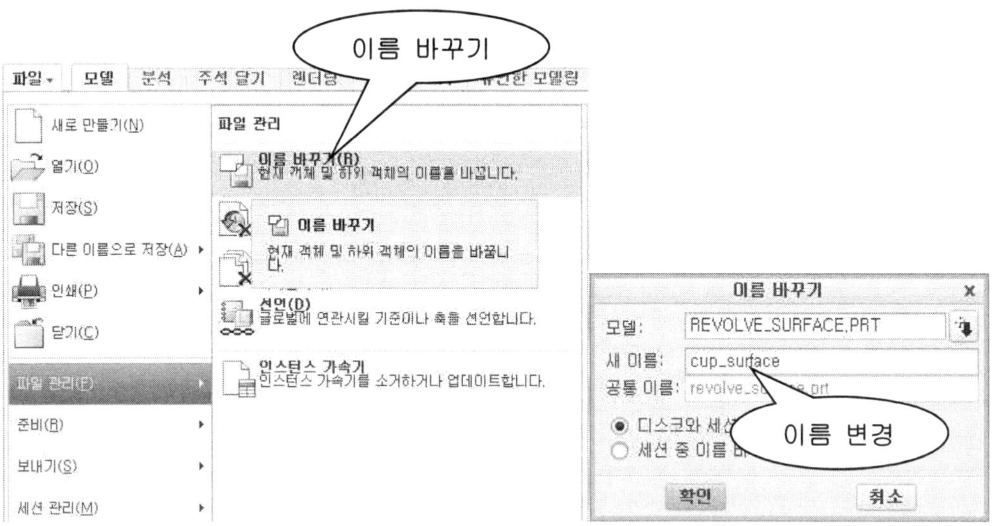

그림 8.17 파일 이름 바꾸기

- 모델 트리에서 앞에서 작업한 강화 feature를 삭제한 후 정의 편집을 이용하여 대시보드에서 "배치, 편집"을 클릭하여 "회전" surface의 단면을 그림 8.19와 같이 수정한다.

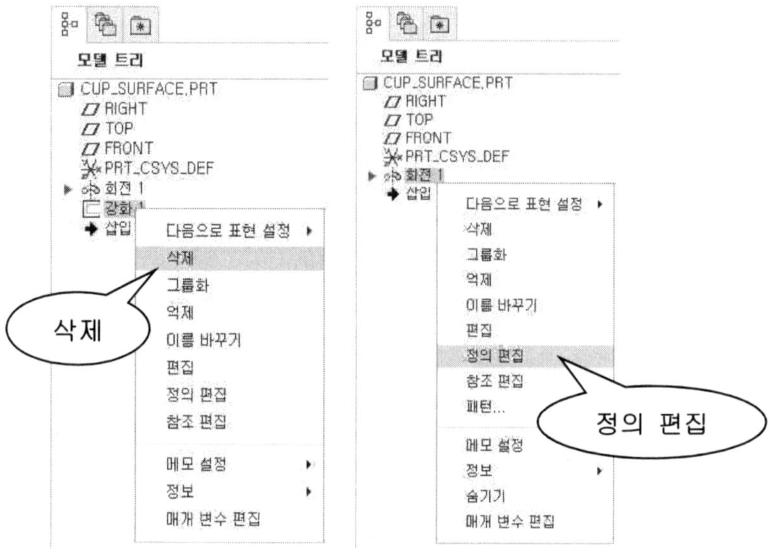

그림 8.18 강화 삭제, 회전 정의 편집

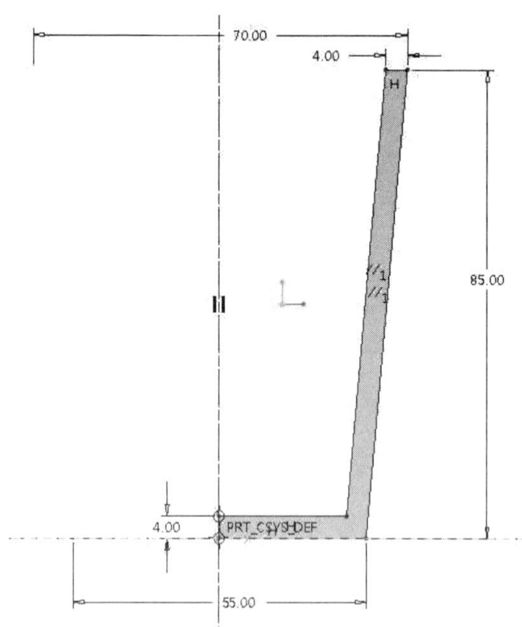

그림 8.19 스케치 단면

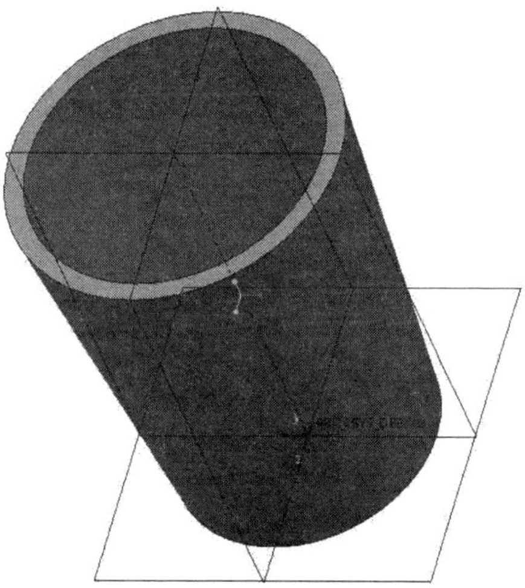

그림 8.20 회전 surface 완료

- 컵 손잡이를 스윕으로 만든다.
  - 스케치 아이콘( )을 클릭하여 궤적을 스케치한다.
  - 스케치 창이 활성화되면, **FRONT** 평면을 "스케치 평면"으로 설정 "스케치 방향"으로 RIGHT 평면이 "오른쪽" 방향으로 향하게 설정한 후 스케치 버튼을 클릭한다.
  - 그림 8.21과 같이 스케치 환경을 "은선 제거", "평면 디스플레이" 끄기, "스케치 보기"로 설정한다.

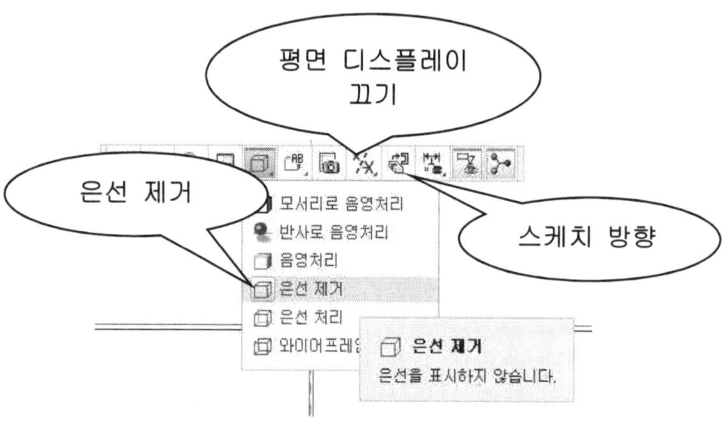

그림 8.21 스케치 환경 설정

- 스케치 상태에 들어가면 그림 8.22와 같이 먼저 "참조" 아이콘을 클릭한 후 오른쪽 사선 모서리를 선택하여 참조를 추가한다.

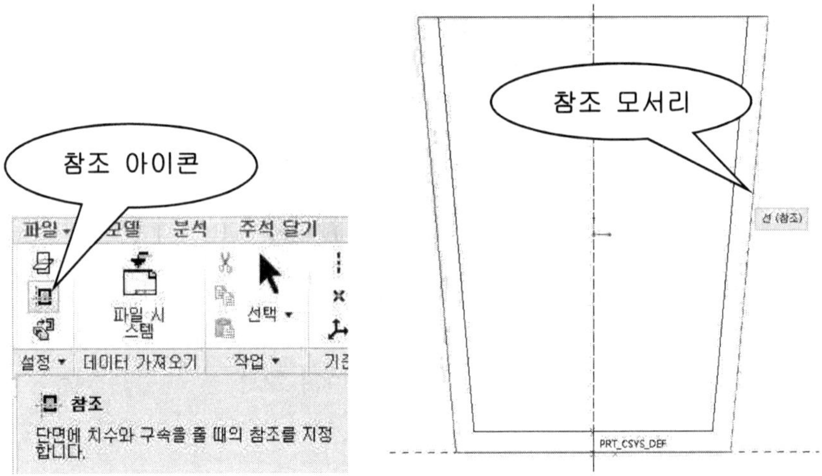

그림 8.22 참조 설정

- 그림 8.23과 같이 "선 체인" 아이콘을 이용하여 직선 세 개를 스케치한다.

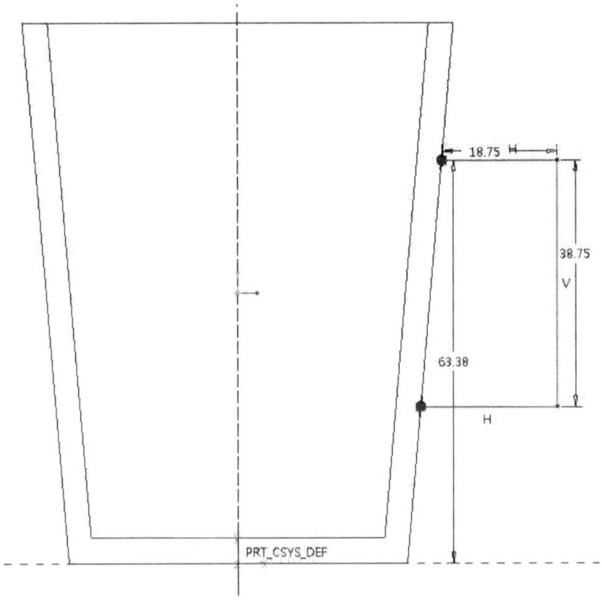

그림 8.23 궤적 스케치

- 그림 8.24와 같이 "원형 트림" 아이콘을 이용하여 각진 모서리 두 부분을 fillet 처리한다.

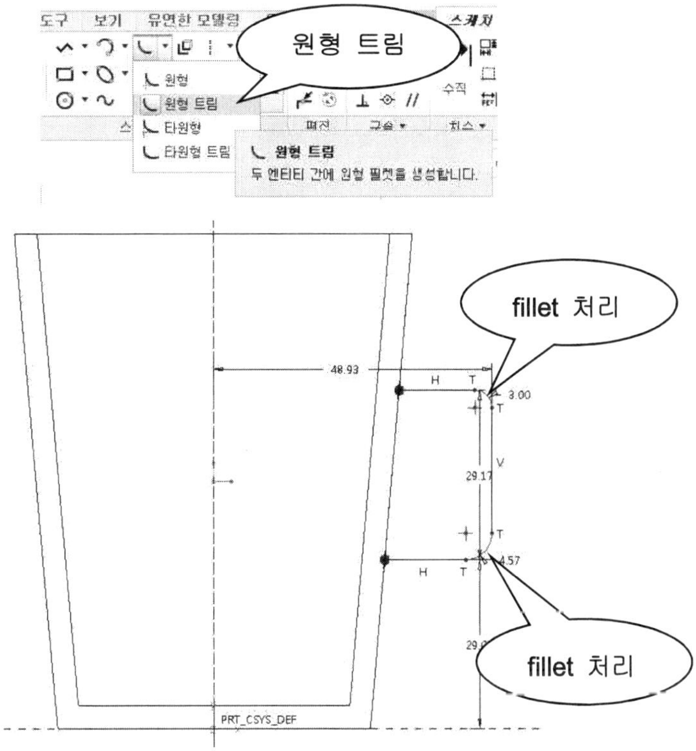

그림 8.24 궤적 스케치 원형 트림

- 그림 8.25의 "같음" 구속 아이콘을 이용하여 그림 8.26과 같이 fillet 부분의 반지름 값을 동일하게 만들어준다.

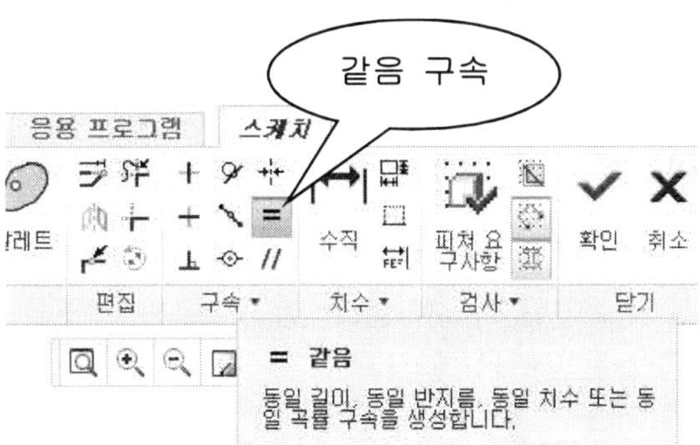

그림 8.25 "같음" 구속 아이콘

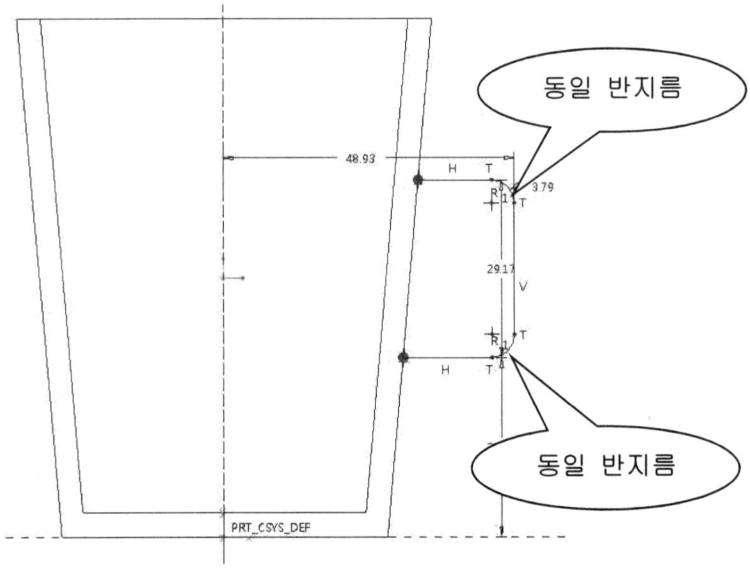

그림 8.26 동일 반지름 설정

- 그림 8.27과 같이 스케치 단면의 치수를 설정한다.

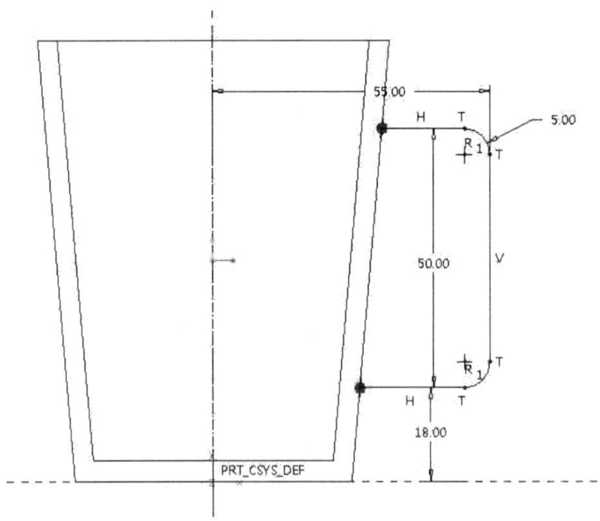

그림 8.27 궤적 스케치 단면

- 궤적 스케치 작업이 끝나면 확인 아이콘(✔)을 클릭하여 작업을 마친다.

- "스윕" 아이콘()을 클릭하고 대시보드에서 **surface**로 설정한 후, 참조 항목을 클릭하면 궤적을 설정할 수 있도록 해준다

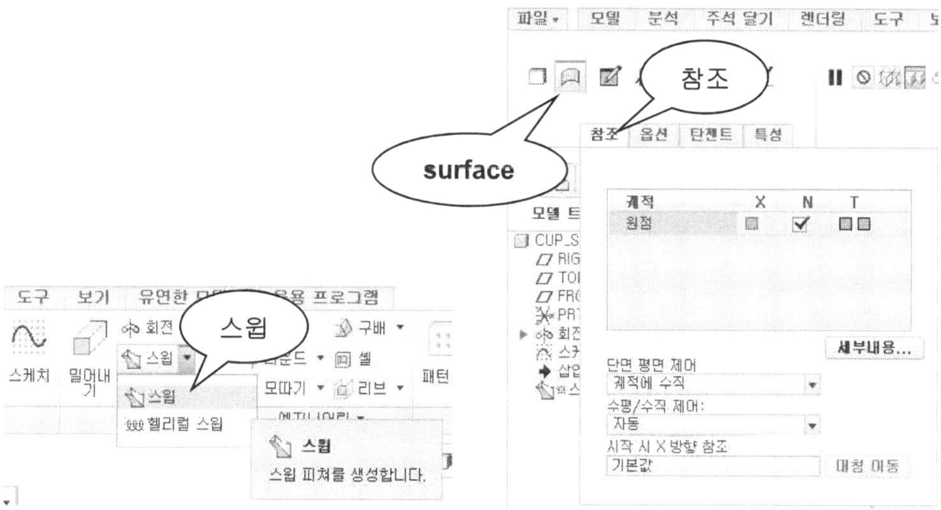

그림 8.28 스윕 아이콘과 대시보드

- 그림 8.29와 같이 궤적을 선택하면 **surface** 단면을 생성 또는 편집해줄 수 있는 아이콘이 활성화된다(선택된 궤적에서 시작점을 변경하고 싶으면 "세부내용" 버튼을 클릭하여 시작점의 위치를 바꾸어준다).

그림 8.29 스윕 궤적 선택

- 그림 8.30과 같이 서피스 단면을 생성 또는 편집해주는 아이콘을 클릭하여 스윕 단면 스케치 상태로 들어가면, 스케치 환경을 "은선 제거", "스케치 보기"로 설정한 후 "중심/점" 원 아이콘을 이용하여 스케치한다.

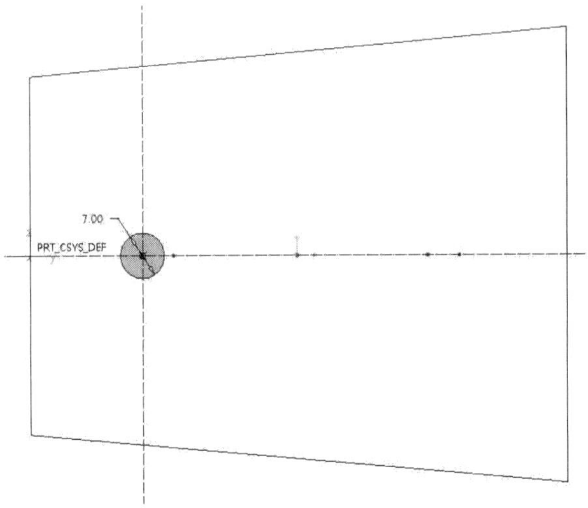

그림 8.30 스윕 단면 : 지름 "7"인 원 스케치

- 스케치가 끝나면 확인 아이콘(✔)을 클릭하여 스윕 설정 대시보드 설정 상태로 돌아와서 "옵션" 항목에서 "끝 닫기"를 선택한 후 작업을 완료한다.

그림 8.31 스윕 설정 옵션 : 끝 결합

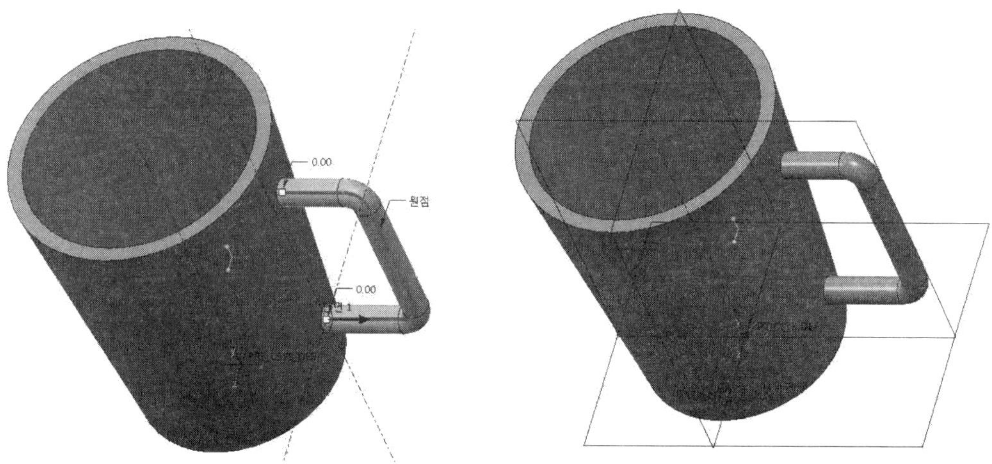

그림 8.32 스윕 surface 완료

- “회전”과 “스윕”을 결합하여 하나의 솔리드 형상으로 만든다.
  - 모델 트리에서 Ctrl키를 누른 상태에서 “회전”과 “스윕”으로 생성한 두 surface를 함께 선택한 후 “결합” 아이콘을 클릭한다.

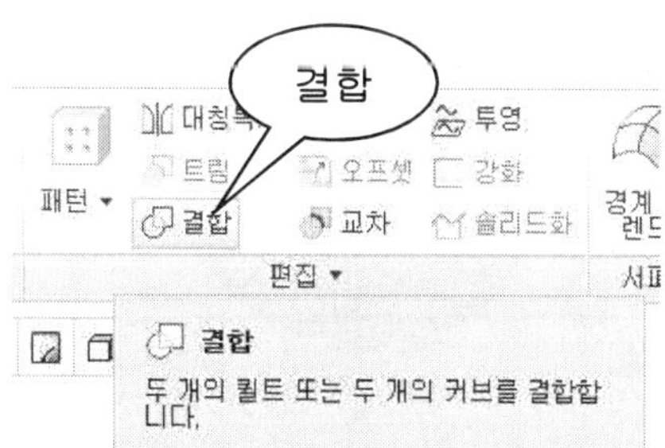

그림 8.33 결합 아이콘

  - 그림 8.34와 같이 “결합” 설정 대시보드에서 첫 퀼트의 방향과 두 번째 퀼트의 방향을 클릭한 후 미리보기 아이콘을 클릭하여 원하는 컵의 형상이 나오도록 설정한다.

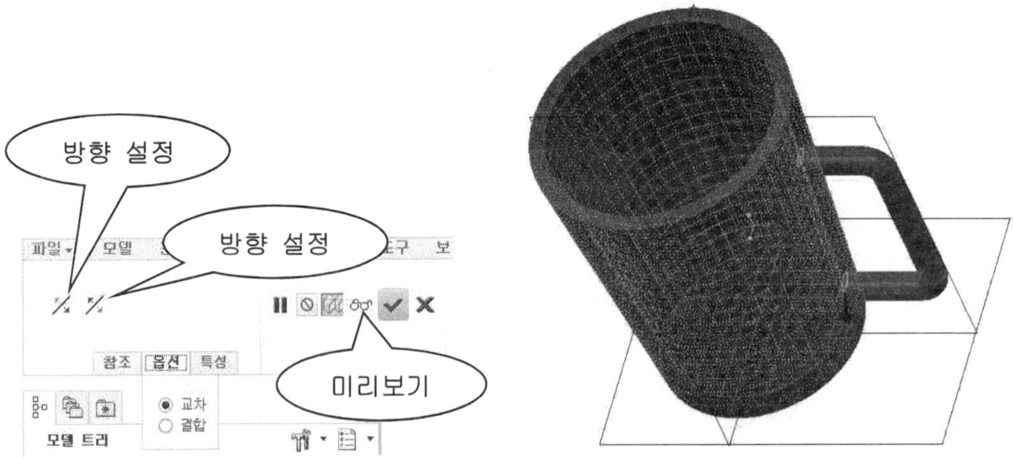

그림 8.34 결합 설정 대시보드

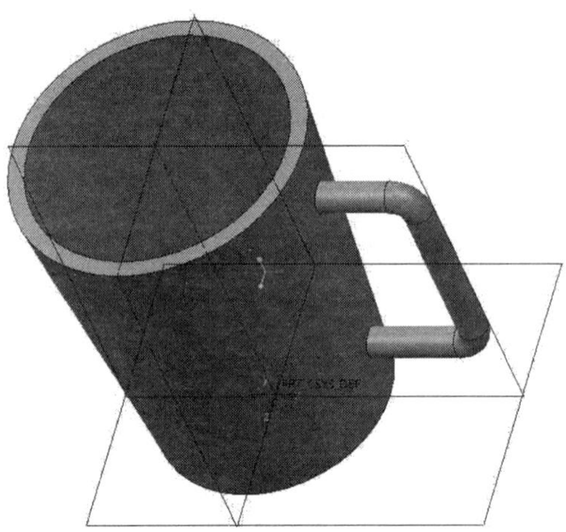

그림 8.35 Surface 결합 완료

- 모델 트리에서 “결합” feature를 선택한 후 “솔리드화” 아이콘을 클릭한 후 작업 완료 아이콘을 클릭하면 솔리드 형상 생성이 완료된다.

그림 8.36 솔리드화 아이콘

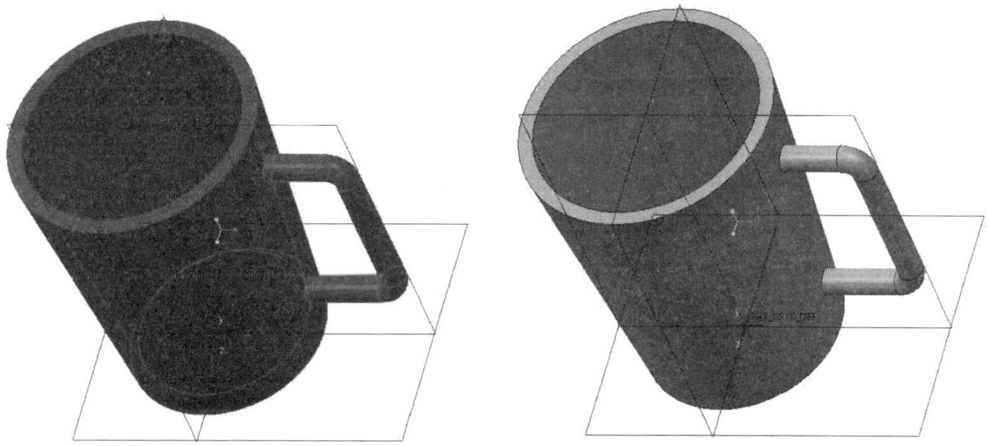

그림 8.37 Surface 솔리드화 완료

8.3 Surface를 이용한 응용 feature 생성하기

일반적인 형상을 만드는 방법으로는 생성되기 어려운 형상들을 Surface를 이용하여 생성하여 보자.

(1) CAM Follower 만들기

Graph feature를 이용하여 CAM Follower의 형상을 만들어보자.

[cam_follower_surface.prt 만들기]

- 새로 만들기 아이콘을 클릭한 후 파일 이름을 "cam_follower_surface.prt"로 하여 새로운 작업을 시작한다.
- 밀어내기 아이콘을 이용하여 surface feature를 생성한다.
  - 그림 8.38과 같이 surface를 선택한 후 배치, 정의 항목을 클릭하여 내부 스케치를 정의한다.

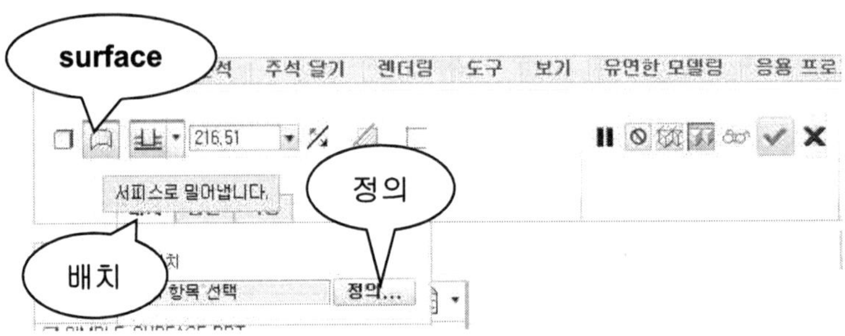

그림 8.38 Surface 설정 대시보드

  - TOP 평면을 스케치 평면으로 설정하고 참조 평면 방향으로 RIGHT 평면이 "오른쪽"을 향하게 설정한다.
  - "중심/점" 원 아이콘을 이용하여 그림 8.39와 같이 지름 "159.40"인 원을 스케치 한 후 확인 아이콘을 클릭하여 스케치 작업을 완료한다.

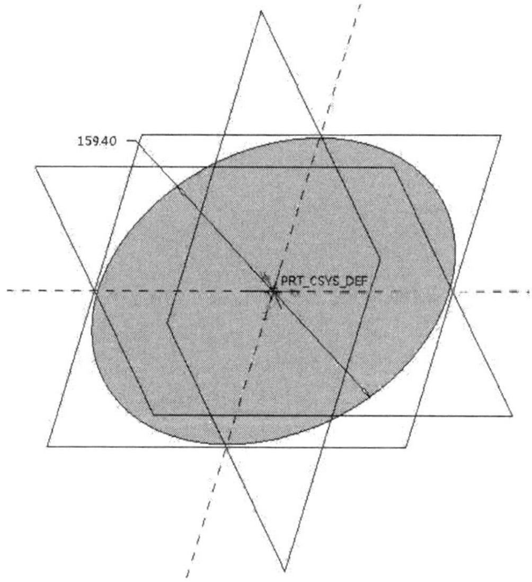

그림 8.39 스케치 형상

- 그림 8.40과 같이 깊이값으로 "40"을 입력하고, "옵션"을 클릭한 후 "닫힌 끝"을 선택한 후 작업 완료 아이콘을 클릭하여 작업을 완료한다.

그림 8.40 대시보드 설정

- 그림 8.41과 같이 닫혀진 영역을 surface로 생성해준다.

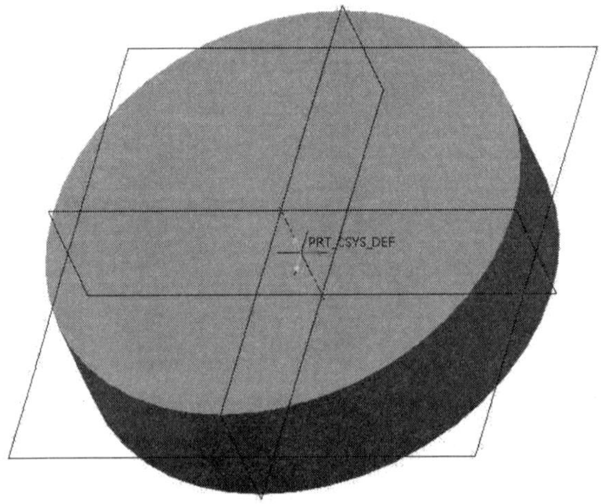

그림 8.41 CAM Follower 기초원 surface 돌출 완료

- Graph feature를 이용하여 CAM의 profile을 생성한다.
  - 그림 8.42와 같이 그래프 아이콘(⊵)을 클릭하여 그래프 feature를 생성한다.

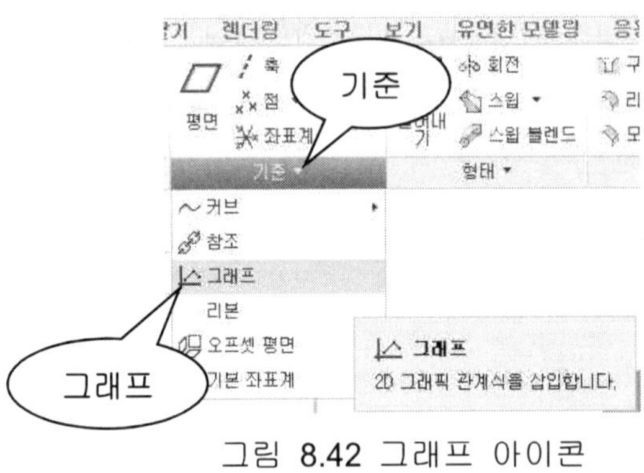

그림 8.42 그래프 아이콘

그림 8.43 그래프 feature 이름 입력 : CAM

- 그림 8.43과 같이 그래프 이름을 입력하는 창에 “CAM”이라고 입력한다.
- 그래프를 스케치하는 상태로 넘어가면 우선적으로 수직, 수평 중심선을 스케치한다. 그림 8.45와 같이 수직, 수평중심선이 만나는 중앙에 **“좌표계”**를 위치시킨다.
  ⇨ 그래프 스케치는 2D 상태이므로 수직, 수평 중심선과 좌표계를 먼저 스케치 하여 공간상의 위치를 알 수 있게 해주어야만 한다.

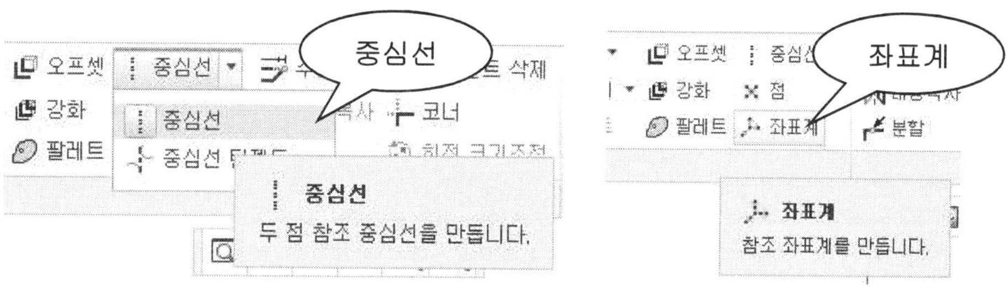

그림 8.44 중심선과 좌표계 아이콘

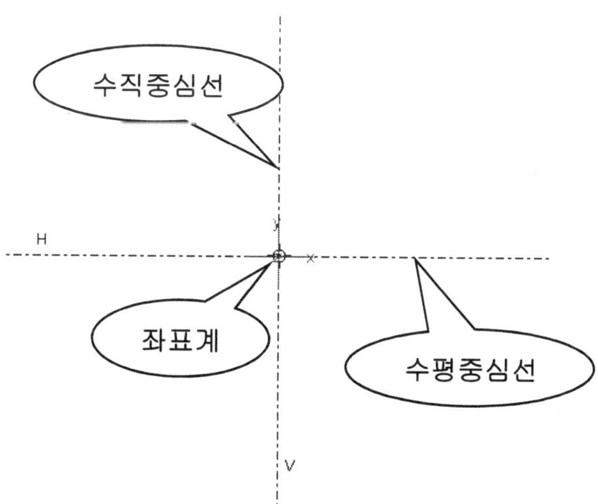

그림 8.45 그래프 스케치 준비 : 수직, 수평 중심선, 좌표계

- 그림 8.46과 같이 “선 체인” 아이콘을 이용하여 먼저 수평 직선 하나만 스케치한 후 치수를 수정한다(스케치 작업을 조금 더 수월하게 해준다).

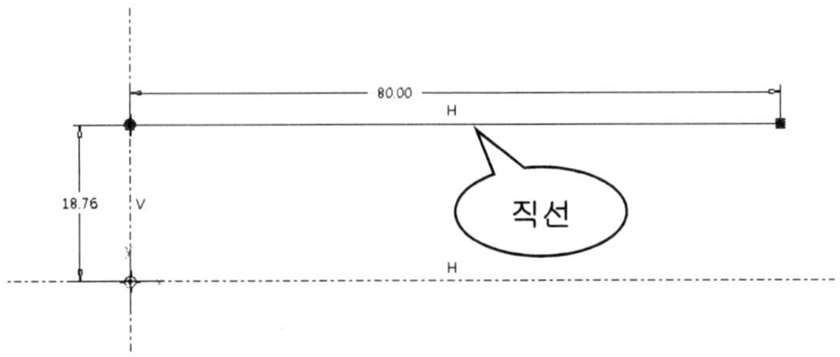

그림 8.46 그래프 스케치 작업

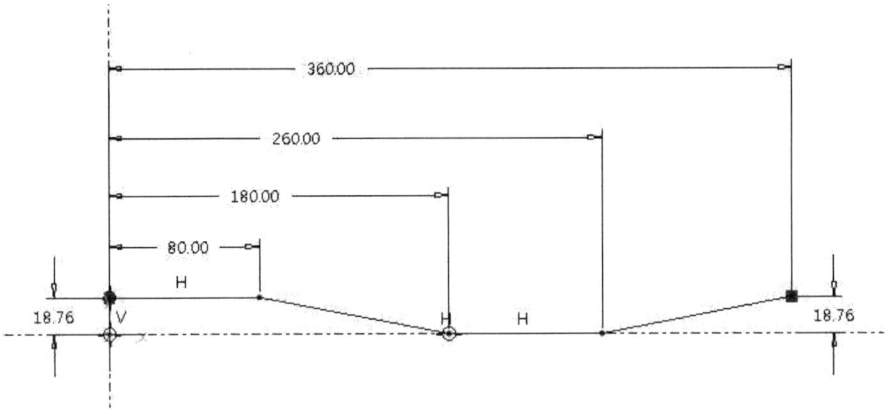

그림 8.47 CAM profile 치수

- 스케치 작업이 끝나면 확인 아이콘(✔)을 클릭하여 그래프 생성 작업을 마친다.

그림 8.48 그래프 feature 생성 완료

- 가변 단면 스윕(Variable Section Sweep)
  - 가변 단면 스윕 기능을 이용하여 **feature**를 생성한다. **Wildfire** 버전에서는 가변 단면 스윕 아이콘이 따로 있었는데 **Creo Parametric 2.0** 버전에서는 스윕 아이콘에 기능이 합쳐져서 스윕 **feature** 설정 대시보드에서 설정해준다.

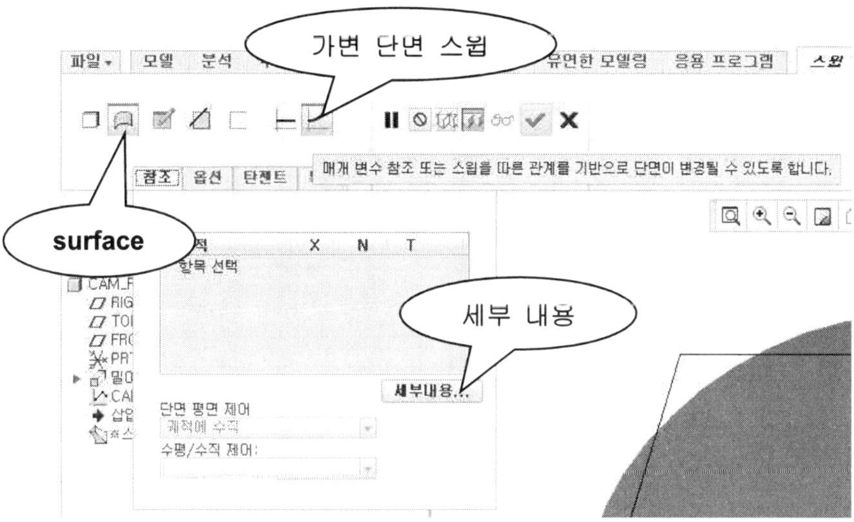

그림 8.49 가변 단면 스윕 **surface** 설정

  - 가변 단면 스윕도 스윕 기능의 하나이므로 궤적이 필요하다. 사용될 궤적으로 그림 8.50과 같이 원통 형상의 아랫부분을 선택하면 원의 반만 선택된다.

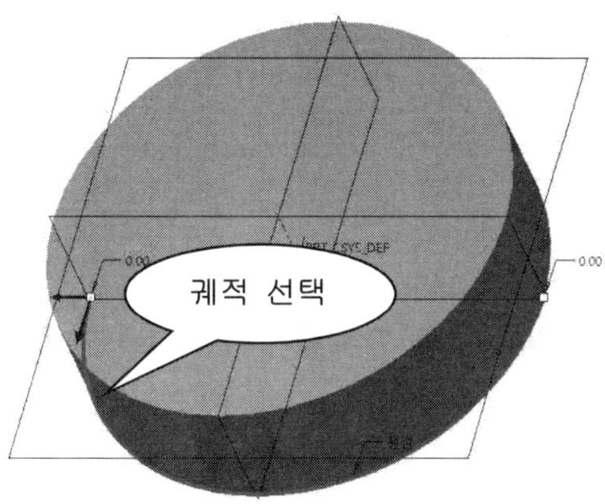

그림 8.50 가변 단면 스윕 궤적 선택

- 전체 원을 따라가는 궤적이 필요하므로 "세부 내용"을 클릭하여 그림 8.51과 같이 "규칙 기반", "탄젠트"를 선택하면 전체 원통 주변이 궤적으로 선택된다.

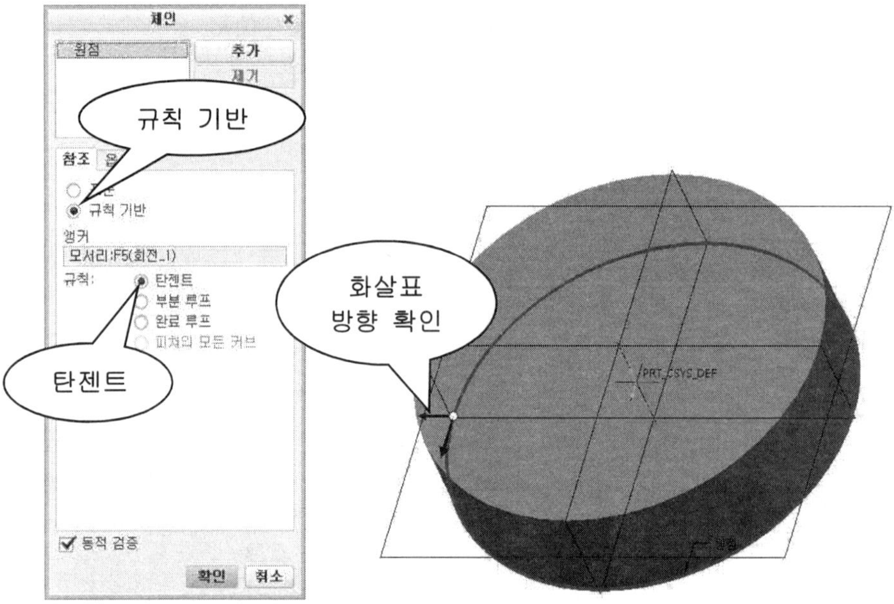

그림 8.51 가변 단면 스윕 설정

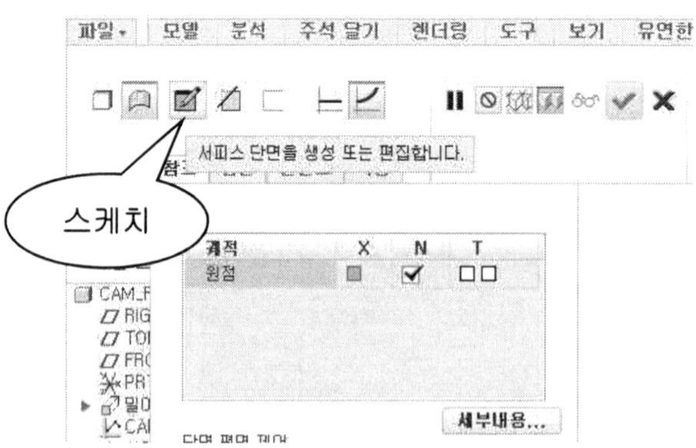

그림 8.52 가변 단면 스윕 : 스케치 설정

- 단면을 생성해주는 아이콘을 클릭하여 스케치 작업으로 들어간다.
- 그림 8.53과 같이 스케치 환경을 "와이어프레임", "평면 디스플레이" 끄기와 "스케치 보기"로 설정한다.

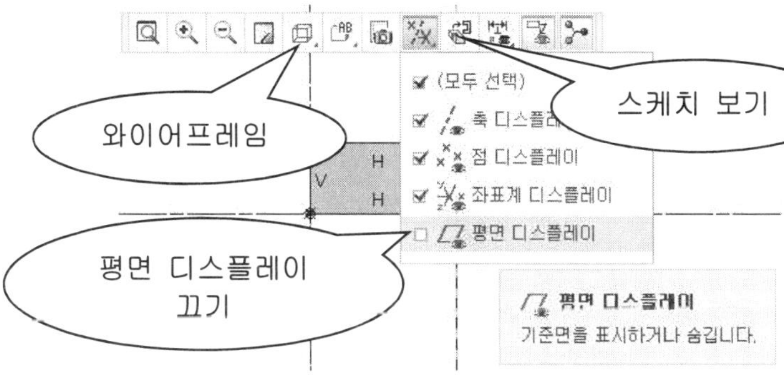

그림 8.53 스케치 환경 설정

- 그림 8.54와 같이 단면을 스케치한다.

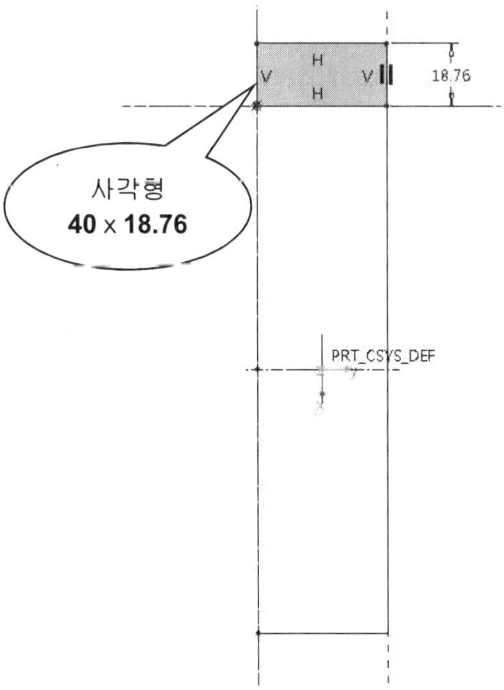

그림 8.54 가변 단면 스윕 : 단면 스케치(사각형 **40 x 18.76)**

- 단면이 그래프의 profile을 따라가도록 관계식을 추가한다.
- 스케치 상태에서 그림 8.55에서와 같이 **"도구 → 관계식"**을 클릭

그림 8.55 관계식 추가 아이콘

- 관계식 창이 활성화되면 치수들이 자동으로 변수로 변경됨.
- 다음과 같이 관계식을 입력한 후 “확인” 버튼을 클릭한다.

  ⇨ 첫 줄은 일반식으로 참고하고 # 대신에 각자의 숫자(여기서는 “3”)를 입력

sd#=evalgraph(“CAM”, trajpar*360)

sd3=evalgraph(“CAM”, trajpar*360)

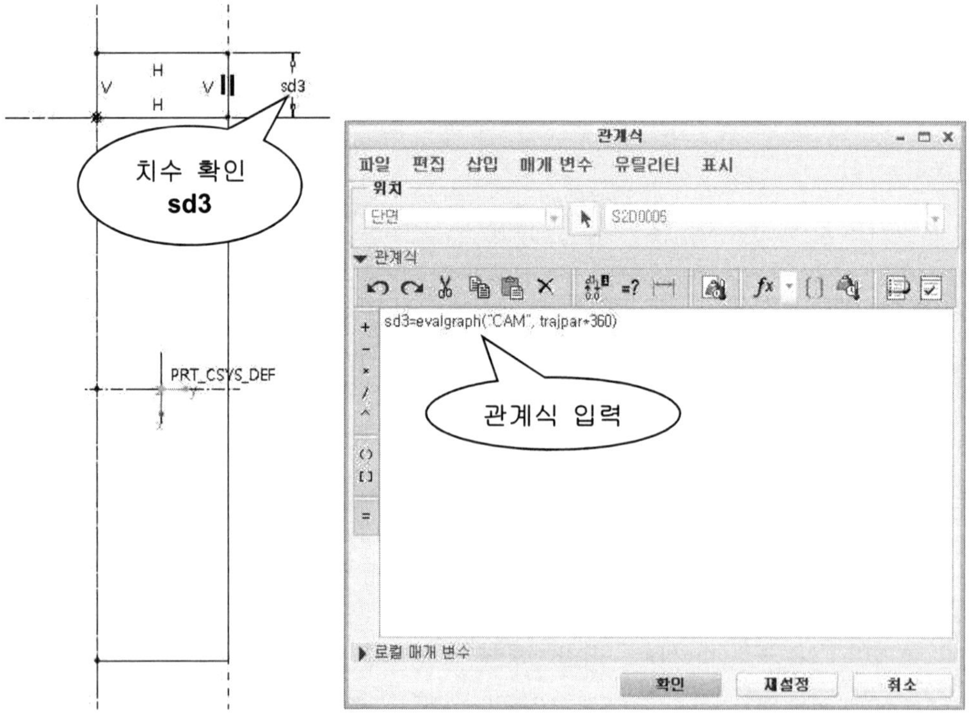

그림 8.56 관계식 입력

- 관계식 입력을 마친 후 확인 버튼을 클릭한 후 대시보드에서 작업 완료 아이콘(✔)을 클릭하여 작업을 완료한다.

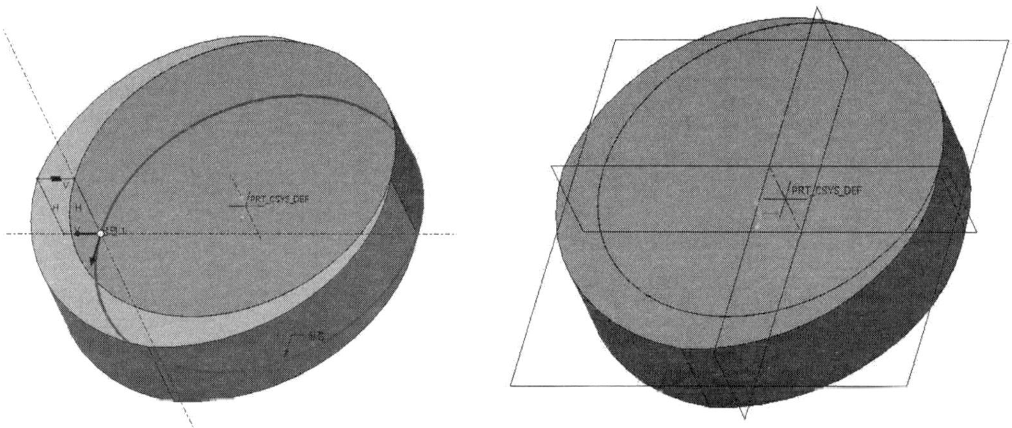

그림 8.57 가변 단면 스윕 surface 완료

● "밀어내기"와 "스윕"을 결합하여 하나의 솔리드 형상으로 만든다.

- 모델 트리에서 Ctrl키를 누른 상태에서 "밀어내기"와 "스윕"으로 생성한 두 surface를 함께 선택한 후 "결합" 아이콘을 클릭한다.

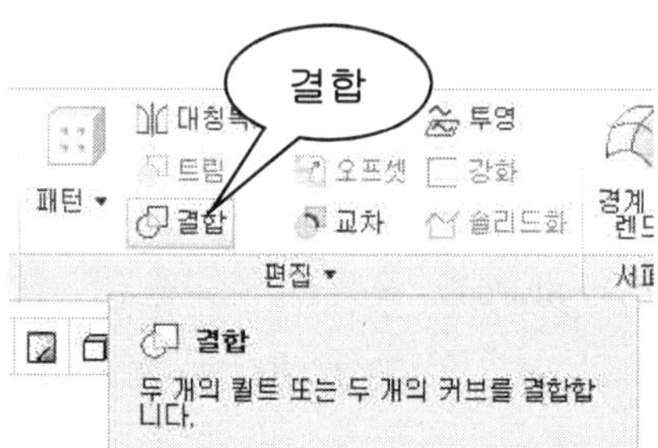

그림 8.58 결합 아이콘

- 그림 8.59와 같이 "결합" 설정 대시보드에서 첫 퀼트의 방향과 두 번째 퀼트의 방향을 클릭한 후 미리보기 아이콘을 클릭하여 원하는 형상이 나오도록 설정한다.

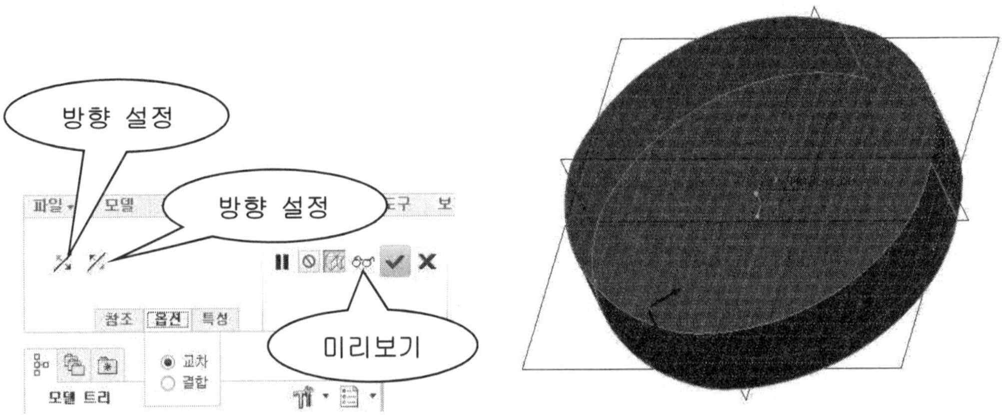

그림 8.59 결합 설정 대시보드

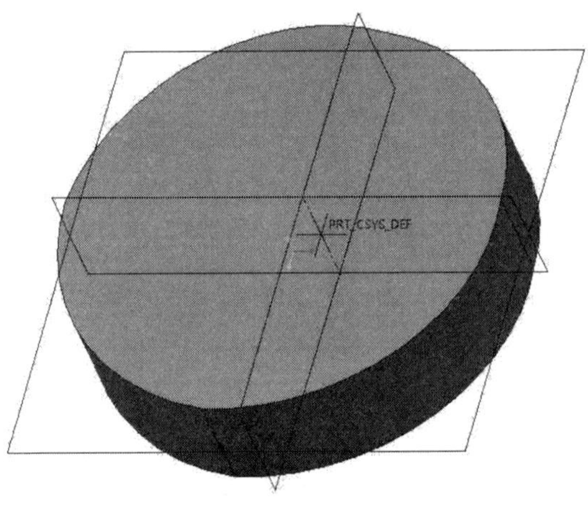

그림 8.60 Surface 결합 완료

- 모델 트리에서 "결합" feature를 선택한 후 "솔리드화" 아이콘을 클릭한 후 작업 완료 아이콘을 클릭하면 솔리드 형상 생성이 완료된다.

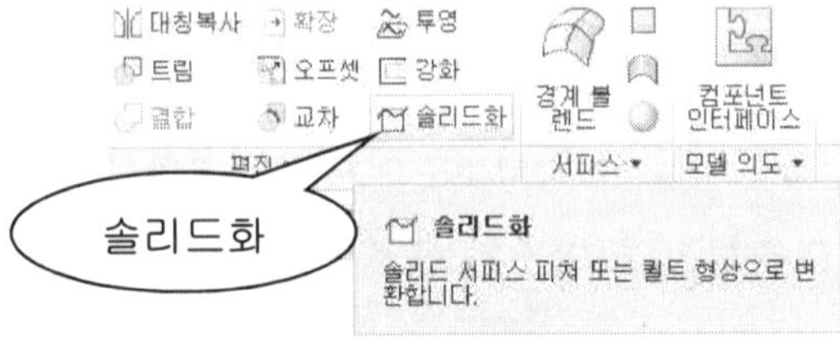

그림 8.61 솔리드화 아이콘

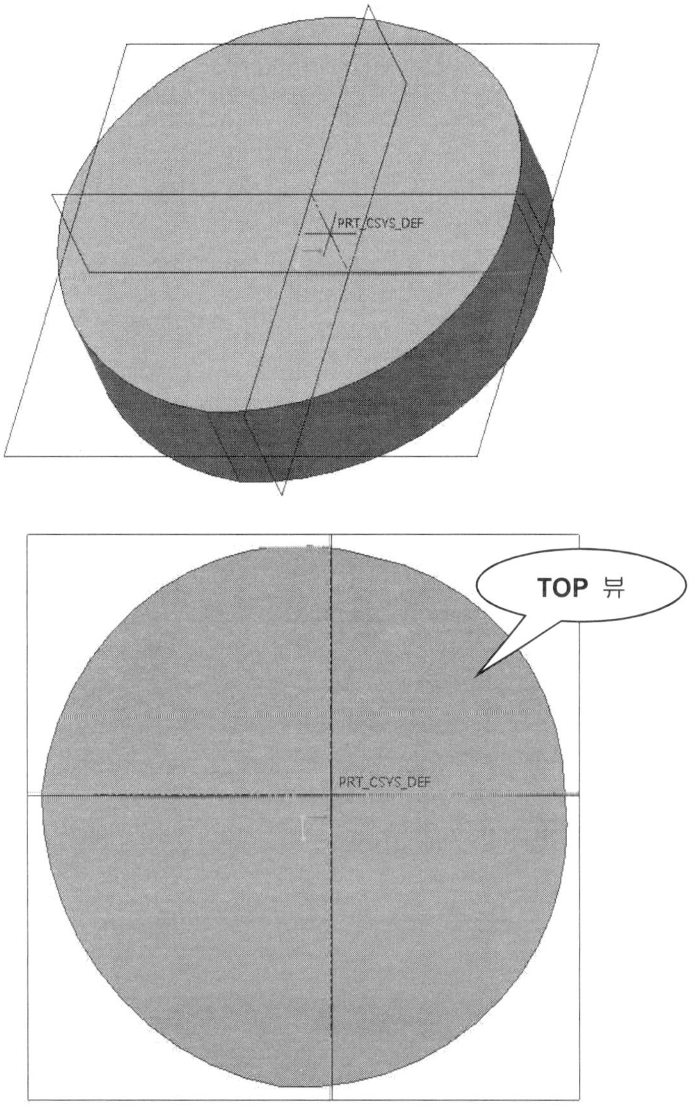

그림 8.62 Surface 솔리드화 완료

(2) **Surface** 를 활용한 **Cut** 깊이 제어

참고예제 7.4에서 생성했던 curve_pattern2.prt의 특정 평면 위에 있는 curve까지 불규칙한 cut 작업과 같은 결과를 얻게 해주기 위해 Surface를 활용하여 보자.

[curve_pattern2.prt 편집 변경]

- 참고예제 7.4 에서 작업했던 curve_pattern2.prt 파일을 불러와서 작업을 수행
- 모델 트리에서 생성 순서 변경 후 "밀어내기" surface 생성
  - 모델 트리에서 그림 8.63과 같이 스케치 단계로 순서를 이동한다. 밀어내기 패턴은 잠시 억제된다.

그림 8.63 모델 트리 생성 순서 변경

  - 모델 트리에서 스케치 커브를 선택한 후 "밀어내기" 아이콘을 클릭하면 그림 8.64와 같이 서피스를 생성할 수 있는 상태가 된다.

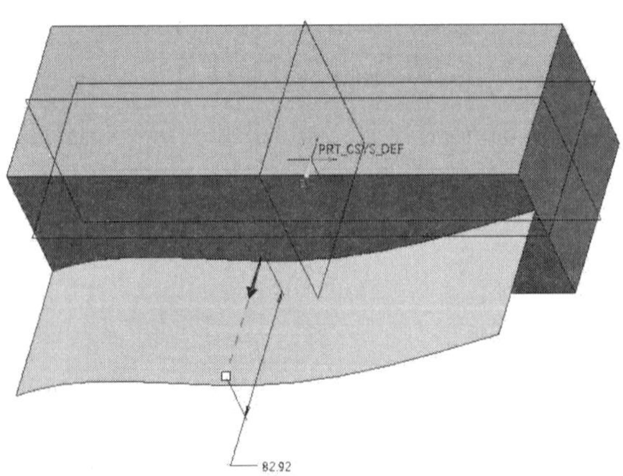

그림 8.64 스케치 커브를 이용한 밀어내기 서피스

- 그림 8.65와 같이 서피스 생성 방향을 전환시키고, “뒤쪽면”까지 밀어내기를 수행한다.

그림 8.65 서피스 생성 : 선택된 서피스까지

- 작업 완료 아이콘을 클릭하여 작업을 완료한다.

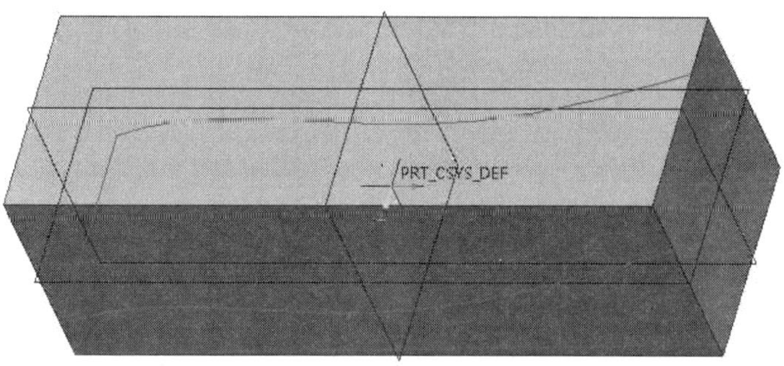

그림 8.66 밀어내기 서피스 생성 완료

- 패턴 feature 원본 밀어내기 cut 생성
  - “밀어내기” 아이콘을 클릭하여 작업을 시작한다.
  - “스케치 평면”으로 돌출 feature의 윗면을 선택하고, 참조 평면 방향으로 RIGHT 평면이 “오른쪽” 방향으로 향하게 설정한 후 스케치 버튼을 클릭한다.
  - 스케치 상태에 들어가면 그림 8.67과 같이 “코너 직사각형” 아이콘을 이용하여 스케치한 후 확인 아이콘을 클릭하여 단면 작업을 마친다.

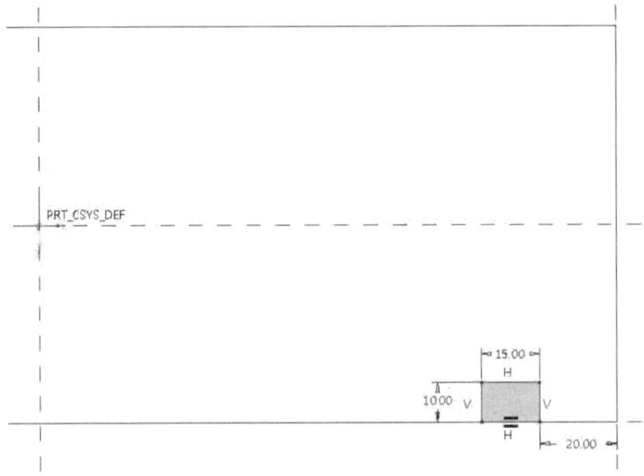

그림 8.67 스케치 단면 : 직사각형(15 x 10)

- 방향 전환과 재료 제거를 클릭한 후, 깊이값으로 "선택된 서피스까지"를 선택하여 앞에서 밀어내기로 생성한 서피스를 선택한다.
- 대시보드에서 작업 완료 아이콘(✔)을 클릭하여 작업을 완료한다.

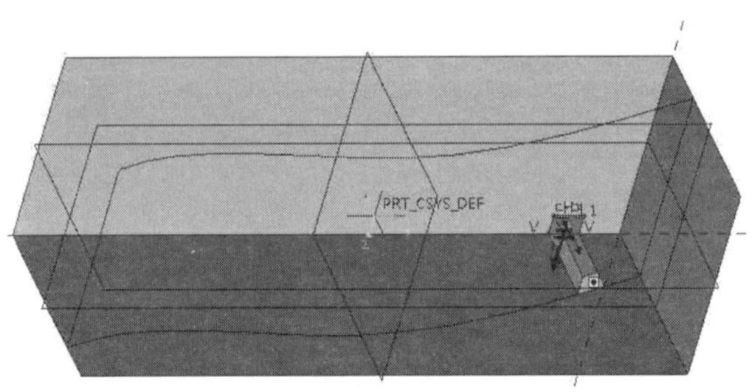

그림 8.68 밀어내기 cut 설정

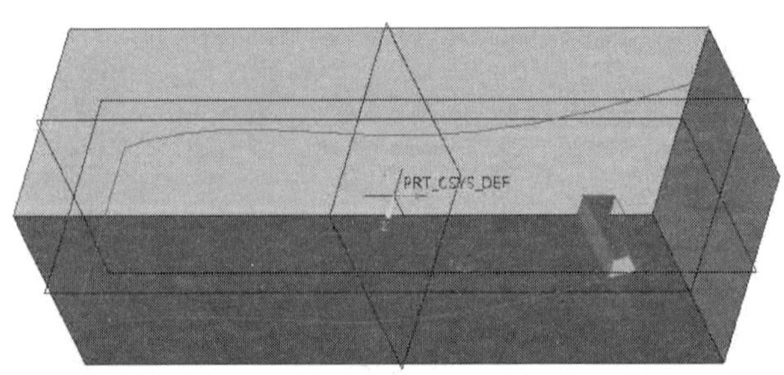

그림 8.69 패턴 작업 원본 feature 완료

- 치수 패턴 : 패턴될 feature들의 cut 깊이가 서피스까지 생성된다.
  - 원본 feature를 선택한 후 “패턴” 아이콘을 클릭한다.
  - 대시보드에서 패턴의 종류로 “치수”를 선택한다.
  - 오른쪽 측면에서부터 기입된 치수를 선택한다.
    ⇨ 증분값으로 “25”을 입력한다.
    ⇨ 패턴 갯수로 “10”을 입력한다.
  - 설정이 끝나면 작업 완료 아이콘을 클릭하여 작업을 완료한다.

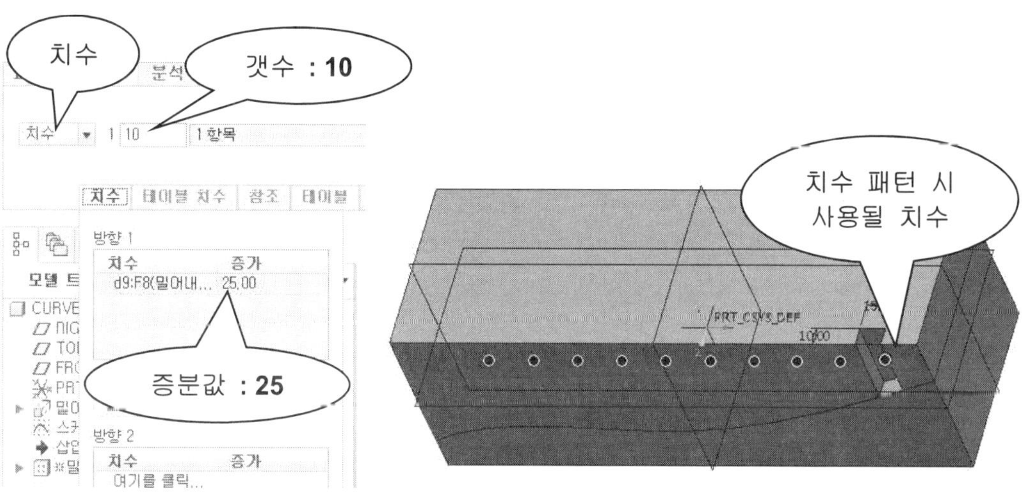

그림 8.70 치수 패턴 설정

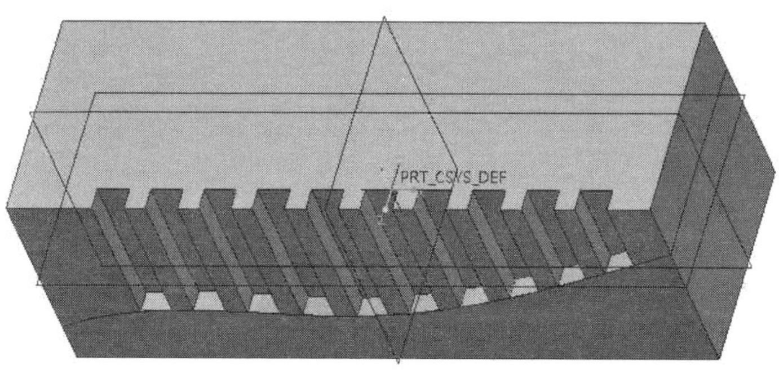

그림 8.71 치수 패턴 완료 : cut 높낮이 확인

(3) Surface 를 이용하여 마우스 모델 생성

Surface 생성 방법을 이용하여 마우스 모델을 만들어보자.

[mouse_surface.prt 마우스 모델 만들기]

- 새로 만들기 아이콘을 클릭한 후 파일 이름을 “mouse_surface.prt”로 하여 새로운 작업을 시작한다.
- 스케치 아이콘( )을 클릭하여 기본 surface 생성
  - 스케치 창이 활성화되면, TOP 평면을 “스케치 평면”으로 설정 “스케치 방향”으로 RIGHT 평면이 “오른쪽” 방향으로 향하게 설정한 후 스케치 버튼을 클릭한다.
  - 스케치 환경을 “평면 디스플레이” 끄기, “스케치 보기”로 설정한다.
  - 그림 8.72와 같이 스케치한 후 스케치 작업이 끝나면 확인 아이콘을 클릭하여 스케치 작업을 완료한다.

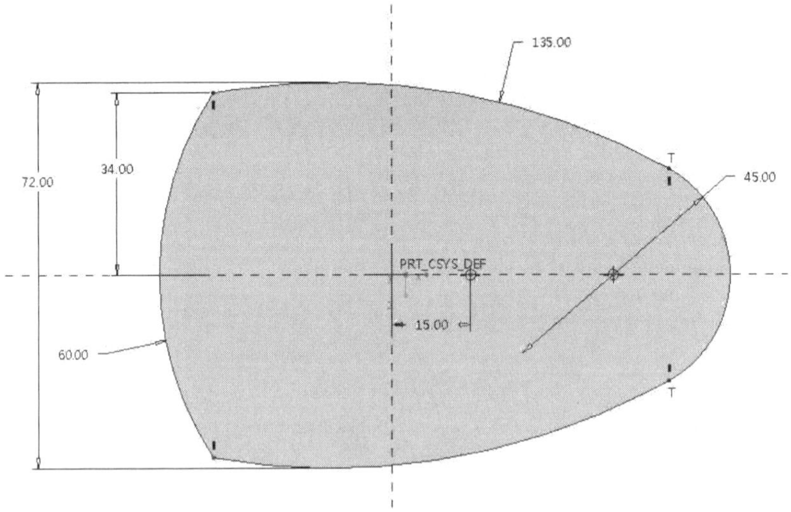

그림 8.72 스케치 단면

- 밀어내기 아이콘을 이용하여 surface feature를 생성한다.
  - 앞의 스케치 작업을 선택한 상태에서 “밀어내기” 아이콘을 클릭한다.

- 그림 8.73과 같이 대시보드 설정에서 surface를 선택하고, 깊이값으로 “45”를 입력하고, “옵션”을 클릭한 후 “닫힌 끝”을 선택한 후 작업 완료 아이콘을 클릭하여 작업을 완료한다.

그림 8.73 대시보드 설정

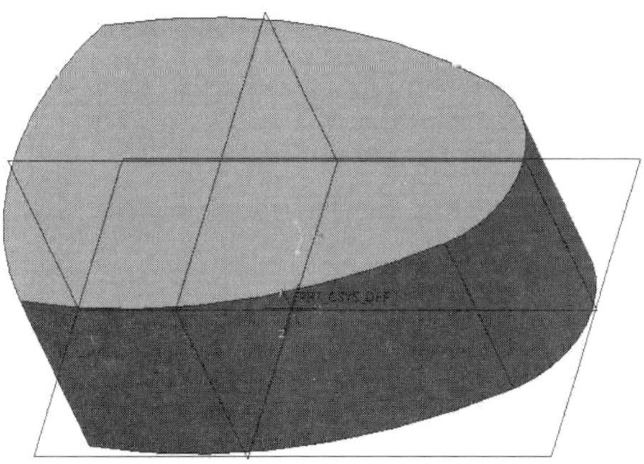

그림 8.74 밀어내기 surface 완료

- 스윕 surface에 사용될 궤적
  - 스케치 아이콘( )을 클릭한 후 “스케치 평면”으로 FRONT 평면을 선택하고, 참조 평면 방향으로 RIGHT 평면이 “오른쪽” 방향으로 향하게 설정한 후 스케치 버튼을 클릭한다.

- 스케치 환경을 “은선 제거”, “평면 디스플레이” 끄기, “스케치 보기”로 설정한다.
- 그림 8.75와 같이 아크 두 개를 스케치한 후 아크의 연결부분은 “탄젠트” 구속 조건을 준다.
- 확인 아이콘을 클릭하여 스케치 작업을 완료한다.

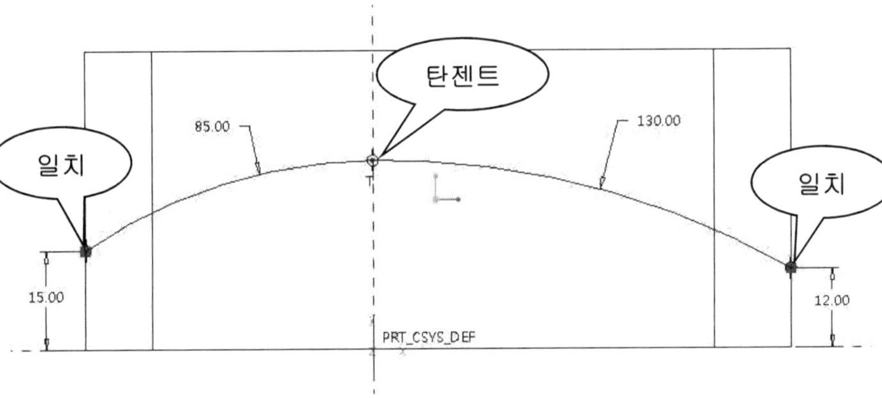

그림 8.75 궤적 스케치

- 스윕 surface 만들기.
  - “스윕” 아이콘( )을 클릭하고 대시보드에서 surface로 설정한 후, 참조 항목을 클릭하면 궤적을 설정할 수 있도록 해준다

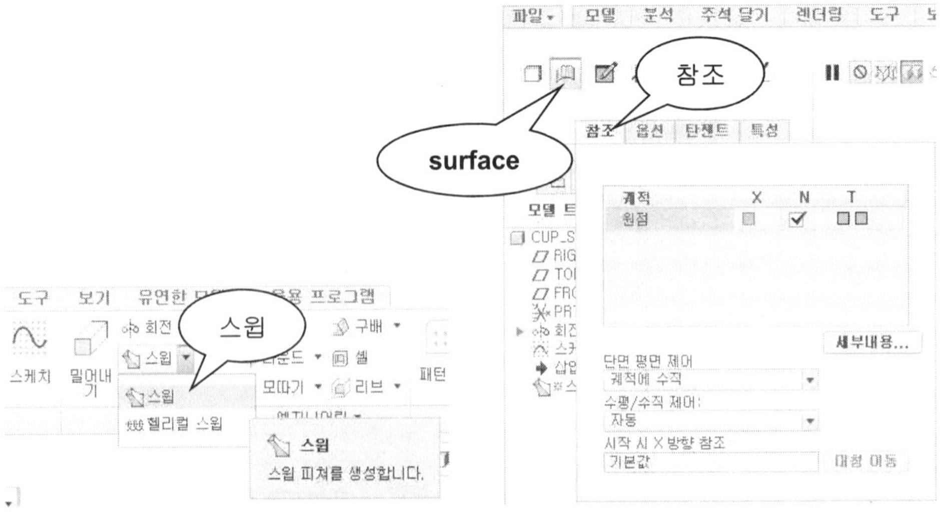

그림 8.76 스윕 아이콘과 대시보드

- 스케치 환경을 "와이어프레임"으로 설정하면 궤적을 쉽게 선택할 수 있다.
- 그림 8.77과 같이 궤적을 선택하면 surface 단면을 생성 또는 편집해줄 수 있는 아이콘이 활성화된다(선택된 궤적에서 시작점을 변경하고 싶으면 "세부내용" 버튼을 클릭하여 시작점의 위치를 바꾸어준다).

그림 8.77 스윕 궤적 선택

- 단면을 생성해주는 아이콘을 클릭하여 스케치 작업으로 들어간다.
- 그림 8.78과 같이 스케치 환경을 "와이어프레임", "평면 디스플레이" 끄기와 "스케치 보기"로 설정한다.

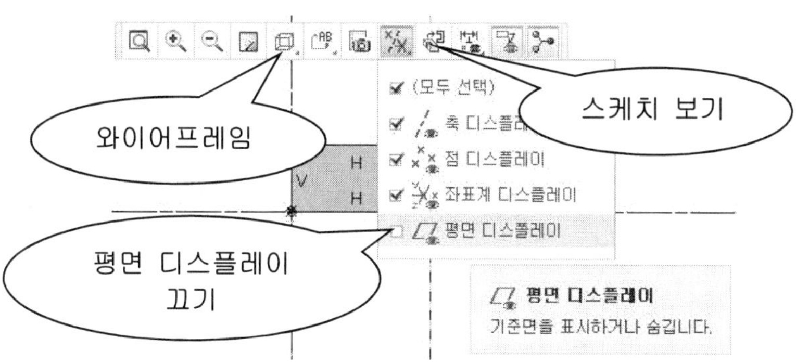

그림 8.78 스케치 환경 설정

- 그림 8.79와 같이 단면을 스케치한다. "중심/끝" 아크 아이콘을 이용하여 중심을 수평선 오른쪽 부분에 스케치한 후 두 끝을 스케치한다.

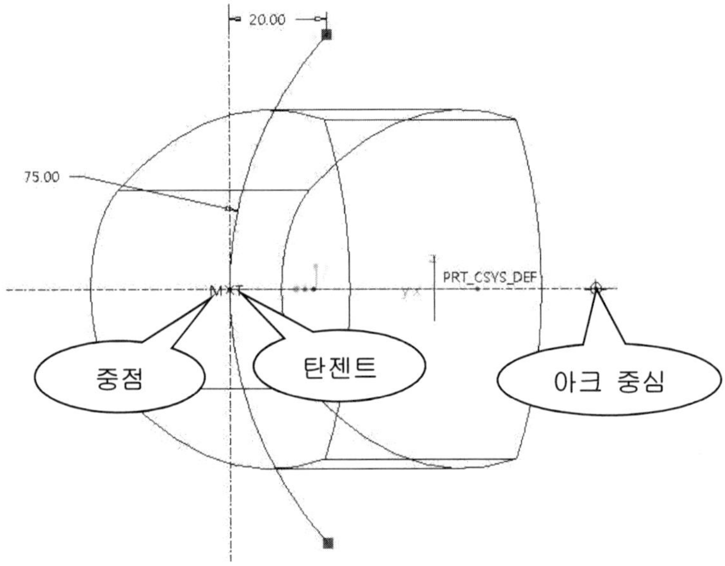

그림 8.79 스윕 단면 : 반지름 "75"인 아크

- 스케치가 끝나면 확인 아이콘(✔)을 클릭하여 스윕 설정 대시보드 설정 상태로 돌아와서 작업 완료 아이콘을 클릭하여 작업을 완료한다.

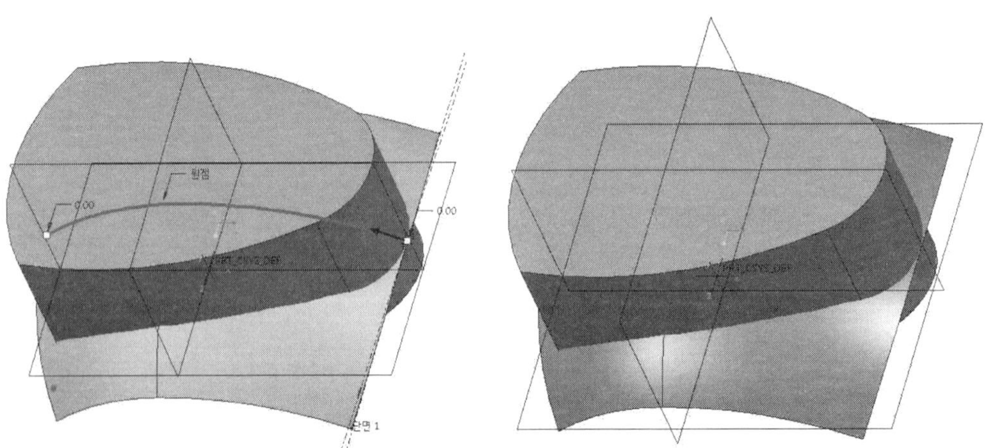

그림 8.80 스윕 surface 완료

- “밀어내기”와 “스윕”을 결합하여 하나의 surface 형상으로 만든다.
  - 모델 트리에서 Ctrl키를 누른 상태에서 “밀어내기”와 “스윕”으로 생성한 두 surface를 함께 선택한 후 “결합” 아이콘을 클릭한다.

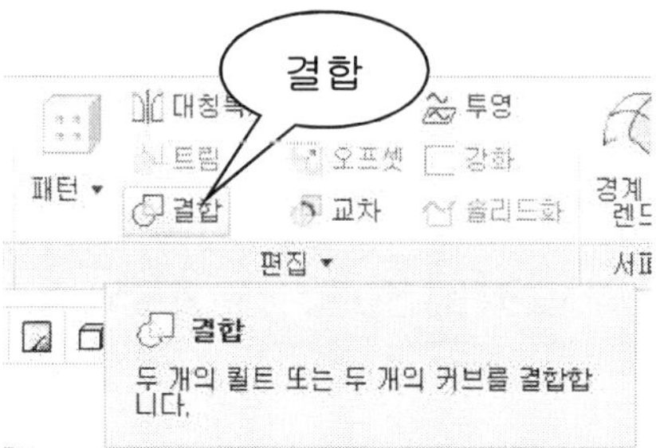

그림 8.81 결합 아이콘

  - 그림 8.82와 같이 “결합” 설정 대시보드에서 첫 퀼트의 방향과 두 번째 퀼트의 방향을 클릭한 후 미리보기 아이콘을 클릭하여 원하는 마우스 형상이 나오도록 설정한다.

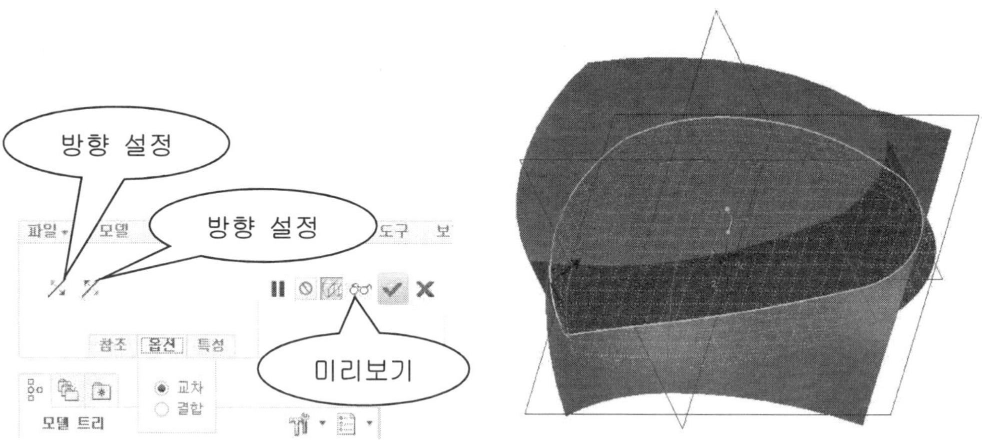

그림 8.82 결합 설정 대시보드

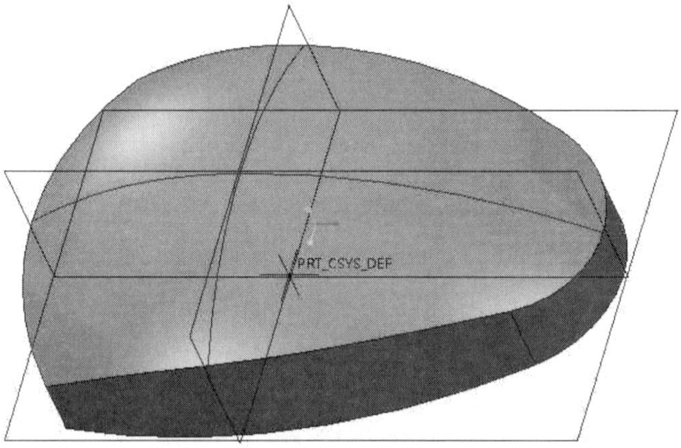

그림 8.83 Surface 결합 완료

- 밀어내기 아이콘을 이용하여 surface feature를 추가한다.
  - 그림 8.84와 같이 surface를 선택한 후 배치, 정의 항목을 클릭하여 내부 스케치를 정의한다.

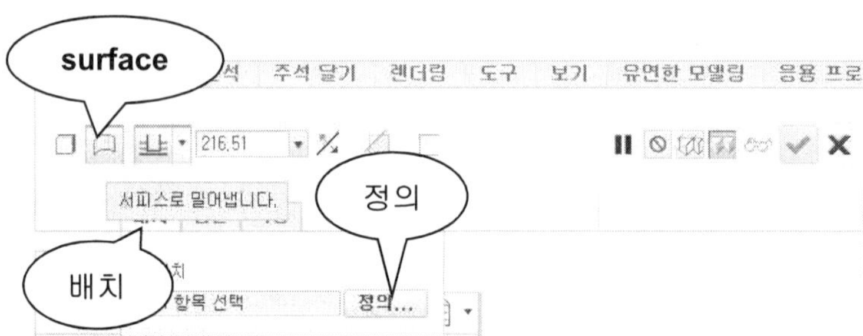

그림 8.84 Surface 설정 대시보드

  - TOP 평면을 스케치 평면으로 설정하고 참조 평면 방향으로 RIGHT 평면이 “오른쪽”을 향하게 설정한다.
  - 스케치 환경을 “와이어프레임”, “평면 디스플레이” 끄기와 “스케치 보기”로 설정한다.
  - “중심/끝” 아크 아이콘과 “선 체인” 아이콘을 이용하여 그림 8.85와 같이 스케치한 후 확인 아이콘을 클릭하여 스케치 작업을 완료한다.

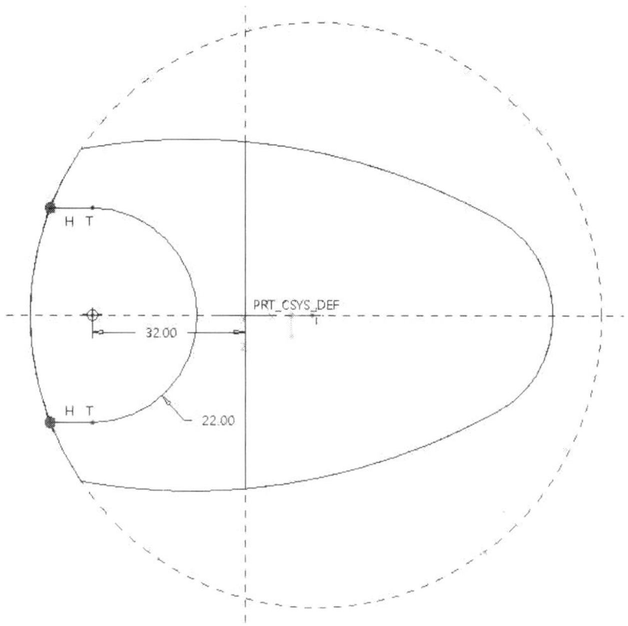

그림 8.85 스케치 형상

- 그림 8.86과 같이 깊이값으로 "50"을 입력하고 작업 완료 아이콘을 클릭하여 작업을 완료한다.

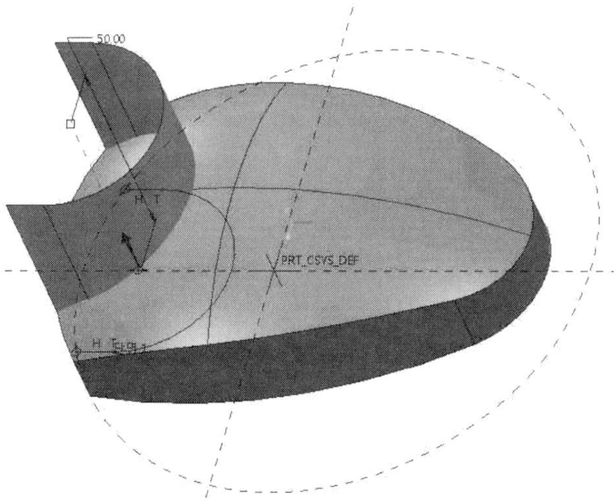

그림 8.86 밀어내기 surface

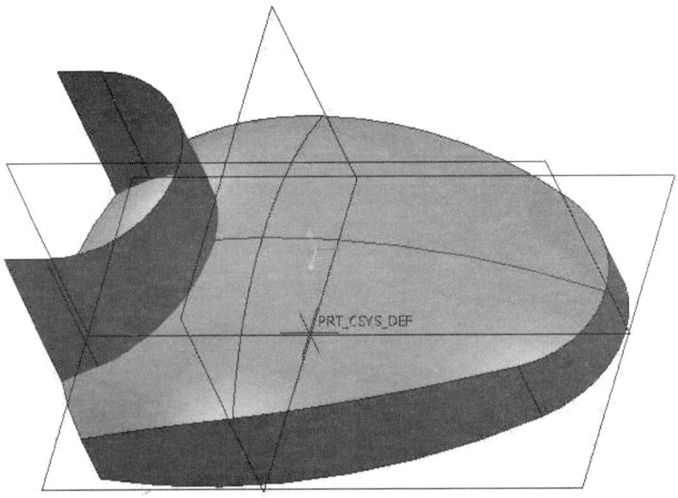

그림 8.87 밀어내기 surface 돌출 완료

- "결합"과 "밀어내기" surface를 결합하여 하나의 surface 형상으로 만든다.
  - 모델 트리에서 Ctrl키를 누른 상태에서 "밀어내기"와 "스윕"으로 생성한 두 surface를 함께 선택한 후 "결합" 아이콘을 클릭한다.

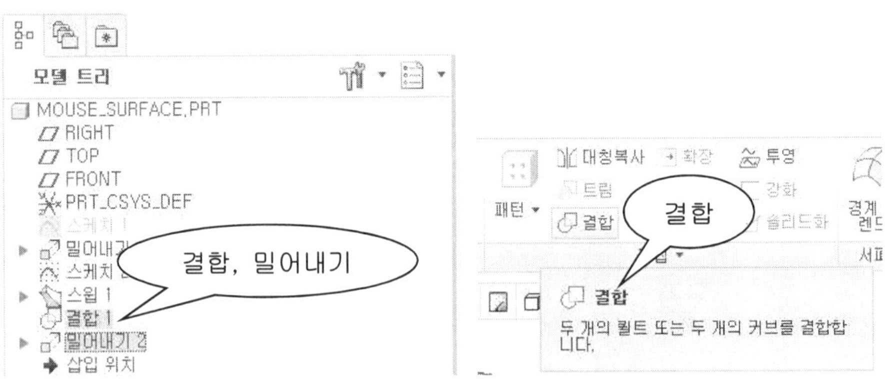

그림 8.88 모델 트리와 결합 아이콘

  - 그림 8.89와 같이 "결합" 설정 대시보드에서 첫 퀼트의 방향과 두 번째 퀼트의 방향을 클릭한 후 미리보기 아이콘을 클릭하여 원하는 마우스 형상이 나오도록 설정한다.

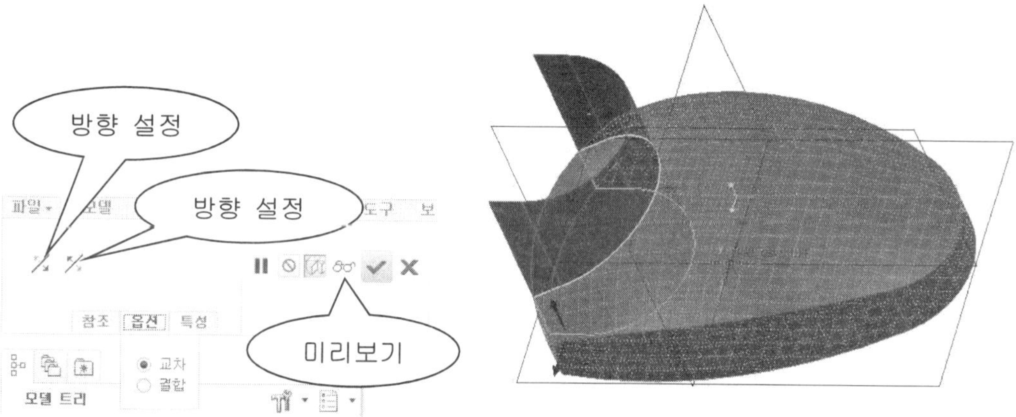

그림 8.89 결합 설정 대시보드

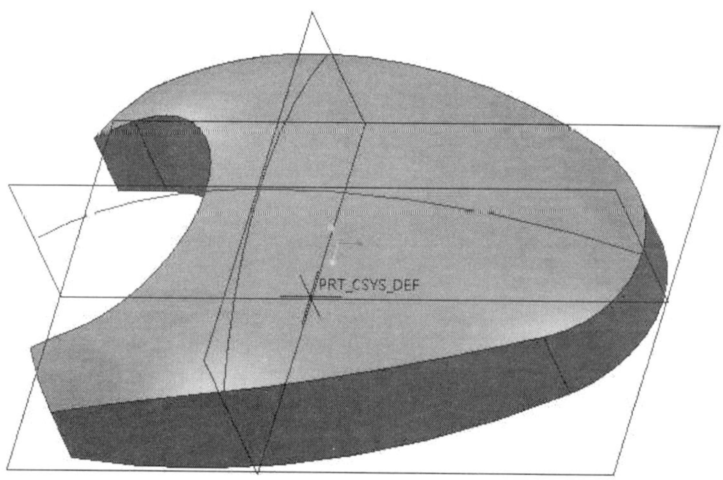

그림 8.90 Surface 결합 완료

- Surface 솔리드화
  - 모델 트리에서 마지막 “결합” feature를 선택한 후 “솔리드화” 아이콘을 클릭한 후 작업 완료 아이콘을 클릭하면 솔리드 형상 생성이 완료된다.

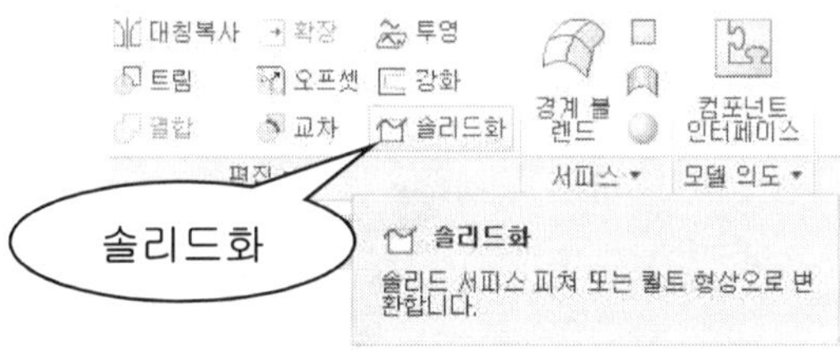

그림 8.91 솔리드화 아이콘

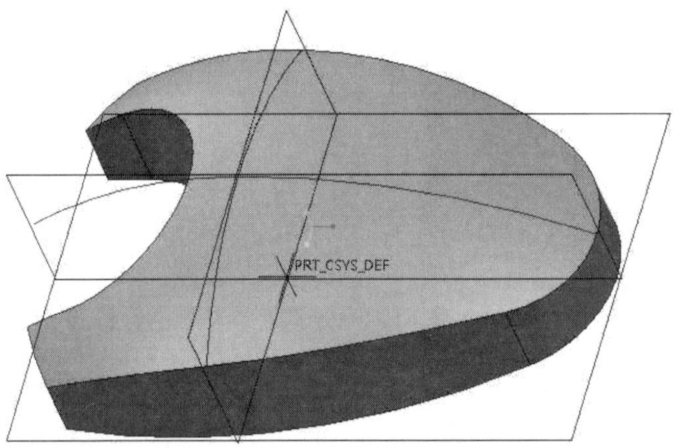

그림 8.92 Surface 솔리드화 완료

- 솔리드 형상 쉘 작업
  - 바닥면을 제거면으로 설정하고 “1.5”만큼 두께를 설정한 후 작업 완료 아이콘을 클릭하여 쉘 작업을 완료한다.

그림 8.93 쉘 설정 대시보드

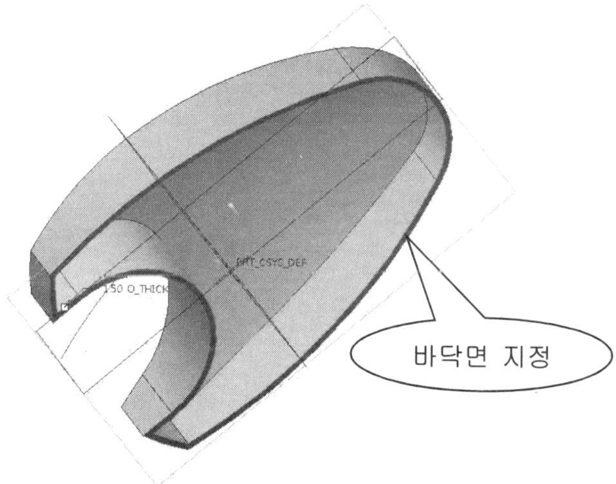

그림 8.94 쉘 설정면

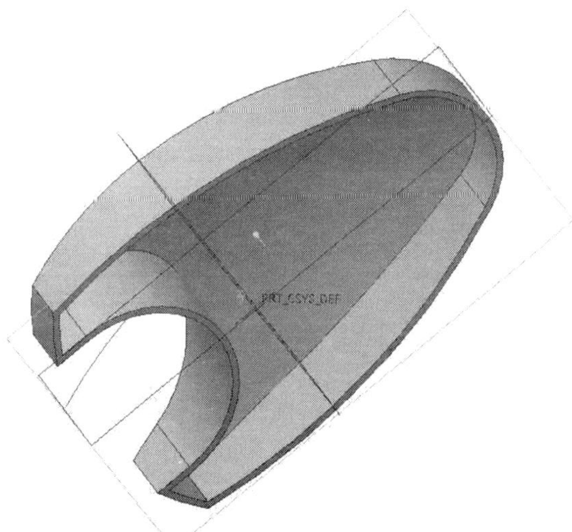

그림 8.95 쉘 완료

- 바닥면 연결 테두리 cut 추가하기
  - "밀어내기" 아이콘을 클릭한 후 배치, 정의 항목을 클릭하여 내부 스케치를 정의 한다.
  - 바닥면을 스케치 평면으로 설정하고 참조 평면 방향으로 RIGHT 평면이 "오른쪽"

을 향하게 설정한다.

- 스케치 환경을 “은선 제거”, “평면 디스플레이” 끄기와 “스케치 보기”로 설정한다.
- 제일 먼저 “투영” 아이콘을 클릭한 후 “체인” 유형으로 설정한다.

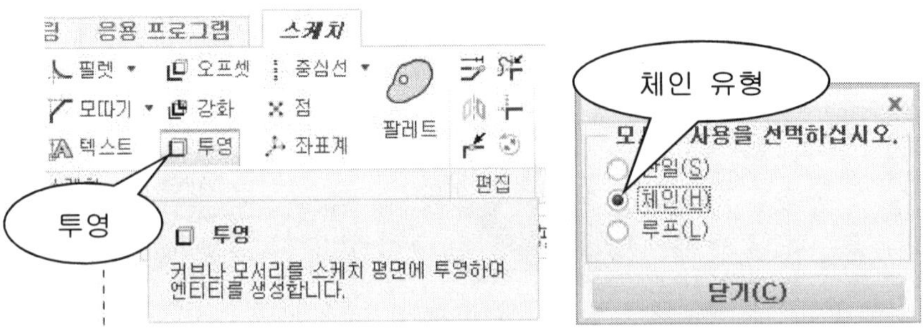

그림 8.96 투영 아이콘 : 체인 유형

- 그림 8.97과 같이 두 모서리를 순서대로 선택하면 “메뉴 관리자” 창이 활성화되는데, “적용”을 선택하여 전체 테두리가 선택되도록 한다.

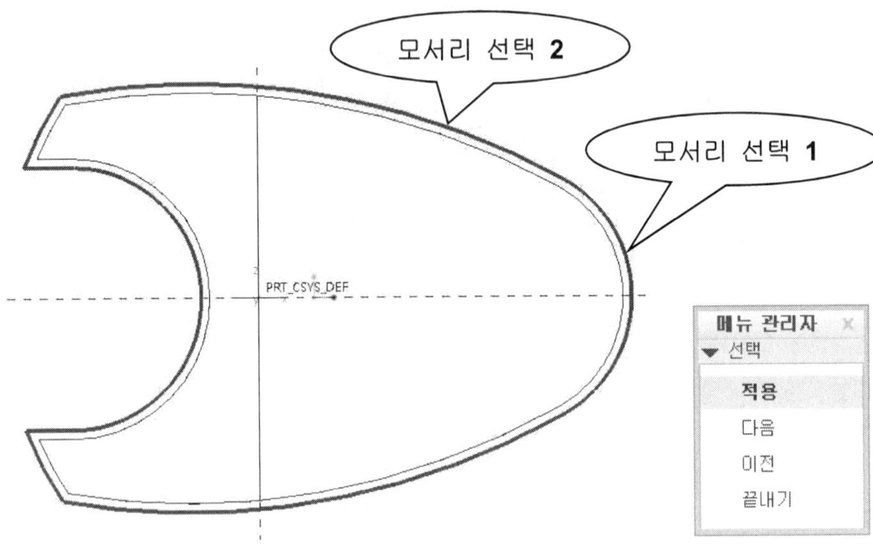

그림 8.97 모서리 선택

- 그림 8.98과 같이 “체인을 루플 변환” 창이 활성화되면 “예”를 선택하여 스케치 작업을 완료한다.

그림 8.98 체인을 루프로 변환

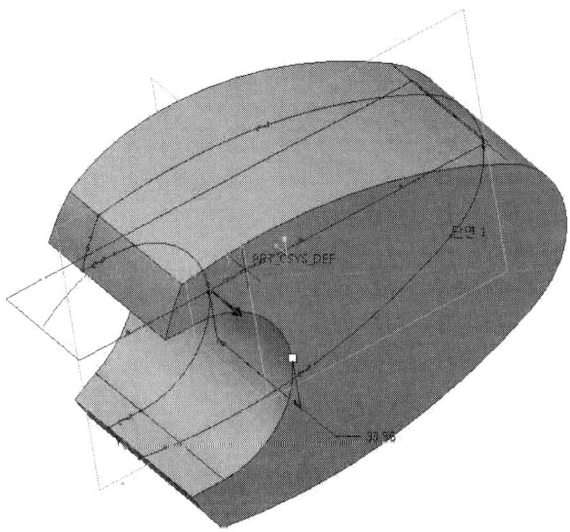

그림 8.99 스케치 완료 후 상태

- 그림 8.100과 같이 대시보드에서 재료 제거, 방향 전환, 깊이값 “1”, 강화, 강화 두께값 “0.75”를 설정한다.

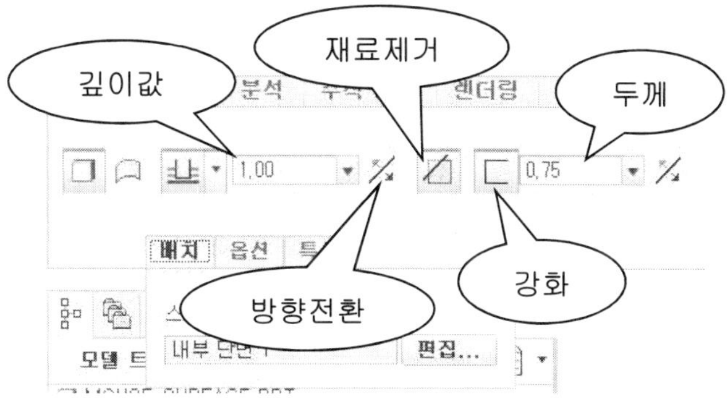

그림 8.100 대시보드 설정

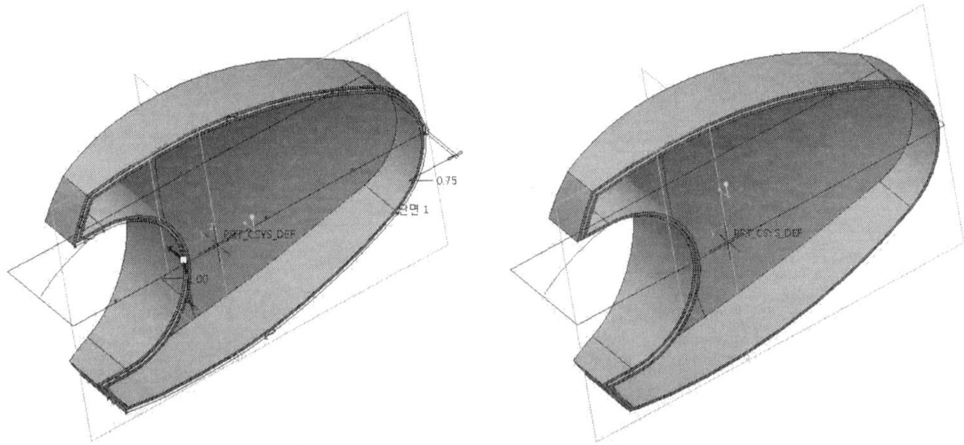

그림 8.101 설정 미리보기

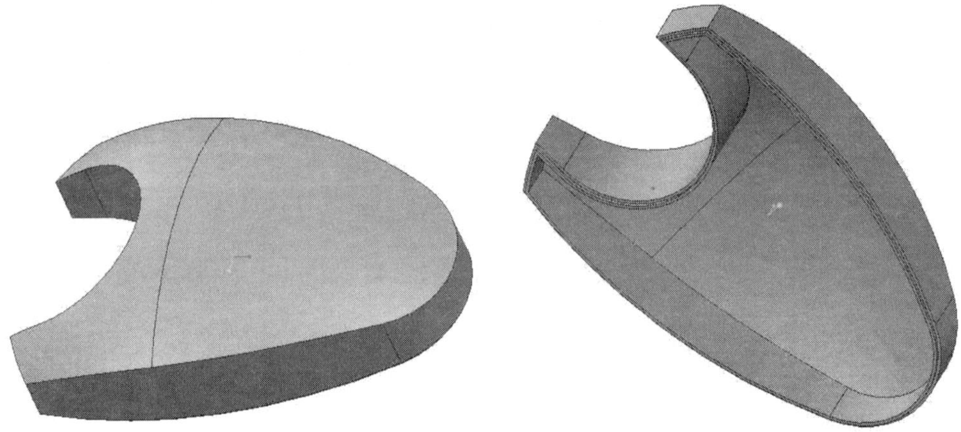

그림 8.102 테두리 cut 완료

[참고예제 8.1]

[solid_modify.prt 만들기]

Surface를 활용하여 솔리드 모델을 변경하여 보자.

- 새로 만들기 아이콘을 클릭한 후 파일 이름을 "solid_modify.prt"로 하여 새로운 작업을 시작한다.
- "밀어내기" 아이콘을 이용하여 기본 feature를 생성한다.
  - "스케치 평면"으로 TOP 평면을 선택하고, 참조 평면 방향으로 RIGHT 평면이 "오른쪽" 방향으로 향하게 설정한 후 [스케치] 버튼을 클릭한다.
  - 스케치 상태에 들어가면 그림 8.103 과 같이 스케치한 후 스케치 확인 아이콘을 클릭하여 단면 작업을 마친다.
  - 양방향 돌출로 "100"을 설정한 후 작업 완료 아이콘을 클릭하여 작업을 완료한다.

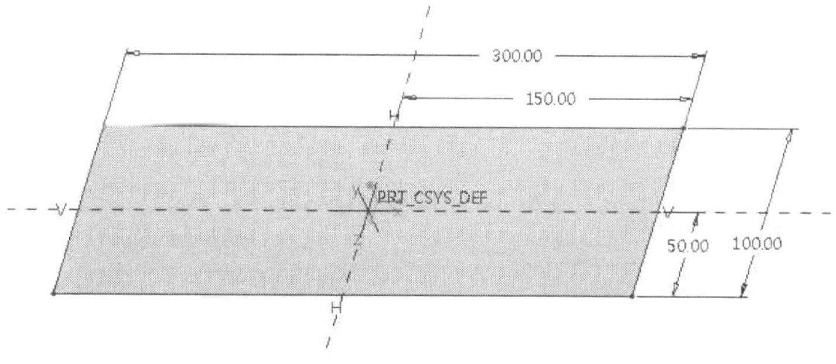

그림 8.103 스케치 단면 : 직사각형(300 x 100)

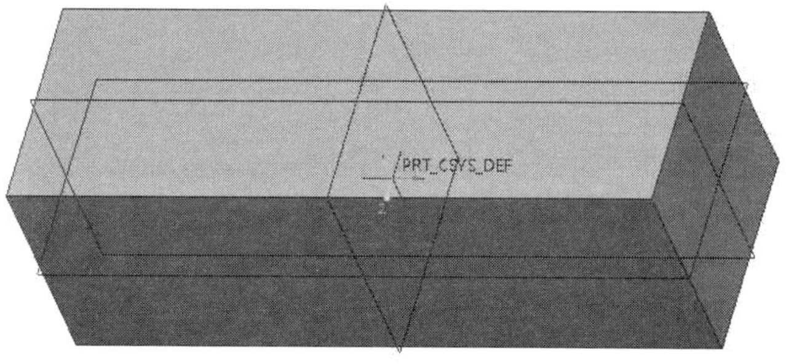

그림 8.104 밀어내기 완료

- "밀어내기" 아이콘을 이용하여 surface를 생성한다.
  - 대시보드에서 surface를 선택한 후 배치, 정의를 클릭하여 내부 "스케치 평면"으로 정면을 선택하고, 참조 평면 방향으로 RIGHT 평면이 "오른쪽" 방향으로 향하게 설정한 후 [스케치] 버튼을 클릭한다.
  - 스케치 환경을 "은선 제거", "평면 디스플레이" 끄기, "스케치 보기"로 설정한다.
  - 그림 8.105와 같이 한 가운데 수직중심선을 스케치한 후, "선 체인" 아이콘을 이용하여 직선 7개를 스케치한다. 가운데 직선은 수직중심선으로 기준으로 대칭으로 스케치하고, 좌, 우의 직선끼리 "동일 길이"로 구속 조건을 설정한다.

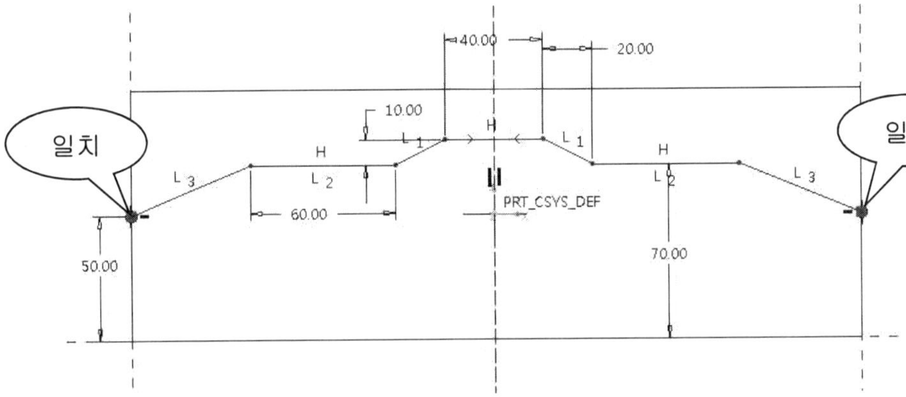

그림 8.105 스케치 단면 : 직선 7개

  - 확인 아이콘을 클릭하여 스케치 작업을 완료한다.
  - 그림 8.106과 같이 서피스 생성 방향을 전환시키고, "뒤쪽면"까지 밀어내기를 수행한다.

그림 8.106 서피스 생성 : 선택된 서피스까지

- 작업 완료 아이콘을 클릭하여 작업을 완료한다.

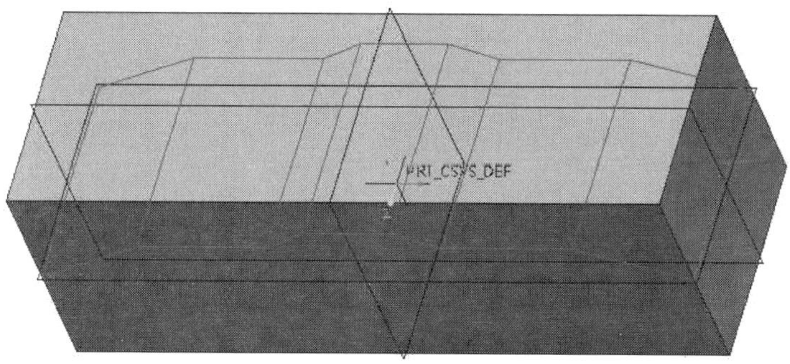

그림 8.107 밀어내기 surface 생성 완료

- Surface 솔리드화
  - 앞에서 생성한 밀어내기 surface를 선택한 후 “솔리드화” 아이콘을 클릭한 후 그림 8.108과 같이 대시보드에서 작업 완료 아이콘을 클릭하면 솔리드 형상 생성이 완료된다.

그림 8.108 솔리드화 대시보드

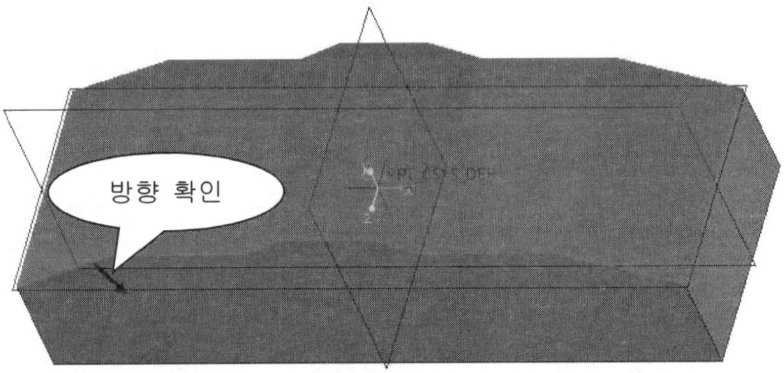

그림 8.109 Surface 솔리드화 방향 확인

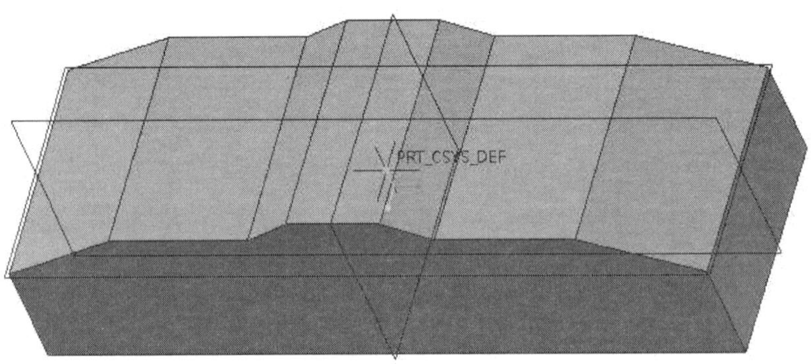

그림 8.110 Surface 솔리드화 완료

[참고예제 8.2]

[항공기 날개 만들기]

“스케치” 작업을 이용하여 단면을 생성하고, 이를 Surface 생성 시에 불러들여 스플라인 형상을 만드는데 활용하여 항공기 날개 모델을 생성하는 방법을 알아보자.

- “스케치” 작업(SEC 파일 만들기)
  - 새로 만들기 아이콘( )을 클릭하여 그림 8.111과 같이 새로 만들기 창이 나타나면 “스케치”를 선택하고, 파일 이름으로 “wing”을 입력한다.

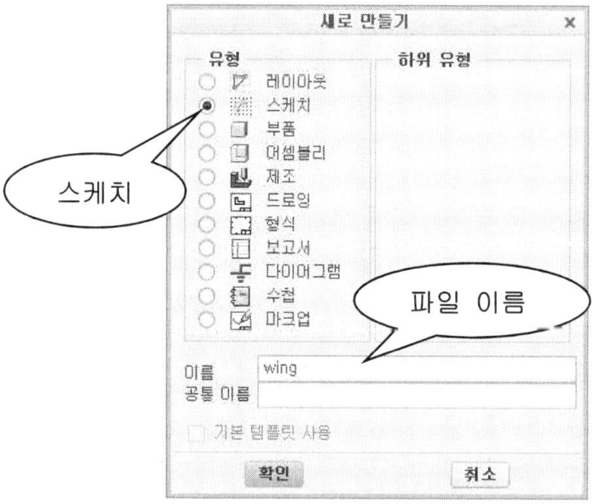

그림 8.111 새로 만들기 창

  - 스케치 상태로 넘어가면 먼저 수직중심선, 수평중심선을 스케치한다. 그림 8.112와 같이 수직중심선과 수평중심선이 만나는 중앙에 **“좌표계”**를 위치시킨다.

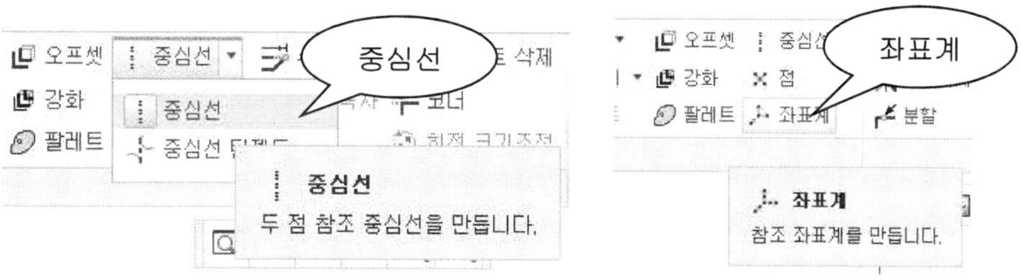

그림 8.112 중심선과 좌표계 아이콘

⇨ 2D 스케치 상태는 수직중심선, 수평중심선과 좌표계를 먼저 스케치하여 반드시 공간상의 위치를 알 수 있게 해주어야만 한다.

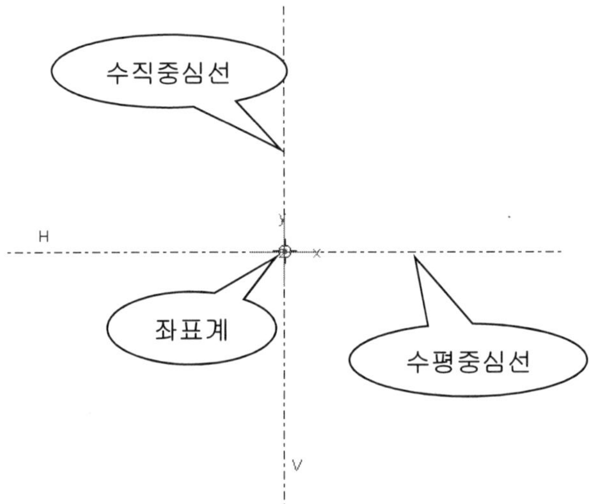

그림 8.113 스케치 준비 : 수직중심선, 수평중심선, 좌표계

- 스케치 준비 상태가 되면 그림 8.114와 같이 중심선에서 시작하여 스플라인을 스케치한 후 그림 8.115와 같이 치수를 수정한다.

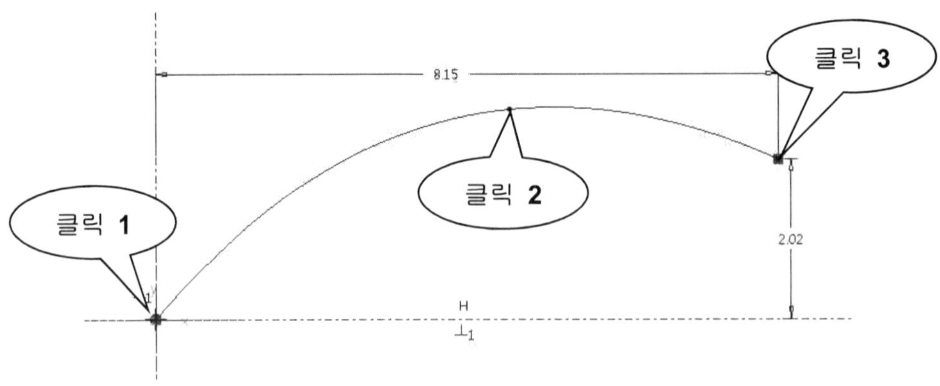

그림 8.114 스플라인

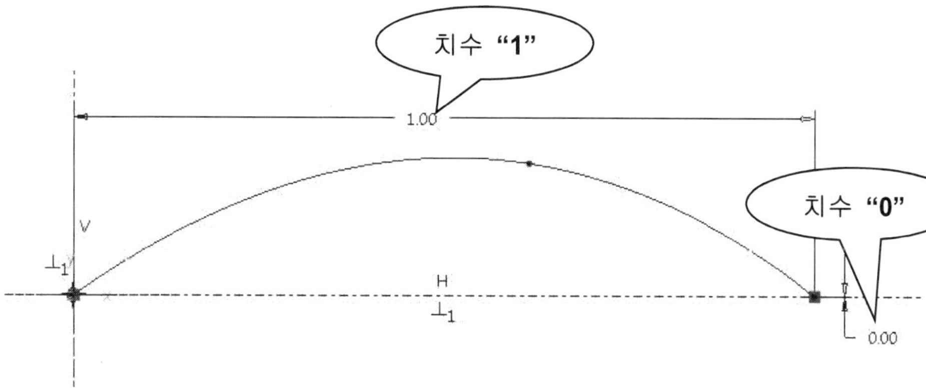

그림 8.115 스플라인 치수 수정

- 치수가 수정된 상태에서 제어 점을 추가하기 위해 스플리인을 더블 클릭히면 그림 8.116과 같이 수정 대시보드가 활성화된다.

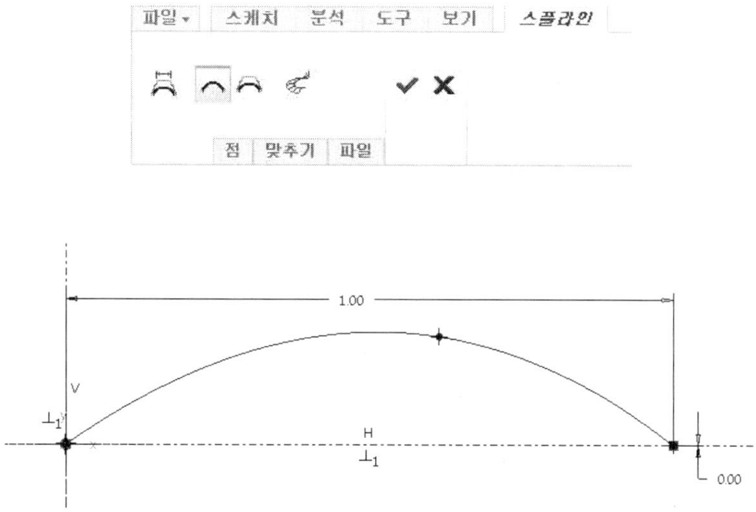

그림 8.116 스플라인에 제어 점 추가

- 그림 8.137과 같이 "점"을 클릭한 후 "로컬 좌표계" 항목을 선택한다. 선택 화살표를 클릭한 후 화면 한 가운데에 있는 좌표계를 선택한다.

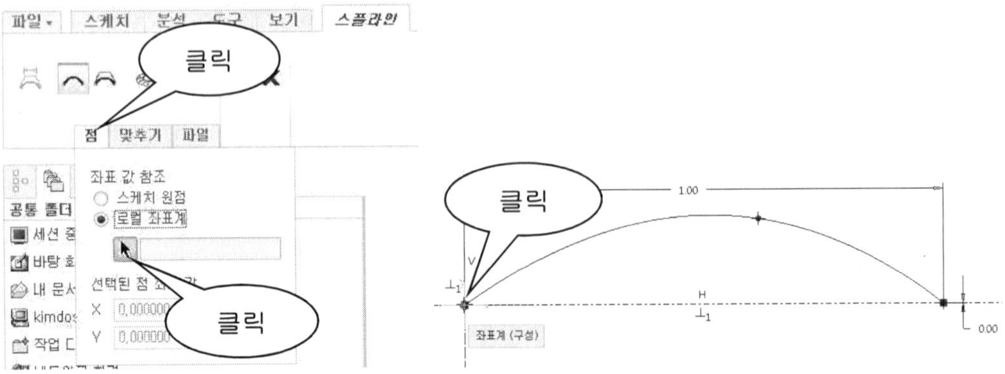

그림 8.117 로컬 좌표계 선택

- 그림 8.118과 같이 제어 점을 추가하고자 하는 곳에 마우스 포인터를 위치시킨 후에 마우스 오른쪽 버튼을 길게 눌러 “점 추가”가 활성화되면 선택하여 점을 추가한다.

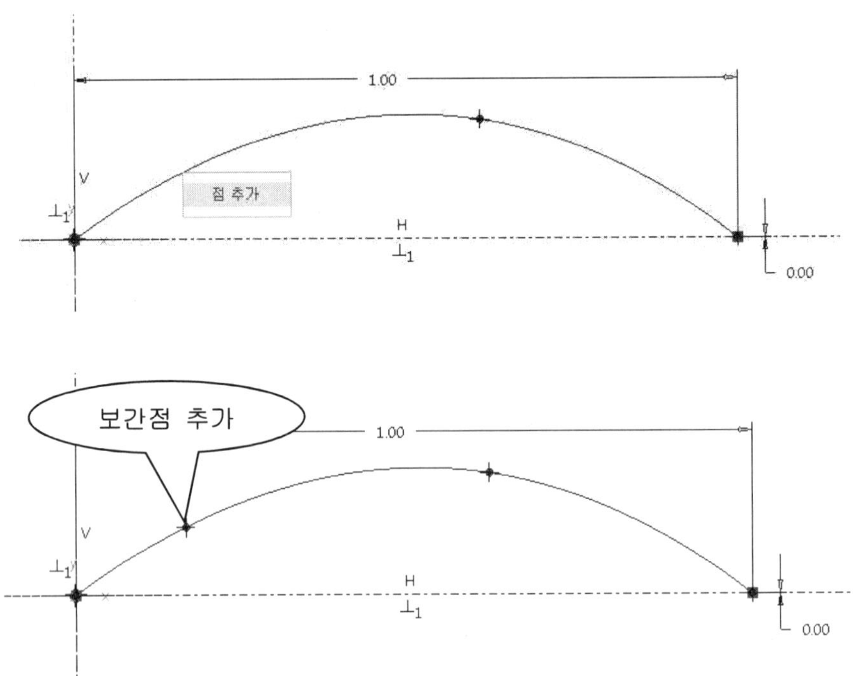

그림 8.118 스플라인에 보간점 추가

- 그림 8.119와 같이 같은 방법으로 보간점을 4개 더 추가한다.

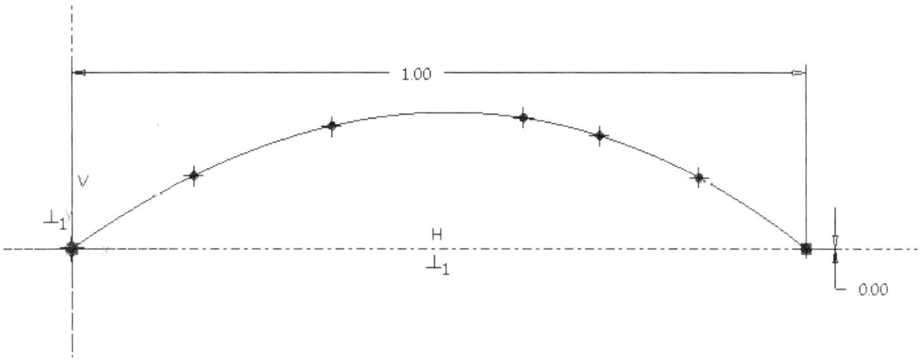

그림 8.119 스플라인에 보간점 추가 완료

- 대시보드에서 완료 버튼을 클릭하여 스플라인 수정을 완료한다.
- 보간점이 추가된 스플라인을 마우스 왼쪽 버튼으로 선택한 후 drag하여 그림 8.120과 같이 원하는 모양으로 스플라인을 수정한다.

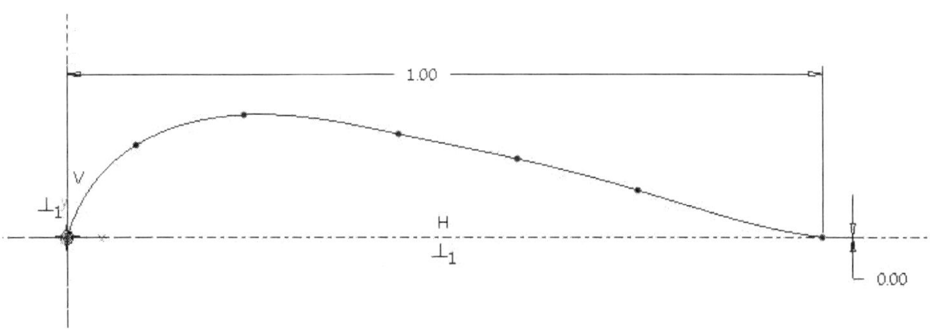

그림 8.120 스플라인 수정 완료

- wing.sec 이름으로 작업을 저장한 후 창을 닫는다.

- wing.prt 만들기
  - 새로 만들기 아이콘()을 클릭하여 그림 8.121과 같이 새로 만들기 창이 나타나면 "부품"을 선택하고, 파일 이름으로 "wing"을 입력한다.

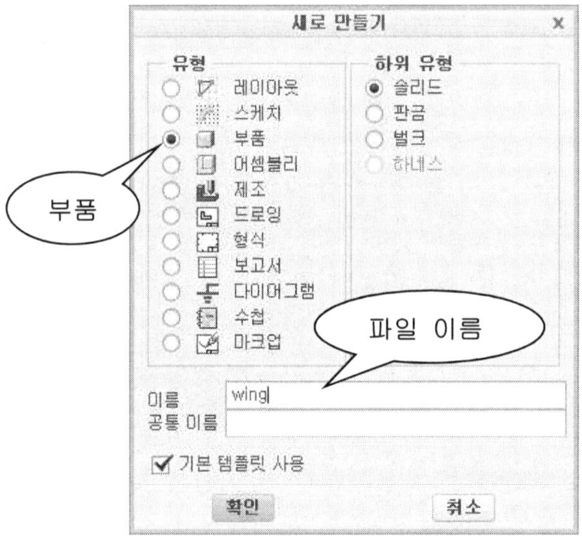

그림 8.121 새로 만들기 창

- "블렌드" 아이콘()을 클릭하여 블렌드 surface feature 생성

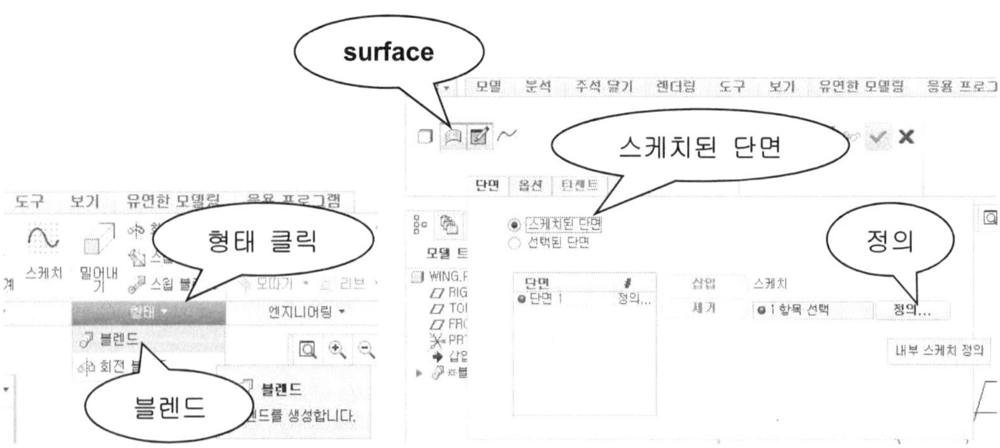

그림 8.122 블렌드 아이콘과 대시보드

- 대시보드에서 surface를 선택하고, 단면, 정의 아이콘을 선택하여 내부에 스케치를 정의한다. FRONT 평면을 "스케치 평면"으로 설정하고, 참조 평면 방향으로 RIGHT 평면이 "오른쪽" 방향으로 향하게 설정한 후 스케치 버튼을 클릭한다.
- 스케치 상태에 들어가면 그림 8.123과 같이 "선 체인" 아이콘을 이용하여 첫 번째 단면을 스케치한다.

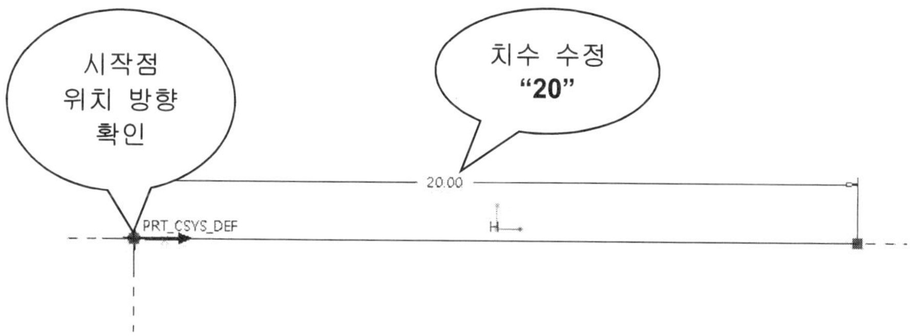

그림 8.123 블렌드 단면 1 : 단일 직선 스케치

- 그림 8.124와 같이 "파일 시스템" 아이콘을 클릭하여 저장해 놓은 wing.sec 파일을 불러온다.

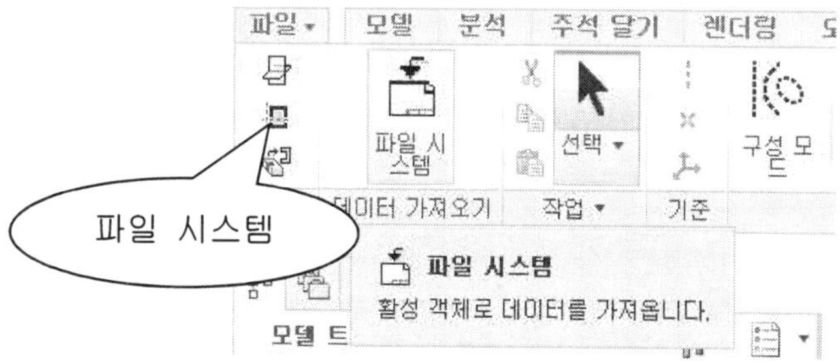

그림 8.124 파일 시스템 : wing.sec 삽입

- 그림 8.125와 같이 "파일 시스템" 아이콘을 클릭하여 저장해 놓은 wing.sec 파일을 선택한 후 화면에서 적당한 곳을 클릭하여 배치한다.

- 배율을 “10”으로 설정한 후 완료 아이콘을 클릭한다.

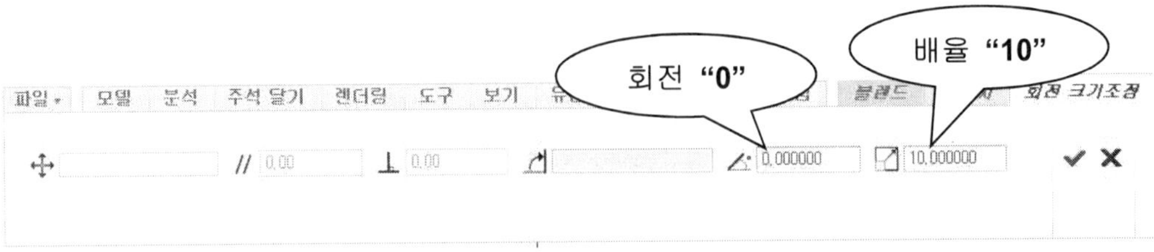

그림 8.125 배율 회전 설정

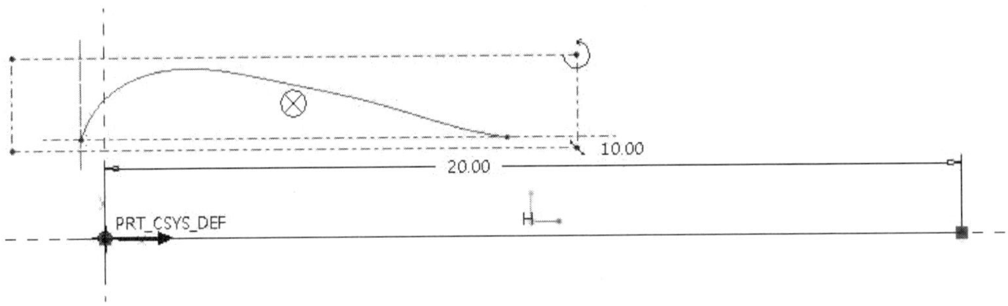

그림 8.126 기본 배치

- 그림 8.126과 같이 기본 배치된 스플라인을 그림 8.127과 같이 양 끝점을 스케치한 직선과 일치시켜서 직선 길이 “20” 치수만 남게 설정한 후 완료 아이콘을 클릭한다.

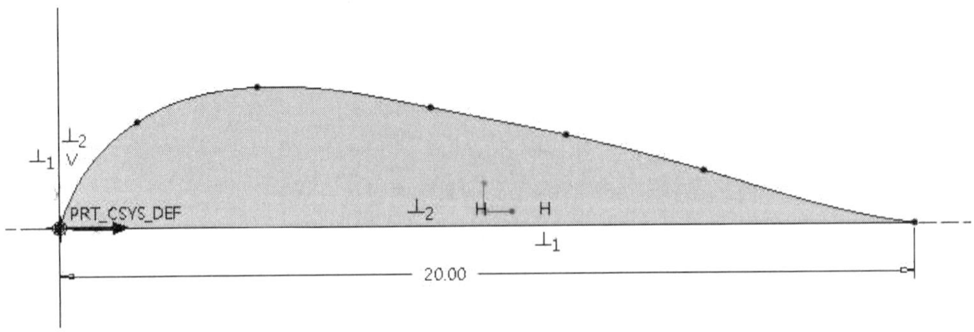

그림 8.127 단면 1 완료

- 그림 8.128과 같이 대시보드에서 깊이값으로 “16”을 입력한 후 단면 2를

스케치하기 위해 "스케치" 버튼을 클릭한다.

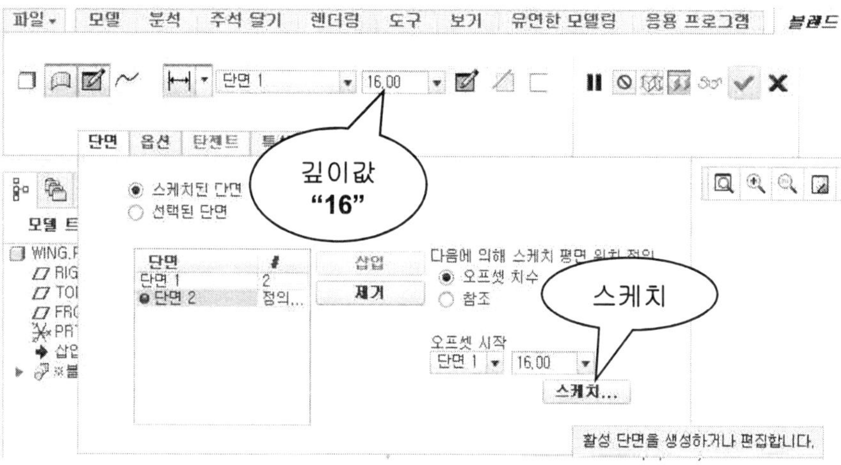

그림 8.128 대시보드 설정

- 스케치 환경을 "은선 제거", "평면 디스플레이" 끄기, "스케치 보기"로 설정한다.
- 그림 8.129와 같이 "선 체인" 아이콘을 이용하여 길이 "15"인 직선을 스케치한다.

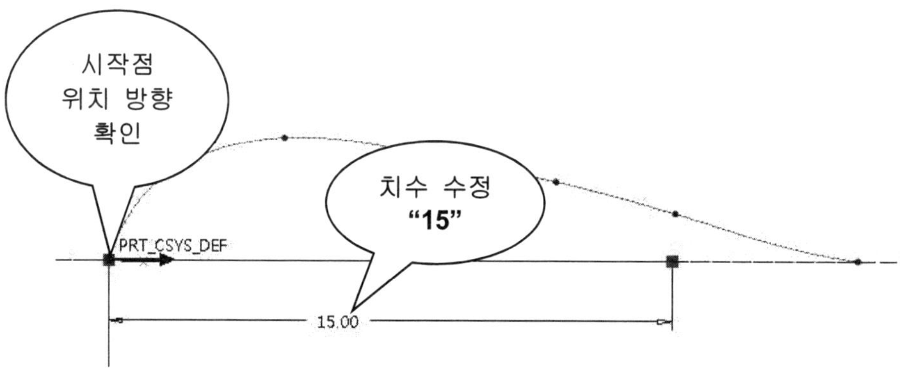

그림 8.129 블렌드 단면 2 : 단일 직선 스케치

- 그림 8.130과 같이 "파일 시스템" 아이콘을 클릭하여 저장해 놓은 wing.sec 파일을 선택한 후 화면에서 적당한 곳을 클릭하여 배치한다. 배율값으로 "15"를 입력한 후 완료 아이콘을 클릭한다.

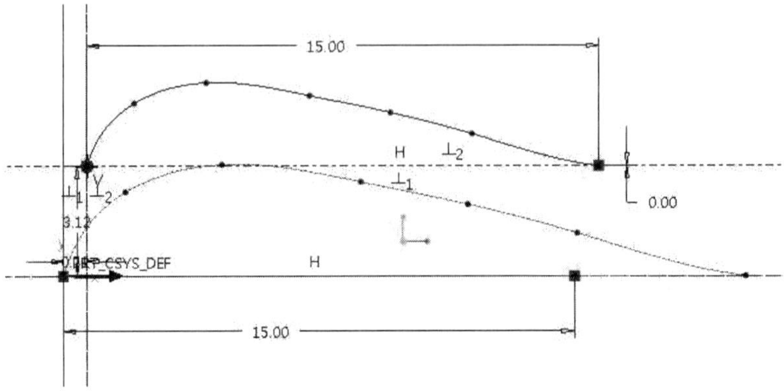

그림 8.130 파일 시스템 : wing.sec 삽입

- 그림 8.130과 같이 기본 배치된 스플라인을 그림 8.131과 같이 양 끝점을 스케치한 직선과 일치시켜서 직선 길이 "15" 치수만 남게 설정한 후 완료 아이콘을 클릭한다.

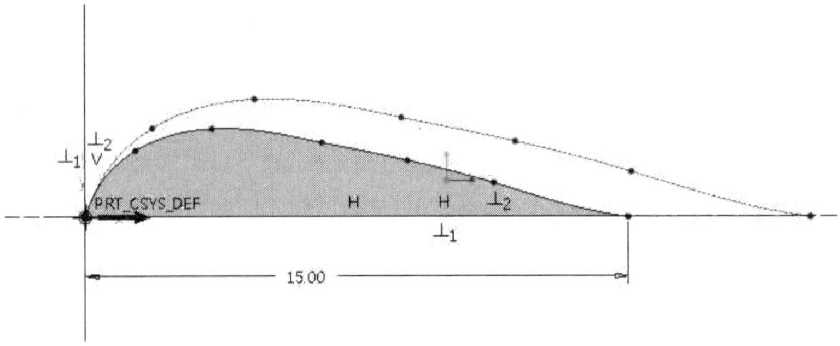

그림 8.131 단면 2 완료

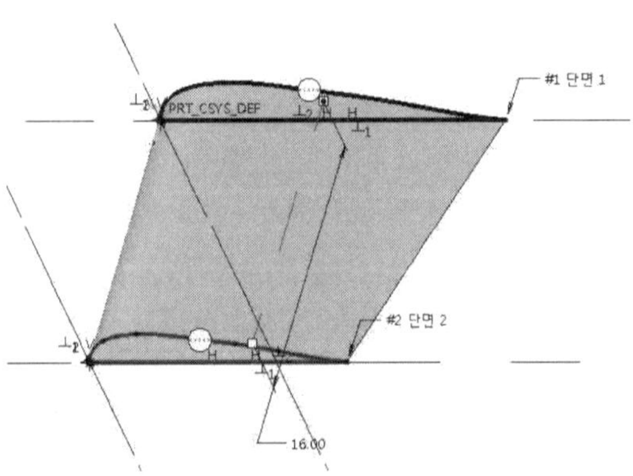

그림 8.132 블렌드 surface 미리보기 상태 : 열린 끝

- 그림 8.133과 같이 옵션에서 “닫힌 끝”으로 설정한 후 작업을 완료한다.

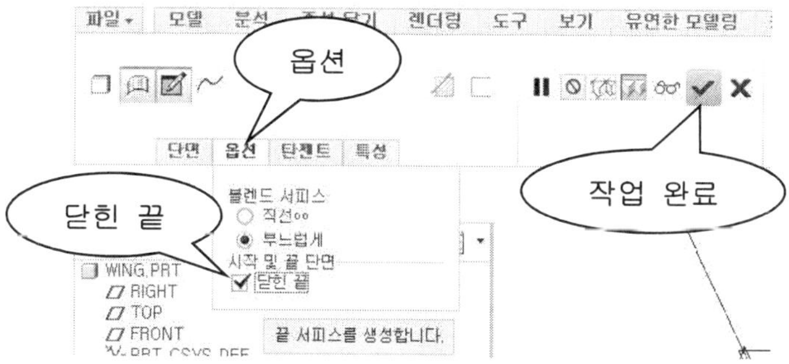

그림 8.133 블렌드 surface 설정 : 닫힌 끝

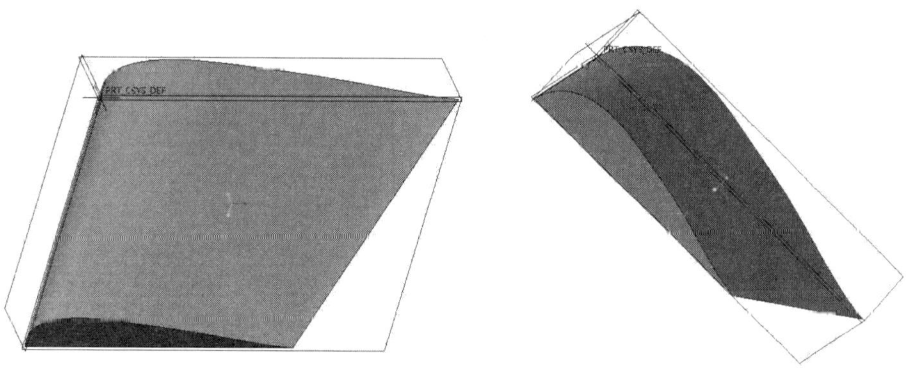

그림 8.134 블렌드 surface 완료 : 닫힌 끝

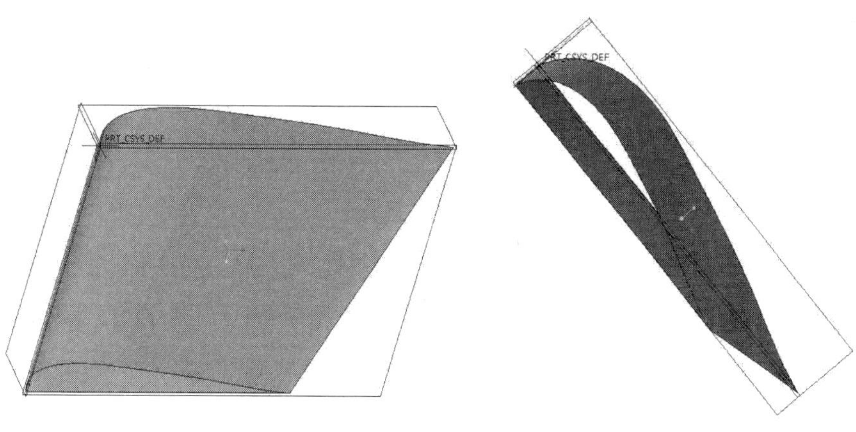

그림 8.135 블렌드 surface 완료 : 열린 끝

- Surface 솔리드화
  - 모델 트리에서 블렌드 **surface feature**를 선택한 후 "솔리드화" 아이콘을 클릭한 후 작업 완료 아이콘을 클릭하면 솔리드 형상 생성이 완료된다.

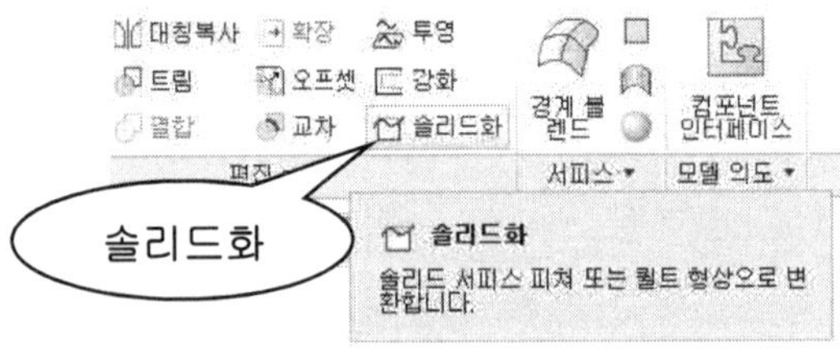

그림 8.136 솔리드화 아이콘

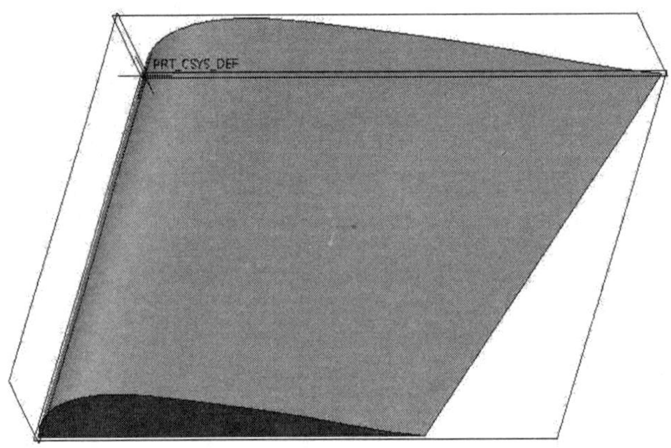

그림 8.137 Surface 솔리드화 완료

제9장 어셈블리(Assembly)

어셈블리(Assembly)를 생성하고 수정하는 방법에 대하여 알아보자. 제품의 설계에 있어서 결합용 부품, 볼트나 너트 등의 결합이 필요하며, 단일 부품으로 설계가 끝나는 경우도 있으나 여러 부품들로 결합된 제품들이 상당히 많다. 어셈블리란 부품들이 결합으로 이루어진 것을 말하며, Creo Parametric은 부품 작업된 파트 파일들을 결합시켜 어셈블리를 만들어주는 작업을 지원한다. 어셈블리는 또 다른 어셈블리를 포함할 수 있는데 이를 서브어셈블리(subassembly)라 한다. 어셈블리 작업이 중요한 이유는 각 부품들의 설계가 끝난 후에 이들을 결합시켜서 제품을 완성하는 단계에서 부품들끼리 간섭이 일어나는지 또는 기구적으로 구현이 불가능한지 등을 확인하여 완벽한 설계를 할 수 있도록 도와주기 때문이다.

앞 장들에서 생성했던 roller 부품 파일들을 이용하여 어셈블리 작업을 수행할 것이며, 이들을 모두 어셈블리 작업을 하면 그림 9.1과 같은 형상의 roller가 완성될 것이다. 모든 구성 부품들을 분해한 그림은 9.2와 같다(그림이 다소 상이해 보일 수 있음).

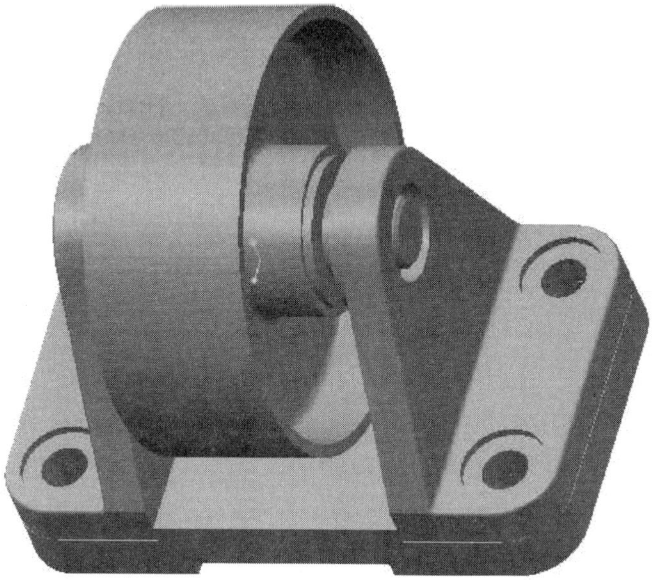

그림 9.1 어셈블리 완료 : roller

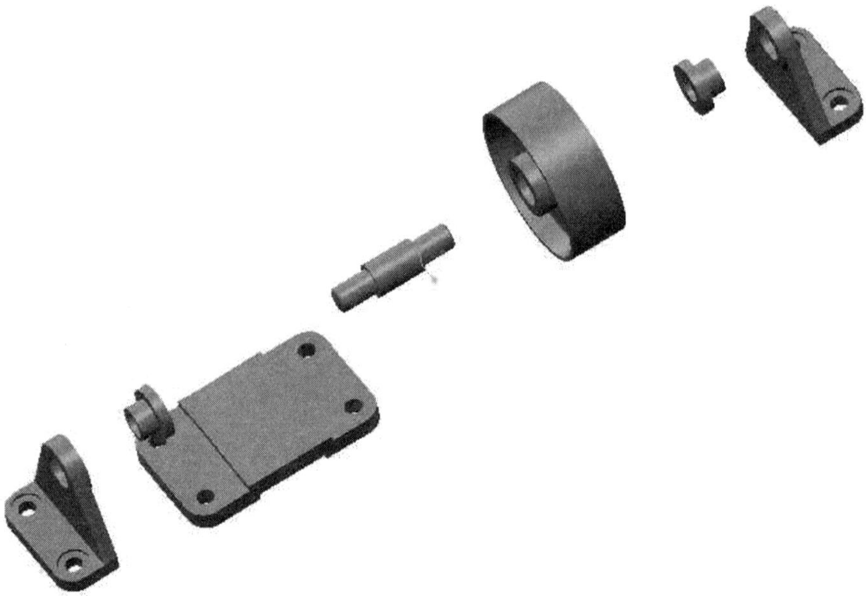

그림 9.2 "뷰 분해" 참고도

어셈블리 작업에 사용될 부품들의 리스트는 다음과 같다.

부품 리스트	작업 위치
base.prt	14p~27p, 82p~84p, 99p~101p, 137p~138p [참고예제 5.1]
bracket.prt	28p~41p, 85p~98p, 139p [참고예제 5.2]
roller.prt	147p~152p
guide.prt	202p~203p [참고예제 6.2]
shaft.prt	204p~206p [참고예제 6.3]

9.1 어셈블리 생성하기

윈도우 탐색기에서 폴더를 새로 생성하여 이전에 작업했던 부품 파일들을 모두 생성된 폴더에 모아 놓는다. 부품들을 모아 놓은 폴더를 작업디렉토리로 만든다.

어셈블리를 새로 만들기 위해 Pull down 메뉴에서 "파일 ➔ 새로 만들기"를 클릭하거나, 새로 만들기 아이콘을 클릭하여 새로운 어셈블리 작업을 시작하면 그림 9.3과 같이 [새로 만들기] 창이 나타난다.

파일이름으로 "roller"를 입력하고, 기본 템플릿 사용에 체크한 상태에서 확인 버튼을 클릭하여 작업을 시작한다.

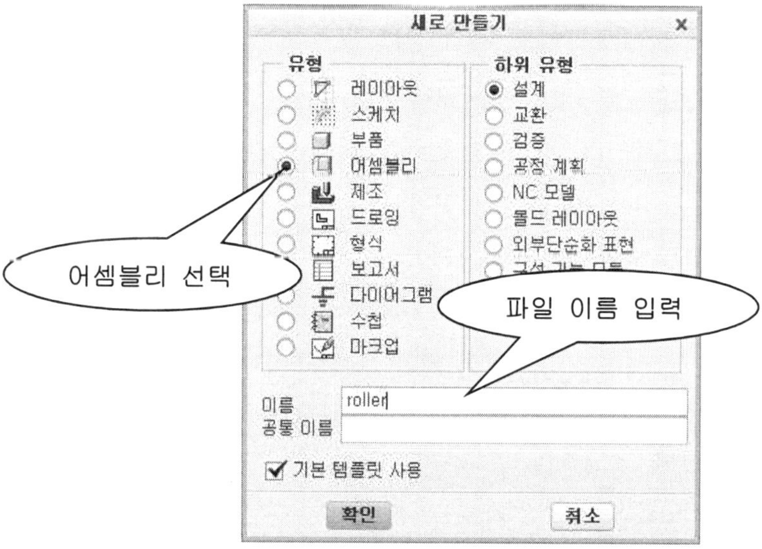

그림 9.3 새로 만들기 창

(1) 단위 설정

먼저 어셈블리 작업에서의 단위(unit)를 설정한다. Default로 주어지는 기본 단위는 "Inch lbm Second"인데 이를 "milimeter Kilogram Sec(mmKs)"로 변경한다. Pull down 메뉴 중 "파일 ➔ 준비 ➔ 모델 특성"을 클릭하면 어셈블리의 단위 변경이 가능하다.

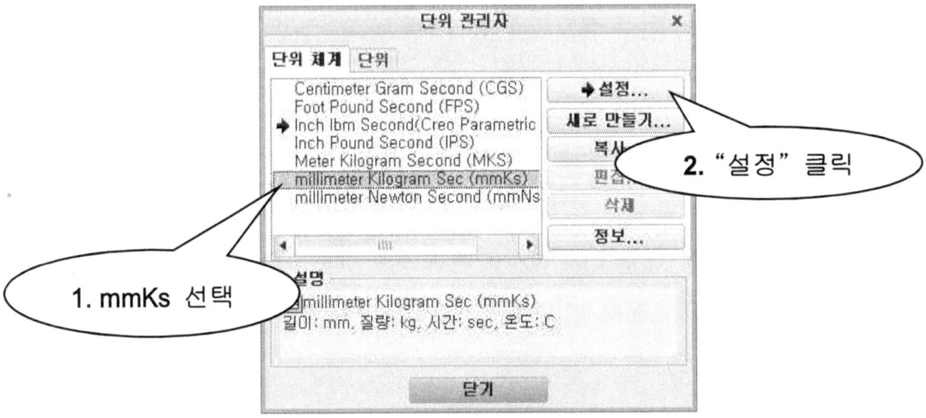

그림 9.4 단위 설정

설정하고자 하는 단위인 **"milimeter Kilogram Sec(mmKs)"**를 선택한 후 **"설정"**을 선택하면 그림 9.5와 같이 단위 변경이 가능하다. 치수 해석은 1inch를 그대로 1mm로 환산하는 것이고, 치수 변환은 1inch를 25.4mm로 환산하는 것이다. 단위를 잘못 설정한 상태에서 작업을 수행하였으면 이 방법으로 정확하게 바꿀 수 있다.

➔ ⊙ 치수 변환 : 1Inch를 25.4mm로 환산

➔ ⊙ 치수 해석 : 1Inch를 1mm로 변경

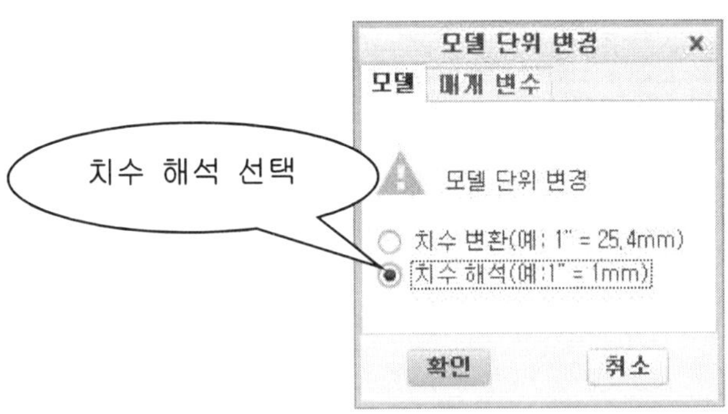

그림 9.5 모델 단위 변경 : 1inch ➔ 1mm

(2) 모델 트리 설정

어셈블리 작업을 조금 더 원활하게 하기 위해 모델 트리 설정을 변경한다. 그림 9.6과 같이 모델 트리에서 **"설정 ➔ 트리 필터"** 버튼을 클릭하면 "모델 트리 항목" 창이 활성화된다. 여기에서 “피쳐, 배치 폴더, 주석, 억제된 객체”를 추가로 선택한 후 “적용, 확인”을 차례로 클릭하여 모델 트리에 적용되도록 한다. 설정을 마치면 모델 트리에 나타나지 않던 객체들이 나타나게 된다.

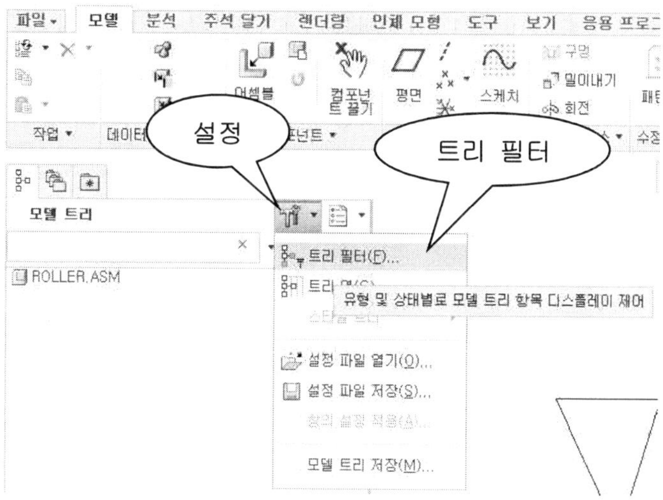

그림 9.6 모델 트리 설정

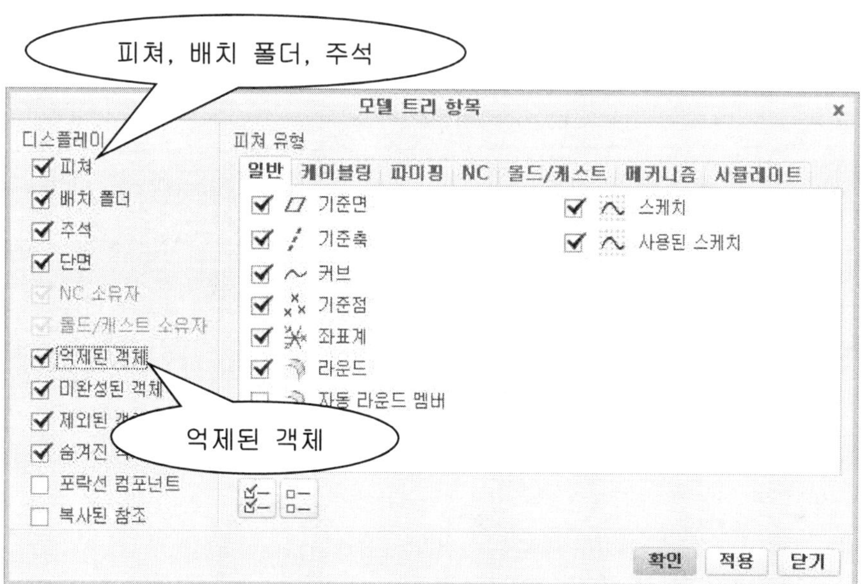

그림 9.7 모델 트리 항목 설정

(3) 어셈블리 1

- **base.prt** 어셈블 : “기본” 배치
  - 그림 **9.8**과 같이 화면 오른쪽에 있는 **“어셈블”** 아이콘을 클릭하여 작업을 시작한다.

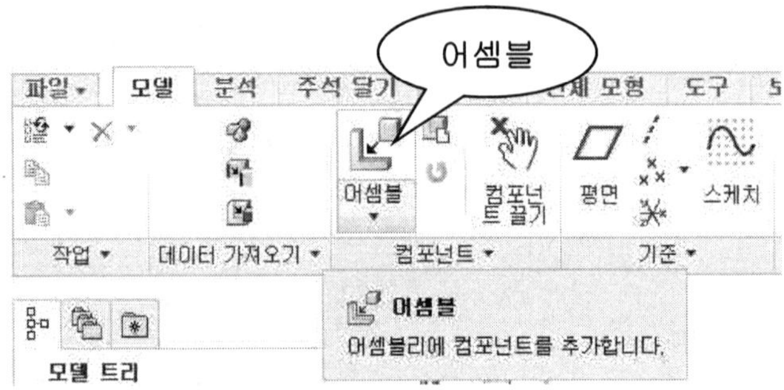

그림 9.8 어셈블 아이콘

  - 열기 창이 활성화되면 기본 컴포넌트인 **base.prt**를 선택한 후 열기 버튼을 클릭하여 **base.prt**를 불러온다.
  - 기본 컴포넌트를 배치하는 것이므로 배치 방법 항목 중에서 “기본값”을 이용하여 배치한다.

    ⇨ 기본 배치는 어셈블리의 “좌표계 원점”과 컴포넌트의 “좌표계 원점”을 일치시키는 방법이다.

그림 9.9 어셈블리 1 : 기본값

(4) 어셈블리 2

- bracket.prt 어셈블
  - “어셈블” 아이콘을 클릭하여 작업을 시작한다.
  - 열기 창이 활성화되면 bracket.prt를 선택한 후 열기 버튼을 클릭하여 bracket.prt 를 불러온다.
  - 조건 1 : 구속 유형에 “일치”을 선택하고, base.prt의 구멍이 위치한 면과 bracket.prt의 바닥면을 일치시킨다.

그림 9.9 bracket.prt 구속 1 설정

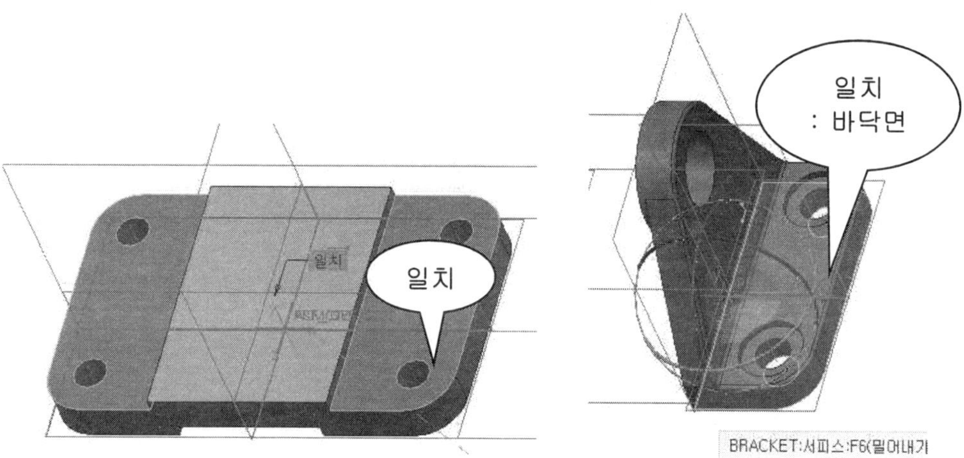

그림 9.10 bracket.prt 구속 1

- 조건 2 : "새 구속" 항목을 클릭한 후 구속 유형에 "일치"를 선택하고, **base.prt** 구멍에 있는 축과 **bracket.prt** 구멍의 축을 일치시킨다.

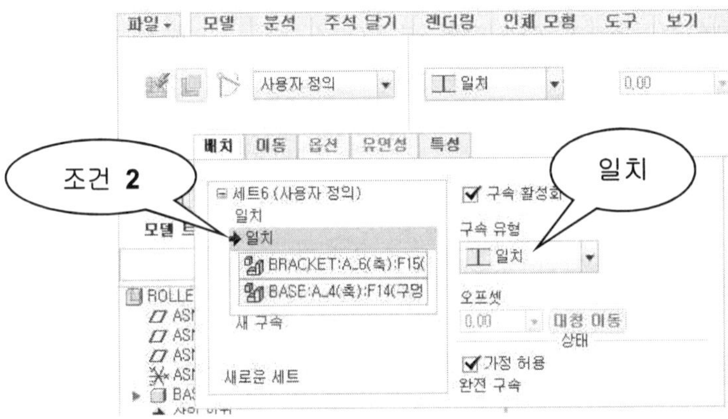

그림 9.11 bracket.prt 구속 2 설정

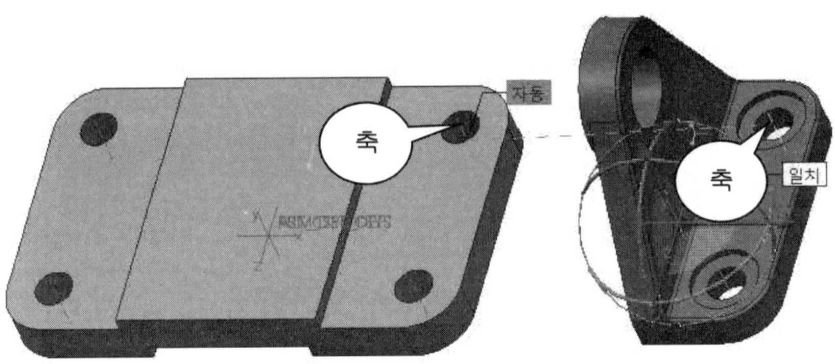

그림 9.12 bracket.prt 구속 2

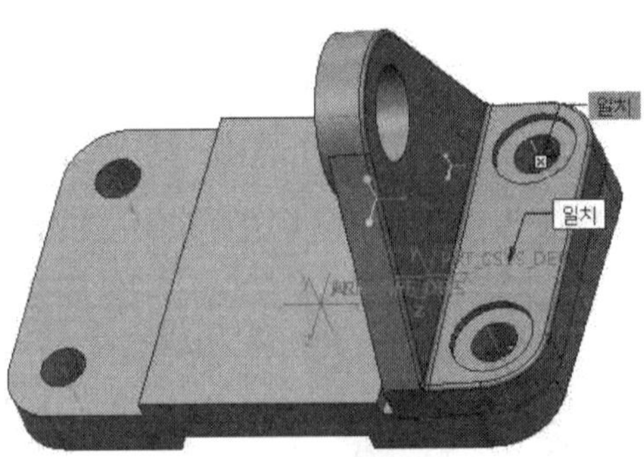

그림 9.13 bracket.prt 구속 2 미리보기

- 조건 3 : “새 구속” 항목을 클릭한 후 구속 유형에 “일치”를 선택하고, base.prt 구멍에 있는 축과 bracket.prt 구멍의 축을 일치시킨다.

그림 9.14 bracket.prt 구속 3 설정

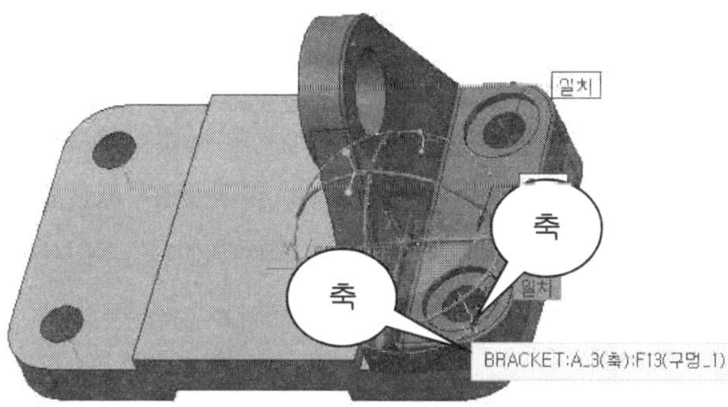

그림 9.15 bracket.prt 구속 3

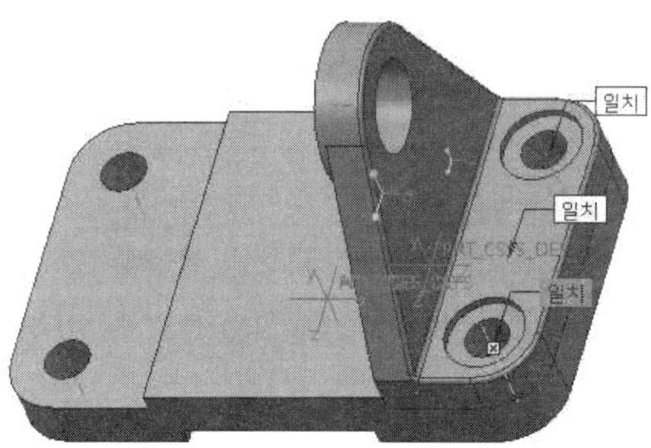

그림 9.16 bracket.prt 구속 3 미리보기

- 완전히 구속이 되면 작업 완료 아이콘을 클릭하여 컴포넌트 추가 작업을 완료한다.

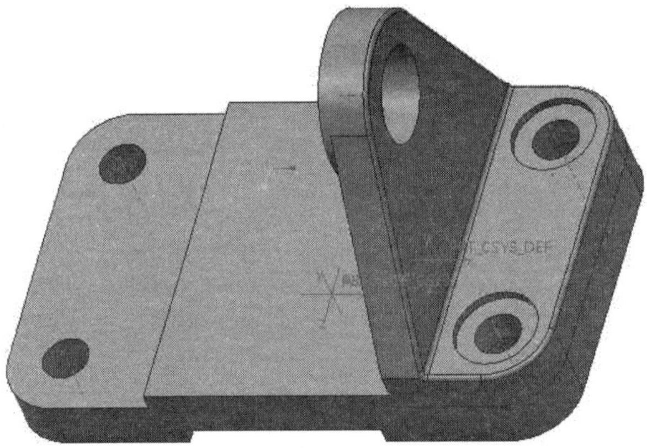

그림 9.17 bracket.prt 어셈블 완료

(5) 어셈블리 3

- bracket.prt 어셈블 : 반대편 조립
    - 동일한 부품을 위치를 달리하여 조립하는 것이므로 어셈블 구속 유형을 동일하게 설정하여 조립할 수 있다.
    - 여기에서는 **"생성"** 아이콘을 이용하여 반대편에 대칭복사로 조립하여 보자.
    - 그림 9.18과 같이 **"생성"** 아이콘을 클릭하면 컴포넌트 생성 창이 활성화되는데 **"대칭복사"**를 선택한 후 확인을 클릭한다.

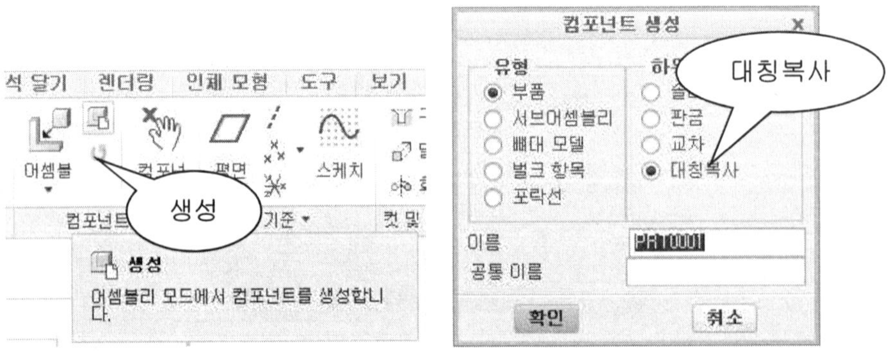

그림 9.18 생성 아이콘과 컴포넌트 생성 창

- 그림 9.19와 같이 부품 대칭복사 설정 창에서 “배치만 대칭복사”, “배치 종속”을 선택한다. 부품 참조로 **bracket.prt**를 선택하고, 평면 참조로 **ASM_RIGHT**를 선택한 후 확인 버튼을 클릭하여 조립을 완료한다.

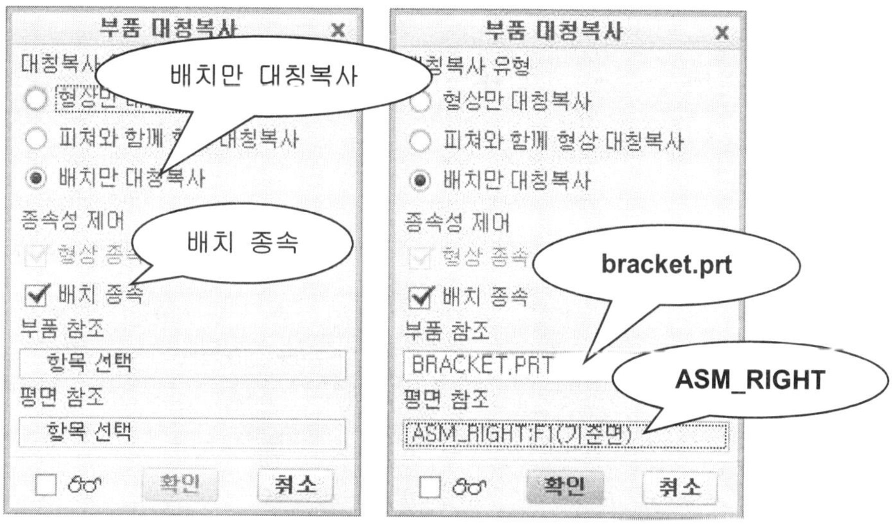

그림 9.19 부품 대칭복사 설정

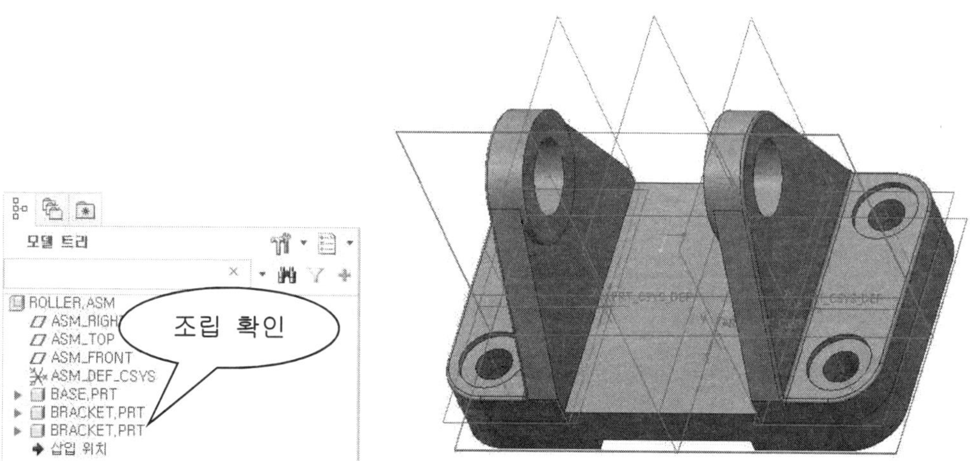

그림 9.20 **bracket.prt** 반대편 어셈블 완료

(6) 어셈블리 4

- shaft.prt 어셈블
  - “어셈블” 아이콘을 클릭하여 작업을 시작한다.
  - 열기 창이 활성화되면 shaft.prt를 선택한 후 열기 버튼을 클릭하여 shaft.prt를 불러온다.
  - 조건 1 : 구속 유형에 “일치”을 선택하고, bracket.prt의 구멍 축과 shaft.prt의 한 가운데 축을 일치시킨다.

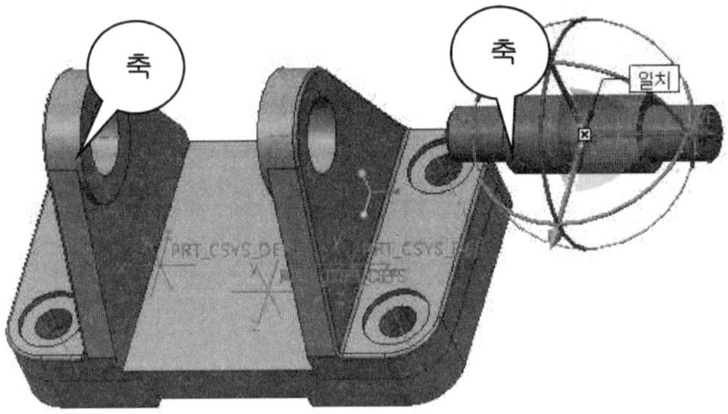

그림 9.21 shaft.prt 구속 1

  - 조건 2 : “새 구속” 항목을 클릭한 후 구속 유형에 “일치”를 선택하고, 어셈블리의 RIGHT 평면과 shaft.prt의 RIGHT 평면을 일치시킨다.

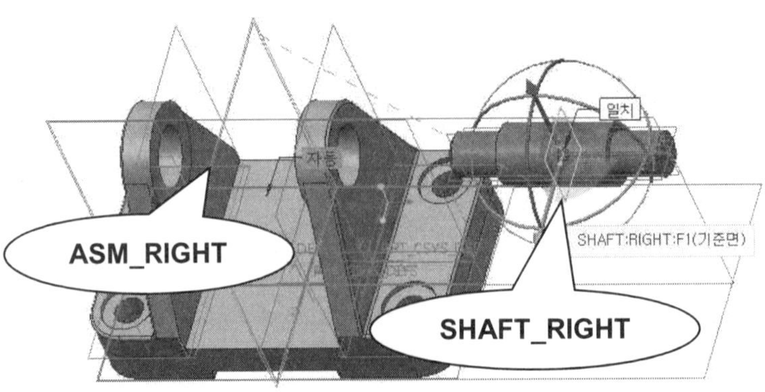

그림 9.22 shaft.prt 구속 2 설정

⇨ 그림 9.23과 같이 “일치” 조건을 설정한 상태에서 공간 상에서 떨어져 있는 상태에서 선택하였기 때문에 자동으로 “거리” 조건으로 변경된다. 구속 유형을 다시 “일치”로 변경하면 그림 9.24와 같이 원하는 상태로 조립을 할 수 있다.

그림 9.23 shaft.prt 구속 2 설정

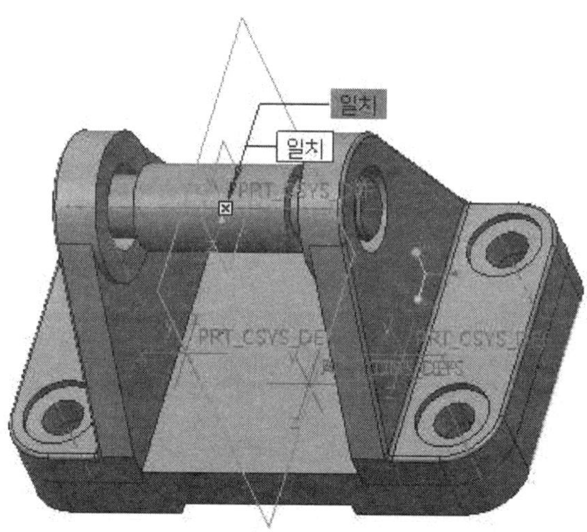

그림 9.24 shaft.prt 구속 2 설정 미리보기

- 조건 3 : 회전체 형상이므로 조건 3은 불필요하다. 회전체의 특정 위치로 조립해야 할 경우에는 조건을 설정한다. 그림 9.25와 같이 “가정 허용” 항목이 체크되

어 있는 상태에서 완전 구속 상태가 되면 조립을 완료할 수 있다.

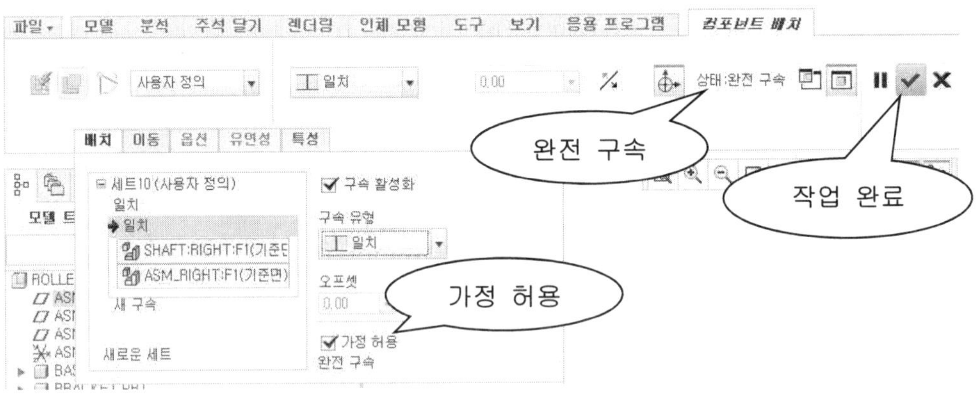

그림 9.25 bracket.prt 구속 3 설정

(7) 어셈블리 5

- guide.prt 어셈블
  - “어셈블” 아이콘을 클릭하여 작업을 시작한다.
  - 열기 창이 활성화되면 guide.prt를 선택한 후 열기 버튼을 클릭하여 guide.prt를 불러온다.
  - 조건 1 : 구속 유형에 “일치”을 선택하고, shaft.prt의 축과 guide.prt의 축을 일치시킨다.

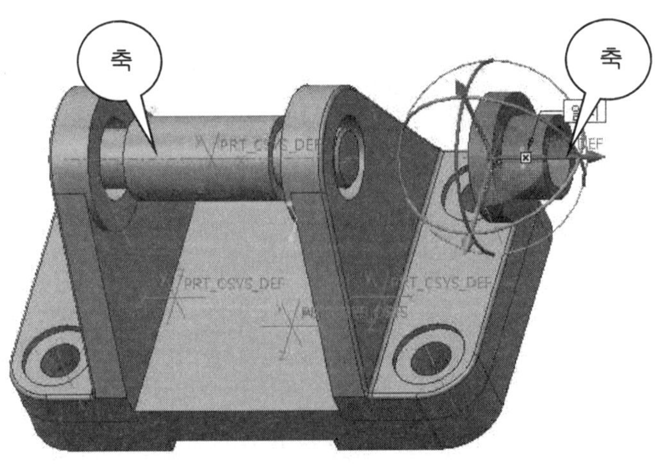

그림 9.26 guide.prt 구속 1 설정

- 조건 2 : "새 구속" 항목을 클릭한 후 구속 유형에 **"일치"**를 선택하고, 그림 **9.27** 과 같이 **bracket.prt**의 둥근 안쪽면과, **guide.prt**의 면을 일치시킨다. 대시보드 배치 항목에서 "일치"를 "거리"로 변경하고, 오프셋 값으로 **"0"**을 입력한다. 일치와 거리 오프셋 **"0"** 상태는 같은 위치이지만, 설계 조립 치수를 변경해야 할 경우를 고려하여 거리 오프셋 **"0"**으로 설정한다.

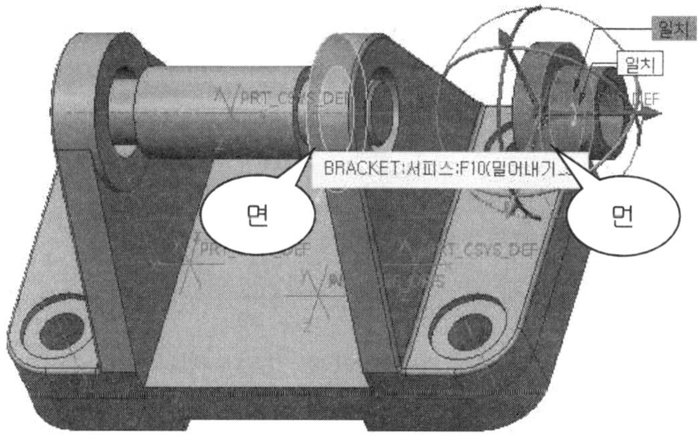

그림 9.27 guide.prt 구속 2 설정

그림 9.28 guide.prt 구속 2 설정 변경

- 조건 3 : 회전체 형상이므로 조건 3은 불필요하다. 회전체의 특정 위치로 조립해야 할 경우에는 조건을 설정한다. "가정 허용" 항목이 체크되어 있는 상태에서 완전 구속 상태가 되면 조립을 완료할 수 있다.

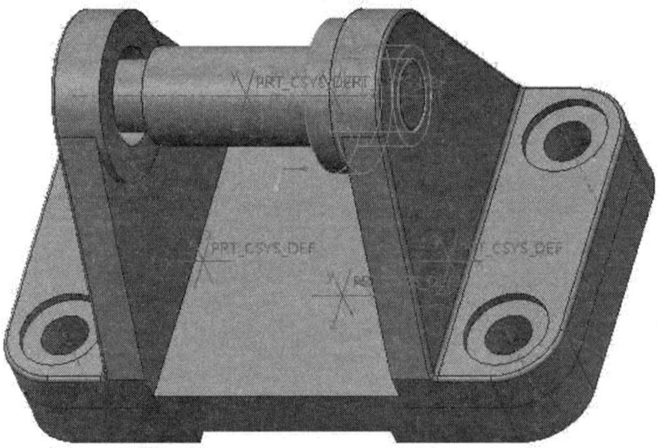

그림 9.29 guide.prt 조립 완료

(8) 어셈블리 6

- guide.prt 어셈블 : 반대편 조립
  - 동일한 부품을 위치를 달리하여 조립하는 것이므로 어셈블 구속 유형을 동일하게 설정하여 조립할 수 있다.
  - 그림 9.30과 같이 "생성" 아이콘을 클릭하면 컴포넌트 생성 창이 활성화된다. "대칭복사"를 선택한 후 확인을 클릭한다.

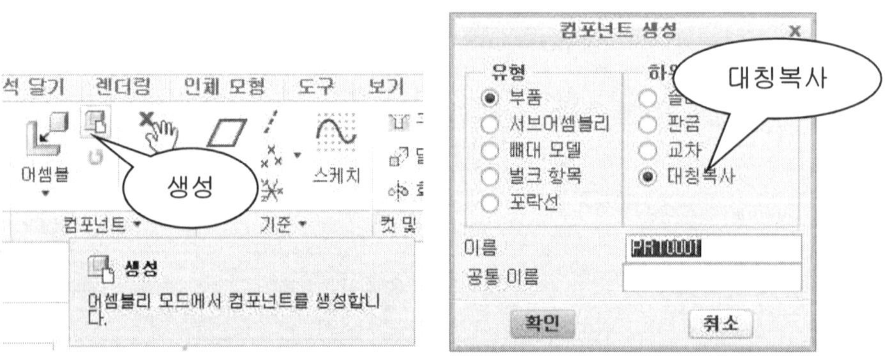

그림 9.30 생성 아이콘과 컴포넌트 생성 창

- 그림 9.31과 같이 부품 대칭복사 설정 창에서 “배치만 대칭복사”, “배치 종속”을 선택한다. 부품 참조로 **guide.prt**를 선택하고, 평면 참조로 ASM_RIGHT를 선택한 후 확인 버튼을 클릭하여 조립을 완료한다.

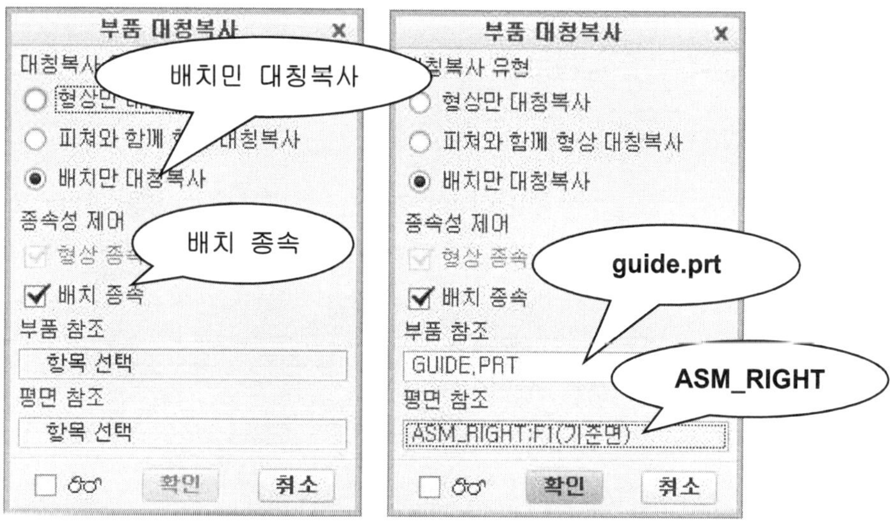

그림 9.31 부품 대칭복사 설정

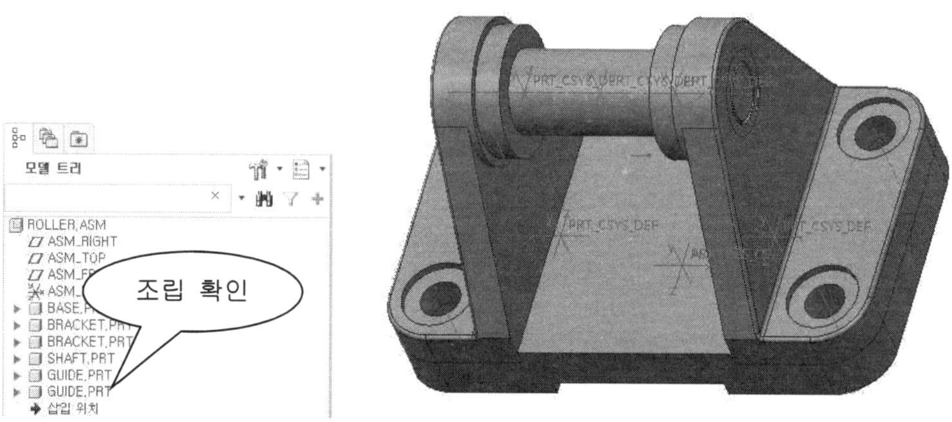

그림 9.32 guide.prt 반대편 어셈블 완료

(9) 어셈블리 7

- roller.prt 어셈블
  - "어셈블" 아이콘을 클릭하여 작업을 시작한다.
  - 열기 창이 활성화되면 roller.prt를 선택한 후 열기 버튼을 클릭하여 roller.prt를 불러온다.
  - 조건 1 : 구속 유형에 "일치"을 선택하고, shaft.prt의 축과 roller.prt의 축을 일치시킨다.

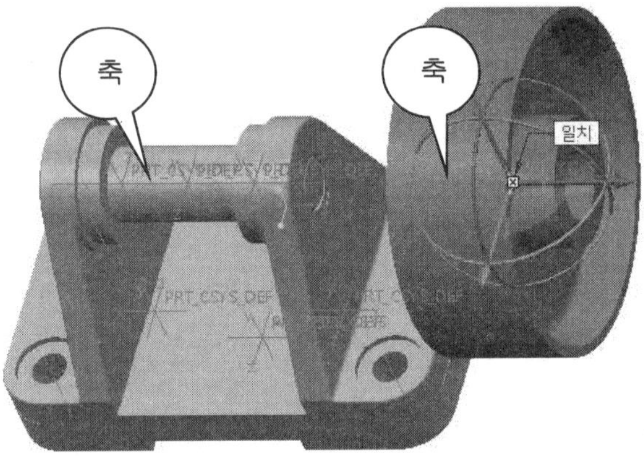

그림 9.33 roller.prt 구속 1 설정

- 조건 2 : "새 구속" 항목을 클릭한 후 구속 유형에 "일치"를 선택하고, 어셈블리의 RIGHT 평면과 roller.prt의 RIGHT 평면을 일치시킨다.

그림 9.34 roller.prt 구속 2 설정

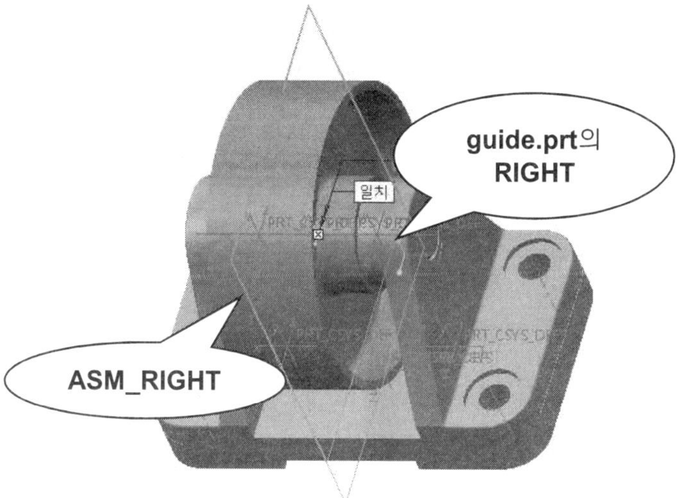

그림 9.35 roller.prt 구속 2 미리보기

- 조건 3 : 회전체 형상이므로 조건 3은 불필요하다. 회전체의 특정 위치로 조립해야 할 경우에는 조건을 설정한다. "가정 허용" 항목이 체크되어 있는 상태에서 완전 구속 상태가 되면 조립을 완료할 수 있다.

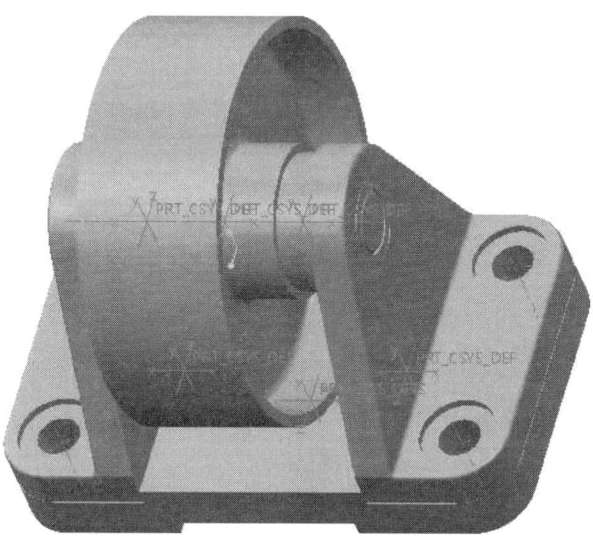

그림 9.36 어셈블리 작업 완료

9.2 어셈블리 활용

어셈블리가 완료된 파일을 활용하여 컷아웃, 대칭복사, 재구성 등 추가적인 작업을 학습하여보자.

(1) 컴포넌트 작업 : 컷아웃

컷아웃은 어셈블리 작업에서 활용하는 중요한 작업 중 하나이다. 어셈블리 작업 시에 부품과 부품을 겹쳐지게 조립한 후 두 부품이 겹쳐지는 부분을 정확하게 잘라내어 부품간의 간섭을 최소화 해주고 결합 정밀도를 높여주는 편집 작업이다.

- 컷아웃 작업
  - **roller.asm**을 불러온다.
  - 그림 **9.37**과 같이 모델 트리에서 **guide.prt**를 선택한 후 마우스 오른쪽 버튼을 클릭하여 "정의 편집" 항목을 선택한다.

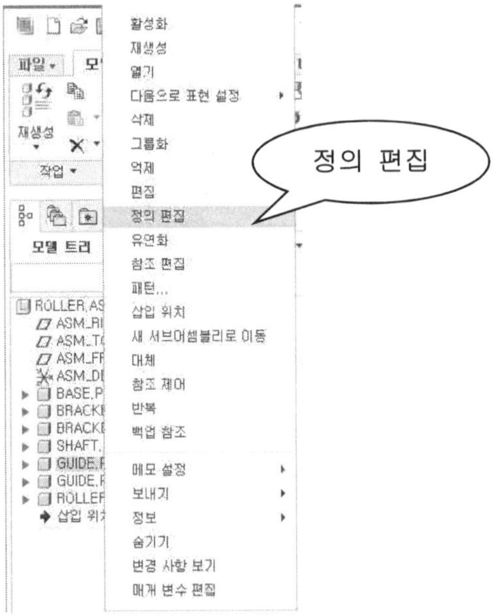

그림 **9.37 guide.prt** 정의 편집

  - 그림 **9.38**과 같이 컷아웃을 수행하기 위해 어셈블리 작업 중 **guide.prt**의 조건 중 거리 **"0"**을 **"5"**로 변경하여 강제로 **shaft.prt**와 간섭이 생기게 설정한다.

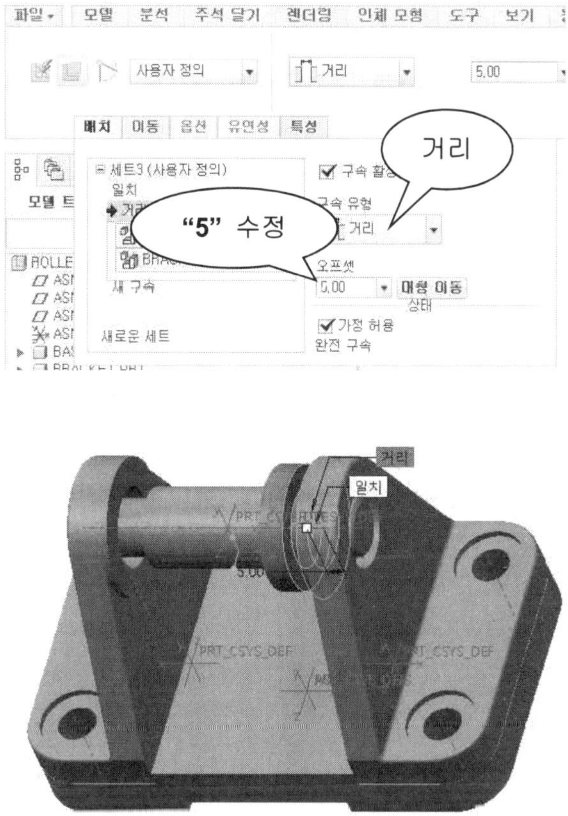

그림 9.38 guide.prt 조건 수정

- 그림 9.39와 같이 간섭이 생긴 것을 확인한다.

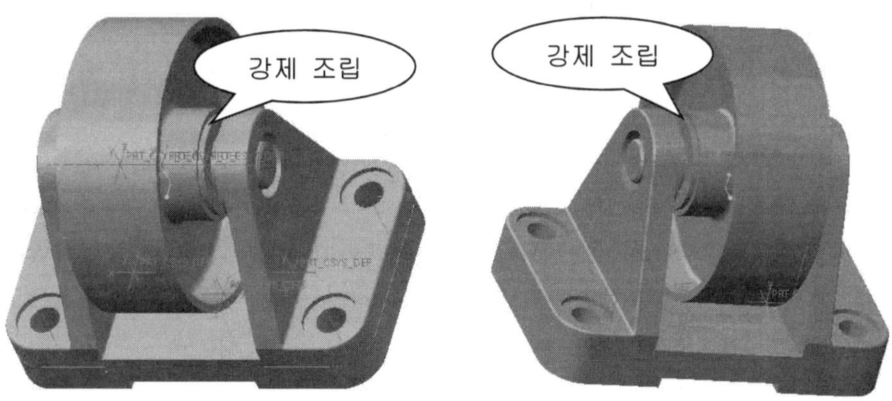

그림 9.39 guide.prt 강제 조립 : 간섭 확인

- 그림 9.40과 같이 “컴포넌트, 컴포넌트 작업”을 클릭하면 “메뉴 관리자” 창이 활성화된다.

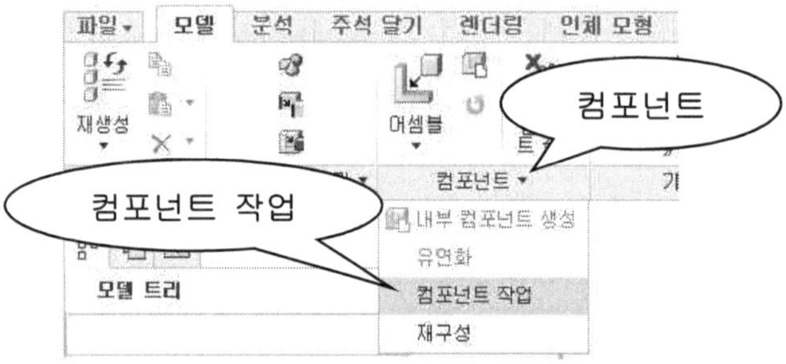

그림 9.40 컴포넌트 작업

- 그림 9.41과 같이 “컷아웃”을 클릭한다.

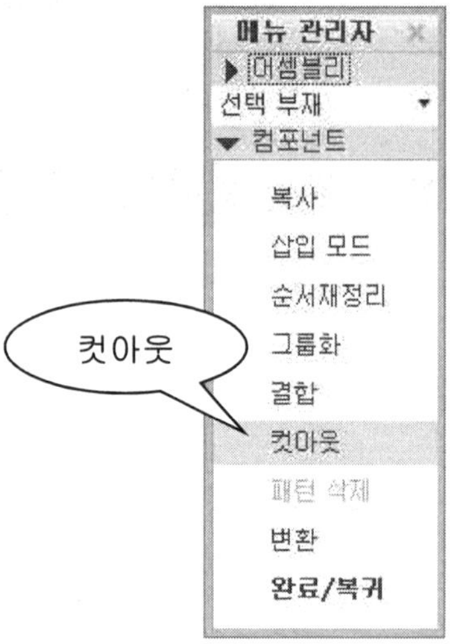

그림 9.41 컷아웃

- 컷아웃 처리를 실행할 부품을 선택하는 상태가 되면, 그림 9.42와 같이 shaft.prt를 선택한 후 확인을 클릭한다.

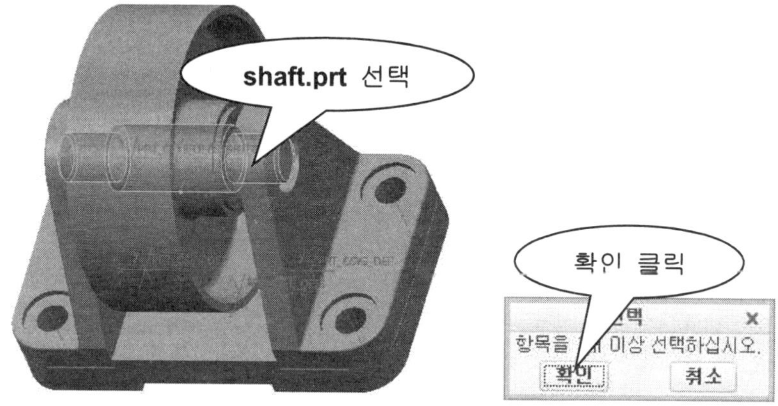

그림 9.42 컷아웃 처리를 실행할 부품

- 컷아웃 처리를 실행할 "참조 부품"을 선택하는 상태가 되면, 그림 9.43과 같이 Ctrl키를 누른 상태에서 guid.prt 2개를 모두 선택한 후 확인을 클릭한다.

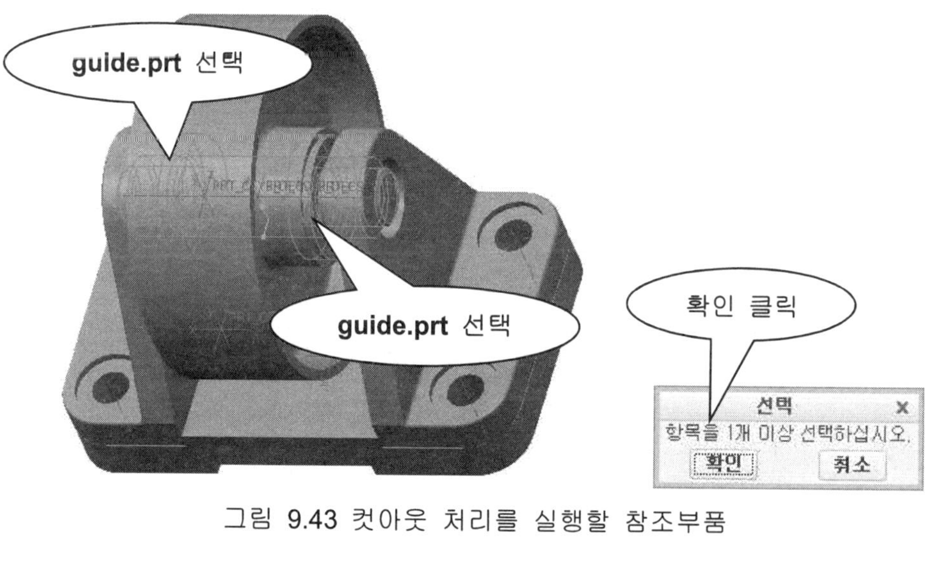

그림 9.43 컷아웃 처리를 실행할 참조부품

- 그림 9.44와 같이 "메뉴 관리자" 창에서 "참조" 상태에서 완료를 클릭한 후 한번 더 완료를 클릭하여 컷아웃 작업을 완료한다.

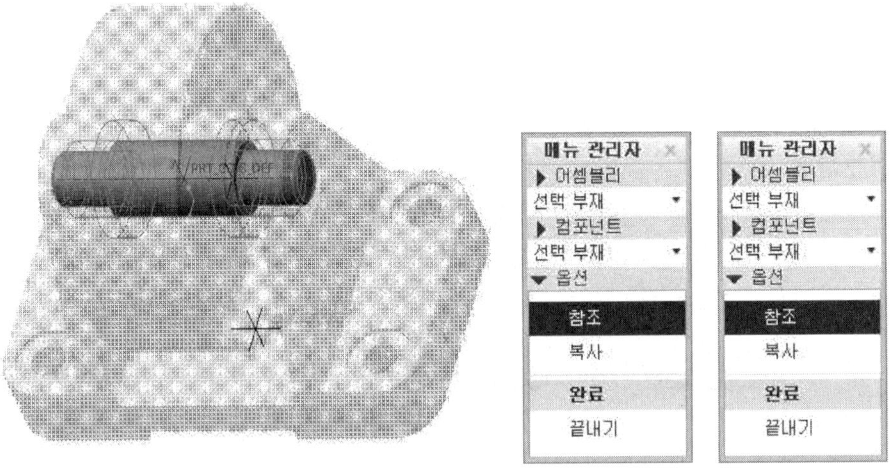

그림 9.44 컷아웃 처리 : 참조 옵션

- 그림 9.45와 같이 모델 트리에서 shaft.prt를 선택하여 작업 고정을 확인하면, 컷아웃 작업이 2개가 추가된 것을 확인할 수 있다.

그림 9.45 shaft.prt 컷아웃 처리 확인

- 그림 9.46과 같이 마우스 오른쪽 버튼을 클릭한 후 "열기"를 선택하여 shaft.prt를 새로운 창으로 불러온다.

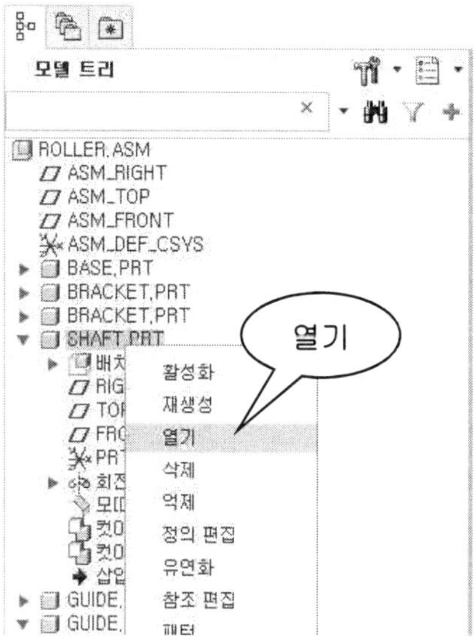

그림 9.46 shaft.prt 열기

- 그림 9.47과 같이 “분석, 측정, 거리”를 클릭한다.

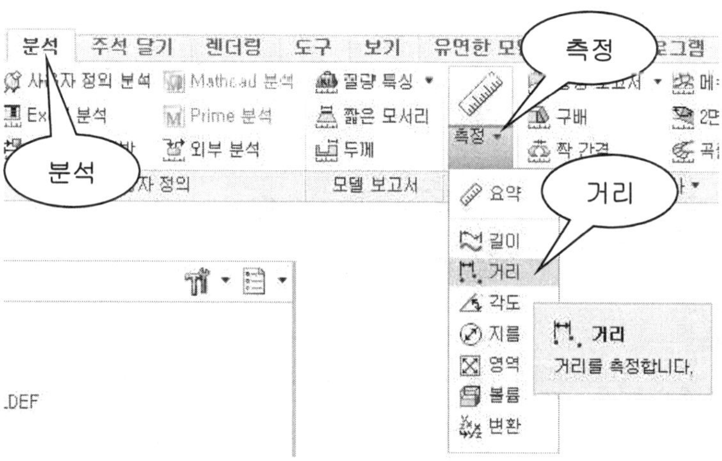

그림 9.47 shaft.prt 분석 : 거리 측정

- 그림 9.48과 같이 shaft.prt의 변경된 부분의 거리를 측정하면 원래 설계 치수 “42”에서 guide.prt와의 교차된 부분 “5”, 양쪽 합쳐서 “10”만큼 줄어든 치수인 “32”를 확인할 수 있다.

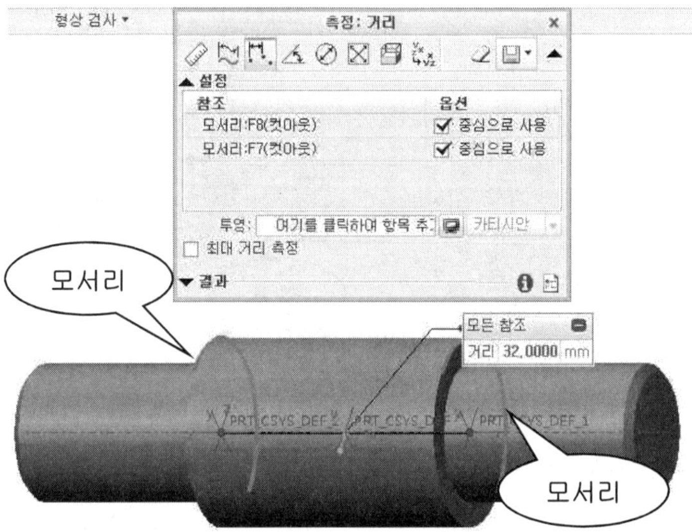

그림 9.48 shaft.prt 분석 : 거리 측정

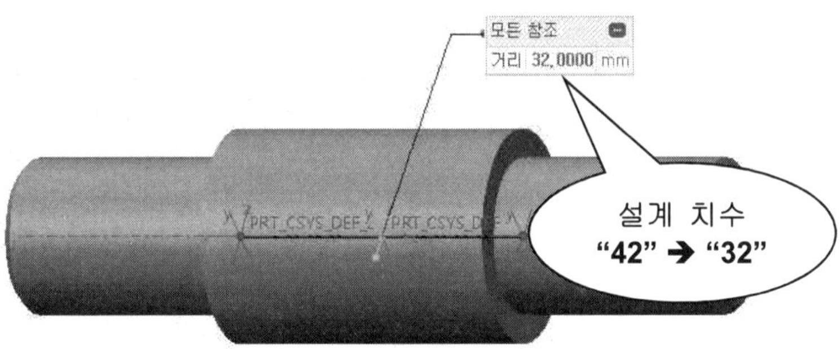

그림 9.49 shaft.prt 분석 결과 : 거리 측정

(2) 어셈블리 모드에서 컴포넌트 생성

어셈블리 모드에서 대칭복사하여 컴포넌트를 생성할 수 있다. 이 작업은 대칭 형상을 갖는 부품이 대칭 결합되어 있을 때 또는 다른 위치에라도 부품이 필요할 때 새롭게 모델링하지 않아도 되는 유용한 방법이다. 대칭 형상의 부품을 추가적인 모델링 작업 없이도 생성할 수 있는 방법이다.

● 컴포넌트 생성 : 대칭복사

- bracket.prt를 열어서 우측면에 원통 형상을 “밀어내기”로 만들어준다.
  ⇨ 그림 9.50과 같이 “중심/점” 원 아이콘을 이용하여 지름 “10”인 원을 스케치한다.
  ⇨ bracket.prt 모델이 대칭복사해도 같은 형상이므로 대칭복사로 부품을 만들었을 때 차이점을 확인하기 위해서 만들어준다.
  ⇨ 돌출 깊이값으로 “20”으로 설정한다.

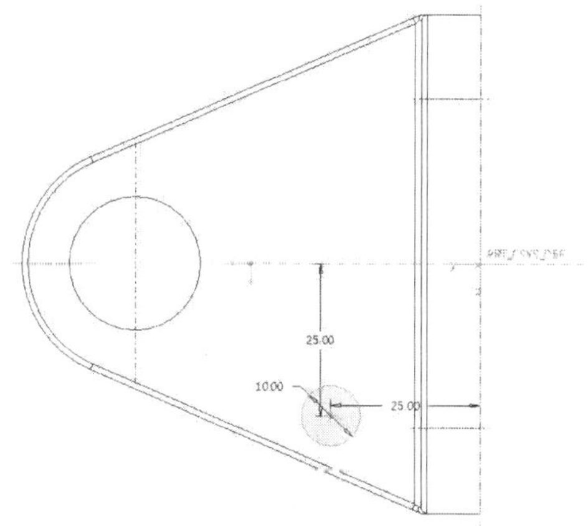

그림 9.50 밀어내기 스케치 단면

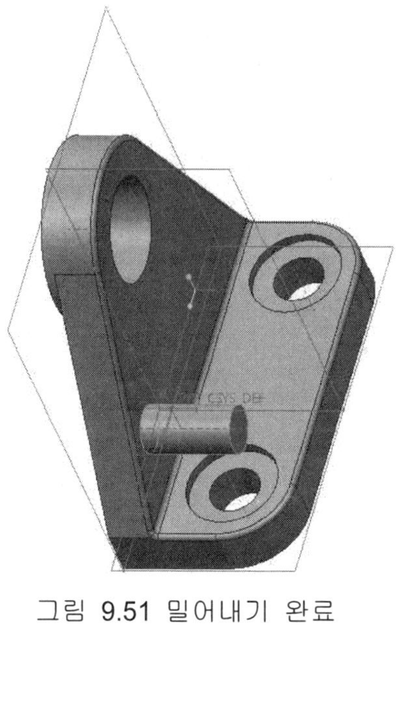

그림 9.51 밀어내기 완료

- bracket.prt를 저장한 후 창을 닫는다.
- roller.asm 파일이 로딩되어 있는 상태에서 bracket.prt에 밀어내기 형상이 추가된 것을 확인한 후, "생성" 아이콘을 클릭하면 컴포넌트 생성 창이 활성화된다. "대칭복사"를 선택한 후 확인을 클릭한다.

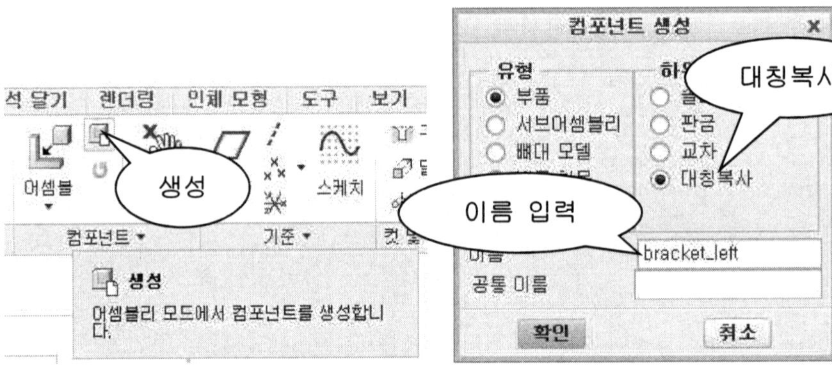

그림 9.52 생성 아이콘과 컴포넌트 생성 창

- 그림 9.53과 같이 부품 대칭복사 설정 창에서 "피쳐와 함께 형상 대칭복사"를 선택한 후, "배치 종속"을 해제한다. 부품 참조로 bracket.prt를 선택하고, 평면 참조로 ASM_RIGHT를 선택한 후 확인 버튼을 클릭하여 대칭복사를 완료한다.

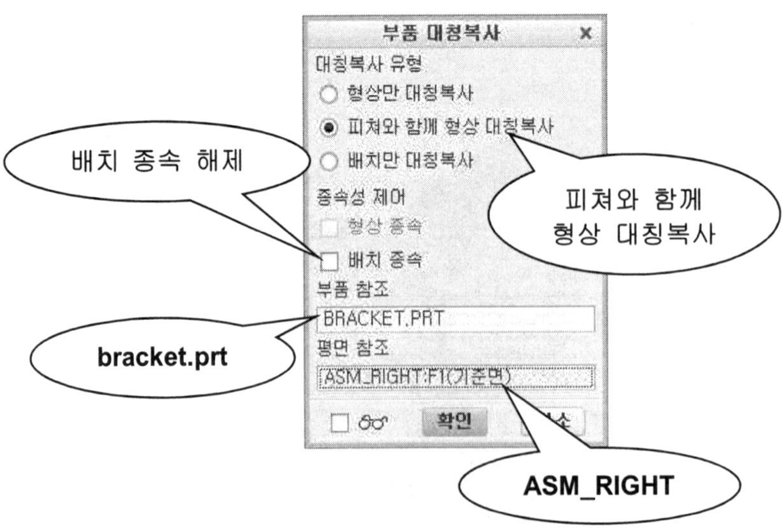

그림 9.53 부품 대칭복사 설정

그림 9.54 bracket_left.prt 생성 확인

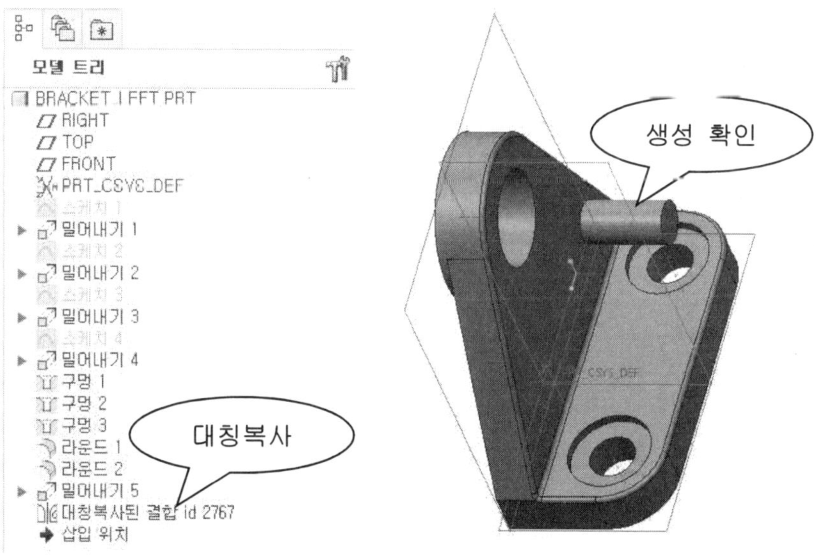

그림 9.55 대칭복사 확인

- 그림 9.55와 같이 대칭복사된 **bracket_left.prt** 파일을 만들 수 있다. 현재는 불필요한 파일이므로 어셈블리 파일에서 삭제한다. 파일을 따로 저장하면 어셈블리에서는 삭제하더라도 개별 파일로 활용할 수 있다.

(3) 재구성(Reorder)

어셈블리 모드에서 조립된 부품의 구성을 변경하고자 할 때 사용하는 기능이다. 서브어셈블리로 관리해야 할 필요성이 생겼을 때 서브어셈블리를 새로 생성하여 컴포넌트를 생성된 서브어셈블리로 이동시킬 수가 있다.

- 재구성
  - **roller.asm** 파일이 로딩되어 있는 상태에서 그림 **9.56**과 같이 삽입 위치를 **bracket.prt** 다음으로 이동시킨다.

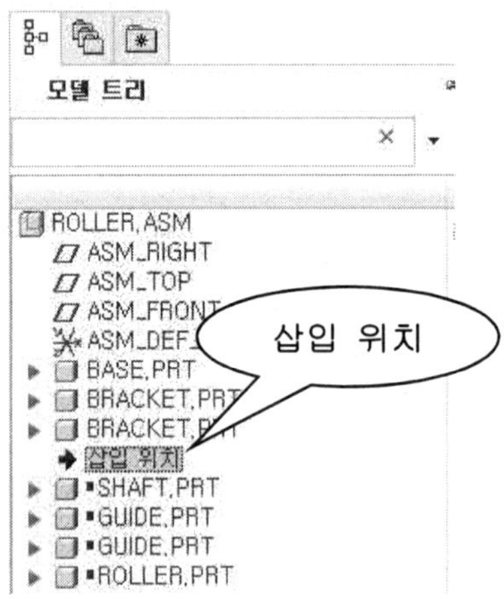

그림 **9.56** 삽입 위치 변경

  - **bracket.prt** 다음에 "서브어셈블리"를 생성하기 위하여 "생성" 아이콘을 클릭하여 "밀어내기 형상이 추가된 것을 확인한 후, **"생성"** 아이콘을 클릭하여 "서브어셈블리, 표준"을 선택한 후 **ASM001**을 그대로 받아들인 후 "확인" 버튼을 클릭한다.

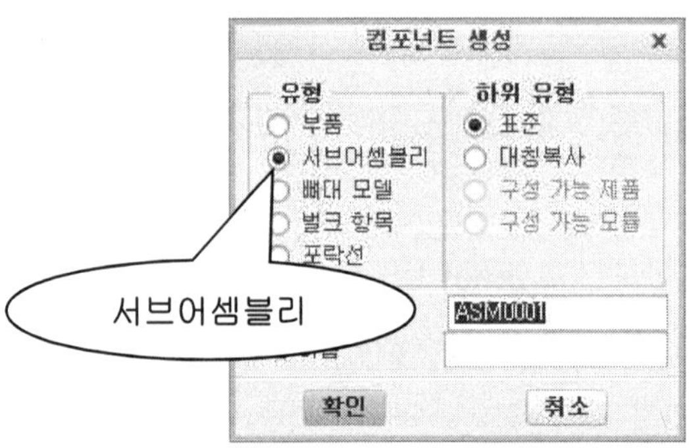

그림 **9.57** 서브어셈블리 생성

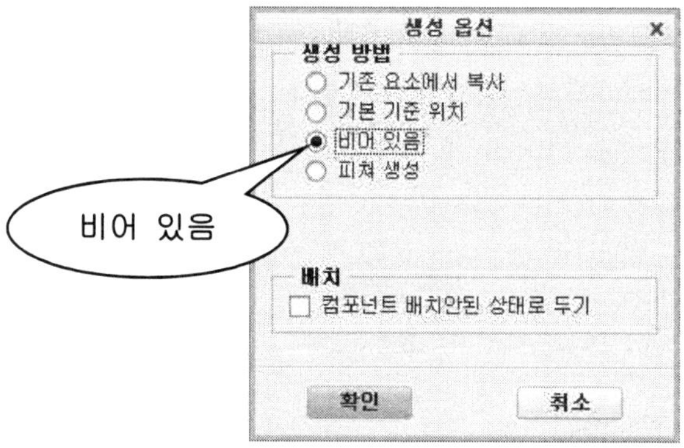

그림 9.58 서브어셈블리 생성 옵션

- 억제시켰던 shaft.prt, guide.prt, roller.prt 부품들을 삽입 위치 화살표를 마지막으로 위치시켜서 복원시킨다.

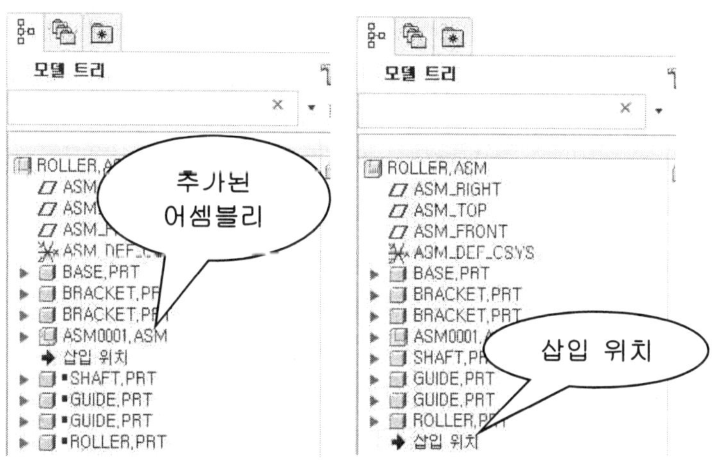

그림 9.59 서브어셈블리 생성 확인과 삽입 위치 변경

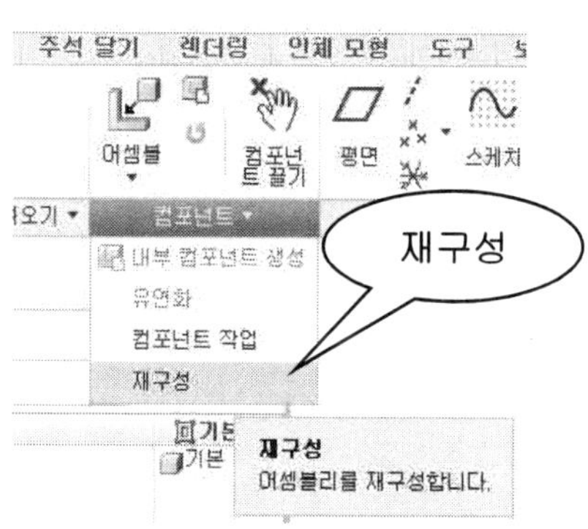

그림 9.60 재구성 아이콘

- 그림 9.60과 같이 “컴포넌트, 재구성” 아이콘을 클릭하면 “재구성” 창이 활성화된다. 그림 9.61과 같이 소스 컴포넌트로 **shaft.prt**를 선택하고 대상 어셈블리로 새로 생성한 ASM0001.ASM을 선택한 후 확인을 클릭하면 모델 트리에서 **shaft.prt**의 이동을 확인할 수 있다.

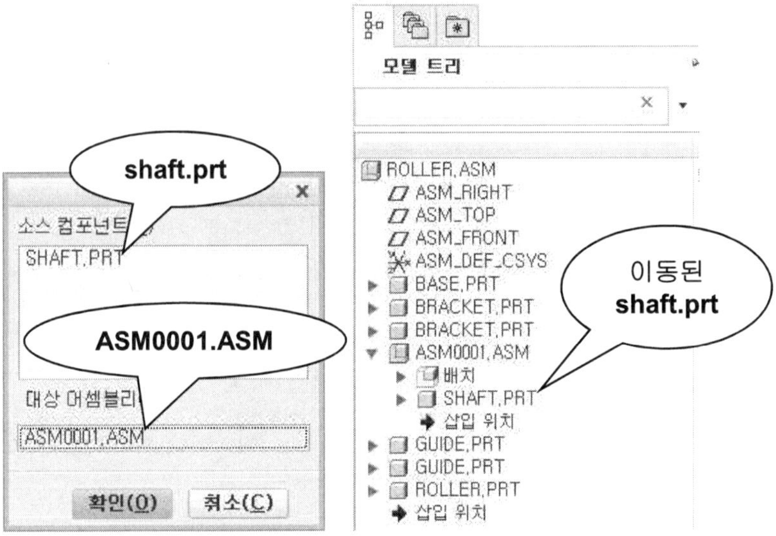

그림 9.61 재구성 완료 : 컴포넌트 이동

- 같은 방법으로 그림 9.62와 같이 **guide.prt**와 **roller.prt**도 이동시켜서 서브어셈블리를 완성한다.

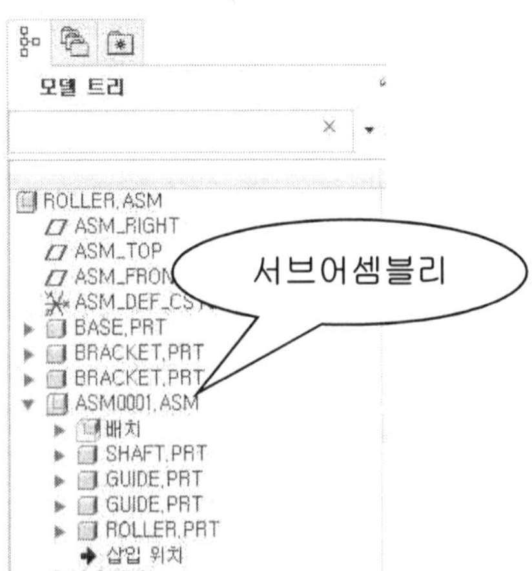

그림 9.62 재구성 완료 : 서브어셈블리

9.3 어셈블리 Explode 작업

어셈블리 작업된 것을 분해하는 것이 어셈블리 **explode**이다. 각각의 컴포넌트들의 분리된 모습을 보고자 할 때 사용할 수 있는 기능이다.

앞에서 어셈블리 작업을 했던 **roller.asm**을 불러와서 **explode** 작업을 수행해보자.

- 분해 보기
  - 그림 **9.63**과 같이 "보기, 분해 보기" 아이콘을 클릭하면 그림 **9.64**와 같이 기본 분해 보기를 제공한다.

그림 **9.63** 분해 보기 아이콘

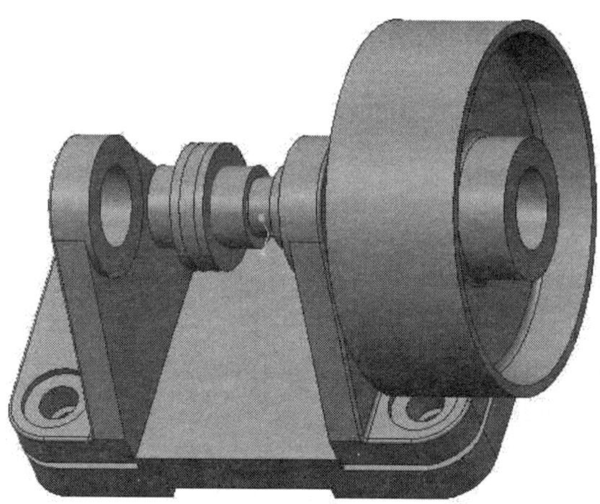

그림 **9.64** 분해 보기 : **roller.asm**

  - "분해 보기" 아이콘을 다시 클릭하면 원래의 조립 상태로 돌아간다.

- 위치 편집
  - 그림 9.65와 같이 "위치 편집" 아이콘을 클릭하면, 조립된 부품들의 위치를 편집할 수 있도록 해주는 대시보드가 활성화된다.

그림 9.65 위치 편집 아이콘과 대시보드

  - "위치 편집" 설정 대시보드가 활성화되면, 그림 9.66과 같이 먼저 roller.prt를 선택한 후 이동하고자 하는 방향의 화살표를 마우스 왼쪽 버튼을 누른 상태에서 drag하여 이동시킨다.

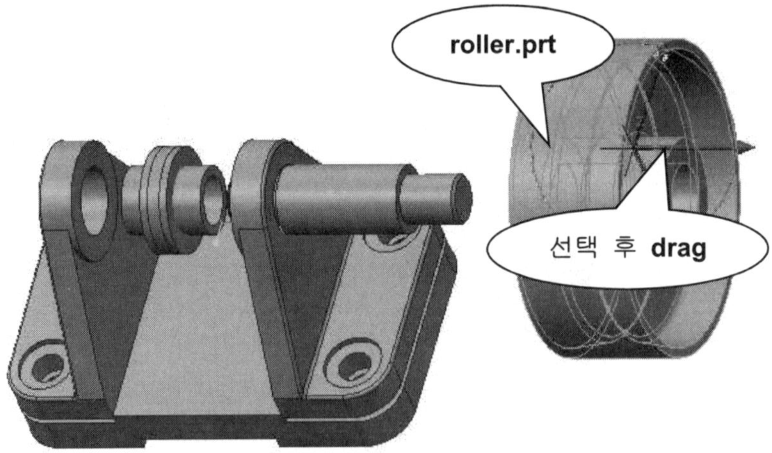

그림 9.66 위치 편집 : roller.prt 이동

  - 그림 9.67과 같이 나머지 부품들도 적당한 위치로 편집한다. 현 상태에서 위치를 편집한 것은 기본 분해 위치를 편집한 것이다.

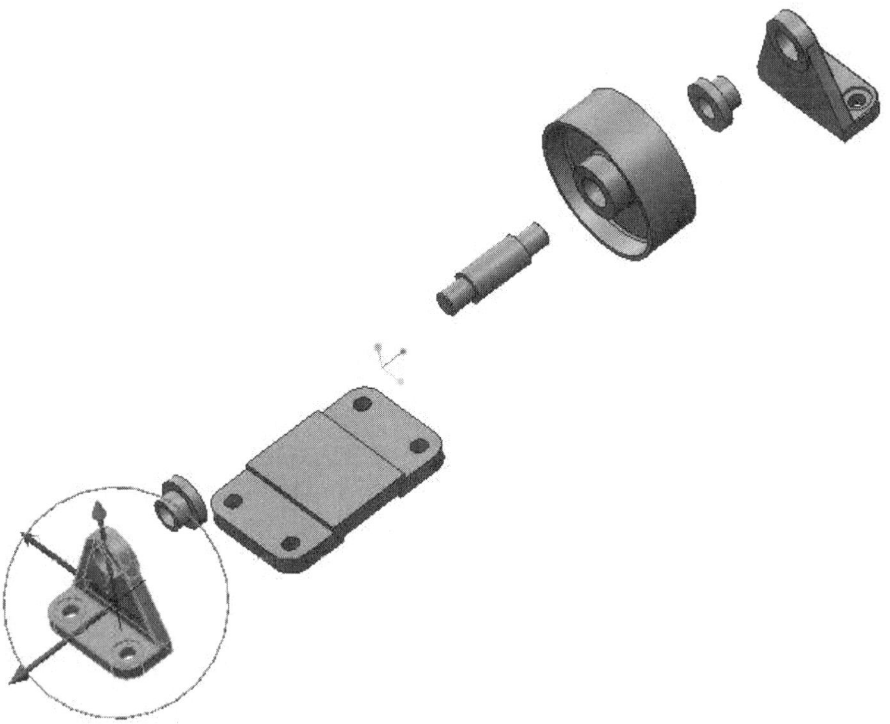

그림 9.67 위치 편집 완료

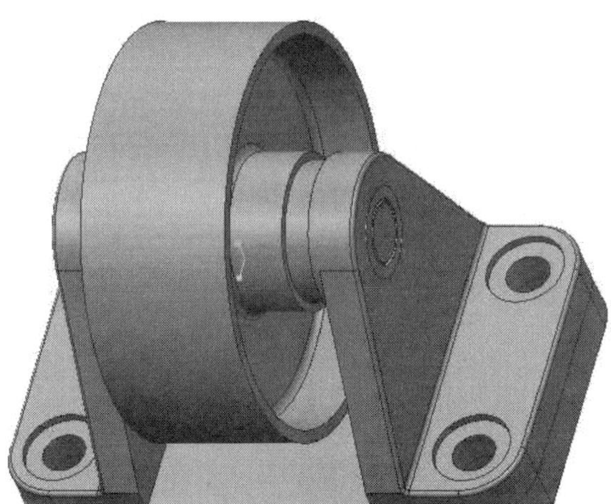

그림 9.68 조립 상태 : 분해 보기 취소

9.4 보기 관리자(View manager)

분해 보기로 보면 조립된 상태를 정확하게 보기 어려운 부분들이 존재한다. 이를 좀더 복합적이고 자세하게 보고자 할 때 "보기 관리자" 기능을 사용하면 가능하다.

- 보기 관리자
  - 그림 9.69와 같이 "보기 관리자" 아이콘을 클릭하면, "보기 관리자" 창이 활성화 된다.

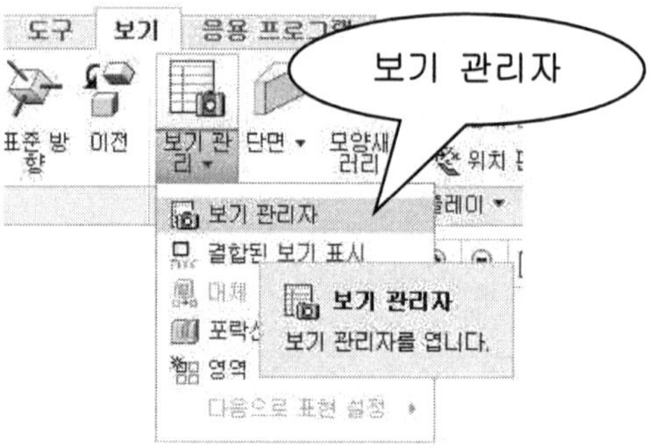

그림 9.69 보기 관리자 아이콘

  - 그림 9.70과 같이 "분해, 새로 만들기" 아이콘을 클릭한 후 "ASM_1"을 입력한다.

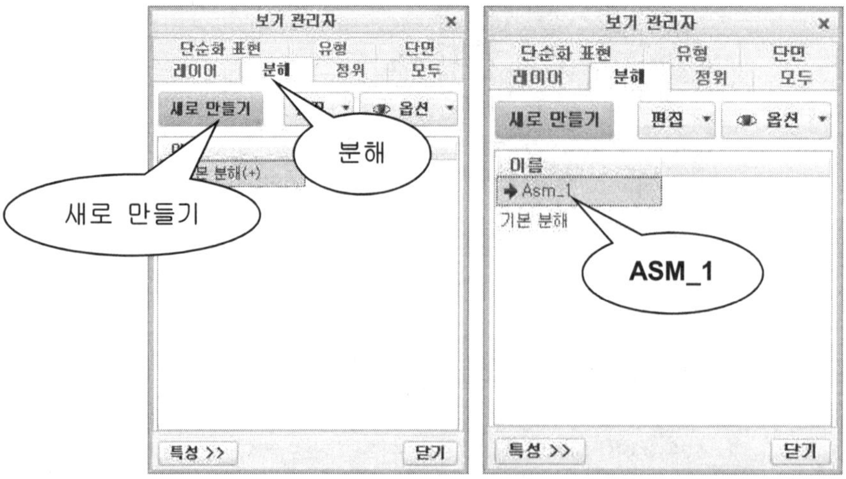

그림 9.70 보기 관리자 아이콘

- 그림 9.71과 같이 “Asm_1”을 선택한 후 마우스 오른쪽버튼을 클릭하여 “위치 편집” 항목을 선택하여 수정할 수 있다.

그림 9.71 분해 위치 편집

- 그림 9.72와 같이 “옵션”, “동작 증가” 설정값으로 “60”을 입력한 후 마우스로 각 부품을 선택한 후 화살표를 drag하여 그림 9.73과 같이 분해 위치를 하나씩 편집한다.
  ⇨ 마우스로 drag할 때 한 번에 “60”만큼씩 이동하게 된다.

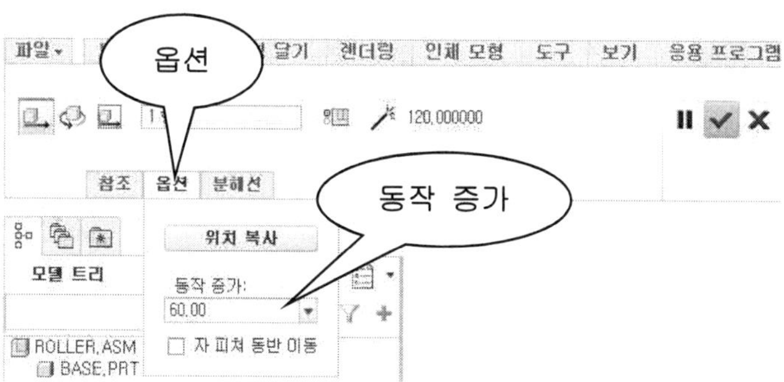

그림 9.72 분해 위치 편집 대시보드

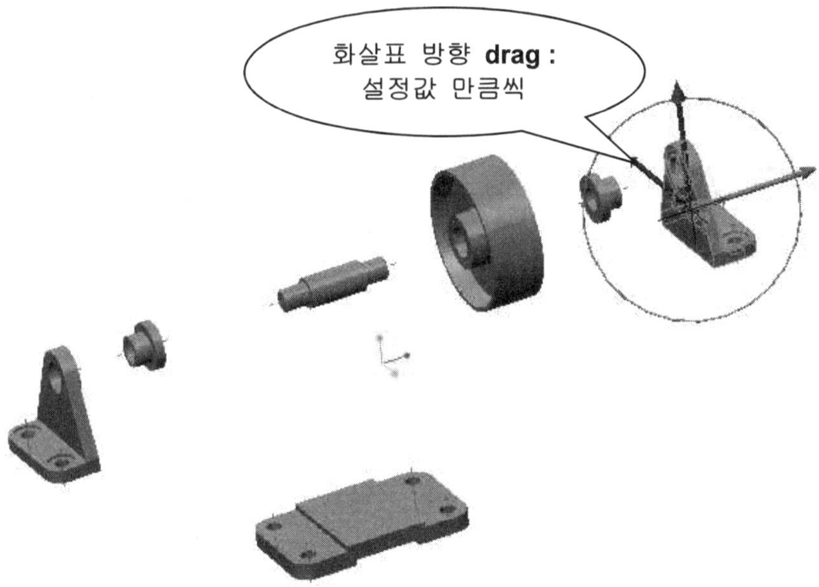

그림 9.73 분해 위치 편집 화살표

그림 9.74 분해 위치 편집 완료

- 그림 9.75와 같이 코스메틱 오프셋 선 생성 아이콘을 클릭한 후 디스플레이 환경을 기준축만 남기고 모두 끈다.

그림 9.75 코스메틱 오프셋 선 생성

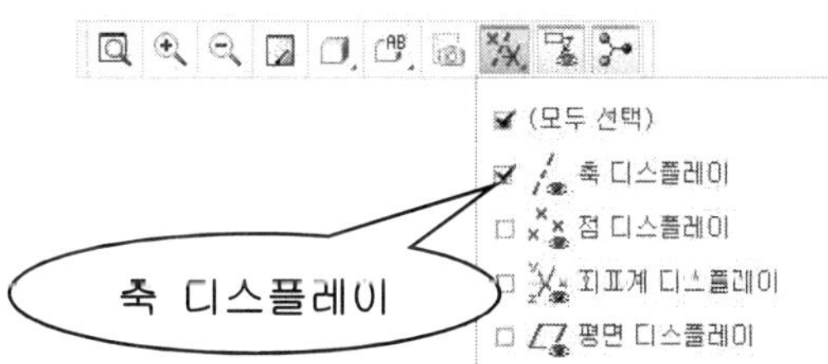

그림 9.76 디스플레이 환경

- 그림 9.77과 같이 코스메틱 오프셋 선 창이 활성화되면, 기준축을 하나씩 선택한 후 “적용” 버튼을 클릭하여 오프셋 선을 생성한다.

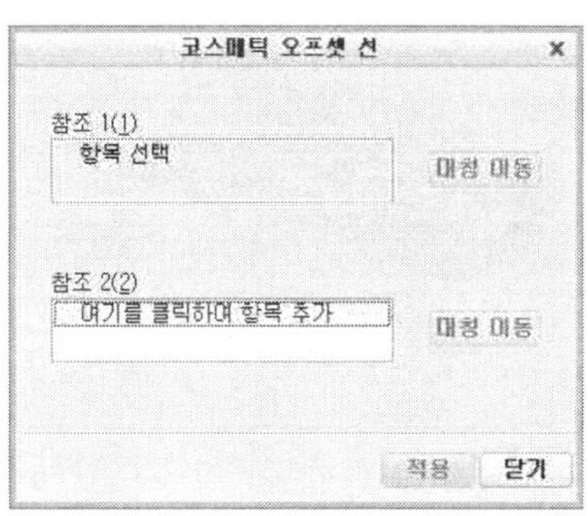

그림 9.77 코스메틱 오프셋 선

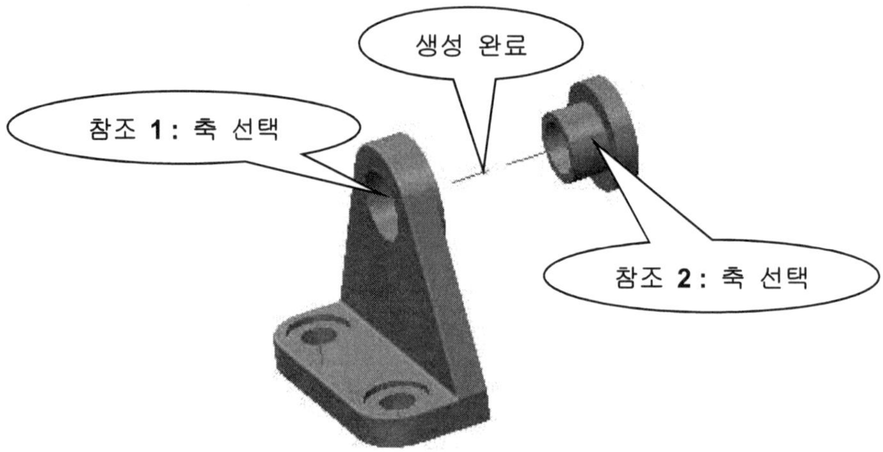

그림 9.78 코스메틱 오프셋 선 : 기준축 선택

- 같은 방법으로 그림 9.79와 같이 코스메틱 오프셋 선들을 생성한다.

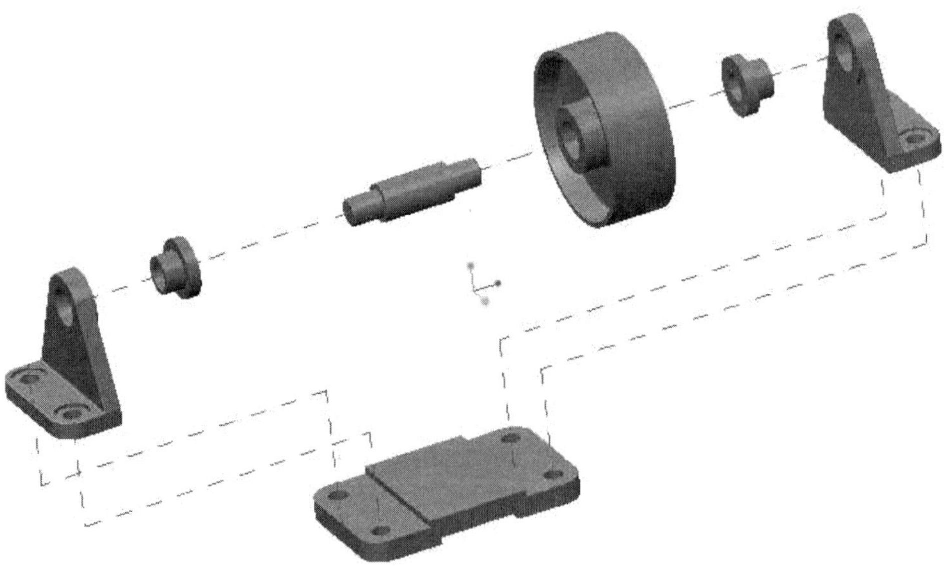

그림 9.79 코스메틱 오프셋 선 생성 완료

- 위치 편집 대시보드에서 작업 완료 아이콘을 클릭하여 편집을 완료한다.
- 그림 9.80과 같이 “Asm_1(+)”을 선택한 후 마우스 오른쪽버튼을 클릭하여 나타나는 항목 중에서 “저장”을 클릭하여 분해 편집을 완료한다.

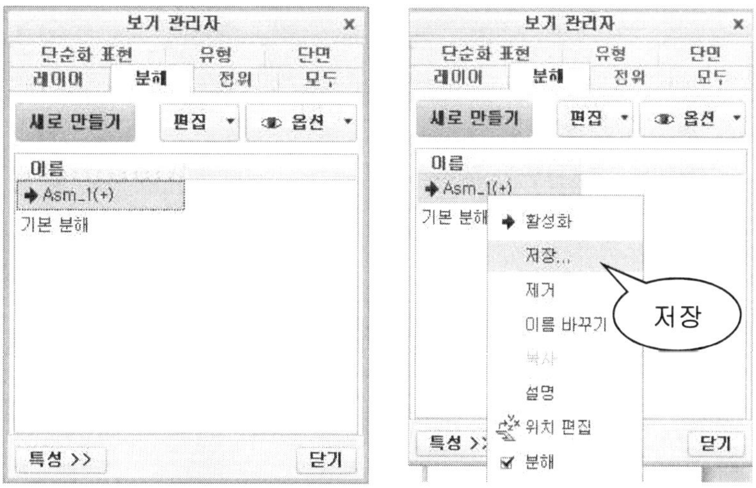

그림 9.80 분해 저장

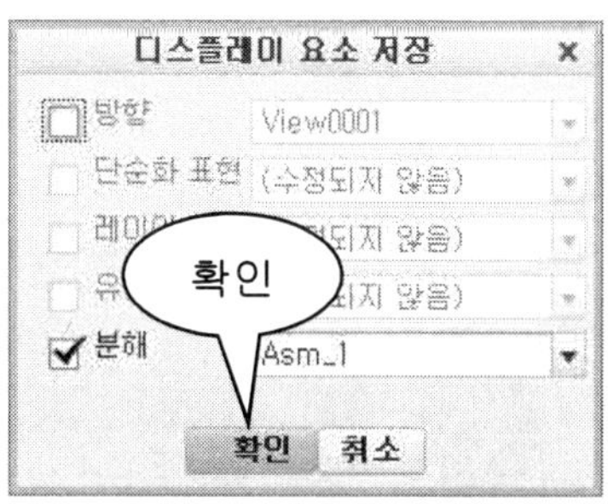

그림 9.81 디스플레이 요소 저장

- 3D 횡단면 설정
  - “보기 관리자”를 클릭한 후 그림 9.82와 같이 “단면”, “새로 만들기”, “영역”을 클릭한다.
  - 횡단면 이름으로 “A”를 입력한다.

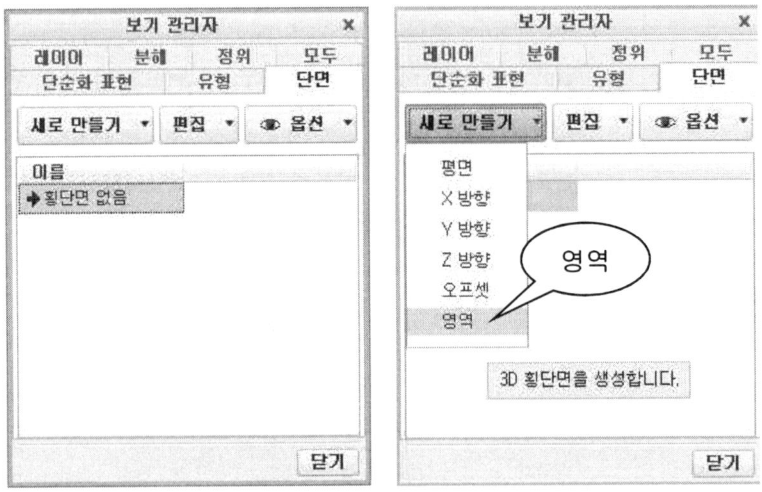

그림 9.82 3D 횡단면 생성

- 그림 9.83과 같이 roller.prt의 FRONT 평면을 선택한 후 평면추가(+) 버튼을 클릭한다.

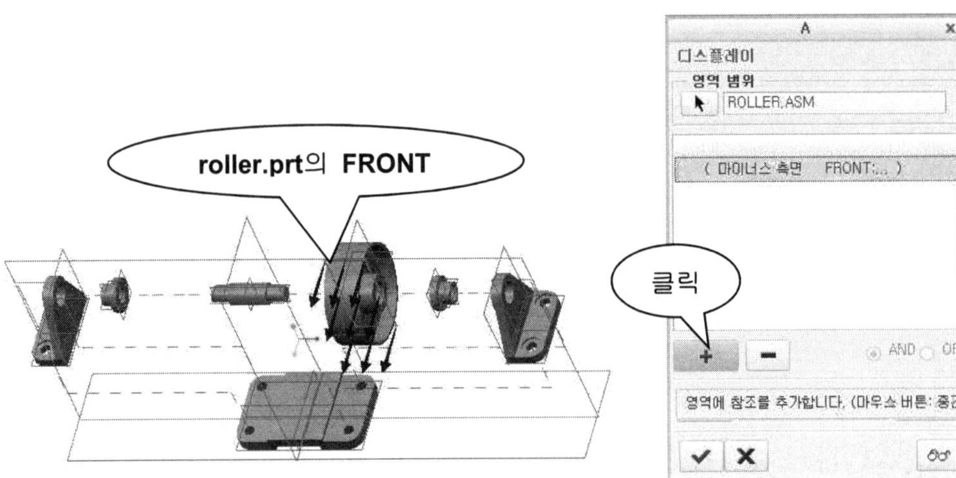

그림 9.83 3D 횡단면 생성 : 평면 1 선택

- 그림 9.84와 같이 roller.prt의 TOP 평면을 선택한다.

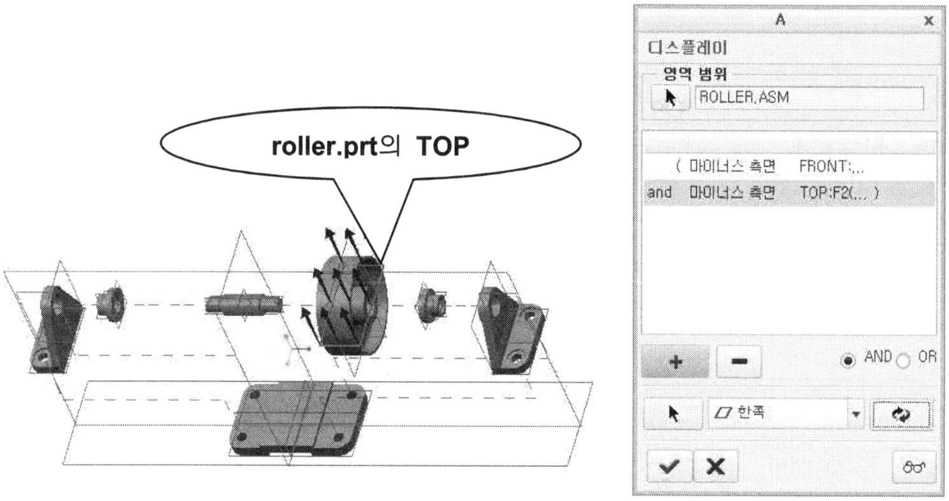

그림 9.84 3D 횡단면 생성 : 평면 2 선택

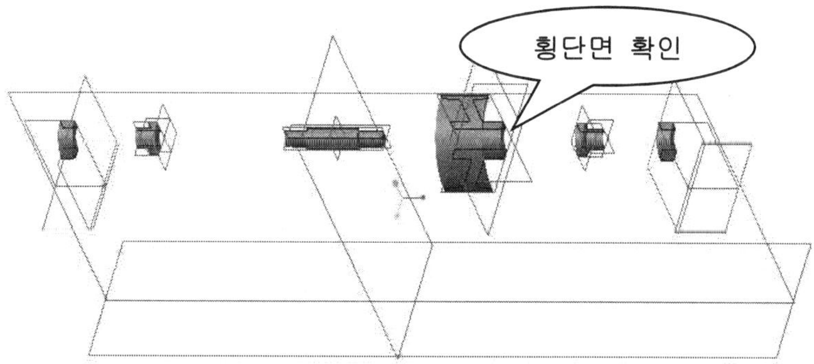

그림 9.85 3D 횡단면 생성 완료

- 원하는 횡단면 생성이 이루어지지 않았으므로, 그림 9.86과 같이 "A" 횡단면을 선택한 후 마우스 오른쪽버튼을 클릭하여 "정의 편집"을 선택한다.
- "A" 디스플레이 평면 설정 창에서 "평면 1"을 선택한 후 "방향 전환"을 클릭하고, "평면 2"를 선택한 후 "방향 전환"을 클릭한다. 영역 설정은 "OR"로 한 후 확인 버튼을 클릭하여 완료한다.

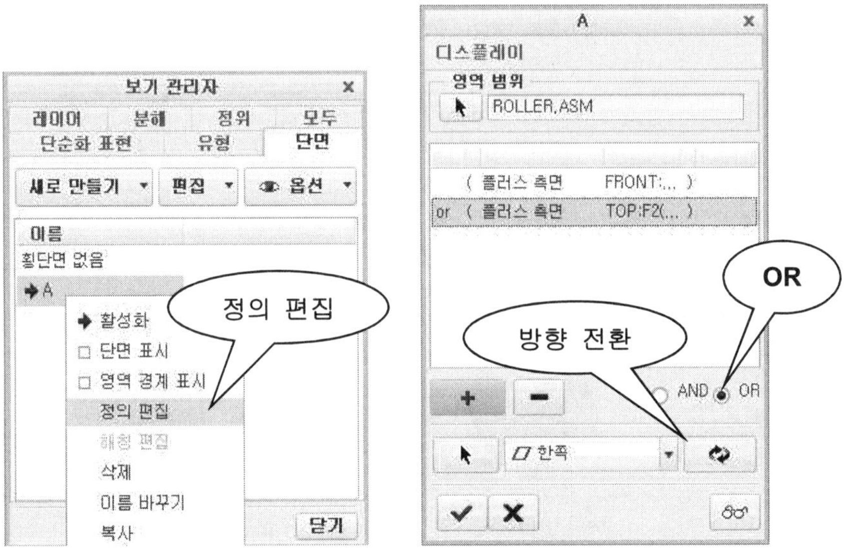

그림 9.86 3D 횡단면 정의 편집

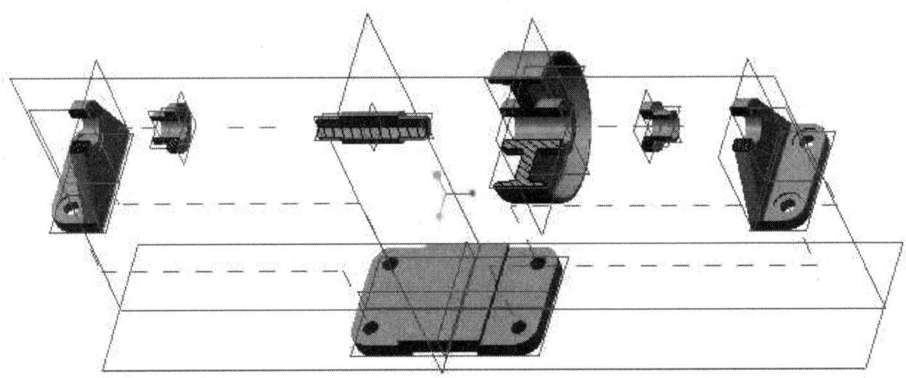

그림 9.87 3D 횡단면 정의 편집 완료

제10장 드로잉(Drawing)

일반적인 2D 드로잉은 3D차원 형상을 참조하여 투영면에 해당하는 단면과 치수들을 기입하여 도면을 만드는 것인데, Creo Parametric 드로잉은 3D 모델링된 형상을 참조하여 배치하면 기본 드로잉이 생성된다. Creo Parametric은 Parametric CAD이기 때문에 드로잉 변경 사항들은 3D 형상에 그대로 자동 반영된다. 드로잉 파일 이름은 참조하는 컴포넌트 파일 이름과 같게 생성한다.

10.1 드로잉 생성하기

- 새로 만들기 아이콘( )을 클릭하여 새로운 드로잉 작업을 시작하거나, "파일(File) ➔ 새로 만들기(New)"를 클릭하면 그림 10.1과 같이 새로 만들기 창이 나타난다.
  - 파일 이름으로 "base"를 입력하고, 기본 템플릿 사용 체크 박스를 해제한 후 확인 버튼을 클릭한다.

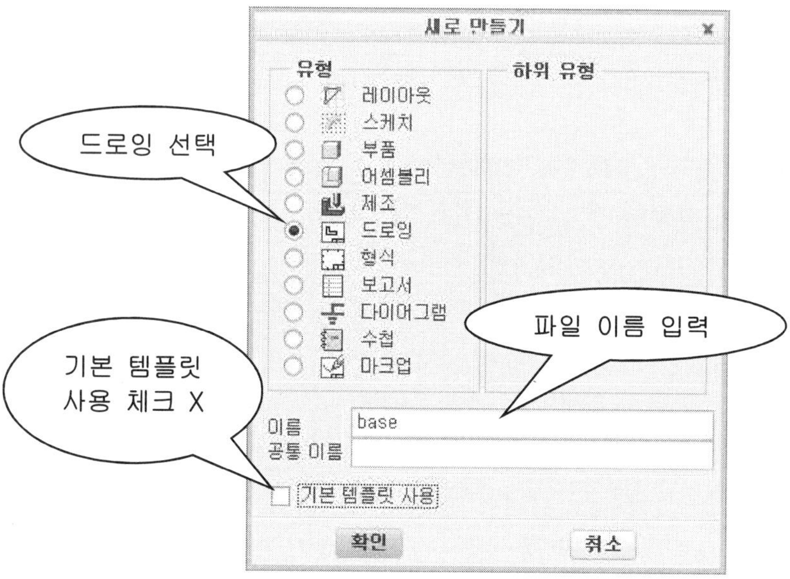

그림 10.1 새로 만들기 창

- "새로운 드로잉" 창에서 드로잉 설정
  - 그림 10.2와 같이 기본 모델은 base.prt로 설정한다.

    ⇨ 없으면 "찾아보기"를 클릭하여 base.prt를 찾는다.
  - 템플릿 지정은 "비어 있음", 방향은 "가로 방향", 크기는 "A3:로 설정한다.

그림 10.2 새로운 드로잉 설정

- 그림 10.3과 같이 드로잉 관련 아이콘들을 볼 수 있다. 각 항목 탭을 클릭하면 항목별 아이콘들을 사용할 수 있도록 활성화된다.

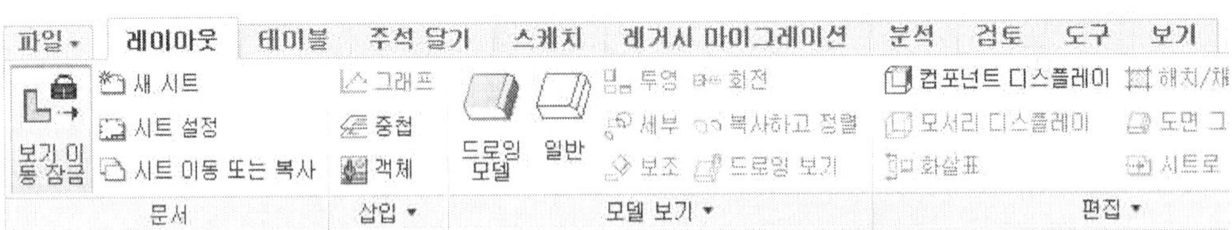

그림 10.3 드로잉 관련 아이콘들

- 그림 10.4와 같이 드로잉 트리, 모델 트리를 함께 볼 수 있다.

그림 10.4 드로잉 트리와 모델 트리

- 그림 10.5와 같이 기본 드로잉 화면이 설정된다. 화면 왼쪽 아래쪽에 배율, 유형, 이름, 크기의 현재 설정값을 볼 수 있다.

그림 10.5 기본 드로잉 화면

10.2 보기(View) 생성

(1) 일반 보기(General view)

물체의 특징을 가장 잘 나타낼 수 있는 정면도를 선정한 후 이를 기반으로 우측면도, 평면도를 나타낸다.

- 일반 보기
  - 그림 10.6과 같이 "일반" 아이콘을 클릭하면 드로잉 보기에 대한 중심점을 선택하는 상태가 된다.
  - 화면의 오른쪽과 위쪽에 마우스 왼쪽 버튼을 클릭하면 그림 10.7과 같이 일반 보기를 만들어줄 수 있는 "드로잉 보기" 설정 창이 활성화된다.

그림 10.6 일반 보기 생성 아이콘

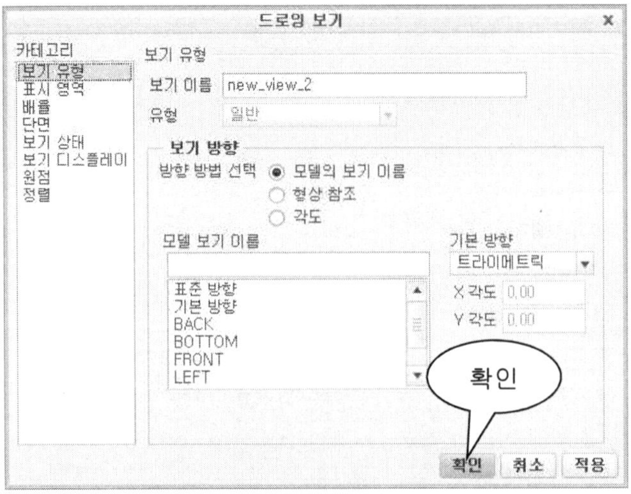

그림 10.7 드로잉 보기 설정 창

- 확인 버튼을 클릭하면 그림 10.8과 같이 base.prt의 3D 입체도가 생성된다.

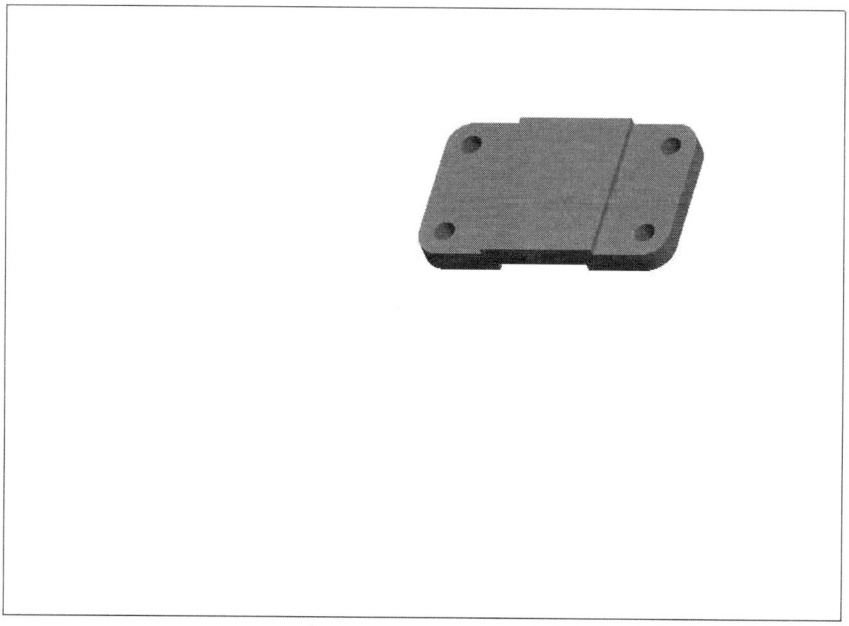

그림 10.8 일반 보기 생성

- 화면의 일반 보기를 더블 클릭하여 "보기 디스플레이" 항목을 선택한 후 "환경 따르기"로 변경한다.

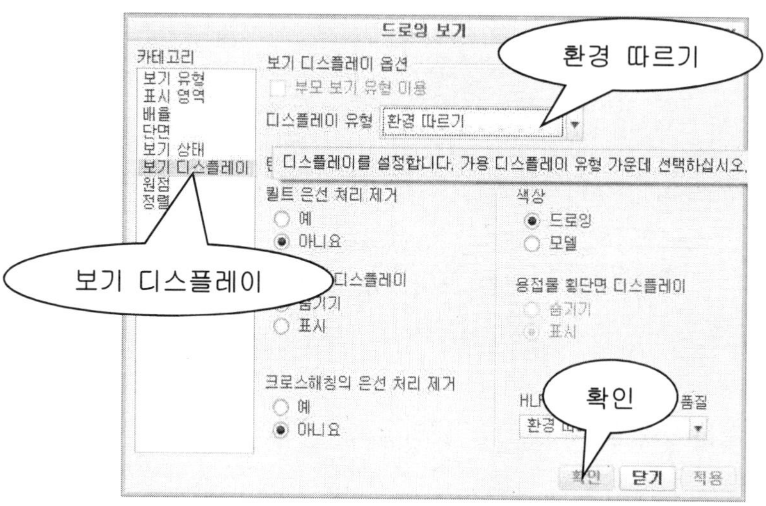

그림 10.9 일반 보기 디스플레이 옵션 변경

⇨ 화면 디스플레이 유형을 “은선 제거”로 설정한 후 “다시 그리기” 아이콘을 클릭하면 일반 보기의 유형이 변경된다.

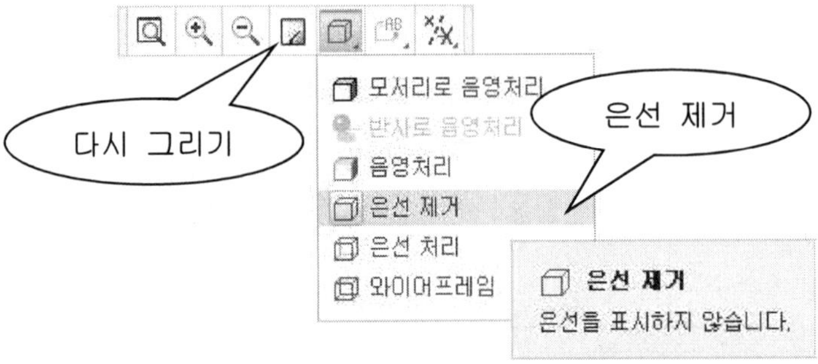

그림 10.10 은선 제거, 다시 그리기

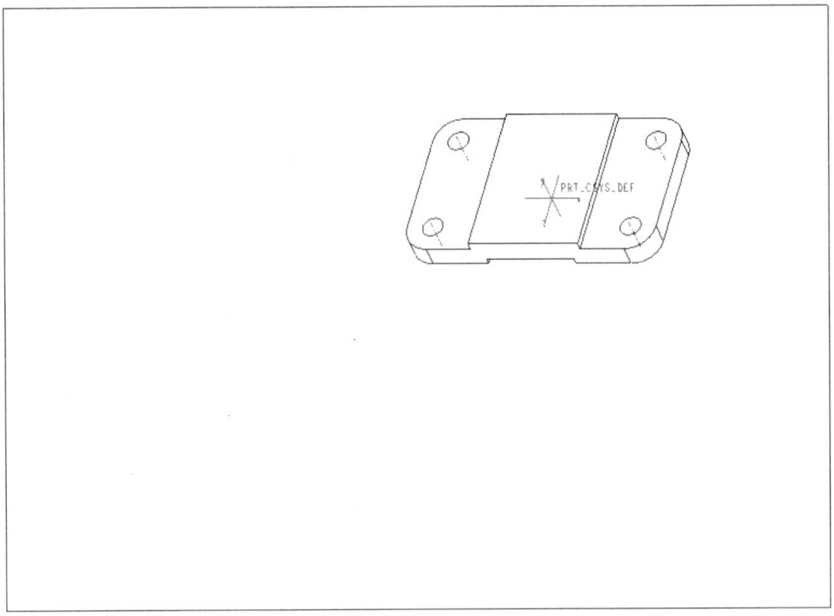

그림 10.11 일반 보기 디스플레이 변경

- 정면도 배치
  - “일반” 아이콘을 클릭한 후 드로잉 보기에 대한 중심점으로 왼쪽 아래를 마우스로 선택한다.
  - 그림 10.12와 같이 드로잉 보기에서 “보기 방향”으로 TOP을 선택하고, 보기 디

스플레이 유형으로 “숨김”을 선택한다.

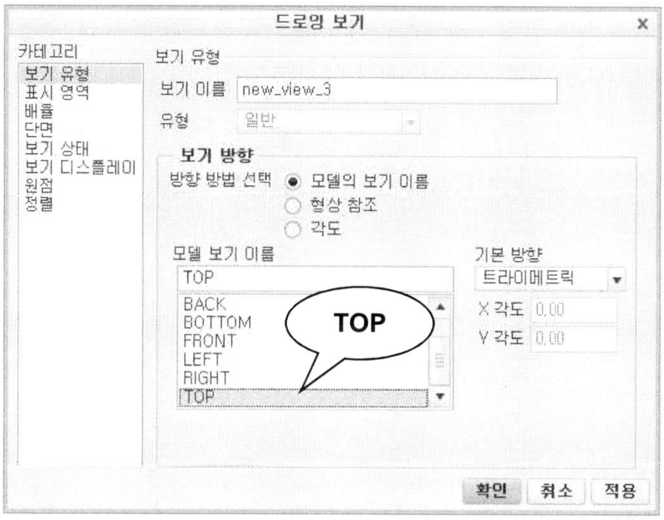

그림 10.12 일반 보기 유형 설정

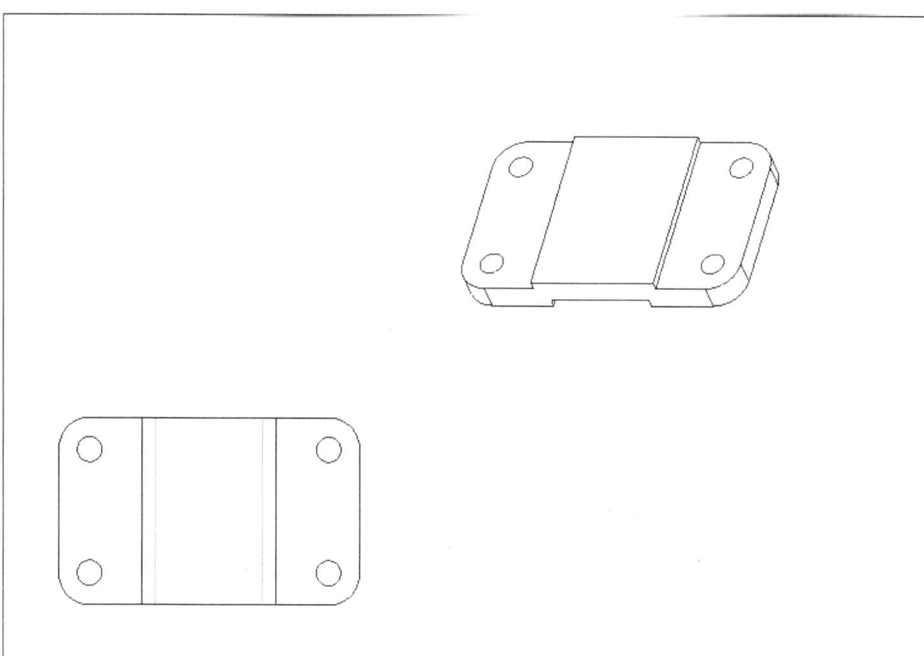

그림 10.13 정면도 추가 완료

(2) 투영 보기(Projection view)

일반 보기가 "3 각법"에서 정면도의 역할을 한다면 투영 보기는 일반 보기에 종속되어 우측면도, 좌측면도, 평면도, 배면도, 저면도를 나타내주는 보기이다. 일반 뷰의 정면도를 기준으로 나타내고자 하는 위치에 따라 투영 보기가 결정된다.

- 우측면도와 평면도 추가하기
  - 그림 10.14와 같이 앞에서 배치한 정면도를 클릭한 후 "투영" 아이콘을 클릭하거나, 그림 10.15와 같이 마우스 오른쪽 버튼을 길게 누르고 있으면 바로가기 메뉴가 나타나는데, "투영 보기 삽입"을 선택한 후 오른쪽에 배치하면 "우측면도"가 되고, 위쪽으로 배치하면 "평면도"가 배치된다.

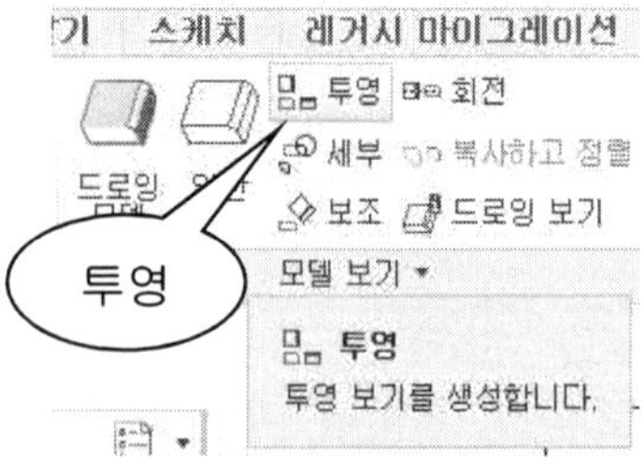

그림 10.14 투영 아이콘

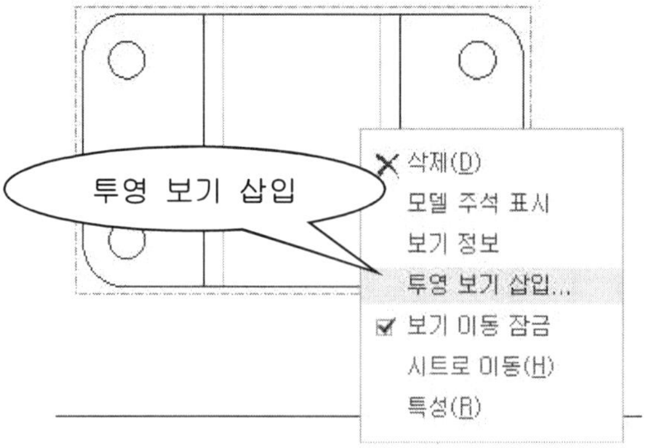

그림 10.15 투영 보기 삽입

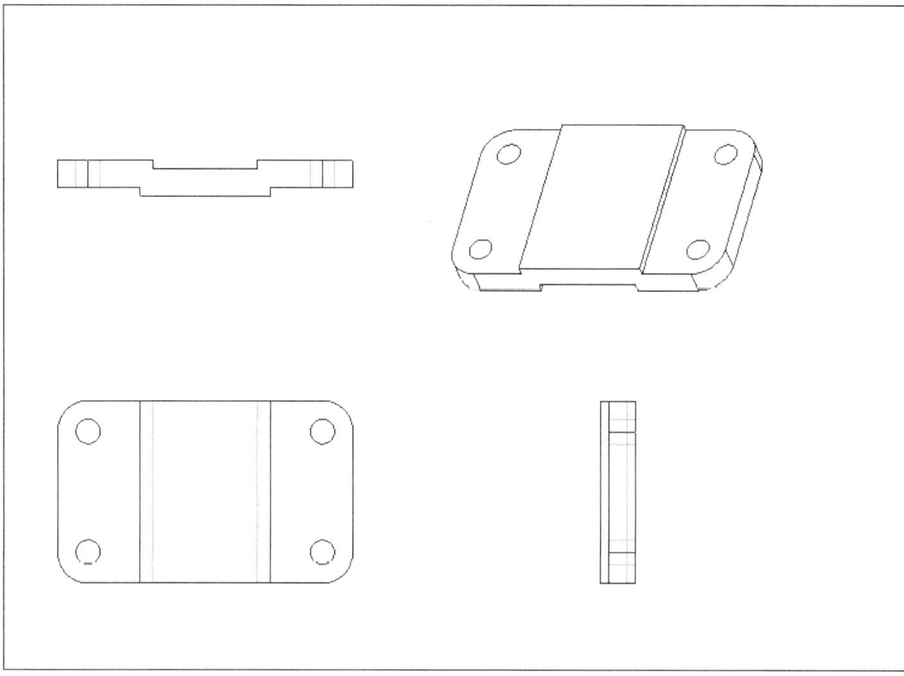

그림 10.16 투영 보기 추가 완료

(3) 드로잉에 치수 추가

- 치수 아이콘을 이용하여 치수 설정
  - 그림 10.17과 같이 “주석 달기”, “치수”를 클릭하여 치수를 추가한다.
  - 그림 10.18과 같이 첨부 유형으로 “엔터티 상”이 선택되어 있는 상태에서 화면에 배치된 두 개의 엔터티를 클릭한 “휠” 버튼을 클릭하여 치수를 기입한다.

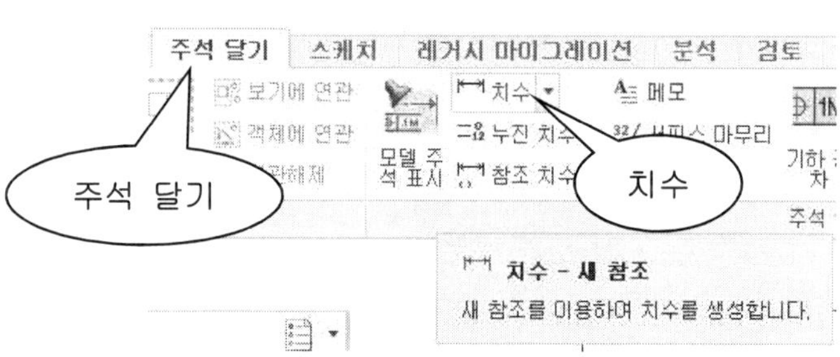

그림 10.17 치수 생성 아이콘

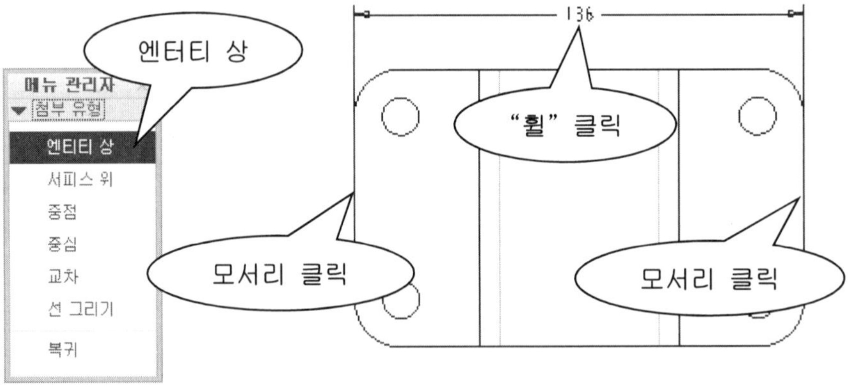

그림 10.18 치수 생성

- 직선 치수 : 두 모서리를 선택한 후 마우스 포인터를 중간에 가져다 놓고 "휠" 버튼을 클릭한다.
- 반지름 치수 : 원호 모양의 엔터티를 선택한 후 "휠" 버튼을 클릭한다.
- 지름 치수 : 원호 모양의 엔터티를 더블 클릭하여 선택한 후 "휠" 버튼을 클릭한다.

● 모델 주석 보기
- 그림 10.19와 같이 투영 보기를 선택한 후 마우스 오른쪽 버튼을 길게 누르면 나타나는 바로가기 메뉴 중에서 "모델 주석 보기"를 선택하면 투영 보기에 해당하는 모든 치수가 표시된다.

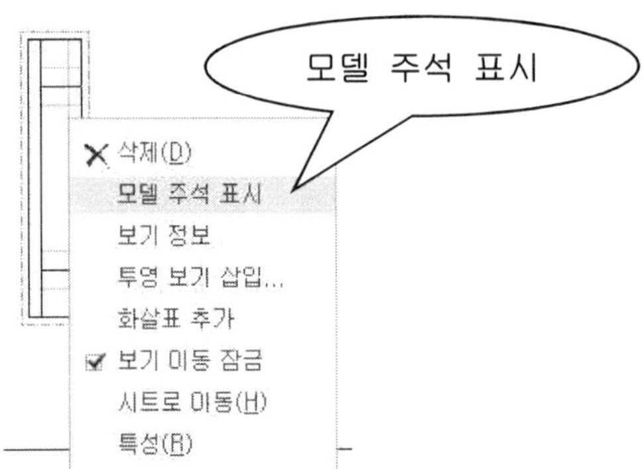

그림 10.19 모델 주석 표시

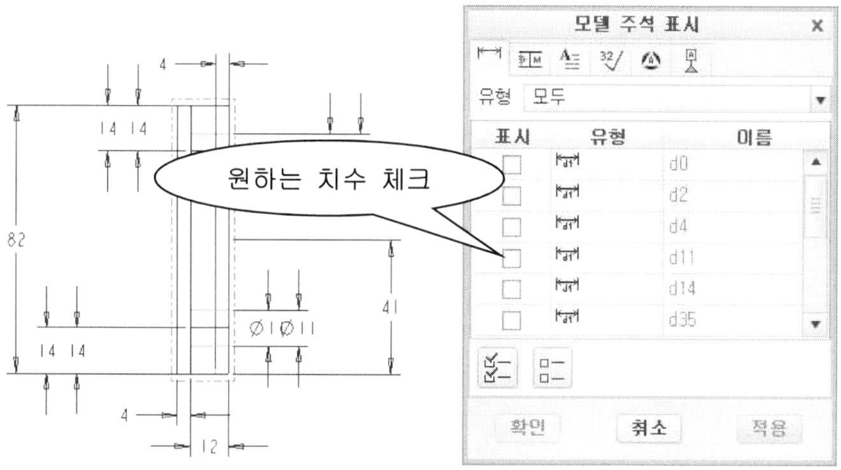

그림 10.20 모델 주석 표시 설정 창

- 그림 10.20에서와 원하는 치수만 선택한 후 확인 버튼을 클릭하면 그림 10.21과 같이 치수가 설정된다.

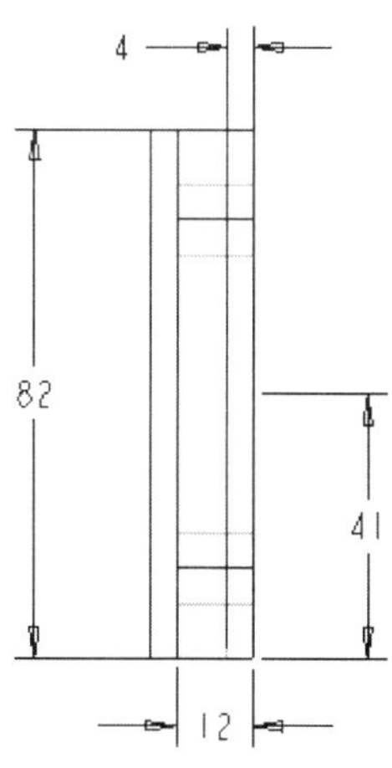

그림 10.21 원하는 치수 설정

- 메모(노트, 주석 만들기)
  - 그림 10.22와 같이 "메모" 아이콘을 클릭한 후 "지시선 없음, 입력, 수평, 표준, 기본값"이 선택되어 있는 상태에서 "메모 만들기"를 클릭하면 메모 위치를 지정하는 상태가 된다.

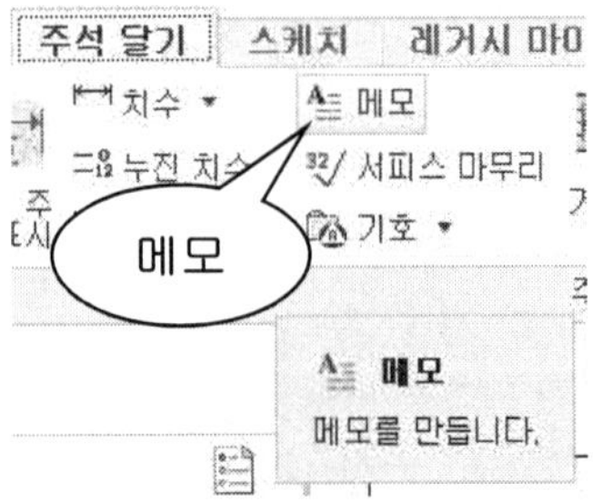

그림 10.22 메모 아이콘

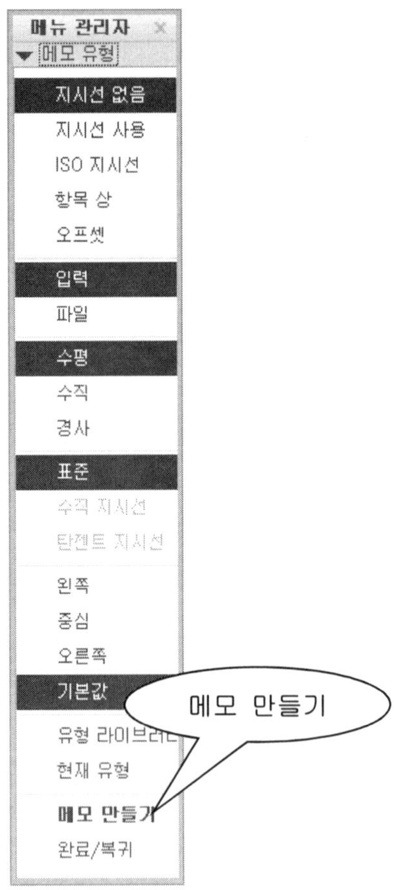

그림 10.23 메모 만들기

- “점 선택” 상태에서 화면 “오른쪽 아래” 부분을 클릭하여 메모 자리를 지정한다.

그림 10.24 점 선택 : 메모 위치 지정

- 그림 10.25와 같이 "메모 입력" 창이 나타나면 "도시되고 지시 없는 모서리 R2.0"을 입력한다.
  - ⇨ 그림 10.26과 같이 "텍스트 기호"도 입력이 가능하다.
  - ⇨ 입력 확인 버튼을 두 번 클릭한다. 여러 행을 입력할 수도 있다.

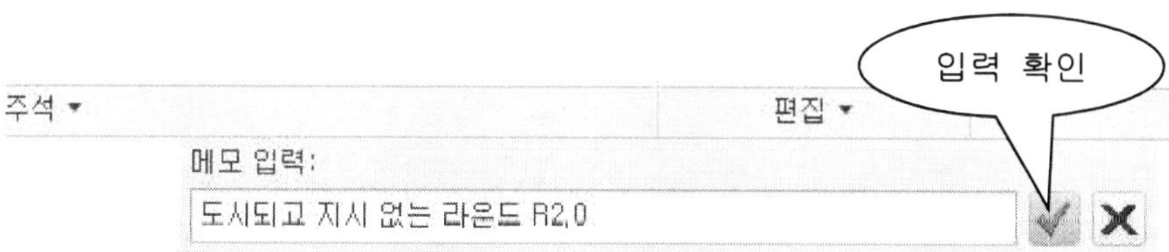

그림 10.25 메모 입력 창

그림 10.26 텍스트 기호 입력 가능

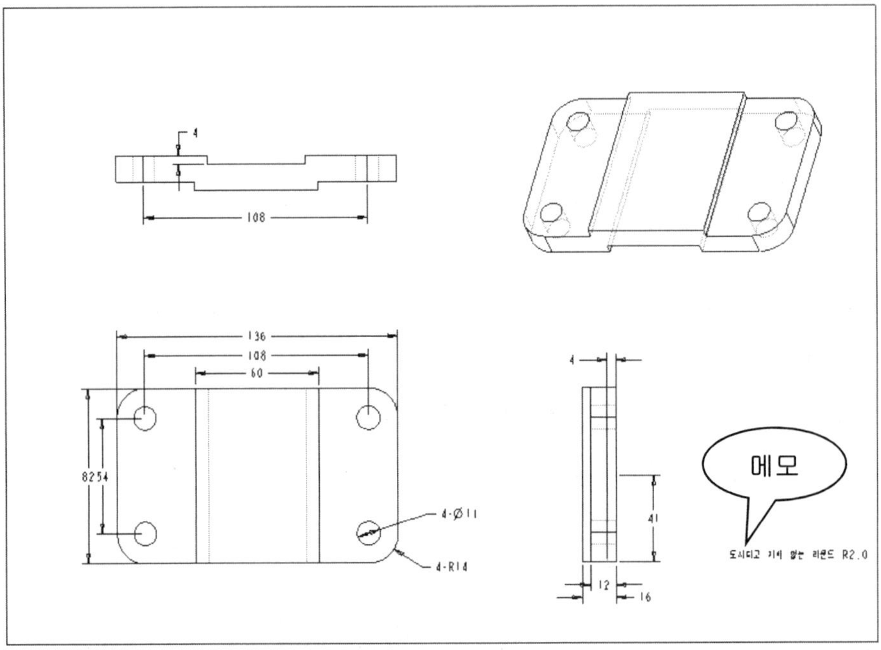

그림 10.27 base.prt 도면 작업 완료

- 드로잉 파일을 저장한다.

  ⇨ base.drw(확장자는 drw)

(4) 드로잉 특성, 파일 변환

Creo Parametric 드로잉 작업은 3D 형상 모델링된 파일을 참조로 생성되므로 강제로 치수를 편집하여 작업을 하면 부품 모델에도 변경된 치수가 반영이 되므로 치수 배치 작업이 주가 된다. 현재 2D 도면 부분에서는 주로 Creo Parametric 으로 작성된 드로잉 파일을 AutoCAD dwg(drawing) 파일로 변환하여 추가적인 치수 기입을 하는 경우가 상당히 많다. AutoCAD dwg 파일 변환 시에 가장 주의할 점은 시스템 단위 설정이다. 파일 변환 방법에 대하여 알아보자.

- 단위 변환
  - 그림 10.28과 같이 "파일, 준비, 드로잉 특성"을 클릭한다.

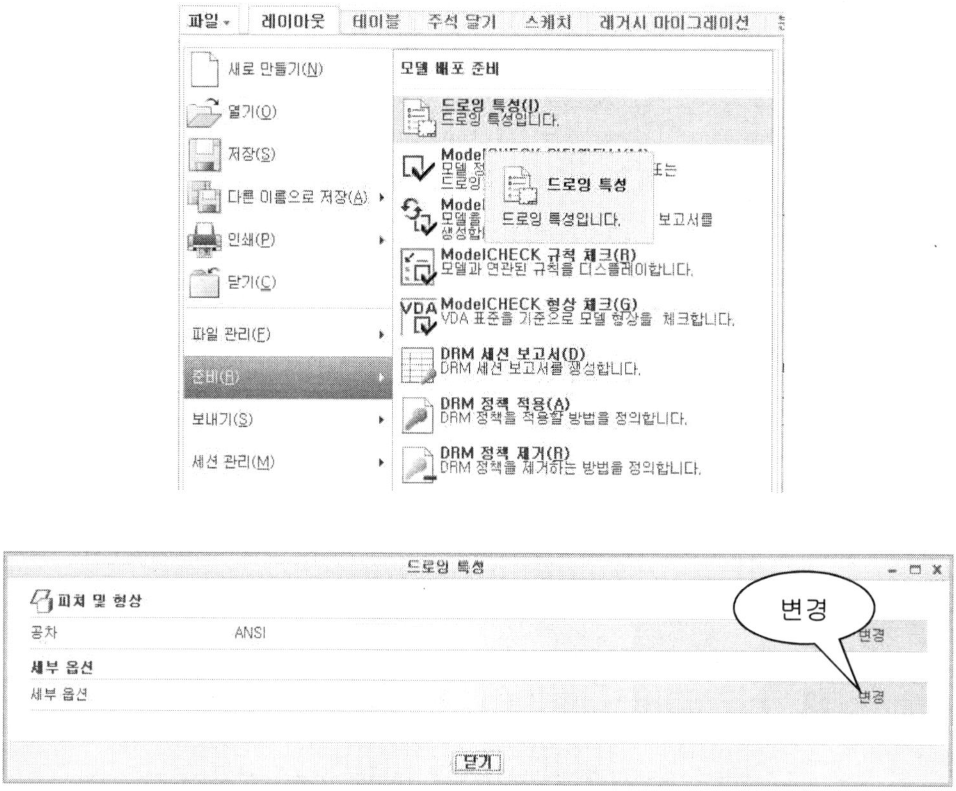

그림 10.28 드로잉 득성

- 그림 10.28과 같이 "변경"을 클릭하면, 그림 10.29와 같이 설정 가능한 모든 옵션을 보여주는 "옵션" 창이 활성화된다.

⇨ 오른쪽 스크롤 바를 클릭하여 마지막 부분에 있는 "기타 옵션"으로 이동한다.

⇨ drawing_units 항목 기본값으로 inch 단위가 설정되어 있다.

⇨ 기본 단위를 설정할 수 있는 "drawing_units"를 클릭한 후 inch 단위를 mm로 변경한 후 "추가/변경"을 클릭하여 설정을 적용한다.

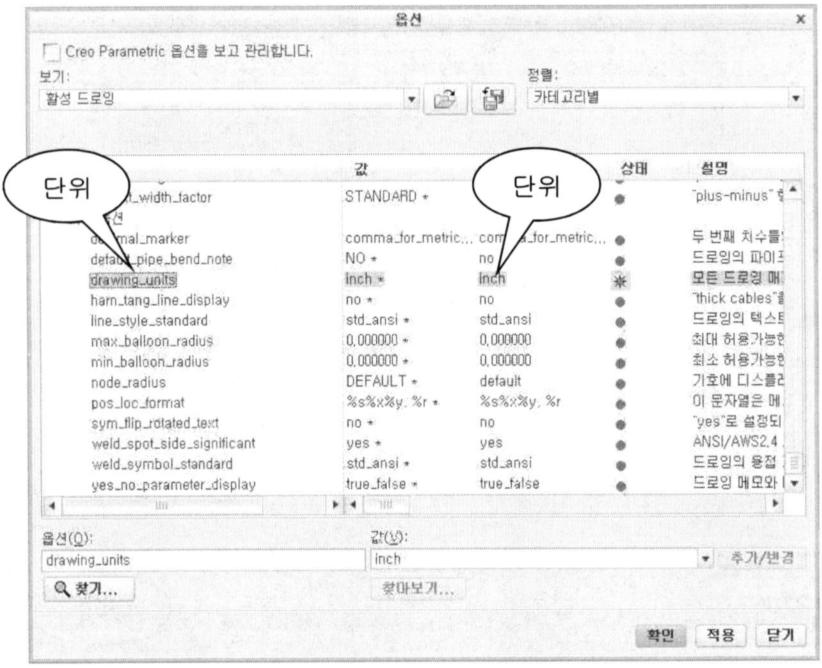

그림 10.29 드로잉 옵션

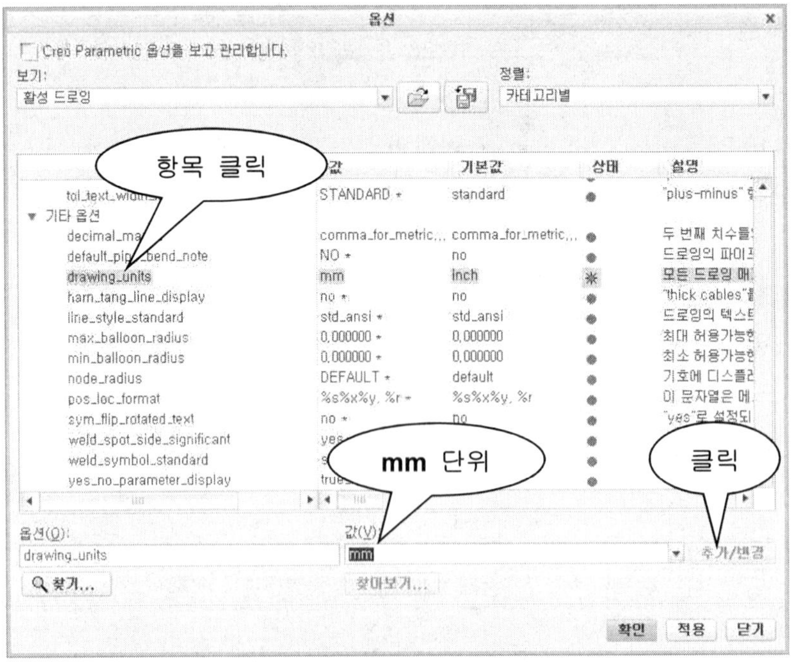

그림 10.30 드로잉 옵션 : 단위 확인

- AutoCAD dwg 파일로 저장
  - 그림 10.31과 같이 "파일, 다른 이름으로 저장, 복사본 저장"을 클릭한다.

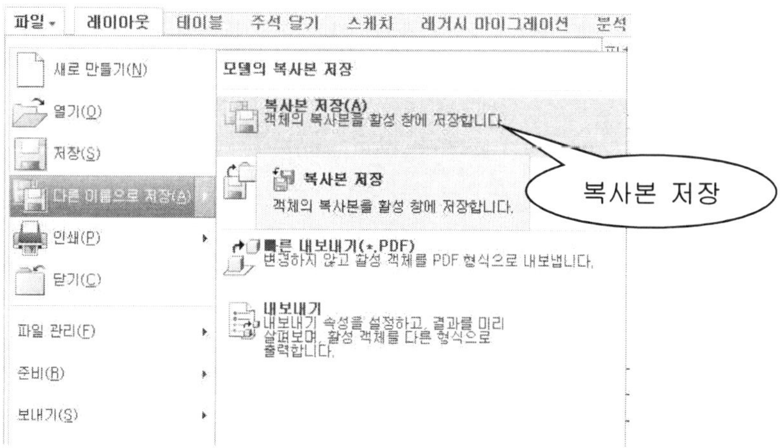

그림 10.31 복사본 저장

  - 유형으로 DWG(*.dwg)를 선택하여 "base.dwg"으루 저장하기 위해 확인 버튼을 클릭하면 그림 10.33과 같이 "DWG 내보내기 환경" 창이 활성화된다.

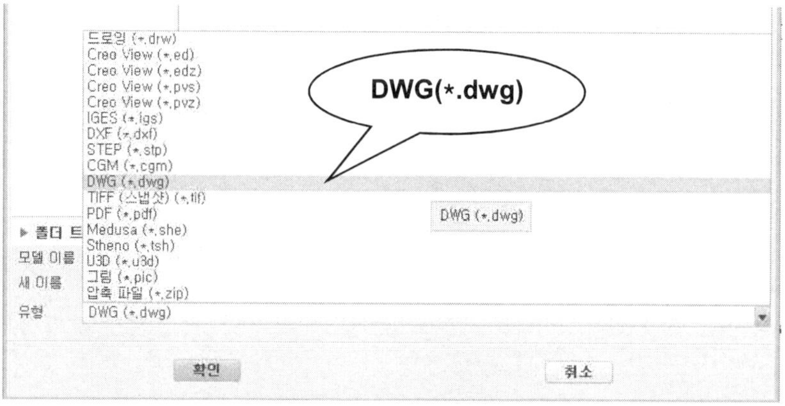

그림 10.32 파일 변환 유형 선택

  - 그림 10.33과 같이 설정된 상태에서 "확인" 버튼을 클릭하면 AutoCAD 2007 version으로 "base.dwg" 파일이 생성된다(지원 가능한 version 확인).

- AutoCAD 프로그램을 실행시켜서 "base.dwg" 파일을 열어 보면 단위가 mm로 설정되어 있는 것을 확인할 수 있다.

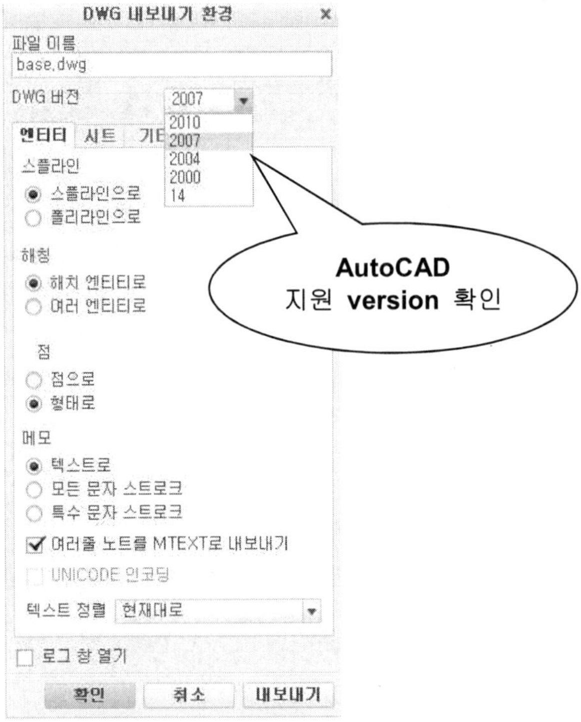

그림 10.33 DWG 내보내기 환경

Creo Parametric 2.0을

활용한 형상모델링

2012년 9월 5일 제1판 1쇄 인쇄
2012년 9월 10일 세1판 1쇄 발행

저 자 ◎ 김 도 석 · 엄 정 섭

발 행 자 ◎ 조 승 식

발 행 처 ◎ (주) 도서출판 북스힐
서울시 강북구 수유2동 240-225

등 록 ◎ 제 22-457호

TEL (02) 994-0071(代)

FAX (02) 994-0073

E-MAIL bookswin@unitel.co.kr
www.bookshill.com

값 22,000원

ISBN 978-89-5526-317-6